否定的辩证法

Negative Dialectics

〔德〕西奥多·阿多诺——著

王晓升——译

Theodor W. Adorno

中央编译出版社
Central Compilation & Translation Press

前　言

　　"否定的辩证法"这个说法背离了传统。早在柏拉图那里辩证法就试图通过否定性的思维媒介来确立某种肯定的东西。后来它被简明地表述为否定之否定这个公式。本书要把辩证法从这种肯定的本质中解放出来，而同时又不放弃任何确定性。把这本书悖谬的标题加以展开是其目的之一。

　　笔者首先对主流哲学所采纳的基础进行了大量的阐释，然后对于按照这样观念所确立的基础进行了阐发。这既意味着对基础概念的批判，也意味着把有内容的思想置于首要地位。只有在思想充分地实现其自我意识的时候，它的运动才得以展开。按照那些一直在发挥作用的精神之基本原则，它要求次要的东西。

　　这里给出的不仅仅是笔者处理质料的方法论：按照否定的辩证法的理论，前者和后者之间不存在连续性。而且笔者要处理这样一种不连续性，处理从这种不连续性中可以得到的对于思想具有指导意义的东西。笔者的这种做法虽然不是从某个基础上提出，却是正当的。笔者将尽其所能把自己的牌全部摊在桌面上，但这和游戏绝不是一回事。

1937 年，笔者完成了《走向认识论的元批判》一书。就在此书出版的那一年，本雅明阅读了这本书的一部分，即该书的最后一章。他评论道，人们必须穿越抽象的寒冷荒原，才能成功地进行明晰的、具体的哲学思考。如今，否定的辩证法就是要回顾性地开辟出这样一条道路。具体化大多都是被偷运到当代哲学之中的。相反，我的文本虽然大体上来说也比较抽象，却既有助于真正的具体化，也要有助于解释我的那种具体化方法。如果人们可以把最近关于审美的讨论说成是反戏剧和反主角的，那么否定的辩证法，尽管与一切审美主题无关，也可以被说成是反体系的。它会借助于逻辑上连贯的手段，从而用同一性魔力之外的观念努力来取代同一性的原则，取代上位概念的主导地位。既然笔者确信自己的精神动力，那么笔者感到，自己的任务就是要借助于主体的力量打破虚幻的主体性建构。我不希望推迟这项任务，我在这里的一个主要动机是，要坚定地超越纯粹哲学和那种具体科学或形式科学之间的公开分离。

在导言中，我解释了哲学经验的概念。第一部分从当前德国盛行的存在论状况出发。但我不是在存在论之上对它做出判断，而是从（存在论）需求——从它那个方面来看也是问题的需求——出发去把握存在论，并内在地批判存在论。第二部分是从这个结论出发，进一步阐释否定的辩证法的观念，阐释它对于某些范畴所采取的立场。否定的辩证法虽然保留了这些范畴，却改变了这些范畴的性质。第三部分展示了否定辩证法的几个模式。这几个模式不是样板，他们不仅仅展示了一般性的思索。由于他们导向了实际内容，因此他们同时也试图要公正地对待其讨论内容，而这种内容最初必然只能被一般地加以处理。这些模式与运用例证即那种自身一致的例证不同。自从柏拉图把这种例证的方法引入之后，哲学就不断重复这种方法。尽管这些模式是要清楚说明，否定的辩证法究竟是什么，并且要按照辩证法自身的概念把它推进到真实的领域，但是他们也像所谓的例证方法那样来解释哲学各学科中的一些关键概念，以便介入这些概念的中心。关于自由的辩证法就为道德哲学进行了这样的工作，有关"世界精神与自然历史"的论述为历史哲学进行了这样的工作。最后一章围绕着形而上学问题进行探索，并借助于批判性的自我反思而实现哥白尼意义上的轴心革命。

乌尔里希·松内曼（Ullich Sonneman）正在撰写一部名为《否定的人类学》的书。无论是他还是笔者，事先都不知道这种巧合。这表明了事物之中的一种强制性。

对《否定的辩证法》这部书所招致的反对意见，笔者也有所准备。我不会怨恨、嫉妒这边和那边①的人们，并欢快地宣称，他们一直是这样说的，而笔者现在也承认这一点了。

法兰克福，1966 年夏

---

① 这边、那边是指柏林墙的这边和那边。——英译本注。

目录

导　言

关于哲学的可能性

　　哲学由于错失了实现自身的时机曾一度要被废弃，但也因此得以存活下来。由于哲学没有能够改变世界，人们就得出一种概括性的判断：哲学只是简单地解释世界。这一判断自身由于逃避现实而变得错漏不堪，并走向了理性的失败主义。它在任何地方都不能保证人们可以具体地指控此类理论会犯下这种时代的错误，而理论现在和以前一样都受到这样的怀疑。或许，这样一个解释，即哲学所许诺的实践转向，是不够的。对理论进行批判所依赖的时间点从理论上说是不能被延长的。被无限期推迟了的实践不能被用来作为凭据，以便用来反对自足性的思辨思考。相反，它极可能成为行政当局的借口，他们把批判性思维——即实践上的变革所需要的那种批判性思维——当做徒劳无功地来扼杀它。哲学曾经许诺，它要与现实统一起来或者接近于把现实生产出来。由于哲学未能兑现这个诺言，它就被迫无情地进行自我批判。与感性幻相以及一切外向性经验的幻相相反，那曾经一度感到它自己并不那么纯粹天真的东西，而如今从其自身方面看，在客观上显得极其天真。它就如同150多年前歌德所碰到的那些卑微学者——平静地专注于主观玄思的学者——一样天真。内在思考的技巧隐居在那个被外在的思考技术所征用了的月球的背后。在面对社会的无限扩展和自然知识的巨大进步的时候，这种（内在思考的）概念框架——按照哲学的传统，全体应该被安置在这个框架之中——就类似于在晚期工业资本主义社会中那些简单商品社会的残余。同时，权力与每一种精神之间的不平衡的关系已经变得极为平常，并且这种不平衡关系是如此巨大，以至于这也使得由精神自身的概念所激发起来的那种努力，即取得这种优势地位的努力，无功而返。为此而努力的意志表达了一种权力的要求，而要被把握的东西却抵抗这种权力的要求。许多特殊科学领域的崛起迫使哲学退化为一门特殊科学，这种退化是哲学的历史命运最显著的表现。按照康德的说法，他要把哲学从学院概念中解放出来，而使之成为世界概念①，尽管如此，哲学还是被迫回到它的学院概念。只要哲学家们把学院概念和世界概念混淆起来，那么他们的企图就变得滑稽

---

① 康德：《纯粹理性批判》，李秋零译，见《康德著作全集》第三卷，北京：中国人民大学出版社 2013 年版，第 535 页。

可笑。尽管黑格尔有一个绝对精神的理论，并且他也把哲学归入这个理论之中，但是他还是把哲学看作是现实中的单纯要素，看作是劳动分工中的活动，并以此限制哲学。自那以后，哲学由此变得狭窄了，并且在现实面前相形见绌。哲学越是如此，就越是从根本上忘记它所受到的限制，并把这种状况当作与它自己无关的东西而排除出去，从而确证它自己在一个被它作为控制对象的总体中的位置，而不是致力于弄清它的内部关联以及它的内在真理在多大程度上依赖于这个总体。哲学只有摆脱这种天真的做法，才值得被进一步思考。而哲学的批判性自我反思才不会停留在它的历史的最高峰面前。正如康德在批判了理性主义之后探寻形而上学的可能性一样，需要追问的是，在黑格尔陨落之后，哲学究竟是不是可能的，如何可能的？如果黑格尔的辩证法学说表明，它没有能力用哲学概念来把握那些与这些概念异质的东西，那么需要说明的是它与辩证法之间的关系早已过时，说明黑格尔的努力在何种程度上失败了。

辩证法没有立足点

任何理论都不再能逃出市场：每一种理论都是作为竞争的观点中的一种可能性而被提供出来的，所有的观点都等待选择，所有的观点都会被吞噬。因此，思想不能漠然视之，不能盲目自信，以为自己可以避免这种命运而自恋式地自卖自夸；同样，对于这样一种指责以及对于辩证法是多余的、是完全随意地从外面附加的方法等有关指责，辩证法也不必无言以对。辩证法的名称至少表明：对象不可能完全消融在概念之中，这是与被人们所采纳的（概念和对象）相等规则相矛盾的。这种矛盾不是黑格尔的绝对观念论所不可避免地加以美化的那种矛盾；它不是赫拉克利特式的本质。它标志着同一性的非真理性，标志着概念中所概括东西之展开。然而，同一性的幻相却内在地滞留于作为纯粹形式的思维本身之中。思维可以被称为同一化过程。概念框架洋洋得意地挤压思维所要把握的东西。思维的幻相和它的真理交织在一起。这种幻相不能被武断地清除掉，比如通过强调思维规定总体之外的自在存在而被清除掉。这是秘密存在于康德那里的一个要素，但在黑格尔的推动之下而遭到反对：概念之外的自在是完全不确定的，也是空无的。既然我们意识到概念总体的幻相性质，那么我们别无选择，只能内在地摧毁总体上的同一性的幻相，即按照它自身的尺度来摧毁这个幻相。然而这个总体是按照逻辑建构起来的，排中律构成了其核心，于是一切与它不符合的东西，一切质上不同的东西都被标识为矛盾。矛盾就是从同一性方面来看非同一的东西，辩证法中矛盾律的优先性就是要衡量单一性思维（Einheitsdanken）中异质的东西。既然这种思维冲撞了自身的界限，那么它就要超越自身。辩证法就是对非同一的坚定意识。辩证法并不预先关联一个立足点。思想由于其自身不可避免的缺憾以及对它所思考的东西造成的过失而被迫趋向于辩证法。假如有人像亚里士多德式的批评家一再重复地批评黑格尔那样①，反驳说，辩证法从它自身那个方面把一切落入它的磨盘中的东西都纳入到矛盾这种纯粹的逻辑形式中，而忽略了非矛盾的东西的真正多样性，忽视了纯粹差异东西的真正多样性——甚至克罗齐都这样论述的②，那么他就把这件事情上的过失错置到方法上面。只要意识按照它自身的形态必须强行走向单一性，那么差异的东西就显示出离散、不合、否定的特性；只要意识按照它的总体性衡量与它自身不同一的东西。辩证法就把这种东西作为矛盾呈现在意识面前。鉴于意识的这种内在本质特征，矛盾性就获得一种不可避免的、灾难性的、合规律性的特点。思维的同一性和矛盾是不分彼此地纠缠在一起。矛盾的总体性不是别的，而是总体同一化的非真理性，它也在这种总体同一化中显示自身。矛盾是规律的魔力中的非同一性，这个规律也会影响非同一的东西③。

现实与辩证法

　　然而这个规律不是思维的规律，而是真实的规律。毫无疑问，无论谁，只要他顺从于辩证法原则，他就必定会

---

　　① 参见 F. A. 特伦德伦贝格：《逻辑研究》，第一卷，莱比锡 1870 年，第 43—44 页，第 167—168 页。

　　② 参见 B. 克罗齐：《黑格尔哲学中活东西和死东西》，K. 布赫勒译，海德堡 1909 年，第 66—67 页，第 68—69 页，第 72—73 页，第 82—83 页。

　　③ "非同一的东西"的德文是"das Nichtidentische"，从内容上说，它不是"东西"，不是存在者，但是也不是完全不存在的。——译者注。

痛苦地牺牲经验在质的方面的多样性，并为此付出代价。由辩证法——尽管辩证法使主流的观点怒不可遏——所导致的经验的贫乏表明，这种贫乏的经验自身是完全与这个被控制的世界的抽象一致相适应的。经验贫乏的痛苦是它被提升到概念而产生的痛苦。如果辩证法不希望再次把具体化降格为意识形态，而具体化也确实开始降格为意识形态，那么认识必须屈从于辩证法。辩证法的一个变种满足于其无力的复兴：从精神史上来说，它导源于康德的难题（Aporie），导源于其后继者编织到体系之中而又未能取得成功的那种东西。它所完成的只是否定的东西。辩证法把普遍和特殊之间的差异加以展开，而这种差异却是由普遍所主宰的。由于主体，这个把主体和客体的分裂强行纳入意识中的主体，不可避免地要对它所思考的一切东西甚至客观的东西都加以深耕细耘，所以这两者最终仅能达成和解。这种和解会把非同一的东西释放出来，甚至使它摆脱精神的束缚，并展示差异事物的多重性，而辩证法就再也无力控制这种多重性。和解是对无敌意的杂多所进行的沉思，而主观理性却诅咒这种杂多。辩证法为和解服务。这种辩证法排除了逻辑的强制特性，而又遵从这种强制特性。因此它被斥责为泛逻辑主义。作为观念论辩证法，它与绝对主体的优先地位结合在一起。这个主体作为一种力量以否定的方式促成概念的每一次运动，并完成这个运动的全部过程。这种主体优先性，甚至在黑格尔的观念——是关于特殊人类意识的观念，并且超越了康德和费希特的先

验意识——中都从历史的角度受到了谴责。这种主体优
先性受到软弱无能、死气沉沉的思想——这种思想在强
大的世界过程面前拒绝重构这个过程——所遏制。尽管
绝对观念论比所有其他理论都更加连贯，但它所主张的这
些和解观念——从逻辑领域到政治历史领域的和解——没
有一个是令人信服的。前后一致的观念论只能把自己建构
为矛盾的总体。这既是它的连贯性逻辑的真理，也是它作
为逻辑性的逻辑性所招致的惩罚；这是幻相，同时也是必
然。此后，辩证法的非观念论形式退化为一种教条，而辩
证法的观念论形式则变成文化教材。即使这两种辩证法过
程被重新启动起来，也不能单独地规定历史地形成的哲学
思考方式的现实意义，也不能单独地规定哲学结构即对对
象进行认识的哲学结构的现实意义。黑格尔使哲学重新获
得了这样一种权利和能力，即进行有内容（inhaltlich）的思
考的权利和能力，而不是让哲学满足于对认知形式进行空
洞的，甚至毫无感性内容的分析。可是，现如今如果哲
学还处理一些有内容的东西的话，那么它或者退化为任
意一种世界观，或者退化为一种形式主义，即黑格尔所
坚决反对的"中立性"。现象学的发展过程从历史上证
明了这一点，即现象学曾经一度是被内容的需求激发起
来的，但是后来把任何一种内容都看做是对它所不断呼
唤的存在的玷污。黑格尔的那种有内容的哲学思考把主
体优先性作为其基础和结果，或者按照他在《逻辑学》
导言中的那个著名的说法，在同一性和非同一性之间的

同一性①。对黑格尔来说，特定的个别东西是可以用精神来规定的，因为它的内在规定不是别的，而恰恰就是精神。按照黑格尔的说法，如果没有这样一个设定，那么哲学就不能认识有内容的和本质的东西。与黑格尔所强调的东西相反，如果辩证法用观念论的方式所获得的那些概念不包含独立于观念论机制的经验，那么哲学就不可避免地变成一种拒绝，即阻止有内容的观点，就会把自己限制在科学方法上。这既可以被说成是维护哲学，实际上也是取消哲学。

哲学的兴趣

处于这一历史关头的哲学对非概念东西、个别东西、特殊东西有真正的兴趣，而黑格尔却像传统那样对这些东西不感兴趣。从柏拉图以来，这些都作为转瞬即逝、微不足道的东西而被置于一旁，黑格尔则给它们贴上了不值一顾之实存的标签。哲学的主题应该涉及这样一些（非同一意义上的）质，（但）这些质（却）被哲学贬低为偶然的、可以被忽略的量。对概念来说，最紧要的是概念所没有包容的东西，是它的抽象机制所排除的东西，是还未成为概念的样本的东西。柏格森和胡塞尔这两位现代哲学的旗手，尽管意识到这些东西，但是却离开了这些东西并退回到传统形而上学之中。柏格森为非概念东西之故极其突兀地发

---

① 参见《黑格尔全集》第四卷，格洛克纳编，斯图加特，1927年，第78页。

明了一种新的认知类型。辩证法的盐分被冲刷到毫无区分的生命之流中，顽固的物性东西被当作次要的东西而被轻易地打发了，却没有与它的次要性一起被把握。对僵化的普遍概念的恼怒引发了人们对具有非理性特点的直接性的崇拜，引发了对不自由中的最高自由的崇拜。他构想了两种认知方式，完全二元的、相互对立的认知方式——即因果机械论的知识和直觉知识，以至于他的构想与他所激烈反对的笛卡尔和康德的学说一样。因果机械论的知识作为实用知识被保留下来了，并如此地不受直觉知识所困扰；这就像资产阶级的构架不为那些轻松自在、无拘无束的人们所困扰一样，他们从这个构架中获得了特权。在柏格森的哲学中，那个备受尊崇的直觉本身完全是抽象的，根本没有超出康德的现象领域的时间意识。这种时间意识成为物理时序即按照柏格森所认为的空间意义上的时间的基础。精神上的直觉性活动方式尽管难以发展，但作为古代的模仿性反应的残余，事实上却持续存在着。直觉的过往历史允诺要超出凝固的当下。然而直觉却只是偶尔获得成功。如果认识切实需要被具体化，那么每一种认识，甚至包含柏格森本人的认识，都需要被他鄙视的理性。被提升为绝对的绵延、纯粹的变化、纯粹的行动（actus purus）反转为无时间性，即被柏格森所斥责的、亚里士多德和柏拉图以来的形而上学中的那种无时间性。他没有注意到，如果他所要探索的东西不是海市蜃楼，那么这种东西只能通过认识工具，只能通过对认识工具的反思才能被观察到；而在一个从一开始就没有经过认识所中介的过程中，这个东西就退化为一种任意（的东西）。相反，逻辑学家胡塞尔提出了一种领悟本质的模式，并把这个模式与一般化的抽象尖锐对立起来。浮现在他的脑海中的是一种特殊的精神经验，这种经验能够从特殊的东西中直观本质。可是，这种经验所涉及的本质与通常的一般概念毫无区别。在本质直观的活动和它所达到的结论之间存在着明显的不对称。这两种突破观念论的努力都没有取得成功：柏格森与他的实证主义的死敌一样，指向了意识的直接材料，而胡塞尔同样也关注意识之流中的现象。前者与后者一样都固执于主观内在性的范围之中①。与这两种做法相反，需要坚持的是徒劳地浮现在这两个人面前的东西：与维特根斯坦相反，说出那不可说的东西。这个明显矛盾的要求是哲学自身的矛盾：早在哲学把自身卷入其特殊的矛盾之前，矛盾就把哲学定性为辩证法。哲学的自我反思工作就是要弄清这个悖论。今天和黑格尔时代一样，所有的其他工作比如指称和重构，都是前哲学的。我们确信，哲学是可能的，尽管这种信念一直受到怀疑。让概念超越概念，超越那些准备性、片断性东西，从而能够达到非概念的东西，这对哲学来说是绝对必要的，并因此有那么一点点天真，即哲学所患有的天真的毛病。否则的话，哲学以及伴随着哲学的一切精神都必须投降。（如果这样的话）即使最简单的运算都不能被思

---

① 参见阿多诺：《走向认识论的元批判》，斯图加特，1956 年版。

考，真理也不存在，甚至一切都归于零。任何包含真理的东西都只能通过概念超越其抽象的范围而被获取，只能在被概念所压抑、所忽视和所抛弃的东西中展示出来。认识的乌托邦或许就在于，借助于概念来开启非概念东西，而不是把非概念的东西等同于概念。

对抗的总体

这样一种辩证法概念引发了人们对它的可能性产生怀疑。关于矛盾的普遍运动的预期，无论怎么变，似乎都要使精神的总体明白，同一性命题是无效的。只要辩证法是按照矛盾的形式来组织自身的，那么精神，这个不断反思事物中矛盾的精神，就必须自身是矛盾的。在观念论辩证法中，真理就是要把每一个特殊的东西当作片面的、错误的东西，要突破每一个特殊的东西，这个真理就是总体的真理。如果不预先考虑到这种全体的真理，那么辩证法就缺乏前进的动力和方向。与此相反，精神经验的对象本身是完全真实的、对抗的系统，而不仅仅是借助于其中介而把这个对象传递到主体那里，并由主体重新发现其中的矛盾。观念论把现实的强制结构投射到主体和精神的领域，然后又把这种结构从主体和精神的领域重新编译出来。观念论所剩下来的是，精神的客观决定者即社会，既是主体的缩影，又是主体的否定。在社会中主体是无法被认识的，也是毫无力量的，正因为如此，社会才如此极端地显示出客观性，而概念也被观念论误认为是肯定性的东西。这个体系不是绝对精神的体系，而是那样一些人——这些人虽然支配精神，但是却根本不知道精神在多大程度上是他们自己的精神——之中最受限制的人所提出的体系。通过主体而预先形成的社会物质生产过程与这个过程的理论建构完全分离开来了，是这个理论所无法化解的东西，是与主体不可调和的东西。他们自身的理性通过交换产生同一性，并且像先验的主体一样无意识地产生这种同一性。这种理性把主体还原到同样的公分母上，因而又是与主体无法相通的：主体成为主体的敌人。通常所说的一般性既是真实的，也是不真实的：它是真实的，因为它形成了黑格尔所说的精神的"以太"；它是不真实的，因为它的理性还不是理性的，它的一般性是特殊兴趣的产物。因此，对同一性的哲学批判超出了哲学。如果生活还得继续下去，即使是在这样一种占统治地位的生产方式中也还得继续下去的话，那么一种不能被概括在同一性中的东西——按照马克思的术语来说就是使用价值，是必需的，而这一状况是乌托邦中所不可消除的（要素）。乌托邦达到了它所要秘密放弃的东西，即达到了乌托邦的自我实现。就乌托邦的具体可能性来说，辩证法是错误状况的存在论。正确的状况应该摆脱这种存在论，它既不是体系也不是矛盾。

概念的祛魅

　　哲学，包括黑格尔的哲学，总是遭到这样一种泛泛的指责，因为它必定把强制性概念作为材料，因此它注定具有观念论的特点。事实上，任何一种哲学，甚至最极端的实证主义都不能毫发不差地拿来原始事实，都不能像解剖学案例或者物理学实验那样呈现原始事实。任何一种哲学都不能像许多绘画那样使人相信，它能把具体东西贴在文本上。然而，论证过程从其完完全全的一般性方面看是以一种完全拜物教的方式来对待概念，以至于好像概念在它自身的范围内就能纯真地展示自身，它像是一个自足的总体，哲学的思维对它无可奈何。在真理中，任何概念，包括哲学概念都走向非概念的东西，因为这些概念从它们那个方面来说，是现实要素。那个从内部作为概念中介出现的东西、这个领域的优先性——没有这个领域什么东西也认识不了——不能与自在的东西混同起来。这样一种自在存在的幻相使概念获得一种脱离现实的运动形式，概念从它那个方面来说是被束缚于现实中的。而哲学必须借助于概念来进行，但是这种必要性不能使概念获得优先性的卓越特性，当然反过来说，对这种卓越特性的批判也同样不能被用来对哲学进行即席审判。我们认为，尽管哲学离不开概念，但是概念性本质对哲学来说不是绝对。这种看法又是由概念的构成所中介的，它既不是教条的命题，更不是天真的实在论的命题。概念，比如黑格尔《逻辑学》一开始的那个存在概念，就特地用来意指非概念的东西的。用拉斯克的话来说，它指称超出自身的东西。从其本意上说，概念不会满足于其自身的概念性，尽管就此而言概念会把非概念的东西纳入其含义之中，但概念还是趋向于使非概念的东西与其自身等同起来，并由此而束缚于其自身之中。概念的内容从精神方面来看是内在于概念的；而从存在者状态方面来看，是超越概念的。通过对这一点的自我意识，概念就能够摆脱概念拜物教。哲学的反思就是要确保非概念的东西包含在概念之中。否则的话，按照康德的格言，概念就会是空的，最终不再是关于某种东西的概念，并因此而什么都不是。认识到这一点并消除了概念的自足性的哲学，解开了蒙在我们眼睛上的绷带。即使概念要处理存在者但概念还是一个概念，而这却改变不了下面这个事实：概念从它自己那个方面来看被纳入到非概念的总体之中，而概念只有通过自己的物化才能针对这个总体而把自己封闭起来，这种物化当然会把它作为一个概念生产出来。概念像任何其他东西一样，是辩证逻辑中的一个要素。概念通过非概念东西而成为中介者，而这个中介者通过其指称而被保留在概念之中。这个指称从它那个方面来看成为它的概念性存在（Begriffsein）的基础。概念特点，既可以是这样的，它与非概念东西相联系——比如，像传统认识论那样，对概念的每一种定义最终都需要有非概念的、指示性的要素，也可以相反，作为抽象的统一性，即把存在者①概括在概念之中的统一性，从而与存在者状态（Ontisch）分离开来。改变概念性的方向，使它转向非同一东西是否定辩证法的关键。如果有了非概念的东西是概念

---

① Onta 即 Beings——中译本注

的构成性要素这样一种洞见，那么同一性的强制就会解体，如果没有这种持续的反思，那么概念总会带有这种同一性的强制。概念的自我沉思可以引导人们走出概念自在存在的幻相，即概念含义的单一性的幻像，从而走向它自身的含义。

"无限性"

概念的祛魅是哲学的解毒剂。这个解毒剂要防止它的这个毒瘤：即哲学把它自身变成绝对。无限者的观念是观念论所留下的观念，也是观念论破坏得最严重的一种观念。这个观念应重新发挥功能。哲学的任务不是把现象还原到最少的公理，按照科学的习惯做法去穷尽事物。黑格尔对费希特的指责，即指责他从"格言"出发，表明了这一点。而哲学严格地来说就是要把自己沉浸在与它异质的东西之中，而不是把这些东西带入预制好了的范畴中。正如现象学的纲领和齐美尔的纲领所徒劳地期待的那样，哲学也要尽力靠近它的异质物：它的目标是不折不扣地展现这种东西。只有在哲学未对其自身的内容实施强制的地方，这个内容才是可以被把握的。有一种幻想认为，哲学可以把本质限定在其规定的有限性上，这种幻想应该被抛弃。观念论哲学家的嘴巴极其轻易地说出了"无限性"这个词，这仅仅是因为他们希望缓解人们对他们的概念机制——包括黑格尔的概念机制，不管他的意图如何——的贫乏有限性的那种恼人的怀疑。传统哲学相信，它所占有的对象是无限的，于是作为哲学它是有限的，并且是最终的。一种改变了的哲学必须放弃那种要求，不再说服自己和其他人，无限的东西已经在它的掌握之中。相反，一种改变了的哲学会蔑视那种把自己限制在少数几条公理的集合体之中的做法，就此而言，这种哲学可以被审慎地理解为无限的。这种哲学会把那些未被纳入概念框架中的对象的多面性作为自己的内容，而这种框架或者是被强加于哲学的，或者被哲学所探求。哲学将真正听命于这些对象，而不是把这些对象当作镜子，并从这些镜子中重新发现自身，并把它的镜像与对象的具体内容混淆起来。这个具体内容不是别的，而是概念性的反思中介之中完全的、不折不扣的经验，而"意识的经验科学"却把这样的经验内容降低为范畴的例证。促使哲学冒险地力求（实现）其自身的无限性的是这样一种毫无保障的期待，即哲学所要揭秘的每一个个别的东西和特殊的东西，像莱布尼茨的单子论那样，都能再现整体自身，而这个整体对它却总是躲躲闪闪的。当然，这些单子与其说是前定和谐的，不如说是前定不和谐的。针对第一哲学所进行的原批判同时也是对哲学的有限性的批判，尽管这种哲学就无限性夸夸其谈，但却不对它有任何的珍重。认识不可能完全把握其对象。它不给人们提供一个获得整体的幻觉。因此，从哲学上解释艺术作品的工作不是要把艺术作品和概念同一起来，不是要把艺术作品吞并到概念之中。而艺术作品通过解释而在其真理中展示自身。相反，从这种吞并——无论是作为有规则的抽象过程，还是用概念来规定它所要把握的东西——之中，我们可以看到最广意义上的技术运用，而对拒绝屈从的哲学来说，这种技术运用是无关紧要的。从原则上来说，哲学总会出错，正因为如此，它也能获得某种东西。怀疑主义、实用主义，尤其是最近的杜威的人道型的实用主义，已经认识到这一点。然而这一点应该作为酵素而被加到有所强调的哲学中，而不是为了对之加以验证而从一开始就放弃这种东西。针对方法的完全主导地位，哲学修正性地包含了游戏的要素，而哲学科学化的传统却要从哲学之中排除这种要素。甚至对黑格尔来说，这也是他的一个痛点。他指责了"分类和区别，这些分类和区别是由外在偶然性和游戏所规定的，而不是由理性所规定的。"[①] 这个老成的思想家知道他与其所思考的东西失之交臂，但却还是一再声称，他完全把握了它。这使他近似于小丑。或许，他没有否定他的这个特点，而恰恰是这个特点向他开启了一种希望，即对不顺从他的东西的希望。哲学是最严肃的东西，但是又没有那么严肃。有些东西本来就不是先天的，任何被确认的力量也不能控制它；跟踪这样一些东西，按照这些东西自身的概念来说，同时就进入到一个无拘无束的领域，一个被概念性的本质所禁止的领域。除非概念在它自己的行为方式中利用模仿性质的东西，以免使自身失落到这些行为方式之中，否则的话，概念就不能再现模仿——这

---

① 黑格尔：《小逻辑》，贺麟译，北京：商务印书馆 1980 年版，第58页，译文有改动。

个被它所压制的东西。就此而言，审美的要素对于哲学来
说完全不是偶然的东西，但其理由却完全不像谢林所说的
那样。对哲学来说，还有一项需要完成的任务是，哲学要
在其洞察现实的义务之中扬弃审美的要素。洞察和游戏是
哲学的两极。把哲学和艺术联系起来，并不是授权哲学可
以借用艺术，更不是要授权哲学可以求助直觉，野蛮人才
会把直觉当作是艺术的特权。况且，在艺术的劳动中，直
觉也不是像天上的闪电那样孤立地闪现。它是与构图的形
式法则一起出现的，如果人们想把它单独提取出来，那么
它就消失不见了。此外，思维绝没有保留一个泉眼，来自
这个泉眼的新鲜活水会把它从思维中解放出来。一种认识
如果与所进行的把握活动完全不同，那么这种认识也是完
全不能把握的；面对这种活动，直觉也会惊慌失措、落荒
而逃。模仿艺术的哲学如果想从它自身中产生艺术作品，
那么它也毁掉了它自身。哲学设定了同一性的要求：尽管
与异质性的东西的关系确实是哲学的主题，但是它要使对
象消失在它自身中，即它赋予它自己的处理方法以优先地
位，并把异质性的东西作为先天的材料屈从于这种处理方
法。艺术和哲学有其共同的东西，但是这不在于形式或者
格式化的程序，而在于它们的行为方式，即能阻止虚假形
象的行为方式。这两者都借助于对方而忠实于自己的内容：
艺术固执地使自身反抗它的指称，而哲学不再让自身局限
在直接的东西上。哲学的概念并不放弃这样一种渴望，这
种渴望把艺术作为非概念的东西激活起来，而这种渴望的

满足又把艺术的直接性作为一种幻像，并逃离这种直接性。概念是思维的工具，同时又是思维和它所思考的东西之间的藩篱，（于是）概念（又）否定了这种渴望。哲学既不能绕开这种否定，也不能屈从于这种否定。哲学的任务就是要努力通过概念来超越概念。

思辨的要素

即使拒绝了观念论，哲学仍然可以接受思辨，即一种比黑格尔那过于肯定的思辨更加广义的思辨①。观念论既提升这种思辨，这种思辨也与观念论一起遭到质疑。实证主义轻易地把马克思的唯物主义，即从客观的本质规律出发的，而不是从直接的数据或者几条公理出发的唯物主义，当作思辨而一笔勾销。为了洗清意识形态的嫌疑，人们最近更倾向于把马克思称为形而上学家，而较少把他看做是阶级的敌人。然而只要真理的要求希望一个人能够超越根基，那么这个可靠的根基就是虚幻的。哲学不能用几条公

---

① "此外，甚至在今天怀疑主义仍然常常被看作是实证知识的敌人，因而是涉及实证认识的哲学的敌人。我们必须用这样的说法来对付它：恰恰是那种有限的、理智的思想才需要怀疑主义，才无法抵抗它，然而哲学包含了怀疑，并把它作为自己的因素，即作为辩证法。但是，哲学不会在辩证法的否定结果面前停滞不前，而怀疑主义就是如此。怀疑主义误解了它的结果，固执地坚持纯粹（即抽象的）否定。辩证法把否定当作自己的结果，而这种否定作为结果，同时也是肯定的，因为它包含了扬弃的东西于自身，它来源于这种被扬弃的东西，如果没有这种被扬弃的东西，它就不是如此。这就是逻辑的第三种形式的基本规定，即思辨或者实证理性的基本规定。"（参见《小逻辑》，商务印书馆，贺麟译，1980 年版，第 181 页。译文略有改动。）

理敷衍了事，这些公理只是要哲学放弃对其本质的东西的兴趣，而不是满足这种兴趣，即使说一个"不"字（也不行）。19 世纪以来的反康德运动已经敏锐地感到了这一点，当然是一再通过蒙昧主义而勉强接受这一点。然而，哲学所进行的抵抗也要有所发展。音乐，或许每一种艺术，都不能从激发出第一个节拍的那种冲动中即刻获得满足，而是要在后来的表达过程中获得满足。就此而言，尽管艺术作为总体仍然是一种幻相，但是它却借此而对幻相即此时此地所展示的内容进行批判。这样一种中介作用也同样适合于哲学。假如它自以为是、过快地说（其内容），那么它就沾染了黑格尔所指责的那种空洞的深刻的毛病。一个人即使随口说出深奥的东西不会由此变成深邃的人，正如小说中的人物说出一些形而上学的观点，不会使小说变成形而上学一样。假如人们要求哲学径直探讨西方形而上学中的存在问题或者其他一些主要论题，那么这种要求是一种草率的轻信。尽管哲学不能回避这些主题的客观地位，但这也不能保证，它对这些宏大的对象的处理方法就是恰当的。它如此地惧怕哲学反思中的那些驾轻就熟的路径，以至于它的主要兴趣龟缩到那些转瞬即逝、还没有被意向所充分涵盖的那些对象。传统哲学的问题框架受到这类疑问困扰，因而必须要被否定。这个已经客观地编织成为一个总体的世界，无法让意识解放出来。它始终把意识束缚在它想逃离的地方。可是，如果思维随意地从头开始，而不顾它所处理的问题的历史形式，那么思维恰恰就成为这些问题的牺牲品。只是由于哲学思维的生命力，哲学才获得颇具深度的思想。其中的一个现代样板就是康德的纯粹知性概念的演绎。其作者用一种深刻的、辩护性的而又讥讽的口吻说，那是"颇具深度的"①。正如黑格尔也曾注意到的那样，这种深奥是辩证法的要素，而不是某种孤立的性质。可是，按照一种可怕的德国传统，一种思想只有紧扣有关灾难和死亡的神正论才有深度。于是一种神学的目标被偷运进来并被隐藏起来：好像思想的结果即对超越的确证，就能使思想获得尊严，或者只要思想沉浸到内在性之中，即纯粹的自为的存在之中，那么思想就有了尊严；好像直截了当地脱离这个世界就等于是对世界根基的意识。这些有关深奥性的奇思妙想在整个精神史上总是对现存状况（Bestehenden）抱有好感，尽管它们也发现它平淡无奇，而对付这种奇思妙想的就是现存状况的真实尺度。意识总是会撞到强大的现存状况所确立起来的外壳，它必须努力穿透这个外壳。只有这样才能使这个深奥性的假设摆脱意识形态。在这种抵抗的努力中幸存下来的东西就是思辨的要素：这是不让其规则受既定事实所操控的那种东西，这种东西即使在其最密切地感知对象的时候，即使在其拒绝神圣的超越性的时候，也仍然能够超越这些既定事实。思想如果超越它在抵抗中束缚自身的东西，那么由此而来的就是思想的自由。（思想）自由就是遵循主体的表达要求。

---

① 《康德著作全集》第四卷，李秋零译，北京：中国人民大学出版社2013年版，第9页。

让痛苦发声的需要是一切真理的条件。痛苦就是加在主体身上的客观性；主体所体验到的最主观的东西、它的表达都是被客观地中介了的。

展 示

这也许有助于说明，对哲学来说，为什么展示不是无关紧要的和外在的东西，而是内在于其思想中的东西。哲学中的完整表达的要素、非概念性模仿的要素只有通过展示即只有通过语言才能被对象化。哲学的自由不是别的，而恰恰就是这样一种能力，即协助不自由的东西，使之发声。如果这种表达的要素自以为是，认为自己还表达了更多的东西，那么它就会蜕化为世界观；如果哲学放弃了表达的要素和展示的义务，那么它就是与科学合流。表达与严谨是哲学的两个不可分割的可能性。它们彼此相互需要，没有其中的一个，那么也就没有另一个。表达通过思想来摆脱它的偶然性，在这里，表达努力进行思维，而思维则努力得到表达。思想作为被表达出来的东西，只有通过话语的展示，才会清晰明了，而松散的言辞则是没有经过周密的思考。通过表达，被表达的东西被迫严谨起来。表达也不是要牺牲被表达的东西而把它自身作为目的，而是要使被表达的东西摆脱物性的非本质状况，从它那个方面看，就是要使它摆脱哲学批判的对象。剔除了观念论根基的思辨哲学需要严格地遵从严谨性，从而破除观念论的权威要求。本雅明在最初的《拱廊街计划》中，把无与伦比的思辨能力与他对事实的微观把握结合起来。在后来的通信中，他对其工作的第一层面即本真的形而上学层面做出评价，认为这项工作只能作为"不被允许的'诗性的东西'"① 来完成。这个自暴自弃的说法既表明一个不想倒退的哲学所面临的困难，也表明哲学概念要它在所到达的那一点上继续前进。这大概是由于本雅明盲目地把辩证唯物主义当作世界观而加以接受。本雅明最终并没有下定决心写出《拱廊街计划》这部作品。这个事实提醒我们，只有当哲学坦然面对它的全部错误的时候，哲学才不只是无效的忙碌，才不只是对那从传统中偷运进来的绝对肯定性所作出的回应。本雅明由于受到了非辩证的实证性残余的限制而对他自己的思想采取一种失败主义的态度。从神学阶段——其形式没有发生过改变——开始直到后来的辩证法阶段，这种实证性的残余就一直伴随着他。相反，黑格尔却把否定性与这样一种思想，即保护哲学使其免受科学的实证性以及业余爱好者的偶发性侵扰的那种思想等同起来。这种等同的做法是有其经验内容的。思维原本就其自身来说，尤其是就其特定内容来说，是否定，是对一切强加于它的东西的抵抗。这是思想从劳动对其材料的关系中，也就是思想的原初形象中继承下来的。如果意识形态今天变本加厉地驱使思想走向肯定性，那么它就狡猾地注意到，实证性本来是与思维相对立的，注意到思维需要得到社会权威的

---

① 瓦尔特·本雅明：《书信集》第二卷，法兰克福，1966 年版，第 686 页。

友好赞许，以便使思想适应这种肯定性。思维就其本身来说在概念上是对抗消极的直观，因此，在这个概念之中就已经潜在地意味着一种否定性的努力，即反抗那种要人们屈从于一切直接东西的无理要求。判断和推理是思维的批判所不能缺少的思维形式，它们在其自身中就包含了批判的萌芽，同时只是由于排除了它们所没有达到的东西，它们才具有确定性；它们所要达到的真理性，就是抛弃了那些没有被它们打上烙印的东西，尽管这样做法的正当性是可疑的。"某个事物是如此这般"，这样一个判断在潜在的意义上就是要防止主词和谓词之间的关系表达某种不同于判断中的东西。而思维形式又企图超出只是现成在手的、"被给予"的东西。思维指向其材料的那个顶部不只是要从精神上控制自然。当思维综合其所面对的东西、对这些东西实施强制的时候，思维同时也追踪那在它所面对的东西中蛰伏着的潜在可能性，并无意识地遵从这样一种观念，即对它自己所损害的那些部分进行补偿。这种无意识的东西在哲学中被意识到了。不和解的思维是伴随着和解的希望的，因为思维尽管也抵抗纯粹存在者，主体尽管也拥有不受干扰的自由，但也要关注存在者在客体化的过程中在客体中所失去的东西。

对体系的态度

被当做混沌的、杂多的东西在康德的基础上被综合起来，而传统的思辨则进一步推动了这种综合，并最终试图摆脱一切内容。与此相反，哲学的目标，即那些开放的和无蔽的东西，是反体系的，这个目标同时也是哲学的自由，即自由地阐明这些现象，并且借此无强制地接纳这些现象。异于哲学的东西作为体系如何对抗哲学，哲学也这样会对体系保持警惕。这个被控制的世界正朝体系的方向发展。体系是否定的客观性，而不是肯定的主体。在历史的某个阶段上，体系虽然曾经严肃地对待内容，但这个严肃对待内容的体系却被抛入了诗性思维的不祥领域，而只留下了苍白的秩序框架，在这里，我们很难真正地想象，究竟什么东西曾经驱使哲学精神变成体系。即使派别上的偏见也不应阻止我们从哲学史上考察这两百多年来，体系——不论是唯理论体系还是观念论体系——究竟在何种程度上比它的对手占据绝对的优势，而它的对手相比之下则逊色得多。体系致力于解释世界，而其他（反体系的做法）的实际上只是宣称说，这样做是不行的；它们也就放弃了，即它们既拒绝了，也失败了。如果后者最终果真包含了更多的真理，那么这也只能说是哲学的短暂瞬间。无论如何，它（后者）的任务是，要从次要的东西（Subalternität）中攫取这种真理，而且要与那种不仅仅狂妄地自称是更高的哲学进行彻底的斗争：直到今天，唯物论还留恋于它在阿布代拉（Abdera）① 发明出来的东西。按照尼采的批评意见，体系只是把知识分子心胸狭窄记载下来，他们要通过

---

① 德谟克里特的家乡——中译本注。

概念的建构——好像对存在者具有行政操控权那样进行概念建构——来弥补他们政治上的无权状况。但是体系的需要就是不愿意勉强采用零散的知识，而是要绝对达到知识，这种诉求已经在每一个特殊判断的简明性中不由自主地显示出来了。体系的需要常常不仅仅要按照势不可挡地取得巨大成功的数学和自然科学方法来把精神改头换面，而且还做得更多。在哲学史上，17 世纪的体系具有特殊的补偿目的。与资产阶级的利益密切联系在一起的理性打破了封建秩序以及它的精神性的反思形态即经院存在论，而正是这样一个理性在面对这堆瓦砾即它自己的成果的时候立刻对这种混乱产生恐惧。在面对它所控制的领域之中持续存在的威胁的时候，在面对威胁与暴力一起按照同样的比例被强化的时候，这种理性就颤颤发抖。这种恐惧从一开始就塑造了对资产阶级思维完全具有构成性意义的行为方式，即通过强化社会秩序迅速地把它自身解放的每一个步骤都加以中立化。在其不彻底的解放的阴影之下，资产阶级意识必然会害怕，它被一个更加进步的阶级所舍弃。它就预感到，由于它还不是完全的自由，它所带来的只是自由的讽刺画。于是它就在理论上把它的自主性扩展为一个体系，这个体系同时也类似于它的强制机制。资产阶级理智（ratio）努力从其自身中产生一种秩序，而在外部它却已经否定了这个秩序。然而，这种秩序一旦被产生出来，就不再是一种秩序，而会变得贪得无厌。如此这般荒谬而合理地生产出来的秩序就是体系：这个被建构起来的东西显得像是自在的东西。这个体系的原初根源是那种与其内容相分离的形式思维，否则的话，它就不能对质料强加控制。哲学体系从一开始就是二律背反的。它自身的不可能性的标记是与这个体系交织在一起的，恰恰是这种不可能性才使得现代体系的早期历史中的一个体系被后一个体系所消灭。理智为了作为一个体系而得到贯彻，几乎清除了它所涉及的一切质的规定性，于是就陷入了与客观性之间不可调和的矛盾中：对客观性施加暴力，并由此又假装它把握客观性。理智越是远离客观性，它就越是要完全彻底地使客观性从属于理智的诸公理，并最终从属于其中的一个公理，即同一性的公理。所有的体系都充满了学究气，直到康德的繁琐的（建构体系的）建筑术——无论其纲领是什么，甚至黑格尔的繁琐建筑术都充满了这种学究气。这种学究气是先天注定了失败的标记，而康德体系的断裂极端诚实地记录了这种失败。在莫里哀那里，学究气已经是资产阶级精神在存在论上的代表作。每当一种东西从概念的同一性退回要被把握的对象时候，这种东西就迫使概念拓展自己的构架，从而避免引起人们对思维产品的无懈可击的完备性、严密性和严谨性的怀疑。伟大的哲学总是伴随着偏执的嫉妒之心，它不能容忍除了它自己之外的任何东西，并用理性的一切狡计来捕获这些东西，而这些东西在这种捕获面前却渐行渐远。哪怕同一性的最少一点点的残余也足以否定同一性，即完全按照其概念来说的同一性。从笛卡尔松果腺和斯宾诺莎的定理、定义可以看出，整个理性主义早已充斥了体系的弊端，可是它又通过演绎把这些东西凸显出来。而这些弊端通过它们的非真理性展现了体系自身的非真理性和它的疯狂特性。

狂怒的观念论

至高无上的精神妄想在体系中美化自身，然而这种体系却在前精神状况中，即动物的类生活中具有它的史前史。饥饿的动物要捕获猎物，而扑住猎物是困难的，并且常常是危险的。动物要胆敢这样做，就需要有额外的冲动。这种冲动与饥饿的困苦融合起来，并转化为扑向动物的狂怒。这种狂怒的表达反过来又能有目的地吓瘫猎物。在迈向人性化的步伐中，这种做法通过投射而被合理化。"理性的动物"虽然也有扑向他的对手的胃口，但是由于他已经幸运地拥有了超我，所以必须要找到一个理由。他越是遵循自我持存的规律来行动，就越是不敢对自己和他人承认这个规律的优先性。否则的话，他千辛万苦才获得的"政治动物"（ζῷον πολιτικόν）的身份，就如现代德国人所说的那样，失去了可信性。那个要被吞食的生物必定是恶的。这种人类学图式被升华了，并直达认识论之中。在观念论中，最明显的是在费希特的观念论中，无意识地占据支配地位的是这样一种意识形态，它把非我、他者、最后一切让我们想到具有自然性的东西都看作是低下的，由此致力于保持其自身思想的统一性，并可以放心地吞噬这种东西。正如这种思想提升了欲望一样，它也确证了它的原则。体系是转变为胃口的精神，狂怒是每一个观念论的标志。它甚至扭曲了康德所说的人性，遮蔽了（人的）高贵品性的光环，它懂得如何用这些光环来装扮自己。这中间，关于人的观点与对人的蔑视亲如姐妹：没有东西不受到挑战。那崇高的、冷酷无情的伦理法则与那扑向非同一性东西的合理化了的狂怒实属一类。当自由主义的黑格尔把绝顶的坏良心与那些拒绝思辨概念以及具象化（Hypostasis）精神的人区隔开来的时候，他也好不到哪儿①。尼采思想确实是西方思想史上的一个转折，而后来的人只是篡改了他的东西而已，这个思想的解放意义在于他说出了这里的奥秘。精神，那个抛弃了合理化的精神，即抛弃了它的魔力的精神，借助于它的自我反省，就不再是极端地恶的东西，这种东西却在他者中不断刺激精神。在这个过程中，体系由于其自身的不足而解体了，社会的过程却与此相反。作为交换原则，资产阶级理智使那些与它可以通约的东西，使那些它想与之同一起来的东西接近于真正的体系，并且越来越少的东西被遗留在这个体系之外，尽管它的这种做法越来越包含了自杀的潜在后果。在理论上被证明是无用的东西，却讽喻式地在实践中被肯定。正因为如此，体系危机的说法作为一种意识形态才会如此流行，即使以前也有一些人

---

① "这里浮现于思维或表象之前的，只是一个规定了的存在，即实存；对于这种思维或表象，必须追溯到前面已经说过的巴门尼德所作的科学开端，他将他的表象活动，从而也将后世的表象活动，精炼并提高为纯粹的思想，即存在本身，于是便创造了科学的因素。"（黑格尔《逻辑学》上卷，杨一之译，北京：商务印书馆1982年版，第77页。译文略改。）

根据体系自身的那种早已过时的理想而不满足于那种对于（理论的）纲要性特征的不怀好意、夸大其词的批评，这类做法也仍然是意识形态。现实不应该再被建构，因为它从根本上来说完全是进行建构的。现实的不合理性在一种特殊的合理性强制下强化自身：通过整合而实现的解体，为此提供了借口。假如社会即作为一个封闭的、与主体不可调和的体系可以被看穿，那么社会对于主体来说——只要主体还仍然是某种主体——就是使他们极其痛苦的东西。生存论上的所谓畏就是对变成体系的社会的幽闭恐惧症。其体系性质昨天还是学院哲学的标记，如今却被它的后继者所竭力否定。他们寡廉鲜耻地把自己装扮成自由思想、原发性思想的代言人，并且在可能的情况下把自己装扮成非学术性思想的代言人。此类误用并没有让体系的批判成为多余。与那拒绝强调任何东西的怀疑主义相反，一切有所强调的哲学都有一个共同点，它们都只有作为体系才是可能的。这种体系和经验主义潮流一样，都对哲学产生伤害。哲学在发挥作用（anheben）之前就对它能够对之做出严密判断的一切东西进行了设定。体系是展示总体的形式，它没有让任何东西遗落在它之外。它使思想与它的一切内容绝对地对立起来，并把思想中的内容蒸发掉：在对观念论进行一切论证之前，体系就已经是观念论的了。

体系的二重性

（对体系的）批判不是简单地放弃体系。在启蒙的高潮时期，达朗贝尔依据很好的理由把体系的精神和体系性精神区分开来。百科全书派的方法也考虑到了这一点。体系性精神不仅仅是说要把无联系的东西固化为某种联系这样一种微不足道的动机，也不仅仅是要满足官僚们把一切东西都纳入到范畴之中的欲望。对于一个思想无法控制其中的内容的世界来说，体系的形式更为合适。同一性和一致性同时都是把一种令人满意且不再对抗的状况不恰当地投射到控制性、压制性的思维联系之中。哲学体系学的双重含义不容许有其他选择，而只能把从体系的束缚中摆脱出来的思想力量转换为对这些特殊要素的公开规定。黑格尔的逻辑对这一点也并不完全陌生。对每个范畴的微观分析，同时也是作为这些范畴的自我反思而出现的。这种微观分析应该由一个概念过渡到另一个概念，而不需要顾及上面的覆盖物。这个运动过程的总体对黑格尔来说就是体系。这里包含了两种概念，一种概念是总结性的、因而走向静止的概念，一种概念是动态的概念，是由主体纯粹自主地产生的概念，这种自主的产生活动建构了一切哲学的体系学。这两种概念既相互冲突又相互关联。对于动态概念和静态概念之间的张力，黑格尔也只能借助于统一性原则的建构，即精神的建构来加以调节，而精神同时既是自在存在，又是纯粹变动，即亚里士多德主义和经院哲学的"纯运动"的翻版。这个不恰当的建构在一个阿基米德点上把主观的生产与存在论，唯名论与实在论分割开来，也阻碍了（他）从体系的内部来解决这种张力。尽管这样一种哲学的体系概念比纯粹的（实证）科学的体系学更加高明，但是（科学体系的）这种对于思想的有序组织和表达却要求这些具体学科所进行的持续建构都是从客体出发，而并不严格地要求其诸要素的内在统一性。正如它的这样一种预设，即一切存在者与认识原则的同一性这个预设，是一种偏见一样，而另一方面这样一种预设——尽管这种预设曾经一度像在观念论思辨中那样受到重压，但却让人回想起对象之间的密切联系——也是正当的；尽管这种联系受到了科学的秩序需求的阻止以便使它屈从于这种框架中的替代性联系。对象之间赖以进行交流的关系，而不是这些对象由分类逻辑还原出来的原子式的孤立性，才是这些对象自在规定性所显示出的迹象。康德否定了这种迹象，与康德相反，黑格尔试图借助于主体恢复这种迹象。把握事物本身，而不是把它纳入关系体系，使之适应关系体系，就是要在它与其他事物的内在联系之中关注它的特殊要素。这种反主体主义思想在绝对观念论的外壳内骚动，它试图通过诉诸这些要被把握的事物的可能样子来揭示这些事物，而使这个外壳发出爆裂的响声。这种思想体系的概念以一种相反的形式回忆起非同一性东西的连贯性，而这种连贯性恰恰被演绎的体系所伤害。如果对体系的批判以及对非体系思想的批判不能把这种连贯性的力量解放出来，那么这种批判就是外在的。正是在这一点上，观念论体系超越了先验主体。

自相矛盾的体系

那个促成体系的自我原则，那个清除一切内容的先定方法，始终是理智。这种理智既没有受到外部东西的限制，也没有受到精神秩序的限制。如果观念论在它的所有阶段上都确证其肯定式无限性的原则，那么它就把思维的状况，即思维的历史独立性转变为形而上学。它消除了一切异质的存在者。这就把体系规定为纯粹的生成、纯粹的过程，最后规定为绝对的生产。费希特就把思维解释成为这样的绝对生产，就此而言，他是真正把哲学体系化的人。早在康德那里，那个被解放了的理智，即那个无限的进展，只能通过对非同一性东西的认识至少是形式上的认识，才能得到维系。总体性和无限性之间的对立——不停歇的无限性冲破了静止地封闭于自身的体系，而体系又只能归因于无限性——是观念论的本质性对立。这类似于资本主义社会的核心矛盾：为了保持自身，为了保持原样，为了"是"，这个社会就必须不断地扩张、前进，并进一步超出其界限，而既不敬畏这个界限，也不使其自身保持原样①。人们已经证明一旦资本主义达到了它的天花板，一旦资本主义不再利用它自身之外的非资本主义的空间，那么按照其概念，资本主义就要消灭（Aufheben）自身。这表明，为什么尽管有亚里士多德，但古代的东西与现代的动态概念

① 参见马克思《资本论》第一卷，1955 年柏林，第 621—622 页；马克思和恩格斯《共产党宣言》，斯图加特，1953 年，第 10 页。

以及体系的概念是不匹配的。甚至在柏拉图——他在许多对话中都选用了疑难的形式——那里，这两个概念（动态概念和体系概念）也只能回溯性地输入进来。因此，康德对于这位古代人物的指责并不纯粹是逻辑的，正如他所指明的那样，而是历史的：即完完全全是现代的。另一方面，体系学在现代意识中是如此地根深蒂固，以至于尽管胡塞尔在存在论的名义下进行了反体系的努力——基础存在论就是从他那儿所产生出来的分支，但他还是不可抗拒地以其形式化为代价返回到体系之中。于是体系中的动态本性与静态本性相互限制，而又始终相互冲突。假如体系确实是封闭的，不容许在它的圈定范围之外的任何东西，那么即使它仍然可以被说成是动态的，但是，作为肯定的无限性，它仍然是有限的、静态的。如果体系以黑格尔盛赞他自己的那种做法来维持自身，那么这会导致体系的停顿。粗略地说，封闭的体系必须是完成了的。黑格尔的那个总是受到嘲笑的说法——世界历史在普鲁士国家中完成——既不是纯粹由于意识形态目的而发生的偏差，也不是与其整体无关的。在其必然的荒谬性中，他所要求的那种体系与动态性之间的统一性崩溃了。由于动态性否定了边界的概念，并作为一种理论确认在这体系之外仍然还有某种东西，于是动态性就有这样一种趋势，即否定它自己的产物——体系。哲学为什么会在它的体系中容忍动态和静态之间的矛盾呢？从这个角度来研究现代哲学的历史，也许不是毫无裨益的。黑格尔的体系本身并非确确实实是过程性的，相反其中的每一个规定都含蓄地被预先设计好了。
确认了这一点就可以判定这个体系的非真理性。可以说，
意识必须无意识地沉浸在它对之采取了立场的那些现象中。
于是，辩证法当然会在质上改变自身。体系学的一致性瓦
解了。现象不再像它们在黑格尔那里所一直保持的那个样
子，即不再是其概念的样本，尽管他曾经有过完全相反的
解释。与黑格尔所说的东西相比，思想就要进行更多的劳
动和努力，因为在黑格尔那里，思想只是从它的对象中抽
取出那已经是思想的东西。这个思想尽管有一个外化的纲
领，但是仍然满足于其自身；尽管它也常常需要它的对立
面，却不过是一阵喧嚣。如果思想确实在事实中外化自身，
如果是事实而不是范畴对它才是最重要的，那么客体就该
着手在思想的目光的持续注视下表达自身。黑格尔却反对
这样一种认识论，即人只有通过打铁才能成为铁匠，在认
识中去接近那个抵抗认识的东西，也就是非理论性的东西。
在这里，我们只是采纳黑格尔口头上的东西，只有这样，
黑格尔所说的那种走向客体的自由（Freiheit zum Objekt）
才会重新回到哲学。然而这种客体的自由却在自由概念的
魔力中、在设定意义的主体自律的魔力之中失去自由。炸
开不可消解的东西的那种思辨力量，是一种否定的力量。
只有在否定性中，体系性的特征才能持续存在。对体系进
行批判的那些范畴同时也是把握特殊东西的范畴。曾经合
法地超越体系中个别性的东西在体系之外才有其位置。这
一视角，通过对这个现象的解释，所关注到的就不单单是

现象之所是，并仅仅由此而关注这种现象究竟是什么。这种视角也把形而上学世俗化了。只有作为哲学形式的碎片才能给予观念论虚幻地构想出来的单子以其应有的特性。这些单子要在特殊中再现那不能如此再现的总体。

论证与经验

思想除了进行辩证的运用之外不把任何东西加以肯定性的具象化，这样的思想就超出对象，并不再虚幻地认为它与该对象是一致的。这种思想比它在绝对性的观念中更加独立，而在绝对性的观念中，独裁与顺从是混合在一起的，其中的一个依赖于另一个。康德使理知领域摆脱一切内在东西，其目的或许就在于此。沉浸于特殊就是要把辩证的内在性推向极端。这种做法要求一种超出对象的自由，并把这种自由作为它的要素，而同一性的要求却阻止这种自由。黑格尔排斥这种自由：他依赖于对象之中的彻底中介。在化解那些不可化解的东西的认识活动中，由于认识作为一种微观的活动只能利用宏观的手段，于是思想中的这种超越的要素就显露出来了。这就需要一种非体系的约束，这种需要就是对诸多思维模式的需要。这些思维模式不仅仅是单子论式的。思维模式要切中特殊的东西，甚至还要切中比特殊东西更多的东西，而不是让这种东西在它的更一般的上位概念中蒸发。哲学的思考恰恰就是在这些模式中进行思考。否定的辩证法是模式分析的结合体。只要哲学自欺欺人地认为，凡哲学用来促使对象发生运动的东西，也必定从外部影响这些对象，那么哲学就把自己重新贬低为一种肯定性的安慰剂。潜伏在对象自身中的东西需要某种干预，以便得到表达，但其目标在于那种从外部调动起来的力量以及最后用于现象的每一种理论，都在其中走向平息。就此而言，哲学理论意味着它自身的终结：通过它自身的实现而走向终结。相关的意向在历史上并不少见。法国启蒙运动从形式的角度，从其最高概念即理性概念那里获得了体系性。然而，它的理性的观念是与客观的、理性的社会机制建构性地交织在一起，这使这个体系失去了感染力。只有理性作为观念拒绝使自身现实化，并把自身绝对地转化为精神的时候，它才重新获得这种感染力。思维作为一种百科全书，虽然是理性地组织起来的思维，但同时也是不连续的、不系统和松散的思维，它表达了理性的自我批判的精神。这种思维代表了逃出哲学的东西，这种东西是通过不断地与实践拉开距离，并参与到学术争吵之中而产生的。这种东西就是世界体验，也就是对思想作为其要素之现实的关注。这就是精神自由，而不是别的。思想不能没有人文的要素，尽管它受到了小资产阶级的科学（主义）气质所诋毁。同样不可或缺的是（自然）科学的哲学所误用的那种东西即论证——那种沉思性的结合体，尽管这种论证也在很大程度上引发了怀疑主义。只要哲学果真要有实质内容，那么这两个要素就是结合在一起。从一定的距离之外看，辩证法可以被描绘为把这两种东西渗透到自身中的努力，并把这种努力提升到自我意识层面。反之，专业化的论证就会堕落成为无概念的专业人士以概念之名而进行的技术，这就如同在学术上不断扩展的所谓分析哲学，这种东西甚至机器人也会学习和复制。内在的论证只有这样才是合法的，即它接受了那被整合到体系中的现实，以便用它自身的力量来反对这个现实。反过来，思想上的解放（Freie）表现了这样一种机制（Instanz），它早已知道，那种（现实）结合体特别不真实。如果没有这种知识，这种解放就不会爆发出来；如果不能利用体系的力量，那么这种爆发就会失败。这两个要素也不是毫无裂隙地结合在一起的。这种情况出现的原因是，在体系的真正力量中还包含了潜在地超出体系的力量。然而，这种内在的体系综合体的非真理性展现了这样一种压倒性的经验，这个世界被如此系统地组织起来，正如黑格尔所颂扬的那种现实化了的理性那样，从表面上看力量无穷，而在其古老的非理性之中同时又是永远软弱无力的。对观念论的内在批判保护了观念论，因为它只是表明，观念论在何种程度上是自我欺骗，只是表明第一位的东西——按照观念论的说法，这始终是精神——在何种程度上与纯粹存在者的盲目优先性构成了同谋关系。绝对精神的学说直接促进了这种纯粹的存在者。——科学的共识也愿意承认，经验中也包含了理论。可是，这种理论只是一种"立场"，至多只是无端的猜想。那些持调和态度的科学主义代言人要求，他们所说的正派的或者规矩的科学应该考虑这类预先的假设。恰恰是这类要求是难以与精神经验结合起来的。

假如有一种立场是精神经验所要求的，那么这种立场就好像是食客对烤肉所采取的立场。精神经验要靠吃掉这种立场才能生存：只有当立场融汇到精神经验中，哲学才是可能的。只有这个时候，理论才会体现出精神经验中的那样一种原则：即歌德在联系到康德时早就痛苦地发现的原则。如果经验只是听任它的动态性和偶然性，那么它就不会保持下来。精神之中潜伏着一种意识形态，它就如同尼采的查拉图斯特拉那样自得其乐，并几乎不可避免地走向绝对。理论阻止它成为绝对。理论纠正了精神经验的天真的自信，而它又不必牺牲它的自发性，理论会从它那个方面出发抓住这种自发性。于是，精神经验的所谓主观部分和它的客体之间的差别不会消失，认知主体的必然的和痛苦的努力证明了这一点。在这种不和解的状况下，非同一性的东西被经验为否定的东西。主体在这种东西面前退缩回来，返回到它自身以及它的反应方式的丰富性之中。唯有批判性的自我反思才能防止主体限制这种反应方式的丰富性，防止主体在它自身和客体之间建一堵墙，防止它把它的自为存在设想成为自在自为的存在。主体和客体之间同一性的假定越少，把主体抬高为认识者的做法就越是充满了矛盾，无拘无束的力量和海阔天空的自省就越是充满矛盾。理论和精神经验需要它们的相互作用。理论并不包含对所有问题的答案，它只是对包含了最内在虚假性的世界做出反应。至于何者能从这个世界的魔力中摆脱出来，理论也没有裁判权。对于意识来说，运动的能力是本质性的特质，而绝不是偶然性的特质。这个运动能力意味着双重的活动方式：一种是由内而外的过程，即内在过程，它在本质上是辩证的；一种是自由的、好像是出离了辩证法的、不受束缚的活动方式。然而，这两者不只是毫不相干的。不受控制的思想与辩证法之间存在着一种亲和力。辩证法作为对体系的批判，使人想起那外在于体系的东西。认识的辩证运动所释放出来的力量也是抗拒体系的力量。意识的这两种态度是通过相互批判而密切结合在一起，而不是通过妥协结合在一起。

眩晕

如果辩证法不再"附着"①② 于同一性，那么它就会激起人们的指责，不是指责它缺乏基础——我们可以从它的法西斯主义后果中看到这种指责，就是指责它导致眩晕。波德莱尔以来的伟大的现代性诗歌中，眩晕的感觉是中心。一种不合时宜的说法是，哲学不应该参与此类事情。一个人应该说出他想说的：卡尔·克劳斯（Karl Kraus）必然感到，他越要准确地说出他的每一个句子，物化的意识就越是由于这种准确性哀嚎，就越是让他感到头晕目眩。这种埋怨的含义只能借主流观点的习惯才能被把握。这就倾向于把一个二选一的方案呈现出来，选择其一而舍弃另一个。

---

① 康德：《纯粹理性批判》第二版，《康德全集》第三卷，第109页。
② 原书如此注释的，但在《纯粹理性批判》之中译者没有找到相关文字，或许是原文出错（中译本注）。

对呈报上来的方案，管理机构常常把它的决定还原为是或者否。管理机构的思维已经暗暗地成为备受推崇的思维样本，而且这种思维还假装是自由的。但是哲学思想，就其本质状况来说，不会这样玩下去。预先规定了的两者择一，就是一种他律。只有当一种意识预先在道德上做出了决定的时候，它才能够判定两者择一要求的正当性。坚持信奉某种立场就是把良心上的强制延伸到理论之中。这种做法是相当粗糙的。如果一个伟大的定理被剔除了其附属物，那么其中的真理也不能被保留下来。比如，马克思和恩格斯曾经坚决反对人们用简单的贫富对立来淡化他们的活生生的阶级理论及其尖锐的经济表现。本质由于对本质性东西的概括而成为错误。如果哲学自甘堕落地去做黑格尔所曾经嘲笑过的事情，即用一个人在思考中必须思考什么之类的忠告来款待它的读者，那么哲学就步入一个倒退的过程，甚至不会停下它的脚步。人们有一种忧虑，究竟要把它们包裹在何处？在这个忧虑背后所隐藏着的大多只是一种攻击，即把它们包裹起来的渴望，就像历史上各学派相互吃掉对方一样。罪责与赎罪之间等价转换已经变成了思想的序列。哲学的反思恰恰就是要审视那种把精神同化到主流原则之中的做法。传统思维以及健全的人类知性的习惯，即这种思维从哲学上消失之后所留下来的习惯，要求一种关系体系，即一种指称的框架，所有的东西都能够在其中找到其恰当的位置。只要每一种思考都应（在这个体系中）找到位置，如果未被涵盖的思想都应被拒之于（这个体系）外，那么这个关系体系，即可以用独断的公式表达出来的体系，即使再明晰也没有多大的价值。相反，认识应深深地将自己投置到对象之中，才会因此而硕果累累。它所引起的眩晕是真理的标志；公开显示出来的东西的震撼，否定性，或者在被遮蔽者和单调之物中所必然显示出来的东西，非真理性只能表达非真理的东西。

真理的脆弱性

摧毁某个体系以及某些体系都不是形式—认识论上的行动。系统所一度希望获得的细节，只能在细节中找到。思想既不能事先确认这种东西是否在那儿，也不能确认它究竟是什么。于是，一直被误用的"真理是具体的"这句话才回归自身。这个说法迫使思维总是在最细微的东西面前徘徊。进行哲学探讨不是要讨论具体的东西，而是要从具体经过。但这种投身于特殊对象的做法也会由于缺乏明确的立场而受到质疑。凡是与现成存在（Existente）不同的东西都被这种现成存在当作巫术，而在虚假世界中近似性、家园感、可靠性从它们那个方面看都是魔力的形象。由于它们的魔力形象，人们就害怕他们会失去所有这一切，因为他们除了自己所拥有的东西——比如周而复始的不自由——之外，既不知道还有其他的幸福，也不知道其他的思想。即使在批判存在论时，人们至少还要保留那么一点存在论，似乎那一点点去蔽了的洞见也不会比愿望的声明更好地表达所期望的东西，尽管这个愿望的声明也执着于

所期望的东西。这也确证了哲学中的一种经验，勋伯格在
传统的音乐理论中也注意到的一种经验：人们从这种理论
中只是学会了一段乐章是如何开始和如何结束的，而不了
解这段乐章本身，不了解其过程。同样，哲学也不是要把
自己还原到范畴，而是要在严格的意义上谱写。哲学必须
在这个过程之中不断地自我更新，既要借助于它们自身的
力量，也要借助于它与它用以衡量自身的那种东西所发生
的冲突来不断地自我更新。最关键的是哲学中所带有的东
西，而不是命题或者立场；是编织活动，而不是单向的演
绎或者归纳的思想过程。因此，哲学在本质上是不可传播
和报告的。否则的话，哲学就是多余的。假如哲学大部分
都被传播报告了，那么这就与哲学冲突了。但是，如果一
种行为方式尽管不庇护首要的和确定的东西，但仅仅凭借
其展示的决定力量而对相对主义——绝对主义的弟兄——
几乎不做出任何一点退让，那么它就接近于教条，就会令
人恼怒。这种行为方式超越了黑格尔，并与黑格尔彻底决
裂，（因为黑格尔）的辩证法要囊括一切，并且想成为第一
哲学，而在同一性原则中，绝对主体也确实如此。尽管思
想与第一性、固定性的东西脱离了关系，但是思想却并不
因此把自身绝对化为自由飞翔的东西。这种脱离恰恰是要
把它束缚在它所不是的东西上，并清除其自主性的幻想。
合理性——即那个被放弃了的、背离自身的合理性——的
虚假性以及启蒙向神话本身的转换都是可以被合理地把握
的。思考按照它自身的意思就是对某物（Etwas）的思考。

然而，在关于某物的抽象逻辑形式中，某物作为意指和被判断的内容，绝不会把自身作为存在者确立起来。即使在这种逻辑形式中，这种非思维的东西（某物）还是能够在思维中幸存下来，即使思维想清除它，即与思维非同一东西。当理智忘记了这样一点，即它违背了思维的含义而把思维自身的产物，即抽象加以具象化的时候，理智是不合理的。思维自主性的信条使思想成为空洞的、最终成为愚蠢的和蒙昧的，而应受到谴责。对无根基的指责应该被用来反对那种把其自身自在地当作绝对起源的精神原则；存在论，尤其是海德格尔的存在论涉及无根基（Bodenlose）地方，正是存在论的真理之所在。真理由于其时间性的内容而飘忽不定和脆弱不堪。本雅明透彻深刻地批判了 G. 克勒尔（Gottfried Kellers）带有原初资产阶级特点的那个说法：真理不可能离开我们。哲学必须放弃"真理不会丢失"之类的安慰。如果一种东西不可能陷入无根基（Abgrund）、即形而上学基础主义者所滔滔不绝地讨论的无根基——这种无根基不是灵活的、辩论性（Sophistik），而是疯狂——之中，那么按照确定性原则的要求加以严格分析，它就是潜在走向的同义反复。只有走向极端的脑袋才会给思想提供一种看起来力量无穷而实际上却软弱无力的可靠的一致；只有头脑中的艰难巧技（Akrobatik）才能保持与事物的联系，而思想却为了其自我满足而按照约定的谎言去蔑视事物。作为虚假生活的印记，未经反思的平庸生活不可能还是真实的。今天如果有人仍然以思想的有用性为托辞而说思想只是沾沾自喜地夸大其辞，不安分守己，并阻止思想，那么他的这种努力就是反动的。这种（阻止思想的）论证可以被归结为这样的粗俗的形式：如果你想让我这样做，那么我就可以无止境地进行此类分析。由此，其中的一种分析可以使另一种分析变得毫无价值。有人也按照这样的模式对 P. 阿尔藤贝格（Peter Altenbeig）的缩略形式提出了质疑，他给出的回答是，我不想那样做。开放的思想不能防止它自己滑入胡思乱想的风险，也没有任何东西能够提示它，它是否已经充分地融入事物之中，从而避免这种风险。如果思想的行动持续下去，如果思想之网被密集地编织起来，那么这会使思想碰到它该碰到的东西。于是，哲学中的确定性概念的功能就彻底倒转过来了。那一度希望通过自我确定性来超越教条和训导的做法转变成为认识上的社会保证，对于这种社会保证来说，没有任何思想能够发生。事实上，对于不能加以质疑的东西来说，不会有任何思想会在其中发生。

对抗相对主义

在哲学史上，认识论的范畴一再被转变成为道德的范畴。在这个方面，费希特对康德的解释虽然不是唯一的证据，但却是最明显的证据。同样的事情也发生在逻辑的、现象学上的绝对主义之中。对基础存在论来说，无根基思想的令人恼怒之处是它的相对主义。辩证法既坚决地反对相对主义，也同样坚决地反对绝对主义。它不是要在这两者之间寻求一个中间的位置，而是要通过这两个极端，按照它们自己的观念来证明它们的非真理性。现在到了如此这般来处理相对主义的时候了，因为过去对相对主义的批判大多是形式的，以至于相对主义的思路还在很大程度上没有被触及到。例如，自从 L. 纳尔逊（Leonard Nelson）以来，用来反对斯宾格勒（Spengler）的通常论证是这样的，相对主义至少预设了一个绝对的东西，即它自身的有效性，并因此与它自身相矛盾。这种论证是非常贫乏的。这是把对一个原则的一般否定与这种否定自身被提升为肯定混淆起来，而没有考虑到这两者在价值位阶上的差别。更加富有成果的做法是，把相对主义认作是一种受限制的意识形式。首先，它是资产阶级个人主义的意识形式。这种个人主义把个人意识——从它那个方面来看是被普遍中介了的个人意识——看作是最终的，并因此赋予每个人的观点以平等的权利，好像没有衡量其真理性的标准。每一个人的思维都是受限制的，这个抽象命题恰恰是它自己应该最具体地加以牢记的，即它遮蔽了超个人的要素，而个人意识恰恰是借助于这个因素才成为思想。在这个命题背后所存在着的，是对精神的蔑视以及对物质条件的主宰地位的尊重，并把物质条件当作唯一算数的东西。父亲在反驳他儿子的刺耳而又顽固的观点时说，一切都是相对的，正如古希腊的谚语所说的那样，金钱造就男人。相对主义是粗俗的唯物主义，（对它来说）思想会妨碍收益。这种态度全然敌视精神，也必然是非常抽象的。只要不进行任何一种简单的认识活动，那么人们总是可以外在地主张，一切认识都是相对的。一旦意识进入具体的事物之中，并提出关于真和假的内在要求，那么思想的所谓主观偶然性也就烟消云散。而相对主义却没有这方面的内容，这是因为，一方面被它看作是惯常的、偶然的东西，另一方面被它看作是不可还原的东西，都导源于客观性，即个人主义社会的那种客观性，都可以作为社会的必然幻相而被推导出来。按照相对主义的教条，尽管每个人都有自己的特殊的行为方式，但这种行为方式是预先被确立起来的，几乎就像山羊的叫声；相对性的成见尤其如此。于是，精明的相对主义者，比如帕累托，就把这种个人主义的幻相拓展到团体的利益。而知识社会学确认，客观性受特定阶层的限制；这种限制从知识社会学的角度来看恰恰是从社会总体上推导出来的，也就是从客观领域中推导出来的。后来出现的一种社会学意义上的相对主义，如曼海姆的相对主义，提出了这样一种幻想，它可以借助于悠然无拘的智慧从社会阶层的不同视角中提取出科学的客观性。这就把制约因素和被制约因素颠倒过来了。实际上，这些不同的视角有其自身的规则，而这个规则就存在于作为先定整体的社会过程的结构。通过对这种整体的认识，这些视角就失去了它们的不受约束的特性。不想在竞争中处于劣势的企业主必须这样来计算，以便他人劳动中没有得到补偿的部分作为利润归他所有，他必须认为，劳动力和劳动力再生产的成本之间的交换是等价交换。然而这同样也要令人信服地说明，这种客观的必然的意识是客观上错误的。这种辩证关系扬弃了它自身中的特殊要素。在生产资料私有制的条件下，（理论）观点的所谓社会相对性服从于社会生产的客观规律。把相对主义作为教条呈现出来的资产阶级怀疑论是极端狭隘的。然而对精神的长期敌视不仅仅是资产阶级主观人类学的特征。这种状况的出现还有如下原因，理性概念在现存的生产关系中被一度解放出来了，因此它必然会担心，它持续的发展会摧毁这种生产关系。于是理性限制了自身。在整个资产阶级时代，精神自主性的观念始终伴随着精神反过来对自身的蔑视。精神不能原谅它自己，因为由它所操控的现状竟会阻止它把自身发展到一种自由状态，而这种自由是包含在它自身的概念中的。相对主义就是这种状况的哲学表达。因此我们不需要征用独断的绝对主义来对付相对主义，它自身狭隘性证据就摧毁了它。无论相对主义装扮得如何进步，它总是与反动的要素友好相处，并且在对诡辩的强烈兴趣中显示出其有用性。明确地否定这一纲领才是对相对主义的具有穿透力的批判。

辩证法与固定的东西

被解放开来的辩证法与黑格尔一样并不缺乏稳固的东西。然而它并不再赋予稳固的东西以优先性。黑格尔在他的形而上学起点上并没有如此强调稳固的东西：这种稳固的东西应该作为透明的整体最终才从形而上学中显现出来。为此，他的逻辑范畴在本质上具有双重特征。它们既是产生出来的、自我扬弃的结构，又是先天的、不变的结构。

这些范畴借助于直接性原则——在辩证法的每个阶段上被重新确立起来的直接性原则——而与动态性一致起来。对否定辩证法来说，那个关于第二自然的理论尽管已经被黑格尔染上了批判的色彩但却没有被丢失。这个理论原封不动地接纳了未经中介的直接性的形态，即社会及其发展对思想所呈现出来的那种形态，它这样做是为了通过分析而把这种社会形态的中介揭示出来，而且是要按照现象与现象从其自身的角度所宣称的那种东西之间的内在差异而把中介揭示出来。一直持续存在的稳固的东西，也就是青年黑格尔所说的"实证的东西"，无论对这种分析来说还是对黑格尔来说，都是否定的东西。早在《精神现象学》的序言中，他把思维，也就是实证性的主要敌人，描述为否定的原则。① 只要通过最简单地思索我们就可以发现：那些不思考而屈从于某种直觉的人往往会通过那种消极态度（Beschaffenheit）——在理性的批判中，这种消极态度呈现为知识的感性来源——而趋就于拙劣的实证东西。像某种东西呈现的那样来感知某种东西并拒绝反思，这始终潜在地意味着，按照其所是的那个样子来认识它。相反，每一个思考几乎都会引发否定性的运动。当然在黑格尔那里，主体

---

① 这种区分的活动性就是知性之力和知性的工作，知性是惊人的和最伟大的，或不如说是绝对的威力。静止在自身封闭中作为实体而保持其各环节的圆圈，是一种直接的因而是不足为奇的关系。但是偶然的东西本身，当其脱离自己本身的环境而战胜那个受束缚的东西，并只在它与现实东西的关联中才获得一个独有的定在和独特的自由时，它就是否定者的一种无比巨大的威力，这是思维的，纯粹自我的活力。（黑格尔：《精神现象学》，邓晓芒译，北京：人民出版社 2017 年版，第 21 页。）

始终保持对客体的优先性，尽管他曾提出过相反的主张，但这一点并没有被质疑。只是这种优先性被掩藏在那个半神学的词汇"精神"之中，在这个词汇中对个人主体性的记忆总是无法抹去。黑格尔的逻辑学以其极端的形式特点而为此付出了代价。尽管逻辑学按照其自身概念来说必须是有内容的，但是当它努力成为所有一切东西的同时，它就促使形而上学和范畴理论把确定的存在者从自身之中排除出去，而逻辑学只能以这样一个存在者为开端才能把自身合法化。就此而言，黑格尔并未在多大程度上离开康德和费希特，尽管他不厌其烦地谴责他们，说他们是抽象主体性的代言人。在最简单的意义上，那种逻辑的科学从它那个角度来看，是抽象的。还原到一般概念的做法事先就清除了与这些概念相反的东西，即具体的东西，而观念论辩证法却炫耀说，它自身包含了具体的东西并展开了这些具体的东西。精神在对抗不存在的敌人的战斗中赢得了胜利。黑格尔就偶然定在（Dasein）即克鲁格（Krug）的羽毛——哲学应该而且必须蔑视把它从自身中推导出来的做法——的轻蔑的说法是，"抓小偷啊"。由于黑格尔的逻辑学总是与概念的中介有关，并只是一般性地反思概念与它的内容即非概念性的东西之间的关系，于是他就已经预先确认了概念的绝对性，而这是逻辑学自告奋勇地所要证明的。如果主体越是批判性地透视其自主性，越是意识到它自身是经过中介的，那么思想就越是明确地意识到有义务去接受那给它带来稳固性的东西，即思维本身所没有的东西。否则的话辩证法甚至会没有任何动力去推动这沉重而稳固的东西。每一个作为第一性的经验都不可以当作空空荡荡的东西而被否定。如果意识中的经验完全没有包含克尔凯格尔所辩护的那种朴素性，那么，思维就会按照它所确立起来的东西所期待的那样去思考，就会迷失自身，并会变得特别天真。"原初经验"这个术语确实指称某种真实的东西，虽然现象学和新本体论也与之妥协，却高傲地伤害它。如果它们不是自发地抵抗这种表面的东西，并且不顾它们自身的依赖性，那么（它们的）行动和思想就都会是模糊的复制。思维会对客体做出规定，而客体之中超出这种规定的东西会首先作为直接的东西而返回到主体。在基本经验中，主体感到他完全确信他自身，而正是在这里，他反而又最缺乏主体性。于是，那个最主观的东西即直接的给予，逃脱了主体对它的把握。只是这种直接的意识既不是连续保持不变的，也不是完全肯定的。因为意识同时也是普遍的中介，甚至在它自己拥有的直接材料领域也不能跳出中介的阴影。这些直接材料不是真理。观念论的幻相是，它确信整体可以完完整整地从直接的东西，也就是稳固的、完全第一性的东西中显现出来。对辩证法来说，直接性不是它直接显示出来的那个样子。它会成为要素，而不会成为基础。在其相反的一极，纯粹思维中的不变的东西也同样如此。只有稚嫩的相对主义才会否定形式逻辑和数学的有效性，才会因为它们是产生出来的东西而把它们当作转瞬即逝的东西加以否定。然而，那些不变的东西——其自身的不变性也是生产出来的——也无法从变化的东西中剥离出来，就好像一个人由此把真理掌握在手中那样。真理是与事实性的内容结合在一起的，而后者是会发生变化的。真理的不变性是第一哲学的谎言。这些不变的东西不会像消融在意识中那样消融在历史的运动之中，它们是历史运动中的要素。一旦它们作为先验的东西固化起来，那么它们就会转化成为意识形态。意识形态绝不能简单地等同于有所强调的观念论哲学。它潜藏在第一性的东西——无论这第一性的东西是什么内容——自身的基础结构中，潜藏在概念与事实的隐含同一性之中，这种同一性也被这个世界所确证，尤其是当人们提纲挈领地告诉我们说意识依赖于存在的时候。

经验的特权

与惯常的科学理想完全相反的是，辩证认识的客观性不是对主体需要更少，而是对主体需要更多。否则的话，哲学经验就会萎缩。但是，实证主义的时代精神对哲学经验却讨厌至极。并非所有的人都能有此经验。这种经验构成一些个人的特权，这是由他们的能力和生活史所决定的，尽管把这种经验作为认识的条件的要求是精英主义的，是不民主的。应该承认，事实上不是所有人都能够像数学实验和科学推演那样在同样的程度上获得这样的哲学经验，而所有具有同样智商的人都能够重复科学实验或者弄清数学的推演，尽管按照流行的观念，进行这些方面的工作也切实需要特殊的天赋。不管怎样，与科学的理想——这个科学理想几乎达到一种无主体的合理性，并设定每个人都是可以相互替代的——相比，主体在哲学中的参与始终是一个不合理的累赘。这种主体参与不是自然素质。尽管那种（一切人都能够参与的）论证装扮得很民主，但却忽视了这样一点，即这个被管理的世界对其受强制的成员所进行的改造。从精神上来说，只有全然不去模仿这个世界的人才能抵抗这个世界。对特权的批判变成了特权：这个世界的过程就是如此辩证。这里出现了这种社会条件，尤其是这样的教育条件，它们束缚、修正、甚至常常扭曲人的精神生产能力，这里普遍出现了想象的贫乏，出现了儿童的病理过程，虽然这种病理过程被精神分析诊断出来了，但是却没有得到真正的改变。在这种情况下，假定一切人都能理解或者意识到一切事物，是一种虚构。如果有人期望这样一种状况，那么这就是要人按照人类的病理学特征来调整认识，这就是按照始终同样的规则来排除人获得经验的可能性，如果他还拥有这种可能性的话。如果模仿众意——这是主观的理性概念的最外在的成果——来建构真理的话，那么这就是以一切人的名义在他们所需要的东西方面背叛了他们。对于那些意外获得好运——这种运气常常使他们在与环境的关系中吃尽苦头——的人来说，即对那些在其精神构造中并不完全适应现行规范的人来说，他们有义务通过道德上的努力，代表大多数人说出这些人所看不到的东西或者合法化了的现实禁止这些人看的东西。

真理的标准不是它与每个人的直接可交流性。我们要反对一种几乎普遍化了的强制做法，即把所获知识的交流和真理混淆起来，甚至可能把前者看得更高。然而在当前，迈向交流的每一个步骤都出卖了真理并使真理出错。同时一切语言性的东西都备受这种悖论的折磨。真理是客观的，而不是貌似真实的。真理不是任何一个人都可以碰巧获得的，它极度需要主体的介入，它也切切实实是主体的编织物，即斯宾诺莎极度热情地所宣称的那种特定真理：真理是它自身的标志。但是，如果真理不让它自身根据经验，即真理所依赖的经验得到讨论，而是让它自身进入到形式结构和解释性联系——这些东西或者使真理显得更加明晰或者使它变得极度贫乏——中，那么真理就会失去这种特权性质，即这个遭到非议的特权性质。精英式的傲慢在哲学经验中还是有一定的位置的。它必须说明，根据它在现存世界中的可能性，它究竟在何种程度上被现存世界、最终被阶级关系所侵染。在哲学经验中，一般会随意地给个别提供机会，而这种机会却转而反对一般，这种一般会破坏哲学经验的一般性。如果这种哲学经验的一般性果真被确立起来，那么所有特殊个人的经验也会因此而发生改变，并使一些经验摆脱那不可挽回地歪曲这种经验的偶然性，直至这种经验又能发挥作用。黑格尔认为，客体在其自身中反映自身。他的这个学说超出了他的观念论，并更具生命力，因为对于一个被改变了的辩证法来说，被剥夺了至上性的主体会切切实实地成为客体的反思形式。这个理论越是不把它自己假冒为某种确定的和包罗万象的东西，就越是不会使它自身对象化，甚至也不会针对思维的内容而把自身对象化。这种思维内容使体系的强制归于消失，从而能够比那可怜的主体性观念更加无拘无束地依赖于它自己的意识和经验，而这种主体性观念容忍主体以消灭具体内容为代价赢得其抽象的胜利。这是与个体性的解放相一致的，这一解放是从伟大的观念论发展到今天这一（历史）阶段中产生的。其成就——尽管由于当前遭到集体主义回潮的压力——从理论上来说是不可抹杀的，这就如同 1800 年辩证法的推动力不容抹杀一样。尽管 19 世纪的个人主义削弱了精神的客观力量，即那种要透视客观性及其构造的力量，但是它也使精神获得了一种区分的能力，这种区分的能力强化了人对客体的经验。

关于合理性的质的要素

　　顺从客体也就是要公正地对待其质的要素。与笛卡尔以来一切科学所出现的那种量化趋势相一致，科学主义处理对象的那种方法倾向于粉平一切质的特性，并把它们转换为可测量的规定。合理性就越来越以更加数学化的方式与一种量化可能性（vermögen）等同起来。尽管这种做法准确地考虑到自然科学的节节胜利所取得的优势地位，但却并未固执地坚持自在的理智概念。这个理智变得盲目了，其中的一个重要原因是，它排斥这些质的要素，把这些要素当做从它那个方面看应该理性地（vernünftig）加以思考的东西。理智不仅仅是"综合"（συναγωγή），即把分散的现象上升到它的类概念。① 它同样也需要区分的能力。如果没有这种区分的能力，那么思维的综合功能即抽象的统一化就不再可能：把同样的东西结合起来就必然要把它与不同的东西区分开来。把不同的东西区分开来的是质的特性。如果思维不考虑质的特性，那么思维本身就已经被阉割了，并与它自身不一致了。在欧洲理性哲学的初期，虽然柏拉图首先把数学作为方法论上的样板，但是他还是把理智中质的要素有力地表达出来，并赋予"综合"（συναγωγή）与"分析"（διαίρεσις）以同等的权利。它们遵循这样一个命令，意识应该根据苏格拉底和智者派对"自然"（φυσει）和"人为"（θέσει）所做的区分，紧紧追随事物的自然，而不能随意处置它们。由此质上的区分不仅仅被纳入到柏拉图的辩证法，即他关于思维的理论之中，而且被看作是对放肆的量化暴力的矫正。《斐德多篇》中的一个比喻让人对此深信不疑。在那里，思维的调整与暴力之排除之间取得了平衡。它说，与综合这种概念运动相反，人必须"能够按照自然把它划分为亚类，按照其关节把它切块，而不是像笨拙的厨师那样破坏其中的某个部分。"② 在一切量化过程中要被量化的东西都有一定的基质（substrate），质的要素就是作为这种质料而被保留下来。柏拉图提醒我们，

---

① 参见策勒（Zeller）编：《希腊哲学》，第二章第一节，图宾根，1859年，第 390 页。

② 斯提法诺斯（H. Stephanus）页码，第 265 页。

这种质的要素不应该被破坏，以免理智由于损坏它所要获得的对象而转变成为非理性。受限制的第一次科学反思把这种质的要素排除在那个既顺从质的特性又敌视质的特性的哲学之外，而在第二次反思中，合理性的运作仿佛作为一种解毒剂始终伴随着质的特性。量的视点在重新转换到质的视点上的时候，无不首先接纳质的视点的意义和目标。统计学的目标本身也是质的，而量化只是其手段。理智的量化倾向的绝对化是与它缺乏自我反省相一致的。对质的东西的坚持有助于这种自我反省，而不会招致非理性。后来只有黑格尔才意识到这一点，并且不带有任何怀旧式的浪漫主义倾向。当然在那个时候，量化还没有像今天这样毫无争议地享有至高无上的地位。尽管黑格尔与科学主义传统相一致，认为"质本身的真理就是量"①，但是在《哲学体系》中，他认识到，量"是与存在不相干的，且外在于存在的规定"②。按照大逻辑的说法，量"本身就是一个质"。质在量的东西中保持其相关性，并且定量会返回到质③。

质 与 个 体

与这种量化趋势相一致的就是从主体方面把认识者还

---

① 黑格尔：《逻辑学》上卷，杨一之译，北京：商务印书馆1966年版，第351页。

② 黑格尔：《小逻辑》，梁志学译，北京：人民出版社2002年版，第179页。

③ 黑格尔：《逻辑学》上卷，北京：商务印书馆1966年版，第351页。

原为无质的一般、纯粹的逻辑。只有在客观的立场——这种客观立场不再受到量化的限制，不再需要用定量化来熏陶人，使他们在精神上适应这种量化——上，质才被解放出来。然而，量不是像数学即它的工具让它所显示出来的那样，不是与时间无关的本质。正如它的排他性要求一样，它是暂时的。有自身特质的主体所期待的是事物中潜在的质，而不是其先验的残余，尽管主体仅仅由于劳动分工而强化自身使自己适应这种残余。主体自身的反应越是作为所谓纯粹主观的反应而被排斥，那么事物的质的规定性就越是无法被认识。尽管有"一切科学都是测量"这种说法，但是认识直到其最近的发展也没有完全忘记进行区分和细分的理想。而这个理想不仅仅涉及个体的、为了客观性而被排除掉的能力。个体感受到来自事物的推力。区分意味着，一个人能够从事物及其概念中区分出最细微的东西以及那些逃出概念的东西；唯有区分才能达致最细微的东西。在人具有经验客体的能力的设定之中，以及在关于区分也是一种经验——即转换成为主体反应形式的那种经验——的那种设定之中，保存着认识的模仿因素，即认识者和被认识者之间的亲和力。在启蒙的整个过程中，这个因素逐步萎缩了。然而只要启蒙没有否定自己，那么它就不可能完全消除这个因素。在合理的认知概念中，虽然没有任何和合力（Affinität），但是对于（这两者的）那样一种协同——这种协同对于过去的神秘幻象来说是毫无疑问的——的探索却仍然存在。假如这种要素被完全消灭掉，那么主体认识客体的可能性就会变得根本无法理解，那个放肆的合理性就会变成非理性。然而模仿的要素从它那个方面看在其世俗化的道路上与合理性要素融合起来了。这个过程被浓缩在区分能力（Differenziertheit）之中。这种区分能力既包含了模仿的反应能力本身，又包含了（厘清）属、种以及种差之间关系的逻辑技能（Organ）。这种区分能力仍然偶然地存在着，就像未被削弱的个体性相对于他的理性的普遍性而言是偶然的一样。然而这种偶然性并不像科学主义标准所期望的那么极端。当黑格尔指责个别意识——它是精神经验的舞台，这种经验使他的作品充满活力——带有偶然性和狭隘性的时候，他特别地前后不一致。黑格尔的做法只能这样来理解，即他有一种欲望，他要弱化那个与个别精神结合在一起的批判要素。从个别精神的特殊性之中，他嗅到概念与特殊之间的矛盾。个别意识几乎总是不幸的，也有理由这样不幸。黑格尔对个别意识的反感使他不愿面对这样的事实，即凡是对他来说适合的地方他都会强调的事实：普遍在何种程度上寓于个别之中。黑格尔按照其策略上的需要否认个体，好像个体是直接的东西，而他要摧毁这个幻相。但是，当他这样做的时候，个别经验的绝对偶然性也消失了。如果没有概念，那么个别经验就没有任何连续性。当它参与到话语媒介的时候，它按照其自身的规定同时就不仅仅是个别的了。只要个体借助于个人意识而在其自我统一性中以及在其经验中把自身对象化，那么个体就转变成为主体；而动物在这两个方面都不能做到这一点。由于他本身就是一般，并且只要他是一般，那么个人的经验也就融入到一般之中。在认识论的反思中，逻辑一般与个体意识的统一体相互规定。然而这不仅涉及个体性中那种主体的、形式的方面。个人意识的一切内容都由它的承担者带回给他，从而有助于其持续存在，并借助于其持续存在而再生产自身。个体意识可以通过自我反省而由此解放自身，并扩展自身。推动这种扩展的是这样一个痛苦的事实：一般性趋向于在个人经验中占据统治地位。作为"现实的测试"，经验不仅会强化个体的愿望和冲动，而且也否定这些愿望和冲动，从而使自己能够存在下去。主体中的一般把握自身的方式与个人意识的运动没有什么不同。假如个体的东西被简单地剔除了，那么在清除了这些松散的偶然性之后所产生的也不可能是更高级的主体，而只能是毫无意识的执行者。在东方，个体视角在理论上的短路为集体压迫提供了借口。而那个党（这里暗指苏共——译注），即使它失去理智、变得非常恐怖，但由于其成员数量庞大，也先天地在认识能力上对每一个个人具有压倒性优势。然而孤立的个人，如果不受上级命令的阻挠，那么也常常会比集体更清晰地把握客观的东西，而集体无论如何都不过是（代表了）其核心集团的意识形态。布莱希特说，党有成千上万只眼睛，而个人只有一双。他的这句话像任何一种陈词滥调一样都是错的。持不同政见者的恰当想象也能比成千上万双戴上同样的有色眼镜的眼睛看透更多的东西。后者把他们所看到的东西与普遍的真理混淆起来，并不断倒退。认识的个体化与这种趋势相对抗。对客体的感知不仅依赖于认识的个体化，即依赖于区别化：对客体的感知也是从客体之中建构起来的，而客体可以说是要求在这种区别化之中从总体上恢复自身。同样，客体向主体所要求的那种反应方式，从主体方面来看就要不断地针对客体进行修正。这种修正是在自我反思中，在精神经验的酵素中进行的。从比喻的意义上说，哲学的对象化过程是纵向的、历时性的，相反，科学中的量化过程是横向的、抽象的。这对柏格森关于时间的形而上学来说也同样是正确的。

内容与方法

柏格森的同代人，比如齐美尔、胡塞尔和舍勒渴望建立一种能够接受对象的哲学，即具有内容的哲学，但是却徒劳无功。传统所要废除的东西正是传统所渴求的东西。但是，这并不会让我们省去从方法论上的思考：内容的个别分析与辩证法理论的关系如何？观念论的同一性哲学宣称，后者消融于前者之中，但是这种说法毫无说服力。客观地说，理论所表达的整体是被包含在要被分析的个体之中的，但这并非首先经过认识主体。整体与个体之间的中介本身是实质性（inhaltlich）的，这就是通过社会总体而被中介的。当然，这个总体也会借助于其自身的抽象规律，即交换规律而成为形式性的。观念论正是从这里提取出它的绝对精神，同时又编造出一个真相，即那个中介把那些现相（Phänomen）当作一种强制机制来对待，这个机制隐藏在所谓的建构问题的背后。哲学经验并不把这个一般直接地当作现象，而是当作如此抽象，好像它是客观的。哲学经验被迫面对特殊东西终结的状况，但没有忘记它所缺乏的东西，而是知道这种东西。正如赫拉克利特一样，哲学经验所走的道路是双重的，即向上和向下两条道路。尽管哲学经验通过它的概念来保证对现相进行真实的规定，但是它却不会预先从存在论上把概念看作自在地就是真实的。概念是与非真实的东西即压抑原则融合在一起，而这种压抑原则却会损害其认识论上的尊严。概念也没有形成任何肯定的目标，即认识停留于其中的那种目标。一般之中所包含的否定性从它这方面看会使认识集中到特殊上，并把特殊当作需要被拯救的东西。"只有不理解自身的思想才是真实的思想。"一切哲学甚至是那种追求自由的哲学，在其绝对必要的一般要素中，都携带着不自由，这是社会的不自由在其中的延伸。哲学在其自身中包含了强制，而这种强制又避免哲学倒退为任性。思维能够批判性地认识内在于其自身中的强制特性，它自身的强制是它解放的媒介。走向客体的自由首先必须被确立起来，而在黑格尔那里，这却导致主体的弱化。但直到目前为止，作为方法的辩证法和作为事物的辩证法仍然各行其是。概念和现实在本质上同样都是充满矛盾的。占统治地位的原则，即把社会撕裂开来的那种东西，同样也是一种精神化了的原则，它导致了概念和概念所概括的东西之间的差异。然而，逻辑上的矛盾形式却有所不同，因为按照占统治地位的原则，任何一个不能被纳入这个原则的同一性之中的东西都不表现多样性，不表现为漠视同一性的多样性，而表现为违背逻辑。另一方面，哲学的观念和这种观念的贯彻会出现差异，这种差异的残余也证实了某种非同一性的东西。这种非同一性既不允许方法完全吸收内容——尽管内容理应只在方法中存在——也不允许方法把内容精神化。内容的优先地位表明，方法必然是不充分的。这样一种东西必须在一般的反思框架中才能被说出来，而为避免我们对哲学家的哲学毫无防备，这种东西只有在其实施过程中才能使自身合法化，方法由此又回过头来被否定掉。从内容的角度来看，泛滥了的方法是抽象的、错误的。甚至黑格尔在精神现象学的序言也勉为其难地承认他没有恰当地对待内容。哲学的理想应该是，对人所做事情的辩解由于人在做这事而成为多余。

存在主义

　　最近，在存在主义的名义下，一些人努力摆脱概念拜物教，即摆脱学院派的哲学，而又不放弃它的义务的要求。尽管这种存在主义由于政治上的参与而与基础存在论分道扬镳，但与基础存在论一样，它仍然受到观念论的束缚。此外，与哲学结构相比，这种存在主义还保留了偶然东西，那种可以被相反的政治（倾向）所取代的偶然东西，只要这种偶然的东西能够满足存在主义的形式特点。无论在这

边还是那边①，这种存在主义都有自己党派的代言人。人们
并没有给这种抉择论勾画出理论的界线。然而，存在主义
中的观念论要素从它的那个角度来看具有一种政治功能。
萨特和他朋友们作为社会批判者不会满足于把他们的批判
局限在理论批判的范围之内，他们没有忽视，共产主义在
其掌权的地方都变成一种行政管理系统，并扎根于这个系
统之中。中央集权的党国体制是对过去一切有关国家权力
关系之思考的嘲讽。正因为如此，萨特才把一切都倾注到
哲学所说的自发性上，而这是统治实践所不再容忍的要素。
社会的权力分配机制给自发性提供的客观机会越少，他就
越是排他性地推崇克尔凯格尔的抉择范畴。在克尔凯格尔
那里，这个范畴从其目标即基督学那里获得意义，而在萨
特那里，这个范畴变成了绝对，即它要为之服务的绝对。
尽管萨特存在着极端唯名论的倾向②，但是在他的哲学最有
影响的时期，他还是按照一个陈旧的观念论范畴即主体的

---

① 指东德和西德——中译本注。

② 按照非反思的启蒙的基本准则，黑格尔对概念实在论的恢复、直至对
上帝存在的本体论证明所进行的富有争议的辩护，都是反动的。与此同时，历
史的进程却又确证了他的反唯名论企图。与舍勒的粗糙的知识社会学的框架相
比，唯名论从它那个方面看却变成了一种意识形态。它是这样一种意识形态，
一旦提到诸如阶级、意识形态或者甚至今天所说的社会这类令人尴尬的实体的
时候，这种意识形态就会惊讶地说，根本没有这类东西，官方科学也乐于这样
做。真正的批判理论对待唯名论的态度也不是一成不变的，它随着怀疑论的功
能而历史地发生变化。(参见霍克海默：《蒙田与怀疑主义的功能》，载《社会
研究杂志》，1938 年第七期。多处。) 将一切基础东西都归结为主体概念是观
念论。只有当观念论提出客观要求的时候，唯名论才和它分道扬镳。资本主义
社会这个概念不是空洞的声音。

自由行动来构建其哲学理论。与费希特一样，对于存在主义来说，任何的客观性都是无足轻重的。结果，在萨特的剧本当中，社会关系和社会条件完全成为实际的附加物，它们在结构上不过为行动提供契机。这些附加物被萨特那否定客观条件的哲学轻蔑地看作是非理性的东西，是这位不屈不挠的启蒙者绝不想提及的东西。这种关于绝对自由抉择的表象是虚幻的，正如把绝对自我看作是世界的来源的表象是虚幻的一样。至于那个作为英雄进行决断的衬托而建构起来的情境，一个人只要有哪怕少许一点点的政治经验就足以使这种情境作为一种舞台布景而摇晃不定。在具体的历史关头，这类最高决断甚至也不能像戏剧那样被假定。假如战场上一位将军攻破了他所围困的城市—— 一个已经背叛了他的城市，并建立一个共同体，那么他放弃屠城的做法就如他从前屠城一样，都是非理性的。他如果没有被暴动的士兵所屠杀，那么他就一定会被他的上司所撤职，甚至在一个戏剧性的、浪漫的德国文艺复兴的野蛮时代也是如此。下面的情况也同样如此。像内斯特罗伊（Nestroy）笔下的赫罗弗尼斯（Holofernes）一样，格茨（Götz）也喜爱自吹自擂。他从太阳之城大屠杀的自由行动中吸取了经验教训。此后他便顺从有组织的群众运动。萨特以这个鲜明的故事情节为背景演示了他的绝对自发性。尽管这个戏剧中可笑的人物（Butzenscheibemann）曾经自由地发誓拒绝一切罪恶，但是他却又重犯种种恶行，只是现在他明显地获得了哲学的祝福。这个绝对主体摆脱不了那个纠缠着他的东西：主体要摆脱的那个束缚，即（对他）实施控制的束缚，是与绝对的主体性原则完全一致的。给萨特增光添彩的是，这只是在他的戏剧中表现出来的，并与他的主要哲学论著相反。他的戏剧否定了他的哲学，尽管这个哲学也处理戏剧的主题。然而政治存在主义的蠢行，与德国去政治化的存在主义的术语一样，有其哲学基础。存在主义提出了一种不可避免的东西，即人的纯粹的此在，并把它提升为一种态度（Gesinnung），这种态度是每个人都应该选择的，而这种选择是没有任何确定的理由的，而且他实际上也没有任何其他的选择。如果存在主义要告诉我们比这种同义反复更多的东西，那么它就会与自为存在的主体性一致起来，并把它作为唯一的实质性内容。这些学派把从拉丁文"Existere"（生存）中派生出来的词语作为标签，用真实的、活生生的经验来对抗异化了的具体科学。出于对物化的恐惧，这些学派又从具有实际的东西那里退缩回来。这种东西被它们不经意间转换为样本。这种要被它们"悬置"（ἐποχή）起来的东西对它们进行了报复，即它以哲学所认为的那种非理性决定的方式在哲学背后发挥自己的力量。无概念的具体科学并不比清洗掉内容的思维更高明。本来所有这些不同的变种都是为了使哲学具有实质的意义而对抗形式主义的，但又恰恰再一次陷入了这一形式主义之中。这种形式主义补充性地被一些偶然借来的东西、特别是从心理学借来的东西所填满。当然存在主义的目的，至少是激进的法国形式的存在主义的目的，不可能在远离事实的情况下实现，而是要在威胁性地接近事实的情况下才可能实现。主体和客体之间的分离不是靠还原到人的本质，甚至还原到绝对个体化，而被扬弃的。当前流行的关于人的问题的讨论，直至源自卢卡奇的马克思主义的关于人的问题讨论都是意识形态，这是因为，这种讨论把不变的纯形式指定为唯一可能的答案，即使这种不变性本身具有历史的含义。人自在地究竟应该怎样？这个问题始终只能由人过去是怎样的来回答：人被捆绑在他那过去的岩石上。然而他又不仅仅是他过去和现在的样子，而且也同样是他将来的样子，没有任何规定性足以预测其将来的样子。这些探索生存的学派，甚至是其极端的唯名论的学派，都诉诸个人的生存来实现它们所期望的目标，然而它们却很难成功。这是因为，它们要从哲学上对那些不能上升到它们的概念之中的东西，即与概念相反的东西进行一般的概念性的概括，而不是对它们进行透彻的思考。它们用"生存着"（这个名词）说明生存。

事实、语言、历史

如何以一种与此有别的方式来进行思考呢？这在语言之中有其遥远的、模糊的原型，在不以范畴的方式涵盖事物的名称中有其原型。当然这会以牺牲认识功能为代价。广义上的认识期望达致人们被训练得顺从地放弃的那种东西，达致那些由于过于接近其名称而被名称弄得模糊不清的东西。（这里的）顺从和蒙蔽在意识形态上是相互补充的。刁钻古怪地挑选精确的词语，似乎要让它们命名事物，这种做法的一个理由是，对哲学来说，展示具有根本意义。如此这般地坚持"这个东西"（τόδε τι）这一表述是有其认识上的基础，这个基础是它自身的辩证法，是它自身自在的概念中介。对把握其中的非概念东西来说，它是一个突破点。于是，非概念东西之中的中介不是完成了的抽象之后的剩余物，也不是指这个过程的恶的无限性。相反，中介是非概念东西的隐秘历史的质料（ὕλη）。哲学从否定性东西中汲取（内容），只要这样做是合法的：在某物只能如此这般而决不能别样的态度中存在着不可消解的东西，它使哲学向它投降，使观念论悄悄逃离，这种不可消解的东西带有拜物教特征，即存在者的不可消除性。这种拜物教又会在这样一种洞见——事物并非只能如此而非别样，而是在一定条件才会如此——面前烟消云散。这种东西在事物之中停留和消失，它既不会固化在它的概念中，也不会与它的结果分离开来或者被遗忘。它类似于时间经验。在把存在者当作它的变化的文本来阅读的时候，唯物论辩证法和观念论辩证法就相互接近了。当然观念论把直接性的内在历史当作概念的等级加以确证；而从唯物主义角度来看，它不仅是概念的非真理性的尺度，而且是现存直接性东西的非真理性的尺度。否定辩证法赖以穿透其坚硬对象的手段，是这些对象的现实性所欺骗性地压制着的可能性，其中的每个对象所散发出来的可能性。然而即使人们付出最大的努力，用语言来表达这种浓缩在事实中的历史，人们所使用的词汇仍然只是概念。字词的准确性取代了事物自身，而事物本身没有从整体上呈现出来。在字词和字词所唤起的东西之间存在着巨大的鸿沟。在词语选择以及一般的描述中就残留了一定的任意性和偶然性。甚至在本雅明那里，概念还是倾向于强行掩盖其概念性。只有概念才能全面引入概念所阻止的东西。认识是一种"疗伤"（τρώσας ἰάσεται）。每一个概念都存在特定的缺陷，都需要引入另一个概念。这就产生了概念的星丛。只有这种星丛才给名称带来某种希望。哲学的语言借助于否定这些名称而接近于这些名称。哲学对字词进行了批评，即批评它对直接真理的要求，这种要求总是一种肯定的意识形态，是词语与事实之间被确定了的同一性。坚持特殊的字词和概念，坚持认为这样一扇铁门应被打开，是这个要求的唯一要素，也是其必不可少的要素。内在的东西，即在表达中与知识粘合在一起的东西，为了能够被认识，始终需要有外在于它的东西。

传统与认识

　　人们不能再在现代哲学主流——这个词听起来让人丢脸——中随波逐流。其中最近出现的那一种（现象学）直到如今仍然占据统治地位。它要从思想中排除传统因素，按照其内容把这种要素去历史化，并把历史打发到搜集事实那样一个特殊的科学分支中去。从此之后，人们在所谓的主观被给予的直接性中探索一切认识的基础，人们可以说是被束缚在纯粹当前的偶像之中，并排除了思想中的历史向度。那个虚构的、一维的现在成为内在意义上的认识基础。从这个角度来看，被公认为相互对立的两个现代性分支——笛卡尔关于他的方法论的起源的自传式的解释以及培根的幻像理论——便和谐共处了。思维中历史的东西，由于抗拒客观化逻辑的无时间性，被等同于迷信。而迷信确实是用教会制度的传统来对抗追根究底的思维方法。这种对权威的批判固然有充分的理由。但是，它忽视了认识的传统本身作为认识对象的中介要素是内在于认识本身之中的。一旦认识借助于对象化即把对象变成静止东西的过程而把这认识对象变成白板，那么认识就扭曲了这个对象。甚至在其独立于内容的那种形式中，认识也自在地以无意识的记忆的形式介入到传统之中。甚至任何问题也无法被提出来，如果在问题之中关于过去的知识没有得到维护和进一步推进。思维作为一种内在时间意义上的、不断前进的运动，其形式从一开始就在微观的意义上类似于宏观的历史运动，而这种宏观的历史运动又被内化在思维结构中。在康德的演绎所取得的成果中，最突出的是康德甚至在纯粹的认知形式中，在我思的同一性之中，（仍然）在想象力再生产阶段中保留了记忆，即历史痕迹。可是，如果没有内在于时间中的存在者也就没有时间，那么胡塞尔在其后期所说的内在的历史性就不可能仍然是内在的、纯粹的形式。思维的内在历史性是与它的内容，从而与传统结合在一起的。相反，纯粹的、完全升华了的主体是绝对无传统的。如果认识完全屈从于纯粹性的偶像，屈从于完全的无时间性，那么认识就与形式逻辑相一致，就会变成同义反复。这个主体也不再会给先验逻辑提供任何空间。或许资产阶级意识为了弥补它（面临）的自我消亡性而追求无时间性，而无时间性是这种幻想的顶点。当本雅明突然放弃自律理想并使自己的思维服从于一种传统的时候，他已经觉察到了这一点，当然（他的）这个传统仍然是随意设立的、主观选择的，因而这种传统，如同它所指责自律的思想一样，都缺乏权威性。尽管传统是与先验要素相对立的，但是它也是准先验的，它不是十足的主体性，而在本质上是建构起来的，按照康德的说法，是隐藏在心灵深处的机制。尽管《纯粹理性批判》中的那些过于狭隘的出发点问题也有一些变化，但是在这些变化了的问题之中，有一个问题是不可或缺的：在必须放弃传统的时候，思维如何能够既变革传统又保持传统？① 这只能是精神经验。柏格森的哲学，特别是普鲁斯特的小说迷恋于精神经验，只是他们就他们的那个方面来说受制于直接性的魔力。这是由于他们对资产阶级的无时间性的厌恶，这种无时间性借助于概念机制而预先消除了生命。然而，哲学参与传统的交融转型只能是对传统的一种确定的否定。它是由它所批判的文本建构起来的。在传统给它所带去的东西之中，在文本表现自身的东西之中，哲学的活动方式是与传统相一致的。

---

①　参见阿多诺《关于传统的提纲》，载《岛屿年鉴1966》（Insel auf das Jahr 1966），法兰克福，1965年，第21页及其之后。

这也就确证了从哲学走向诠释的正当性，这种诠释既不把被诠释的东西，也不把象征提升到绝对，而是要探索真实的东西，而就是在这里，思想把其原型永远都不可恢复的神圣文本加以世俗化。

修辞

　　由于哲学是或明或暗地与文本联系在一起的，因此哲学承认其有语言的本质，尽管它根据理想的方法曾徒劳地否定这一点。在最近的历史中，这种语言的本质如同传统一样，作为一种修辞受到谴责。这种修辞手法被贬斥为取得效果的一种手段，被当成哲学中谎言的载体，而被抛在一边。哲学对修辞的蔑视是为了弥补一个过失，这是它自古代以来由于与事物的分离而犯下的，柏拉图曾经对此有所指控。修辞要素拯救了思想中的表达要素。而对修辞要素的责难既会使思想技术化，使思想潜在地被废除，也会维护修辞对客体的漠视。在哲学中，修辞代表了只有借助于语言才能被思考的那种东西。修辞通过假设性的描述来维持自身的存在，哲学通过这种假设而与那种已经具有已知内容和固定内容的语言交流区分开来。与一切用来进行指代的东西一样，修辞也会处于危险之中，因为它会很容易取代思想不能直接从展示中所获得的东西。思维不断地受到说服性的目的干扰，可是如果没有这个目的，那么思维和实践之间的联系就会从思维活动中消失。从柏拉图到（现代）语义学家，所有被认可的哲学传统都厌恶这种表达方式。这是与一切启蒙的趋势相一致的：处罚这种做派之中一切未被规训的东西，甚至还延伸到逻辑学之中。它成为物化意识的保护机制。如果说哲学与科学的联合实际上导致了废除语言的结果，从而也达到了废除哲学的结果，那么没有语言上的努力，哲学也就无法继续存在。哲学在语言上不是像瀑布那样倾泻而下，而是对它进行反思。松散的话语——也就是科学上说的不精确的话语——完全有理由乐于通过语言而与清晰的科学形象结合在一起。因为在思想中废除语言并不等于语言的去神话化。如果被蒙蔽了，那么哲学就与语言——在这里，语言总是与事物联系在一起的而不仅是指称——一起被牺牲了；仅仅作为语言，相似的东西才能认识相似的东西。然而，唯名论——对它来说，名称和它所表达的东西之间没有任何的相似性——对修辞的持续斥责也不应被忽视，修辞要素也不能被用来不依不饶地对抗唯名论。辩证法按照其字面意思是思维的工具。它是要努力批判性地拯救修辞要素：使事物和表达相互接近，直至它们相互之间无差别。它要利用历史上被看作是思维缺陷的东西，即它与语言的牢不可破的联系，使思想获得力量。当现象学始终天真地以为通过字词分析就可以保证真理的时候，这对现象学也有所启示。文化、社会和传统通过修辞的特质来激活思想。直截了当地反对修辞是与野蛮结合在一起的，资产阶级的思想就是在这种野蛮中终结的。西塞罗的诽谤、甚至黑格尔对狄德罗的厌恶都确证了这些人的一种怨恨：维持生计的迫切要求使他们失去了提升自己的自由；会说话的躯体对他们来说是一种罪过。在辩证法中，修辞的因素——与那种粗野的观点相反——站在内容这一边。辩证法借助于形式的、逻辑的东西的中介作用而力图克服大众流行的观点与非本质性（wesenlos）的正确之间的两难。然而它倾向于内容，并把内容看做是开放的，而不是预先由框架所决定了的；看做是对神话的谴责。那单调重复的东西是神话式的，最终会消解为形式的、规则性的思维。希望有内容的认识也希望有乌托邦。这种乌托邦，这种对可能性的意识，牢牢抓住具体的东西，并把它当作未被扭曲的东西。这是可能的东西，但不能直接成为现实的东西，而这又妨碍了乌托邦。于是，在现存的东西中，这种东西显得很抽象。这种不可化解的色彩来自于非存在者。思维作为一点点的此在为这种非存在者服务，作为这样一种此在，它总是否定的，并要达到非存在者。只有最远的东西才是最近的。哲学是一个棱镜，非存在者的色彩在其中被显示出来。

—

第一部分
与存在论的关系

第一章　对存在论的需要

问题和答案

在德国，存在论尤其是海德格尔的存在论仍然影响深远，即使其过去的政治劣迹也无法阻止这种影响。存在论可以被心照不宣地这样来理解，它随时准备认可一种他律的秩序，一种不需要意识来加以确证的秩序。可是，这类解释又被指责为层次不高，是一种误解，偏离到了存在者状态，缺乏对问题的激进说明。这种指责只不过强化了下述诉求的威严：存在论越是显得高大神圣，它就越是不能被固定在确定的内容上，只有鲁莽的知性才被允许（说它）抓住（了）这个内容。不可把握性变成了不可质问性。谁拒绝跟从它，谁就被怀疑为精神上无祖国的家伙，没有在存在之中的家园。这与观念论者谢林和费希特没有什么两样，他们把那些反抗他们的形而上学的人斥责为层次低下的。在各种版本的存在论相互斗争并把对方作为虚假的而相互排斥的趋向中，存在论都是辩护性的。如果存在论不满足某种明显的需求，那么它的影响就变得无法理解了。这种需求标志着某种被忽视了的东西，这是一种渴望，不是康德所提出的有关绝对知识的裁决就能简单地满足的。当人们以神学的同情态度来谈论新存在论早期运动中所存在的形而上学复兴的时候，这种需求虽然还很粗糙，但是已经非常明显。当胡塞尔期望用直接意向来取代间接意向，并要面向事物本身的时候，他已经触及这一点。在理性批判中为认识能力划清界限的做法，恰恰就是要反省认识的能力本身，而现象学的纲领起先并没有打算这样做。在存在论建构的领域和范围的"筹划"之中，最后在"世界之为此在之总括"中，出现了这样一种明显的意愿，即不管被它的认识所划定了的界限去把握整体。胡塞尔所说的"形式"（$\varepsilon\iota\delta\acute{\eta}$），海德格尔在《存在与时间》中导源于这个形式的"生存"，是要总括性地预见到那个领域并直至其最高的本真状况。其背后未曾言明的假设是：理性所进行的筹划能够预先勾勒出一切存在者的存在结构。这是古代哲学中的绝对者的第二次复兴，康德之后的观念论是其第一次复兴。同时尽管批判的趋势仍然发挥着作用，但是，这与其说是要对抗独断的概念，不如说是要努力不再确立或者建构绝对——这些绝对放弃了其系统化的整体性并相互对抗，而以自然科学的实证立场来开放地接受绝对，描述绝对。于是，绝对知识就像在谢林那里一样，成为一种理智的直观。人们希望消除中介，而不是反思中介。那种拒绝顺从的动机，即哲学是不需要把自己限制在秩序化的有用科学的范围之内的动机——却逆转成为顺从。免受任何批判的范畴框架，各种现存关系的构架，被当作绝对而被确认下来，而无反思的直接性的方法使自己变得完全随意、任性。对批判主义的批判成为前批判的。这就是精神上的持续返回的活动方式。绝对成为它最不可能是的东西，当然也成为批判的真理关于自然历史所说的那种东西，而人们所应当适应的规范可以迅速地、粗陋地从这种自然历史中引申出来的。相反，观念论的学院哲学却不给那些在哲学方面尚无储备的人们，提供他们期待从哲学中要得到的东西。这是与哲学的科学责任，即康德强加给哲学的那种科学责任，唱反调。从德国观念论中我们可以看到这样一种意识，即哲学作为一个专门的领域与人们再也无关了，它把这些人向它寻求答案并且唯有它才能提供答案的那些问题当作无聊的问题打发掉；叔本华和克尔凯格尔也都不约而同、直截了当地说出了这一点，而尼采与学术界彻底决裂。从这个角度来看，当目前的各种存在论像保尔·梯里希（Paul Tillich）曾经所说过的那样，提出一个与任何一个人无条件的有关的问题时，它们不仅仅继承哲学上反学院的传统。它们用学院的方式确立了非学院式的情感。在这种哲学之中对世界之沉沦的那种无关痛痒的震惊情态与一种安抚的感觉，即在一种稳固的基础上、甚至是一种哲学上确信的基础上产生的感觉，结合在一起的。大胆尽管一直是年轻人的特权，但是这些大胆的人也知道要借助于一致的赞同并且用最强有力的教育制度来加以掩盖。最初承诺的东西在这整个过程中走向自己的反面。对（具体）相关物的把握又会返回到抽象性之中，新康德主义的方法也没有超越这种抽象性。这种发展状况是与需求本身的问题密不可分的。正如这种需求不能被先验体系所满足一样，它也不能被新康德哲学所满足。由此，存在论被先验体系的不良影响所围困。这种存在论按照过去的德国传统，把问题看得高于答案。凡是这种哲学未兑现承诺的地方，它都从它那个方面把这种失败安慰性地提升为生存状态。事实上，问题在哲学中的份量是不同于它在具体科学中的份量的。在具体科学中，问题是通过解答而被消除的，而在哲学史中，问题却更具有持续和遗忘的节奏。然而这并不意味着，要像某些人一再照搬克尔凯格尔那样，认为真理就存在于提问者的生存境遇之中，存在于他寻求答案的徒劳努力之中。相反，在哲学中，真正的问题始终以某种方式把答案包含其中。哲学不像（科学）研究那样，它没有诸如"如果—那么"那样的先提问后回答的顺序。哲学必须以它的问题模仿它所经验到的东西，以便紧随着这种东西。哲学问题的答案不是既定的、现成的、提供出来的；那个已展开的、透明的问题又转回到答案之中。观念论恰恰就是要努力超越这一点，它不断地把它自身的形式，如果可能的话还把它的一切内容生产出来，"推导出来"。相反，思维却并不主张它自身是原生的，它不应该掩盖这样的事实：它并不创造，而只是像经验那样把它已经具有的东西重新提供出来。思维中的表达因素要阻止思维更多地像数学那样提出问题，并提供一个明确的答案。在哲学中问题和答案这些词汇听起来是骗人的，因为在被思考东西和思维相互密切联系在一起的地方，这个说辞却假定了被思考的东西对思维的独立性。只有真实的东西才能真正地在哲学上得到理解。包含了理解于其中并充分展开的判断，与关于真和假的决定是一回事。如果一个人没有就一条定理究竟是否严密进行切实的判断，那么他也就不理解这条定理。当定理要求这种严密性的时候，它就已经有其自身的意义和内容——将要被理解的意义和内容。由此，判断和理解的关系就显示出其与通常的时间顺序之间的差别。没有判断就没有理解，同样，没有理解就没有判断。这个事实就否定这样的框架：答案是判断，而疑问仅仅是建立在理解基础上的问题。哲学上的所谓论证的线索本身是被中介了的，是与数学的模式相反的，但是这种数学模式（在这里）也不是简单地消失了。于是，哲学思想的严谨性要求，它的论证过程也要根据推论的形式来加以衡量。哲学的论证就是人们为被表达的东西所承担的义务而进行的努力，就是让这些被表达的东西与话语思维的工具相契合。但这种论证并不纯粹根据这一个命题——对思维创造性能力的批判性反思本身就是哲学的内容——来进行的。尽管在黑格尔那里，从同一性中派生出非同一性的要求特别强烈，但是《逻辑学》的思维框架却蕴含了这样的思路，以提出疑问的方式给出答案，而不是在进行了所有的论证之后展示结果。尽管黑格尔对分析判断进行批判，并尖锐地提出了这种判断具有"虚假性"这一命题，但是对他来说，任何东西都是分析判断，都是在思想范围内打转，而不需要援引外在于它的任何东西。新的就是旧的，他者就是熟知，这是辩证法的一个要素。这个要素如此明显地与同一性命题结合在一起，以至于它不再被同一性命题所改写。哲学思维越是顺从它的经验，它就越是悖谬地接近于分析判断。充分意识到认识所迫切需要的东西，大体说来，也就是这种认识本身：这是进行永恒生产的观念论原则的反面。在放弃传统的证明机制的时候，在强调已获得的知识的时候，哲学承认，它完全不是绝对的。

肯定的特点

正如饥饿的痛苦不能保证人们得到食物一样，对存在论的需求也不能保证它要得到的东西。然而对这种保证毫不怀疑（的态度）却困扰着哲学运动，而哲学运动也没有预见到这种情况。其中的一个原因是，它陷入了一种不真实的肯定之中："日益暗淡的世界达不到存在的光线"①。基础存在论中存在着那样一些范畴，多亏这些范畴这种存在论才得到它的回响，它因此或者否定这些范畴，或者扬弃

---

① 海德格尔：《来自思维的经验》，普夫林根，1954 年版，第 7 页。

这些范畴，以便这些范畴不再引发一些不受欢迎的对抗。从这些范畴中，我们可以看到，它们在何种程度上是那些缺失的东西的痕迹，是未被生产出来的东西的痕迹，它们又在何种程度上是存在论在意识形态上的补充。对存在的崇拜，或者至少这个词作为更高级的东西所具有的吸引力，依赖于下述事实：功能的概念事实上越来越压制实体的概念，认识论中曾经一度出现过这样的情况。社会，正如自由主义所设想的那样，已经变成了一个功能性结合体，存在着的东西（was ist）与他者相关，而与其自身无关。对于这种状况的恐惧，使人们越来越清楚地意识到，主体逐步失去其实体性，并促使主体准备倾听这样一种断言：存在，即未被明言地被等同于实体性的存在，即使是在功能性联系中也能持续存在，并且不会（在其中）丧失自身。存在论意义上的哲学研究似乎要魔力般地唤起的东西，已被社会生活的生产和再生产的现实过程所掏空。从理论上确证人、时间、存在是源始现象的努力，也不能阻止这些被复活起来的观念的命运。这些概念的基础在历史上已经终结。在专门的哲学领域中它们也被当作顽固的具象，并受到彻底而尖锐的批判。比如，康德在"纯粹理性的谬误推论"那一章里批判了经验心灵的超越性，批判了笼罩在"定在"这个词语上的灵韵，在讨论反思概念的歧义那一章，他批判了直接诉诸存在的做法。现代存在论并没有有效地利用康德所进行的批判，也没有借助于反思把这种批判推向前进。它反而虚伪地认为，合理性意识都具有这种缺陷，真正的思维应该像洗礼仪式那样，清洗掉这种缺陷。尽管如此，为了能够与批判哲学捆绑在一起，它把存在论上的直接内容加入其中。海德格尔从康德那里看出反主体主义和"超越的"要素，这也不是毫无根据的。在《纯粹理性批判》的导言中，康德有计划地凸显了他的提问方式的客观特性，并且在纯粹知性概念的演绎中不让人们对此产生怀疑。在哲学史上通常所说的哥白尼革命中，这种反主体主义的特点也没有消失。他对客观的这种兴趣超出了他对主观的兴趣，即针对认识中纯粹偶然事件的兴趣，针对意识消散在经验风格之中的兴趣。然而，康德对客观的这种兴趣绝不能与隐秘的存在论等量齐观。不仅康德对理性主义的存在论——如果需要的话，这种存在论也为另一种不同的观念留下空间——的批判说明了这一点，而且纯粹理性批判的思路本身也说明了这一点。按照这个思路，客观性，包括知识的客观性以及一切被认识对象总体的客观性，是由主观性来中介的。尽管它无奈地设定了主客体两极之外的自在，但是它却完全故意地未对这个设定进行任何规定，以至于无论哪一种解释都不能在严格的意义上从中抽引出一种存在论。假如康德曾经试图拯救那个理知世界——主体的转向所攻击的那个理知世界，假如康德在他的著作中在某种程度上包含了存在论的要素，那么这也只是一个要素，而不是中心。他的哲学虽然想实施这种拯救，但却借助于威胁其所要拯救的东西的力量来实施这种拯救。

弱化主体的能力

为了达到客观的目的，存在论重新复活了。而这种复活是建立在明显地最不适合于它的概念的那种东西之基础上的：主体在很大程度上是意识形态，它掩盖了社会的客观的功能性联系，缓解了主体在功能性联系的压迫之下产生的痛苦，并且非我一直以来预先强力操控了自我。海德格尔的哲学略过了这一事实，但是这一事实却嵌入到他的哲学之中：在他的手中，历史的优先性转变成为在存在论上纯粹存在的卓越性，即存在高于一切存在者状态上的东西、高于一切现实东西。他还非常谨慎地避免在众目睽睽之下把康德的哥白尼转变即向思想的转变倒转过来。他热切地把他的这种存在论与客观主义区隔开来，把他的反观念论的态度与实在论——无论是批判的实在论还是天真的实在论——区隔开来①。毫无疑问，按照相互争论的学术流派的界线来说，对存在论的需求不能被敉平为反观念论。然而，在这种需求之中最为持久的冲动就是对观念论的否定。人类中心主义的生活观念已经被动摇了。主体，即哲学的自我反省，可以说是继续推进过去数百年对地球中心主义的批判。其主题不仅仅是单纯的世界观，尽管它可以极其轻易地在世界观意义上被利用。把哲学的发展和自然科学的发展过度地结合起来，当然是极其不妥的：这种做

---

① 参见海德格尔：《论基础的本质》，美茵河畔法兰克福，1949 年版，第 14 页。

法忽视了物理和数学的形式语言的独立性，这种独立性不再是可以在直观中被把握的，或者甚至说，也不能在与人的意识不直接相通的范畴中被把握。而且，近代宇宙学的成果已经广泛传播，由此，一切表象，比如宇宙类似于主体，或者作为主体确立的东西而推导出来的表象，都可以被当作天真的东西而被抛弃，这就像蠢蛋或偏执狂把他居住的小镇当作世界的中心那样天真。哲学观念论是建立在控制自然的基础上的，但是它不再确信它的无穷的力量，这恰恰是因为它在 20 世纪前半叶的极度扩张。当然这既是因为人类的意识落后了，人类关系的秩序变得更加非理性了；也是因为它以已取得的成就为尺度，而与尚未达到的东西相比，这点成就微不足道。人们存在着这样一种普遍的预感和恐惧：自然的控制总是把进步与灾难即这种控制所要防止的灾难编织在一起，与社会所演变成为的第二自然编织在一起。存在论和存在哲学是其中的两种反应方式，当然还有其他一些粗陋的反应方式，意识试图通过这些反应方式逃离这一困境。然而在这两种反应方式本身中却包含了致命的辩证法。一种把人驱赶出创造的中心并提醒人意识到自己的无能的真理，强化了人无能的感觉并使之成为一种主观的行为方式，促使人把自己与这种无能的感觉一致起来，并由此而进一步强化了第二自然的魔力。对存在的信念，即批判观念的拙劣的意识形态派生物，会退化为对存在的顺从（Seinhörigkeit），即海德格尔曾经一度轻率地规定的那种顺从。这种顺从的人尽管感到他自己所面对的是一切东西，但是却一有机会就紧粘于一切特殊的东西，只要特殊的东西有足够的力量使主体确信自己软弱无能。他随时准备向灾难低头，向那种从主体联系本身中产生出来的灾难低头。这是对他希望从主体性的牢笼中摆脱出来的徒劳努力的一种报复。克尔凯格尔的最初做法也是这种哲学上的跳跃，这种跳跃是随意的，并幻想着逃脱主体对存在的屈从。正如黑格尔所说的那样，只有在主体以某种方式存在的地方，主体的魔力才会减少；这种魔力会在异于主体东西中持续存在下去，就如同隐秘的上帝总是携带着神话中的精灵的非理性痕迹一样。那些拙劣的、怪异的、拼凑起来的世界观——比如，令人吃惊地可供消费的禅宗——照亮了当前哲学的复兴趋势。这些哲学也像禅宗一样假装思想的姿态，然而在主体之中保存起来的历史使思想不再可能。把精神限制在其经验的历史层次所展开和达到的领域，这是自由的一个要素。无概念的异想天开代表了自由的反面。毫无顾忌地背离主体而逃向宇宙的那些教条，与存在的哲学一起，会比主体所进行的一点点反省——主体对其自我以及对它所受到的真正束缚所进行的自我反省——更容易与这个世界的僵化制度协调一致起来，更有机会在这个世界中获得成功。

存在、主体与客体

毫无疑问，海德格尔看穿了那个使存在论取得广泛成功的幻觉：如果一个人首先只通过自我反思就成为其自身所是人，那么这个人可以轻而易举地从积淀了唯名论和主体主义的意识之中，选择出间接意向的状态。海德格尔通过关于存在的学说绕开了这种二选一的抉择。这种学说认为，它自身是超出了直接意向与间接意向，主体与客体，概念与实存之间的二分。存在是最高的概念——无论谁说存在，那么在他口中没有存在本身，而只有这个词语——并且这个概念可以借助于那些伴随着存在这个词的思想要素而获得优于一切概念性的特殊地位，而这些思想要素在抽象地形成的概念的特征结合体（Merkmaleinheit）中是不能被穷尽的。尽管至少成熟时期海德格尔不再提及这一点，但是他关于存在的说法还是以胡塞尔的范畴直观或者本质直观的学说为前提的。按照海德格尔赋予存在的那种结构，只有通过这种直观，用这个学派所使用的术语来说，存在才能展开或者绽露。海德格尔所强调的存在是观念化（Ideation）所形成东西的理想。包含在那个直观学说中的批判是针对分类逻辑的，这种批判作为被把握在概念之中东西的特征结合体仍然是有效的。但是，胡塞尔把他的哲学保持在劳动分工的范围之内，并且尽管其中也有所谓的根本问题，但直到其晚期，那严格的科学概念都没有被触动。他又试图把科学的基本规则与那个按照他自己的意思而对这个规则所进行的批判直接地一致起来。这种做法意味着，他既想吃掉蛋糕，又想保留蛋糕。胡塞尔所明确提出的这种方法是一种借助于认识确认自身的模式，即在分类概念中注入分类之物所没有的东西，注入单纯被给予的构成中所没有的东西，而分类概念只有通过把握事情本身才能获得这种东西。在胡塞尔那里，这个事情本身在内心的东西与那种和内在意识正相反的东西之间摇摆。纵观胡塞尔的一生，他不应由于范畴直观的非科学性被指责为非理性主义者，他的全部作品是否定非理性主义的。应该受到指责的是，他的范畴直观沾染了科学。海德格尔注意到这一点，并走出了胡塞尔害怕走的那一步。于是，他抛弃了胡塞尔所守护着的合理性因素①。在这个方面，他更像柏格森，默默地采取了一个步骤，牺牲了（直观）与话语性的概念的联系，即思想中的这个无条件要素。在这里，他又掩盖了柏格森的弱点，即柏格森把两个割裂开来的认识模式并列起来，其中的一个并不被另外一个所中介。海德格尔是这样来掩盖其弱点的，他促使范畴直观享有所谓的更高尊严，而在把对于这种直观的合法化的追问清除出去的同时，也把认识论批判当作前存在论的东西而清除出去。对认识理论上的原初问题的不满使他有合法的理由去直接清除这个问题。在他那里，独断论，与对它进行批判的那种传统相反，直接成为更高的智慧。这就是海德格尔复古主义的根源。古希腊用来表达"存在"的那个词的模糊性——这可以被追溯到伊奥尼亚人对质料、原则和纯粹本质的混沌不分的状态——并没有被算作是一种不足，而是被算作是源始东西的优越性。它可以治愈存在概念所遭受的概念性创

---

① 参见"观念"之中关于"权限"的那一章。

伤，能弥合思考与被思考者之间的裂隙。

存在论的客观主义

在主观化和对象化的形而上学的原罪面前，这个新出现的东西在我们这个时代似乎有一席之地，然而事与愿违，它变成粗陋的自在。那放弃自身的主观性倒转为客观主义。为了巧妙地避开批评家的争论，这种思维小心翼翼地把两种对立的立场都同等地算作是存在的遗忘，但无论这种避开争论的努力如何艰苦，存在概念的这种升华以及不断地推进的胡塞尔式还原都抛弃了存在所要意味的东西，既抛弃了一切个体化的此在，也抛弃了合理抽象的一切痕迹。这种存在最终等同于同义反复，在这种同义反复中，主体被驱逐出去了："然而存在——什么是存在？它是它自身"。① 存在不可避免地类似于这种同义反复。即使人们谨慎而又坦诚地选择这种同义反复，即使人们担保它是最为深奥的，它也不会得到任何改善。按照黑格尔的提示，任何一个判断，即使是分析判断，无论愿意与否，都在自身之中要求用谓词表达某种东西，这个东西不可能直接与纯粹的主词概念一致。如果判断反过来没有这个要求，那么它就打破了它通过这个判断形式而预先签订的契约。正如新存在论不可避免地要运用这个存在概念一样，打破这个

① 海德格尔：《柏拉图关于真理的学说》第二版，伯尔尼，1954年，第76页。

契约对存在概念来说也是不可避免的。这种新存在论"任意地终结了'存在',这个存在在其纯粹性中恰恰就是其纯粹直接性的真正的反面,即它完完全全是被中介了的,它只有在中介中才是有意义的,但却被偷偷摸摸地当作完全直接的东西。"① 在这里,存在必须通过其本身得到规定,因为存在既不是通过概念而被把握的,也不是"被中介"的,更不是通过感性良知来直接加以指认的。对存在的一切批判性审视被纯粹名称的重复所取代。那个残余,那个所谓的未被扭曲的本质②,变成了类似于一种原初(ἀρχή),而这种原初又类似于这个被激发起来的思想运动所必须抛弃的东西。正如海德格尔曾经一度批判萨特时所宣称的那样③,一种哲学否定了自己是形而上学,这并不能由此而决定它究竟是不是形而上学,但是这种做法却确证了这样一个猜疑:在不愿意承认它的形而上学的内容时它就在其自身中隐藏了谬误。从一个所谓的零起点上重新开始,不过是掩盖那刻意的遗忘,它包含了对野蛮的同情。古代存在论的衰落,包括经院的存在论和其理性主义后继者的衰落,并不是偶然的世界观或者思想风格的变化。这是历史相对主义所相信的,而存在论的需求曾经一度起来反对的恰恰就是这种历史相对主义。柏拉图的激情是与亚里士多德的

① 卡尔·海茵茨·哈格:《新存在论批判》,斯图加特,1960 年版,第 73 页。

② 参见海德格尔:《何谓思考》,图宾根,1954 年版,第 57 页。

③ 参见同上书,第 72—73 页。

那种顺应性具体科学的特征相反的，对于柏拉图之激情的任何同情都不能被用来削弱对理念论即把理念看做是世界上的事物的复制的那种理念论的反抗。任何对天赐秩序的辩护都不能清除亚里士多德的形而上学中由"这个个体"（τόδε τι）和"第一实体"（πρώτη οὐσία）之间关系所引起的困难。这些困难是由存在和存在者之规定性的非中介性所引起的，而新存在论坚定而又天真地恢复了这种非中介性。对于客观理性的要求不管是多么合法，也不能使我们认为，康德对上帝的本体论证明的批判是不存在的。与万物有灵论相比，伊利亚学派向当前备受崇拜的存在概念的转变就已经是一种启蒙了，这（恰恰）是海德格尔所忽略的。如果有人想倒退到这种批判性思维的反思背后而进入那个神圣原初阶段，并借此而把所有这些东西都清除掉，那么这种企图只不过是想绕过哲学的强制，因为这种强制一旦被把握了就会妨碍存在论需要的满足。那种不想敷衍了事而要从哲学角度体验本质性东西的愿望会被按照需求剪裁好的答案所扭曲，它在合法的义务即提供面包而不是石头的义务——与不合法的信念，即因为面包必须存在，所以它必定存在这一信念之间徘徊。

令人失望的需求

那个把方法论置于优先地位的哲学满足于这些基础问题，可能因此也把自己作为一种基础科学并感到安全可靠。

这只是虚幻地以为，那些基础问题以及哲学本身对认识不再产生任何作用。长期以来，对认识工具的反省并不涉及科学上被认识的东西，而只涉及可绝对地认识的东西，涉及科学判断的有效性。那确实已被认识的东西是从属于这种反思的东西，是纯粹被建构起来的东西。当这种反思从它置身于其中的那个一般建构中派生出它的要求的时候，它并不触及那种东西。表达这一点的最早公式是康德那个著名的说法，"先验的观念论"就是"经验性的实在论"①。人们赞美《纯粹理性批判》，说它努力为经验奠定基础，但这种赞美却对它所宣称的失败充耳不闻。康德的这种批判之中所存在的巨大张力是与经验本身的内容无关的（ἀδιάφορον）。这种批判只是支持知性的正常功能以及相应的关于现实的观点，而海德格尔恰巧也站在"正常思考的人"② 一边。世俗的直观和常识的判断并没有完全终止其影响。"康德试图以冒犯'全世界'的方式来证明，'全世界'都是对的。——这是他的心灵中的神秘玩笑。他抨击学者并支持大众的偏见，但是他赞同的却是学者而不是大众。"③（康德的）失败主义妨碍了这种特殊的哲学冲动从惯常意识的偶像背后把某种真实的东西释放出来。在关于谬误推理的那一章，他嘲笑人们认识事物的最内在东西的狂妄企图，

---

① 康德：《纯粹理性批判》，见《康德著作全集》第四卷，北京：中国人民大学出版社2013年版，第230页。
② 海德格尔：《形而上学导论》，图宾根，1958年版，第31页。
③ 《尼采全集》，慕尼黑，1924年版，12卷，第182页，格言，193。

嘲笑了俗世的自足和停滞，这种自足和停滞让哲学沉溺于作为外在东西的感性世界。这种嘲笑不仅仅是对形而上学——把概念与其自身的现实性等同起来的形而上学——的启蒙式的否定，而且是对那种拒不向外表投降的做法一种蒙昧式的回应。在存在论的需求中还保留了对所有这些东西中最好东西的怀念，批判哲学与其说忘记了这种东西，不如说它为尊重它为之提供基础的科学而急切地排除了这种东西。这就是不愿意让思想被剥夺所要思考的东西，思考就是为此进行的。自从科学不可逆转地告别了观念论哲学以来，那些成功的观念论与其说是寻求正当性，不如说是陈述它们的方法。它们的自我解释使科学成为"自因"的。科学把它自身作为给定的东西，并由此而认可其现存的、被劳动分工所规定了的形式。但这种分工的缺陷不能被永恒地掩盖下去。特别是，人文科学由于那借来的实证性的目标，在无数的个案研究中，成为不恰当而又无概念的东西的牺牲品。在孤立的学科之间，比如，社会学、经济学和历史之间所进行的隔离使认识的兴趣消失在学究式地挖掘出来并被过分夸大的战壕之中。存在论想到了这一点，但是它非常谨慎，希望不借助关于事物的思辨思维而为本质的东西注入活力。相反，这种本质的东西应该作为被给予的东西、作为对实证性的基本规则做出贡献的东西而涌现出来，而这种（存在论）需求想要超越这种实证的基本规则。许多的科学大师期待存在论能够给予本质的东西以决定性的补充，而又不触及科学的过程本身。如果海德格尔哲学在其后期阶段，要求超越本质和事实之间的传统区分，那么这反映了他对本质科学和事实科学、数学逻辑学科和本质性学科之间的分裂的合理恼怒，尽管其中的一个学科与另一个学科的认识目标并不一致，并且这些学科在科学活动中在相互分离的情况下都能够得到发展。然而排他性的科学标准和对本质学说的绝对要求或后来的存在学说的绝对要求之间的对立不会由于后者的命令而被消除。这种学说把自己和它的对手抽象地对立起来，染上了劳动分工意识所具有的缺陷，它却装腔作势地要弥补这个缺陷。它拿来对抗科学的不是科学的自我反思，或者像瓦尔特·布洛克（Walter Broecker）所明确表明的那样，甚至不是作为性质不同的东西以必然运动的形式而外加到科学上。用黑格尔反对费希特的那个传统比喻来说，本质学说直接来自快枪，是附加在科学上的，是对科学的概略处置，而没有切实地改变科学自身中的任何东西。本质学说明显背离了科学，并最终确证了它的绝对统治地位，正如它在法西斯主义的非理性口号下对抗科学技术活动一样。从科学的批判转换到本质的东西，即转换到存在，反过来也就忽视了科学中的本质的东西，剥夺了（存在论的）需求所许诺的东西。由于存在论上的哲学活动与一切实际的内容拉开距离，甚至比康德曾经所做的更为激进，所以，与谢林的观念论形式，甚至与黑格尔的观念论形式相比，这种活动更不允许人们有不受束缚的洞见。特别是社会意识，尽管在哲学中它与古代的存在论密不可分，但却被当作异端邪说而备受指责，被当作处理纯粹的存在者与变为另一类（μετάβασις εἰςἄλλογένος）的运动，而备受指责。黑格尔在他的《精神现象学》的序言中开启了一种反认识论的转向，而海德格尔的解释学也接受了这种转向①。海德格尔保留了先验哲学而反对有内容的哲学，这种先验哲学把内容看作是纯粹经验的东西排除在自己的大门之外。海德格尔的哲学纲领是要把存在和存在者区隔开了，并解释存在本身。先验哲学就保留在这个哲学纲领之中，尽管在其纲领中有许多相反的东西。② 基础存在论事与愿违，其中的一个原因是，它高扬一种"纯粹性"的理想，这种理想是来源于哲学的方法论化——胡塞尔是这一链条上的最新一环——这个理想尽管把存在和存在者对立起来，却还以为是对有实际内容的东西进行哲学研究。只有在一切确定的区分也就是一切内容都变得模糊不清的领域中，这种做法才可能与那种纯粹性协调起来。由于受到舍勒的弱点的干扰，海德格尔不允许第一哲学马马虎虎地与偶然的质料、与貌似永恒而转瞬即逝的东西进行妥协。然而他并没有放弃由生存这个词最初所预示了

---

① 参见海德格尔：《林中路》，美茵河畔法兰克福，1950 年，第 121—122 页。

② 参见海德格尔：《存在与时间》，第六版，图宾根，1949 年，第 27 页。

的具体化①。概念和质料的分离就是原罪，同时分离又在存在的痛苦中持续下去。在存在的许多功能之中，有一个功能是不能被低估的，这就是，尽管与存在者相比，存在享有更高的尊严，但在它把自己从存在者中超拔出来的同时也要回想起存在者，它是先于这两者的区分和对立之前的某种东西。存在所产生的诱惑如同拙劣的诗歌，这种诗歌就像莎莎作响的树叶那样滔滔不绝。然而，它所赞扬的东西却不痛不痒地滑出了它的掌控之外，尽管从哲学上说这好像是它所坚

---

① 几年前，贡特尔·昂戴尔（Günther Anders）（《人性的复古》，慕尼黑1961年，第186—187页、第220页、第326页，尤其是《关于海德格尔哲学的虚假具体性》，载《哲学与现象学研究》，第八卷，第三册，第337页之后。）批判了基础存在论的虚假具体性。在两次世界大战之间的德国哲学中，具体性这个词是最富有影响力的，它饱含着那个时代的精神。这个词的魔力与荷马史诗中的耐克牙（Nekyia）的特征有关。其中，奥德修斯为了使这些影子说话，以鲜血喂养它们。或许，"鲜血与祖国"的影响力根本不是对于起源的诉求。从一开始就伴随着这个口号的那种讽刺性的、暗示性的口吻显示了在发达资本主义生产条件下人们对于远古东西的衰败现象的意识。甚至"黑色军团"也嘲笑古代条顿人的胡须。另外，具体物的幻相作为不可交换、不可把握的东西而具有吸引力。与此同时，从越来越单调的世界之中会产生出这样一种幻觉。它之所以是一种幻觉是因为，它没有触及交换关系的基础。否则的话，那些渴望这种东西的人就该感到，他们受到了他们所说的那种扯平现象（Gleichmacherei）即他们所不知道的资本主义原则的威胁。这也是他们指责其对手的东西。具体概念所受到的困扰是与人们在思想上不能达到具体这一事实密切联系在一起的。这个魔幻的词语取代了事物。毫无疑问，海德格尔哲学还在利用具体化这类伪概念。因为"这个"（τόδε τι）与"实体"（οὐσία）是无法区分的，于是，他就像亚里士多德所曾经设想的那样，把其中一个装入另一个之中，即按照（存在论的）需要以及有待证明的主题而把一个装入另外一个。单纯的存在者变成非存在者（Nichtigen），摆脱了作为存在者的标记，并被提升为存在，即它自身的纯粹概念。而存在则相反，它排除了一切限制性内容，不再需要作为概念来出现，而是直接可以算是这个（τόδε τι），即具体。这两个要素尽管是绝对孤立的，但相互之间却没有特殊的区分，是可以相互替换的。这种相等性就是海德格尔哲学的核心。

定地拥有的某种东西，但思考它的思想却根本不能控制它。辩证法允许纯粹特殊和纯粹一般同时进入对方而这两者又同样没有任何确定性。但是这样的辩证法在存在学说中沉默了并被剥夺了。不确定性变成了神秘的装甲部队（Panzer）。

"不足就是盈余"

流通领域的人类学应该反对"常人"这个名称，海德格尔的哲学也讨厌他所说的"常人"。尽管如此，这个哲学还是像一个高度发达的信用系统。一个概念借用另一个概念。由此产生的悬而不决状况极大地讽刺了装模作样的哲学姿态，它如此这般地接近于根基，以至于它更倾向于像德国词汇所说的"思维"，而不是像外来词所说的"哲学"。一个行将失传的笑话说，与债权人相比，债务人处于优势地位，因为前者要依赖于后者的还款意愿。正如这个笑话一样，海德格尔也从他所亏欠的东西抽取好处。存在既不是概念，也不是事实，这使它免遭批评。无论它受到了怎样的批评，都可以被当作误解而打发掉。（存在）这个概念从事实的领域借来了一定数量的"空气"，即根本没有被思想过的或没有浓缩过的"空气"，也可以叫"自在"的"空气"；借来了把这空气综合起来的精神上的存在者，多于事实性存在的神韵，也可以叫超越的架势（Weihe）。正是这种结构把其自身具象化为某种高于反思知性——那个能用解剖刀把存在者和概念分割开来的知性——的某种东西。经过所有这一切之后，保留在海德格尔手中的东西都十分贫乏，这些十分贫乏的东西甚至也被他重铸成一种优点。每一种内容上的贫乏、每一个认知上的空洞都被他重新评估为深刻的标志，这是遍及他哲学的一个不变要素，尽管他没有这样来命名。不自愿的抽象把自身呈现为自愿的誓言。在关于柏拉图的真理学说的小册子中，他说："思维滑向了其先前本质的贫乏。"① 仿佛存在概念的空洞性是苦行僧的纯朴行动——源始的、不受思想之疑难所制约的行动——的结果。然而，存在，或者应该根本不是概念，或者是一种完全特殊的概念，完完全全是一个疑难概念②。它把更抽象的东西转变成为更具体的东西，因而更真实的东西。海德格尔以自己的语言承认了这种苦行僧的做法究竟是要干什么，他的这个说明比任何一种恶意的批评都更入木三分地批判了他自己："思维以它自己的话语在语言中留下了不起眼的沟痕，这种沟痕比农民在他自己的田地里缓慢行走留下的印记还更不起眼。"③ 尽管海德格尔矫揉造作地表现得如此谦恭，但是他甚至连神学上的险境都不会碰到。像从前的绝对观念一样，存在的特点类似于由神性而流传下的观念。然而存在哲学却提防这种神性的实存（Existenz）。这个整体尽管如此古老，却不承认自己是非现代的。相反，它会作为存在者不在场的证明而参与到现代性

---

① 海德格尔：《柏拉图的真理学说》，同上，第119页。

② 参见阿多诺：《走向元认识论的批判》，斯图加特，1956年版，第168页。

③ 海德格尔：《柏拉图的真理学说》，同上，第119页。

之中，存在超越了存在者，然而又把它掩藏在自身之中。

无人之地

自从谢林以来，具有实际内容（inhaltlich）的哲学研究是建立在同一性命题的基础上的。只有当存在者的总体（Inbegriff），最终只有当存在者本身，作为精神的要素，可以被还原到主体的时候，只有当事实和概念在精神更高的层次上是同一的时候，我们才有可能按照费希特的那个先天就是后天的公式来继续前进。然而恰恰就是按照这样一种观念，海德格尔对同一性命题进行了历史性的判断。海德格尔的现象学公理是，思想必须屈从于给予思想或者最终"发送"给思想的那种东西——好像思想不能打破这种发送赖以发生的条件。对于这种现象学公理来说，建构的可能性是一种禁忌，与同一性命题一起成长起来的思辨概念的可能性也是一种禁忌。胡塞尔的现象学在"面向事实本身"的口号下进行了艰苦的劳作，并试图超越认识论。胡塞尔明确地把他自己的学说说成是非认识论的①，而海德

---

① 胡塞尔在《纯粹现象学和现象学哲学的观念》中把他的方法理解为一种运演结构，而不是把它推导出来。他承认这里存在着随意性，但他只是在后来阶段才希望消除这种随意性，而这种随意性是不可避免的。如果这个程序是被推演出来的，那么它就会显现为自上而下进行的，但它又绝不希望是这样的。这样做会违背"面向事实本身"这个准实证主义的原则。同时这个实证主义的原则也绝不需要走向现象学还原。这种还原由于这个原因而采取了任意设定的形式。尽管所有这些东西都保留了"理性的法庭"，但是，它们却走向了非理性主义。

格尔后来同样把他的现象学称为非形而上学的一样。但是，胡塞尔比马堡大学的新康德主义者更加害怕过渡到实在内容（Sachhaltigkeit），这些新康德主义认为，微积分方法会有助于实现这种过渡。与胡塞尔一样，海德格尔牺牲了经验，把一切不属于本质现象学——用胡塞尔的话来说——的东西归入非哲学的经验科学之中，并置之不理。然而，他把这个禁忌一直扩展到胡塞尔的"形式"（εἴδη）概念，即扩展那个最高的、与事实无关的、关于事实性的概念统一体，而这个概念统一体中却混合着实在内容的痕迹。存在是本质性的浓缩。存在论由于其自身的连贯性而陷入一种无人之境。它必须消灭一切后天的东西，它也不是逻辑学，即关于思维的学说以及一种特殊的学科。思维的每一个步骤都必然使存在论超越那个它唯一希望能够自我满足的点。最后它不敢再对任何东西，甚至关于存在，做出断言。在这种存在论中所显示出来的与其说是神秘的沉思，不如说是思想的贫困，（尽管）思想要思考与它自身不同的东西，但由于害怕失去它所拥有的东西，它又不允许自己获得任何东西。哲学逐步变成一种礼仪性的姿态。当然在这种礼仪性的姿态中也表现出某种真实的东西即哲学的沉默。

不幸的实际内容

对实际内容的历史性的神经体会（Innervation）[①] 是精

---

① 这个词的原意是神经支配、神经网络。而阿多诺非常频繁地使用这个词，意在说明人对于非同一东西、实在内容的一种特殊的把握方式。这种把握方式与肉体的体验有关。——中译注。

神的一种行为方式。存在哲学对这种行为方式并不陌生。对实际内容的神经体会就是要打破思维围绕它自身而建立起来的那堵墙，即由主体确立起来的，并转变成为第二自然的那堵墙。胡塞尔的纲领带有此类东西，海德格尔也赞同这一点。① 主体成就虽然为观念论上的认识奠定了基础，但是在主体衰弱之后，这种成就成为不必要的装饰品，并引起人们的恼怒。在这个方面，基础存在论和现象学一样不自觉地成为实证主义的继承人②。在海德格尔那里，实际内容发生了180度的大翻转：他想要纯粹地从可以说是无形式地从事情出发来进行哲学研究，于是对于他来说，事情因此消解了自身。对于认识被束缚在主体之中所产生的厌倦促使他确信，那个超越主体性的东西对主体性来说是直接的，没有被概念所玷污。如同浪漫主义潮流、青年运动一样，基础存在论在抗拒主体性中的限制要素和模糊要素的过程中也把自己误认为反浪漫主义。它用好斗言辞来克服主体性，而海德格尔也不害怕这种好斗的言辞③。由于主体性不能认为它的中介是不存在的，它因此就要让这些中介返回到意识到一个阶段上，即对主体和它的中介进行反思之前的那个阶段上。但是这种做法失败了。它似乎想无主体地接近于事实本身所显示出来的样子，要公正地对待

---

① 海德格尔：《存在与时间》，陈嘉映、王庆节译，商务印书馆，2016年版，第50页。

② 参见阿多诺：《走向认识论的元批判》，斯图加特，1956年，第135—136页。

③ 参见海德格尔：《形而上学导论》，图宾根，1958年版，第155页。

质料性的东西、原初的东西、新实在的东西。但凡是它这样做的时候，它就消除了它所思考东西的一切规定性，这就如同康德消除了超越的自在之物的一切规定性一样。无论作为主观理性的作品，还是作为特殊存在者的派生物，它们都是令人讨厌的。矛盾着的迫切需要相互冲撞，相互否定。由于一方面思辨思维——作为一直由思想所设定起来的东西——不被允许，另一方面反过来存在者——作为世界的一部分同存在的优先性达成妥协——又不能被深入探究，于是思想除了思考纯粹的空洞 X 之外，不能思考任何东西。这种"X"甚至比以前的先验主体还要空洞，因为这种先验主体作为意识的统一体总是会伴随着对现存意识即"自我性"的回忆。这个"X"，这个绝对不可表达的东西，这个脱离一切谓词的东西，会在"存在"这个名称之下成为最真实的存在（ens realissimus）。与存在哲学的愿望相反，黑格尔关于存在的判断可以纳入这种概念的疑难结构的强制之中：它不可区分地与无一致起来。海德格尔在这个方面绝没有欺骗自己。尽管生存论存在论不应被指责为那样一种虚无主义①——左翼存在主义以令它感到吃惊的方式竟把它解释成的那种虚无主义——但是它把其最高词汇中不折不扣的虚无性说成是肯定的东西。

论范畴直观

无论人们如何持续不断、小心谨慎地从哪一边把存在

---

① 参见海德格尔：《形而上学导论》，图宾根，1958 年版，第 154 页。

压缩为无向度的点，这个过程都在事物之中有其根基（fundamentum in re）。范畴直观、概念的领悟提醒我们，范畴所建构起来的事态——传统的认识论把它看作只是综合的结果——总是对应于一个超出感性质料（ὕλη）的要素。就此而言，这种事态始终有某种直接的东西，令人想起直观性。如果没有等式两边数量的综合，那么任何一个简单的数学公式都是无效的；如果没有要素之间的关系与这种综合相对应——不管这种说法按照流行的逻辑学会遇到什么困难，那么任何综合都是不可能的，而康德忽视了这一点；用更加激进和容易引起误解的方式来说，除非等式两边事实上是相等的。如果没有思维的综合，那么就谈不上这种匹配；同样，没有那种对应关系，即没有这种教学案例式的"中介"，也不可能有理性的综合。人们在反思中发生动摇了，而这种动摇所涉及的就是，思想究竟是一种活动，还是一种自我测量的努力。任何一种被自发思考的东西都与显现的东西（Erscheinendes）密不可分。如果海德格尔强调显现东西的方面以防止它被完全还原为思想，那么这是对观念论有益的修正。然而他在这里却把事态的要素孤立起来，抽象地把握这个要素，用黑格尔的话来说，就像观念论对这个要素所进行的抽象综合一样。当它被具象化的时候，它就不再是一个要素，并最终成为物化了的东西，而存在论在反对把概念与存在者分离开来的过程中最不希望它成为这种东西。然而按照其自身的特点来说，它具有遗传的特点。黑格尔所倡导的关于精神——即作为历史过程之产

品的精神——之客观性（的学说），允许人们用直观的方式
对待精神性的东西，（后来的）许多观念论者，比如李凯尔
特，重新发现了这一点。意识越是固执地确信精神的那种
现成的客观性，而不是把这种客观性归结为观察主体的一
种"投射"，那么意识就越是接近于强行的精神面相学。对
思维来说，它既不会把一切规定性置于一旁，也不会排斥
它所面对的东西，因而这些形式变成第二直接性。范畴直
观的学说过于天真地依赖于这一点，它把第二直接性与第
一直接性混淆起来了。黑格尔在他的本质逻辑中走得更远，
这种本质逻辑把本质既当作从存在中产生出来而又独立于
存在的某种东西来处理，即当作一种定在（Dasein）来处
理。相反，胡塞尔要求——海德格尔也心照不宣地接纳了
这个要求——对精神的事态进行纯粹的描述——这种精神
的事态被当作自身直接给予的东西，并且只是当作自身直
接给予的东西而被接受。胡塞尔的这种描述要求变得如此
教条，以至于精神尽管能通过反思而被一再思考过，也不
会（因此）变成某种别的东西。在这里，人们毫不犹豫地
主张，思维作为一种不可避免的活动，当然会有一个对象，
可是这个对象尽管被思考过，但却同时又不会成为思维的
产物。那早已保留在纯粹精神事态概念中的观念论潜在地
转变为存在论。现象学主张，现象学不思考，而只是探索
和描述，它不是认识论，简而言之，它不带有理智上的反
思的污点。这个主张——整个存在论学派的影响力都要归
功于这个主张——与思想只有纯粹的接受性这个基础理论

一起崩溃了。而基础存在论的奥秘，即存在，是所谓的纯粹自身给定的范畴性事态，是被提升为最高公式的范畴性事态。长期以来，现象学分析相信，进行综合的意识是某种以接受性为特征的东西。判断中结合在一起的东西，可以在范例中，而不是仅仅通过比较而被认出。要被质疑的不是这种洞察的直接性本身，而是它的具象性。当某种首要的东西从一个特殊对象中闪现出来的时候，最耀眼的光线就照耀在这个类上面：在这个光线之下，同义反复也就瓦解了，因为同义反复只知道如何对类进行定义，而对类的其他东西却一无所知的。如果没有直接透视的要素，那么黑格尔的话，特殊就是普遍，就只会是（无根据的）断言。胡塞尔以来的现象学拯救了这个要素，但却是以牺牲其补充者即反思的要素为代价。然而他的本质直观——后期海德格尔小心翼翼地回避了这个学派所提出的这一关键字词——却包含了矛盾。无论是唯名论，还是实在论，都无法以令人喜爱的和平为由而使这个矛盾得以解决。一方面，观念化（Ideation）与意识形态有着亲缘关系，它借助于中介而把直接性偷运进来，这个中介把直接性打扮为绝对权威，打扮为对主体来说自明的和不可怀疑的自在存在。另一方面，本质直观也可以叫做对精神事态的面相学意义上的观看。这使它可以合法地认为，精神不是由指向这个精神事态的那种认知意识所建构起来的，而是远远超出单个的（精神）创造者，是集体生活中的精神，并且遵循其客观的内在规律，在其自身中是有客观基础的。精神的客观性是适合于直接观看的要素的。作为在自身中已经准备好的东西，它可以像观看感性事物那样观看自身。不过，这种直观就像对感性事物的直观一样没有任何绝对性和无可反驳性。胡塞尔赋予面相学意义上一闪念以类似于康德的先天综合判断那样的无条件的必然性和普遍性，就像是科学中的必然性和普遍性。尽管范畴直观相当程度上是可错的，但它的作用是对事实自身的把握，而不是把它放置在分类框架中。范畴直观的"虚假性"（$\psi\epsilon\tilde{\upsilon}\delta o\varsigma$）不是它的非科学性，而是它的独断的科学化。在观念化的注视之下，中介在发生作用，这个中介作用在精神的直接被给予性之幻相中冻结起来了。在这里，本质直观接近于反讽意识。当人们在所谓纯粹存在的东西之中体验到已有东西的时候，这种经验就能达到它所要达到的完全相反的目的：它不能让人满怀信心地去接受存在，而是批判存在；它不是要意识到事实与其概念的同一性，而是要意识到它们之间分裂。存在哲学信誓旦旦地所要保证的，好像是纯粹肯定性的嗓音，实际上其真理在否定性中。海德格尔强调存在不能仅仅被当作概念，可以得到判断中不可化解的判断内容的支撑，这就如同以前胡塞尔的类的理想统一体那样。这样一种样本意识的地位和价值应该在历史意义上得到提升。这个世界越是被社会化，其对象就越是密集地被网罗在普遍的规定之中，特殊事态就越是能够像贡特尔·昂戴尔所指出的那样往往直接显示出其普遍性；恰恰就越是可以用沉浸在其中的微观视角来加以描述。当然这实际上是一种唯名论倾向，但它是与存在论的目的直接对立的，尽管这种唯名论倾向在不懂得本质直观的情况下也会导向本质直观。如果这个过程总是一再受到部门科学的指责，如果它长期以来也同时受到一种机械的习惯性的指控，说它进行错误的或草率的概括，那么这不仅仅是一种思维习惯的罪责，这种思维习惯长期以来使人们误用了科学气质——从外部谨慎地处理事实的科学气质——误把这种科学气质作为合理化（的手段），即把它不属于其中的情况或者它对之不理解的情况加以合理化。只要经验的研究具体地验证概念即样本思维的中介之期待，即如果把特殊东西当做准直接性的范畴，并对它进行观察，而由此得到的东西之中不包含一般性，那么这种研究就证明了胡塞尔和海德格尔的方法都是错误的。尽管他们的方法害怕测试，然而他们却借助于研究的语言玩弄这种测试，使这种方法听起来好像被运用在这种测试中了。

作为人为状况（θέσει）的存在

有人主张，存在在一切抽象之前就已经是先定如此（vorgeordnet）的了，它不是概念，或者至少是在质上极其突出的东西。这种主张忽视了黑格尔《精神现象学》中的学说，即任何一个直接的东西都是在一切中介中被再生产出来的，都是认识中的一个要素，而不是认识的全部。如果不把某单个要素分离出来并绝对化，那么存在论的筹划就是行不通的。如果认识是思维的综合功能与要被综合起来的东西之间的相互作用，并且两者之间绝不是相互独立的，那么海德格尔所确定的直接想起的方法（Eingedenken）就不会成功——这种直接想起的方法被他设定为与哲学的尊严相匹配的唯一的正当源头，除非他借助于思想的自发性，而这又不是他所珍视的。如果反思由于没有直接的东西而没有内容，那么如果没有反思，直接东西就会顽固地表现为任性、随意；即如果没有思考，没有关于下述这一点——所谓纯粹展示出来的存在对消极的、无思考的思想来说究竟意味着什么——所进行的区别性规定，那么直接的东西会是任性的、随意的。存在"解蔽"自身和"敞亮"自身之类的花言巧语的宣誓，都根源于这种断言的虚构特征。如果那个所谓的原始词汇不可能在思维上加以规定和充实，如果它不可能批判性地面对它所指向的对象，那么这就是对一切关于存在的说辞的严厉驳斥。存在（在这里）没有得到思考，这是因为在它所要求的不确定性中，它根本不可能被思考。但是，存在哲学把这种不可通达性转变成为无懈可击性，把脱离理性过程的东西变成一种对抗反思知性的超越的东西，这是既聪明又让人绝望的暴力行为。与停在半道上的现象学相比，海德格尔更加坚定地打破意识的内在性。但是，他的打破行动不过是在镜子中进行的，而对（客观）基础中的综合要素视而不见。海德格尔忽视了，精神作为蕴含着意义的东西——在他所崇拜的埃利亚存在哲学中，精神把自身看作是与存在同一的——已经被包含在它将其呈现为纯粹的自我的东西之中了，即包含在

与它对立的纯粹自我之中了。海德格尔对哲学传统所进行
的批判客观地与这种批判所许诺的东西相反。由于这种批
判压制了主观精神，从而也必然压制综合赖以进行的质料、
事实性；由于这种批判把通过这些要素而自在地表达出来
的东西冒充为统一的和绝对的东西，于是，这种批判就成
为"摧毁"的反面，成为祛除那按照人的概念所创造出来
的东西这一要求的反面。这种批判不是去辨识蕴含在人的
概念之中的合乎人性的关系，而是把这种关系与理知世界
混淆起来。他重复性地保留了他所反抗的东西，即思维构
造物（Denkgebilde），而按照其自身的纲领，这种思维构造
物作为一种掩饰是应该被清除的。在揭示隐藏在其背后的
东西的借口之下，这个思维构造物又神不知鬼不觉地再一
次转变成为"自在"；对物化意识来说它早已是这种自在。
那种装腔作势的做法，好像它要摧毁拜物教，实际上只是
摧毁了看穿拜物教的条件。那表面上的打破物化的行动，
却终止在它要逃离的地方。这种行动在其中达到终点的那
种存在是"人为状况"。当存在作为精神性的中介让位于明
摆的展示时，哲学便与那种平淡的非理性主义生活方式结
合在一起。我们所说的非理性就其本身来说不能与哲学上
的非理性主义等同起来。认识借助于纯粹谓词判断的形式
设定了主体和客体的同一性，而我们所说的非理性是认识
中主体与客体的非同一性而留下的不可消除的污点。这也
是一种希望，即希望与主观概念的万能力量相对抗。然而，
正如主观概念一样，非理性本身仍然是理智的一种功能，

是它自我批评的对象：那漏网之物也是被这张网过滤之物。甚至非理性主义的哲学要素也要涉及概念，也要涉及合理性要素，只是这种合理性要素与它不兼容。海德格尔逃避了按照一种辩证法的动机来说所需要做的事情，因为他侵占了主客体差别——在这种差别中理智不足以处理被思考的东西这一点才被揭示出来——之外的某个立足点上。借助于理性手段，这种跳跃还是会失败。思维不可能达到这样的地步，在其中，主体和客体之间的分离直接消失了，因为这种分离就包含在每一种思想中，包含在每一种思维自身中。由此，海德格尔的真理要素就被敉平到非理性的世界观的地步。正如康德时代一样，今天的哲学需要通过主客体之间的分离来批判理性，而不是驱逐或者取消这种分离。

"存在的意义"

在思想被禁止的情况下，思维便认可了只是现存的东西。从文化的幻象中觉醒起来，这是思想所需要的真正的批判，但这种需要却被诱惑、疏导、引入错误的意识中。思想在其中成长起来的文化氛围阻止思想去询问——所有这些思想是关于什么，其目的是什么，粗略地说，询问它的意义是什么？人们越是觉得其意义并非那么自明，文化的喧嚣越是彻底取代这种意义，追问这种意义就越是迫切。与此相反，某种像文化那样宣称自己有意义的东西，就是要让现在只能如此这般而不能是别样的东西登上了王位。

在现存（Existenz）文化的压力之下，人们不再固执地询问，它所主张的意义能否得到实现，也不询问其合法性如何。另一方面，基础存在论却以"被遗忘了的东西"的代言人、被盗走了的利益的代言人身份出现了。这也是它讨厌认识论的原因之一，因为认识论会毫不迟疑地把利益列为一种偏见。但这种基础存在论仍然不能随意取消认识论。此在的学说，即关于主体性的学说，作为通向存在论的辉煌大道，秘密地复活了被存在论的激情所贬损了的那种古老的主观追问。尽管现象学方法要求剥夺西方哲学研究传统所具有的力量，但是这种要求仍然停留在这个传统中，并且在这一点上，从来没有欺骗自己。这种方法所产生的源始效果要归功于那些专注于这种方法的人的那种持续的遗忘。现象学在追问存在及其传统的变体的意义方面发生了一个转向：究竟为什么某物存在，而仅仅无反而不存在？这个转向具有其现象学上的源始的特点：它让位于存在这个词的含义（Bedeutung）分析。存在或者此在无论如何都要说到的东西，是与存在或者此在的意义一致的。某种早已内在于文化中的东西比如含义被语义学从语言中破译出来，并被驱逐出去，因为这种东西好像既逃避了人为东西的相对性，又逃避了单纯存在者的无意义性。这就是海德格尔的那种语言优先性学说的功能。存在一词的意义直接就是存在的意义，这是恶劣的含糊其辞。毫无疑问，这种含糊其辞不仅仅是不准确的表达①。

---

① 参见阿多诺：《黑格尔三论》，法兰克福，1963 年，第 127—128 页。

这个字词的同样发音完全会指称同样的东西。意义的两种
不同含义是交织在一起的。如果意义本身被否定了，如果
对概念形成机制之外客观东西的任何一种回忆都从概念之
中被排除出去，那么概念作为思维的工具，就没有任何意
义。实证主义把概念当作偶然的、可以替换的记号。它由
此产生这样的后果，以对真理表示敬意方式消灭真理。当
然，存在哲学采取了一个相反的立场，指责实证主义所提
出的愚蠢的理由。然而，只要默默地把这里含糊的东西区
分开来，我们就可以看穿这个含糊东西的结合体。海德格
尔在其关于意义的讨论中放弃了这种区分。在这里，他遵
从他对具象的偏好：他借助于有条件东西的表达模式，赋
予有条件领域中所发现的东西以无条件的幻相。只是由于
存在这个词闪烁不定，这种做法才是可能的。如果真正的
存在被设想为与存在者完全分离开来（χωρίς）的，那么
存在就与其含义是一致的：人们必须指出存在的本质性
（Wesenheit）意义并获得存在本身的意义。按照这样一种
模式，打破观念论的努力就不知不觉地白费了。存在的学
说退回到这样一种思维，把不同于纯粹思想的一切东西全
部剔除出存在之外。而为了获得存在的一种不管怎么说都
发生了变换的意义，而这个意义被感知为空无，（于是）
一种补充性的东西被提供出来，即分析判断中的意义领域
被预先构造出来，一种解释的理论被提供出来。而概念为
了最终成为概念，就必须意味着某种东西，这一事实可以
作为一个媒介发挥作用，它可以被用来说明，概念的基础

（ύποκείμενον）即存在本身必须是有意义的，因为存在不能以其他的方式而只能作为概念被提供出来，并作为话语上的含义被提供出来。这个概念不是概念而是直接的东西，这一事实把语义学上的意义掩藏在存在论的尊严之中："关于'存在'的这种说法就是不要在类的意义上理解这些名称，历史地确立起来的关于存在者的学说作为特例从属于类的空洞的一般性。'存在'永远像是传统所传播从而也像是传统所渗透的那样来说话"①。此类哲学也从这里获得安慰。这就是基础存在论的吸引力，并远远超出其理论内容。

包含先定秩序的存在论

存在论试图借助于精神恢复那个被精神打破了的社会秩序及其权威。"筹划"这个说法暴露了它的倾向，出于自由而去否定自由：超主体（transsubjektive）的义务被移交给进行建构的主体的行动。这种再明显不过的荒唐东西在后期海德格尔只能被武断地表达出来。对主体性的回忆被他从筹划这个概念中清除了出去。"在筹划中，进行筹划的不是人，而是存在本身。存在把人投送到其本质即此——在的绽出性生存（EKsistenz）之中。"② 存在作为投送的领域③被海德格尔神秘化了。附加在这种神秘化之上的是一种神

---

① 海德格尔：《同一与差别》，普富林根，1957 年，第 47 页。
② 海德格尔：《柏拉图的真理学说》，波恩，1954 年，第 84 页。
③ 参见同上书，第 75 页。

秘的傲慢，它宣布，主体所公布的计划是最高的权威，并可以充当存在的声音。那没有体会到这一点的意识就被贬低为"存在的遗忘"。① 这样一种预先就包含秩序的要求与海德格尔的思维结构是和谐一致的。它只有作为对思想施暴的行动，才有机会。"存在的遗忘"这个矫揉造作的表述所说出的损失，不是命定的，而是有背后动机的。它所哀悼的是，那久远的古代（ἀρχαί）遗迹从意识——让自身从大自然中挣脱出来的意识——之中消失了。神话本身作为一种欺骗已经被暴露出来了，只有欺骗才能把神话复活起来，并发号施令。存在能够超出批判概念的范围，实现其自身的风格，这还能使神话获得合法称号，并且只要启蒙还留下一点东西，那么这种他律性就需要这个合法称号。海德格尔哲学认为，存在的丧失会给人带来痛苦，但是这种痛苦不仅仅是不真实的。否则的话，他就会发现，他很难从荷尔德林那里获得慰藉。社会按照其自身的概念，是人们之间的关系，它应该建立在自由的基础上。然而直到今天，自由依然没有得到实现，因此，这个社会既极不完善，又一成不变。在普遍的交换关系中，一切质的要素都被耪平了，这些要素的总体类似于结构。制度形式越是享有无限的权力，生活就越是混乱不堪，这种生活受到了制度形式的强制，并按照制度形式的形象而被扭曲。生活的生产和再生产，以及上层建筑的名义下所包含的一切，对

---

① 海德格尔：《柏拉图的真理学说》，同上，第84页。

于这样一种理性（Vernunft）——只有这种理性的和解和实现才是人类所应享有的社会秩序，是一种无暴力的秩序——来说是不可透彻把握的。古老的、自然地发展起来的秩序要么已经消失，要么越出了它的合法性的界限而变成恶的东西。无论在哪儿，社会的进程绝不会是无序的，绝不会像个人命运那样始终受到非理性的偶然性支配。而它的对象化了的合规则性是此在结构（Verfassung），即人能在其中毫无畏惧地生存的此在结构的对立面。存在论的筹划甚至也感受到这种此在结构。存在论把它投射到受害者即主体身上，并疯狂地用秩序的讯息本身，直至所有秩序中最抽象的秩序即存在的结构，来掩饰客观否定性的资讯。在任何一个地方，这个世界都要准备过渡到一种秩序的恐怖之中，而不是过渡到其相反的情况，即辩护性哲学或明或暗地所痛惜的那种情况。由于自由大体说来仍然是一种意识形态；由于在这个系统面前，人类是无能为力的，还不能借助于他们的理性来决定他们自己的生活以及他们总体的生活；由于人类如果不经受更多的痛苦甚至不可能就此而进行进一步的思考，于是这些情况迷惑了他们，使他们的反抗采取一种颠倒了的形式：他们幸灾乐祸地宁愿要更坏东西，而不要更好东西的幻相。现代哲学对这种情况发挥了推波助澜的作用。它们已经感到自己是与初露端倪的强大利益秩序相一致的，同时它们也要像希特勒那样悲剧性地冒孤独之险。它们摆出一副形而上学上无依无靠的样子，好像被束缚在空无之中，然而这种做法恰恰是对这种秩序进行确证的意识形态，这种秩序要让人彻底失望，要用消灭肉体来威胁人。复活了的形而上学的回声就是要人们预先认同一种压迫，这种压迫在西方具有取得胜利的社会潜力，而在东方社会早已获得了成功，在那里，实现自由的思想被扭曲为不自由。海德格尔促使人们思想上的顺从，拒绝使用人道主义这个词，并且以标准化的姿态反对公开的意见交流。于是，他加入了诅咒一切"主义"之人的联合阵线。人们或许可以问一问，情况是不是这样的，海德格尔不是要简单地消除人道主义的这个非常可怕的话语，而是因为他的学说要彻底终止（人道主义）这种状况。

对物化的抗议

然而尽管这些（新的）存在论也有威权主义的企图，但是由于积累了更加丰富的经验，很少像过去那样公开地赞扬这种制度，即不再像舍勒的一个门徒所发表过的《中世纪的世界与我们》那样公开赞扬等级制度。这样一种全方位的掩护策略是与这样一种社会时期——他们不再把统治关系完全建立在过去的社会状况上——相一致的。权力的争夺要依赖于资产阶级社会在人类学意义上的最终结果，并对之加以利用。正如希特勒把自己提升到原子化的大众之上并痛斥这些道貌岸然的家伙，而为了保命他还时不时地更换卫兵一样，自从存在论最初的复兴以来，对等级制度的同情也消失在存在的霸权与孤独之中。这也不仅仅是意识形态。反相对主义思想可以追溯到胡塞尔确立逻辑绝对主义的著述——《纯粹逻辑导论》之中。这种绝对主义是与他对那种静态的、顽固的思想的厌恶混合在一起的。而德国观念论和马克思也表达了这种厌恶，与此同时这种厌恶却首先被早期舍勒和处于最初萌芽状态的新存在论所忽视。无论如何，相对主义在现实中已经衰弱，也很少有人再谈到它。对哲学的需要也发生了一个不易察觉的转变，从对于实际内容和稳固东西的需求转向对于避免精神上物化的需求，这种精神上的物化是由社会来实施的并绝对地支配其成员。这种转变是借助于一种形而上学来进行的。尽管这种形而上学谴责这种物化，但却求助于一种不可失去的源始东西来限制物化，因此，正如存在论未对科学活动（的不良后果）造成多大伤害一样，它对物化所造成的伤害也确实微不足道。在那妥协了的永恒价值中，除了对存在——其本质高于一切物性的存在——的神圣性的信任之外，没有留下任何其他东西。从存在——它自身自在地具有动态性的、自身"成己"（ereignen）——角度来看，物化的世界因其可鄙的非本真性被看作是不值得有任何变化；对相对主义的批判被过分地拔高了，以至于变成了对西方思想中不断进步的合理性蔑视，包括对整个主观理性的蔑视。由公众意见所激发起来的对支离破碎理智的抗议经久不衰，这种抗议与人们对物性异化力量的抵制结合在一起，这两者始终相互作用。海德格尔把反物质和反功能的东西结合在一起。虽然存在决不能被说成是物，然而却像这种比喻所一再表明的那样，是"基础"，是一种稳固的东西①。这表明，主观化和物化不仅是分离的，而且也是相关的。被认识的东西越是功能化，变成认识的成果，那么施加在其上的运动要素就越是完全被归结到主体身上，被当作是主体的活动；客体就是在其中凝结起来的劳动的成果，是一种死物。尽管质料作为先于主体一切综合的东西，是这种综合的必要条件，但如果人们把客体还原为纯粹的质料，那么这就是从客体中吸走了其中的一切动能。作为被消除了质的特性的东西，它成为静止不动的东西，人们从根本上赖以对运动做出判断的特性也被剥夺了。康德把整个一类范畴称为"力学的"，这并不是没有理由的②。然而即便那些质料不是力学的，它们也不是完全直接性的东西。从表面上看它们是绝对具体的东西，而实际上是经过抽象的中介，可以说从一开始就被（中介）穿透。生活分化为完全抽象和完全具体的两极，但只有在这两者之间关系发生紧张（对立）时才会如此，而这两个极端同样都被物化了。抽离了自发主体所留下的纯粹统觉，正如康德所思考的自我那样，由于它取代了那个活生生的自我，就不再是主体了；并且这种统觉在其独立自主的逻辑性中，耗尽其巨大的、顽强的力量。然而，海德格尔的物化批判却不顾一切地指责那不断地进行思索和领会的理智，指责那在现实中有其来源的东西，尽管这个现实本身以及它的经

---

① 可参见海德格尔《论基础的本质》，美茵河畔法兰克福，第42页和47页。

② 参见《康德著作全集》第三卷，李秋零译，北京：中国人民大学出版社2013年版，第91页。

验世界也都物化了。精神所干的坏事不能归咎于它鲁莽的专横，相反，精神只是把现实的联系强加于它的东西进一步返回到它作为其构成要素的现实联系之中。错误的做法是把物化溯源到存在和存在的历史，把它作为"命运"来哀叹，并把反思以及反思所激发起来的实践所要改变的东西加以神圣化。存在学说正当地反对实证主义，继承了它所诽谤的整个哲学史的基础，特别是康德和黑格尔哲学的基础：内在和外在、主体和客体、本质和现象、概念和事实之间的二元性不是绝对的。但是，这些东西之间的和解却被投射到无法回到的源始状况，于是，这些东西之间的二元性本身——整体被看做是对抗这种二元性的——被强化并对抗和解的冲动。关于"存在的遗忘"的挽歌阻碍了这种和解。尽管人们对存在的历史怀抱期望，但是存在的那种神秘的、不可透视的历史却否定了这种和解。这种和解厄运可以被当作虚幻的联系而被打破。

虚假的需求

然而，这种虚幻的联系不仅会渗透到存在论上的"筹划"之中，而且会渗透到需求之中。筹划不仅与这种需求有关，而且还能从这种需求中朦胧地看到它对其命题所提供的担保。即使再固执和天真的人都不能简单地确信，社会的进程直接是由供需关系，也就是由需求来确定其前进的方向，因为需求本身，无论是精神的需求还是物质的需求，都可以加以批判性的分析。正如需求不是不变的和原

生的一样，社会过程也不能保证需求的满足。在需求之中
所存在的幻相以及幻觉——无论需求出现在什么地方它都
必须得到满足这一幻觉——都可以回溯到同样的虚假意识。
无论需求多么明确具体，但是只要它是按照他律产生的，
那么它就必定包含了意识形态的成分。当然，任何真实的
东西都不可能完完全全地从意识形态中剥离出来，即使批
判就其自身而言不想屈从于意识形态，不想屈从于简单的
自然生活的意识形态，（也是如此）。尽管真实的需求也可
能是客观的意识形态，我们不能把这一点作为一种合法的
借口去否定这种需求。因为在需求本身之中，被控制和被
管理的人会对他在其中没有被完全控制的东西做出反应，
这种东西是主观部分的剩余，是系统还没有完全控制的东
西。即使在由于过度生产而造成的颠倒形式中，物质的需
求也应该受到尊重。如果人们不能认识或承认他们行为所
唯一屈从的必然性，把这种必然性当做是合理的，有意义
的，那么在这种情况下，存在论的需求也有其真实的要素。
对其需求的错误意识会导向自主主体所不需要的东西，并
由此允诺完全可以满足这种需求。可以被添加到虚假意识
上的还有那不可获得的东西被冒充为可以获得的东西，从
而补充性地被添加到他被禁止了的需求及其可能的满足上。
同时，这种颠倒了的需求从精神上表明，人们会意识不到
自己在物质贫乏方面的痛苦。这种需求必须推进这种痛苦
的消除，然而它本身对此却毫无作为。思想如果没有需求、
没有欲求任何东西，那么它就是无；然而如果需求纯粹是

主观地确立起来的，那么从这种需求产生的思想就会迷失自身。需求是真和假的混合体，正确的思想应该是这样的，它期望恰当东西。如果这种学说认为，我们不能根据人的自然状况，而要根据所谓文化标准来观察人的需求，那么社会生产关系以及它的恶劣的不合理性就会介入这个标准之中。这种不合理性应该联系到这样的精神需求即对被排除东西的替代品的需求，而受到无情的批判。新存在论自在地就是这个替代品：那个允诺要超出观念论向度的东西，却仍然是潜在的观念论，并阻止人们对它所进行决定性的批判。一般说来，替代品不仅仅是粗糙的愿望满足，比如，文化工业给大众所提供的满足，因为大众其实也并不真正相信这种满足。在官方文化提供其经典产品的地方，即在所谓崇高的哲学领域中，欺骗无处不在。今天最紧迫的精神需求是对于稳固东西的需求。这种稳固的东西激发了存在论，也是存在论所要衡量的东西。它的正当性在于，人们需要得到稳定性，以免被历史运动过程所埋葬，对这个历史运动过程，他们感到无能为力。不变的东西希望保留那些被贬斥为过时了的东西。现存的社会形式越是无望地阻止这种渴望，哲学就越是不屈不挠而又绝望地维持自身。在这种哲学中，彻底绝望和维持自身可以说是结合在一起的。这个不变的框架是按照无所不在的恐怖形象设计出来的，是按照受彻底毁灭之威胁的社会的眩晕形象而设计出来的。如果这种威胁消失，那么被倒置过来的肯定性——这种肯定性本身不是别的就是其抽象的否定性——就会随之消失。

软弱和支撑

19 世纪以来文化批评方面的保守主义提出并随后不断推广一种关于世界丧失了形式的观念。针对这种观念，这种需求按照其自身的不变结构做出了一种非常特别的反应。这种观念从艺术史的命题中，比如建构风格的力量之崩溃这一命题中吸取营养，并从审美领域一直扩展开来，成为一种总体观。艺术史家认为，这确实是一种形式的丧失，而不是解放生产力的一个有力的步骤，这是不容否认的。革命性的审美理论家，例如阿道夫·罗斯（Adolf Loos），甚至在 20 世纪仍然敢于说出来这一点①，而其他一些文化批评家信誓旦旦地确认现存文化而在意识上胆小如鼠，只有他们才忘记了这一点。在对有序形式之丧失的哀伤中，形式的力量也在不断增强。这一机制比以往任何时候都更有力，它长期以来孕育了霓虹灯式的文化工业，这种文化工业就如同曾经一度出现过的巴洛克文化那样，风靡世界。尽管主体和形式之间的冲突从来没有消失，但是这两者之间的关系却颠倒过来了，其中形式取得了统治地位，即对于那感到自己无能为力的意识的统治，这个意识不再相信自己能够改变这种机制，不再相信自己能够改变它们的精神形象，并同它的敌人一致起来了。主体哀痛这个世界丧失了形式，开始呼唤一种约束性的秩序，而他所默默地期

① 参见《阿道夫·罗斯全集》第一卷，维也纳—慕尼黑，1962 年版，278 页以及其他各处。

待的秩序来自于外部，是他律的。只要这种关于世界丧失
形式的主张并不纯粹是一种意识形态，那么主体的这种哀
痛也就不是主体解放的结果，而是其失败的结果。那看上
去毫无形式的此在结构（Verfassung）只不过模仿了主观理
性，这个结构实际上只是奴役主体的东西，是纯粹的为他
存在的原则，是纯粹的商品形式的原则。为了普遍的等值
和可比较性，这个原则在所有的地方都贬低质的规定性，
并具有铲平这些规定性的趋势。然而正是这样一种商品特
性，构成了人对人的统治的中介，并把主体限定在其不成
熟状态上。而其成熟状态是与"走向质的自由"联系在一
起的。在现代艺术的聚光灯下，形式的压迫要素暴露无遗。
从这种要素那里借来的那种对形式的需求欺骗性地掩饰其
恶劣的强制性质。如果形式不能借其透明的功能来证明自
己存在的正当性，如果形式确立起来，但只是作为形式而
存在，那么这种形式不是真实的，并且作为形式，也是不
足的。人们会辩解说，精神虽然是被隐藏在形式之中的，
但是精神有潜力超出形式。只是由于人们没有能够成功地
使世界不再服从于形式范畴，这个与最发达的意识相对立
的范畴，这种主导趋势必定会使这个范畴疯狂地自行其是。
然而由于精神未能完全压制形式范畴的不恰当性，于是精
神把诸如自因（causae sui）这样的价值，把这个范畴与活
生生东西和解的幻想，与当前表现得特别明显的他律——
无论是过去的还是抽象的他律——对立起来。在憎恨现代
激进艺术这一点上，复辟的保守主义与法西斯主义始终快

乐地和谐共鸣。它们之所以憎恨现代艺术，是因为它使人们想起过去的失败，是因为单单这种艺术的存在就会把人们对他律结构的理想所提出的质疑公开出来。从社会意义上来说，人的主观意识太软弱了，以至于它无法打破禁锢着它的那些不变要素。相反主观意识使自己适应这些要素，并为这些要素的缺失而哀伤不已。物化意识是物化世界之总体中的一个要素。存在论的需要就是这种物化意识的形而上学，虽然这种形而上学根据其自身的内容也会进行物化的批判、已经变得十分廉价的物化批判。如此这般的不变要素的形式是麻木了的物化意识的投射。由于（人们）无力去体验那些未纳入等同性仓库之中的东西，物化意识就把这种不变性转换到永恒的观念之中，转换到超越的观念之中。在不自由的情况下，当然没有人会拥有被解放了的意识。一种支配自身的意识只要是真正自主的——就像它直到目前为止一直假装的那样——就决不会总是害怕自身委身于他者，即秘密地统治它的那种权力。对支撑的需要，对于所谓的根基性东西的需要，正如它所进行的自我确证一样，都不具有根基性。或许这是自我的弱点标志，心理学把这种弱点看作是当今人类的典型创伤。如果一个人没有受到外在或者内在的压制，那么他就不会寻找支撑，或许也不会在自己本身之中寻找支撑。与不自由的主体相比，这些主体希望在他律的条件下也要拯救自由，他们也相对较少地受到缺乏支撑的困扰。而那些不自由的主体却非常乐于把这种缺乏归咎于自由，看做是自由的过失。如果人不必再把自己与物等同起来，那么他们就既不需要物性的上层建筑，也不必按照物性的模式把自己设计成为某种不变的东西。关于不变性的学说把极少变化的东西永恒化，这种东西的实证性就是恶。就此而言，存在论的需求是错误的。只有在不变的东西垮台之后，形而上学的曙光好像就能在地平线上出现。但是这种安慰并不会有多大的帮助。时间中的东西是没有时间可以被耽搁的，决定性的时刻是不能等待的，谁要是依赖于这一点，谁就顺从于短暂性与永恒性的分离。由于这种分离是错误的，由于它所要求的解答也会在历史的时刻被搁置，因此，针对安慰所提出的一切问题都具有二律背反的性质。

第二章　存在与生存

对存在论的内在批判

　　对存在论需求的批判可以推进到对存在论的内在批判。对存在哲学我们只能在它自己的框架中来对付它，按照黑格尔的要求，就是要用它自己的力量来反对它自身。否则的话，一般来说，从外在角度来攻击它就根本无法驾驭它。海德格尔的思想运动无论从其动机还是结果来看，甚至在它们没有被明确地表达出来的地方，都可以进行重构。在作为完整的功能结合体中，他的话语几乎没有一个句子没有价值立场。就此而言，他是演绎体系的继承人。这个演绎体系的历史中包含了丰富的概念，这些概念是从思维过程中产生的，即使人们无法接触到与这些概念相对应的事态。哲学中的思辨要素就是从构造概念的必然性中产生的。

对于被固化在这些概念中的思维过程，我们应该一而再再而三地去追踪其有效性（的根据），而使它重新流动起来。对于存在哲学，如果我们证明说，不存在像它所命名的存在那样的东西，这是远远不够的，因为它并没有设定那样一种"给定的东西"。相反，存在的不可见性需要被推导出来，以答应它那种无可辩驳的要求，而这种不可辩驳性正是利用了存在的不可见性。甚至它的无意义性——对这种无意义性的确证引发了实证主义胜利的狂欢——从历史哲学上来说也是意义明晰的。由于那一度被当作具有客观约束力的神学内容不可逆转地被世俗化了，于是它的辩护者就力图通过主观性来挽救它。信仰学说的变革确实就已经这样做了，康德哲学毫无疑问是其样板。自那以后，启蒙便势不可挡地大踏步前进了，而主体性也被卷入到这种去神话化的过程之中。挽救它的机会也因此丧失殆尽。更悖谬的是，主体的希望已经退化为主体的牺牲，退化为毫无保留却又是自我反思的世俗化过程。海德格尔的思路既是正确的，又是错误的。它是正确的，这是因为他在一种否定传统形而上学的过程屈从于这种趋势；它是错误的，这是因为他几乎与黑格尔一样把那个需要拯救的东西说成是当下呈现的。存在哲学一旦宣布存在有意义也就失败了，（因为）按照思维自身的证据这种意义消解了，而存在本身作为一种概念上的反思却还紧紧依靠这种证据，尽管存在一直被思考。尽管存在这个词的无意义性常常受到健全的常识的嘲笑，但是这却不能被归因于它被思考得太少，也不能归因于它被不负责任地胡思乱想。从存在这个词语中，人们不可能在思想上把握或生产出任何肯定性含义，这里的思想就是客观地消解意义的媒介。海德格尔对存在与逻辑上限定存在的那个概念进行了区分，如果人们试图完成海德格尔所进行的区分，那么在排除了存在者及其抽象范畴之后人们所能够得到的就是完全未知的东西，这种东西最多是对康德的超越的自在之物概念的同情的诉求，而不会比它更加高明。由此，思维这个词——尽管海德格尔不想抛弃它——也会像它所思考的东西那样，毫无内容：无概念的思维不是思维。海德格尔把思考这种存在当作他的真正任务，但是这个存在却使它自身无法获得任何一种思维规定，也掏空了任何一种思考它的吁求。海德格尔的客观主义，即他驱逐思维主体的做法，恰恰是这种客观主义的反面。在那些对实证主义者来说毫无意义的句子中，空头支票（Wechsel）被呈现给这个时代。这些句子之所以是错误的，只是因为它们自称自己是有意义的，好像一种内容自在地会发出回声。意义并没有持存于海德格尔哲学的最内在的细胞中。尽管它自称是带来幸运的知识，但它是舍勒所说的进行控制的知识。当然，海德格尔对存在的崇拜是要对抗精神被观念论化（的倾向），并把对精神的自我神化之批判作为其先决条件。然而，海德格尔的存在几乎无法与它的相反极即精神区分开来。它与精神一样具有压迫的性质，只是没有精神那么明显而已，而精神的原则是透明的。因此，与精神哲学相比，（存在哲学）更难于对存

在的控制性本质进行批判性的自我反思。海德格尔赋予存
在这个词的那种电荷与中性文化所称赞的人类美德即虔诚
和信仰的美德完全一致，仿佛这种虔诚和信仰自在地就是
一种优点，而不管所信仰的东西是不是正确的。在海德格
尔那里这种中立化的做法获得了承认，对存在的虔诚完全
取消了存在的内容，而这种内容松松散散地伴随着那被半
推半就地世俗化了的宗教。在海德格尔所常常操练的宗教
习惯之中没有留下任何东西，除了不断强化的依赖和屈从，
这种依赖和屈从替代了思维形式的客观规律。尽管这种结
构已经永久地隐去了，但是它就像逻辑实证主义一样却从
来没有离开过这位行家里手。当事实被剥夺了一切多于事
实的那些东西的时候，海德格尔可以说是掌控着这个具有
气化了的灵韵特征的副产品。只要它把"一个和一切"（ἐν
καὶ πᾶν）作为其特有的东西来处理，它就会给哲学保证某
种类似于后实存（Postexistenz）之类的东西。而存在的表达
不是别的，而是对灵韵的感觉，当然是不带有能够照亮它
的星星的灵韵。在这里，中介的要素被孤立起来了，并由
此是直接的。然而与主词和宾词这两极不同，中介无法被
具象化，它只有在它们之间的结合中才是有效的。中介是
通过被中介者而被中介的。海德格尔可以说是过度扩展了
中介，使它成为与对象无关的客观性。他处于一个想象的
中间地带，即处于呆板的粗陋事实和世界观的废话之间的
中间地带。这个存在概念（由于）不想让它的那些中介发
声，（也就）变成了非本质，变成了存在者的重复，就像亚

里士多德在柏拉图的理念中所看到的那种卓越本质。任何一种可以被归入存在的东西就是从存在者那里盗取来的。然而关于存在应获得纯粹本质性这样的突出要求是无效的，存在者虽然不可清除地保留在存在之中却不必——用海德格尔的话来说——承认其存在者状态上的特征，而存在论的要求就寄生性地参与到这个活动中了。（如果事实上）存在表明它被主体被动地接收，（那么）这是我们从认识论之中所吸收来的旧有材料，这些材料应该是事实性的东西，是存在者状态上的东西。然而，存在者状态同时却在存在的神圣领域被除去一切偶然性的踪迹，而正是这个偶然性的踪迹才允许人们先前对存在进行批判。借助于哲学疑难的逻辑，甚至不必等待这位哲学家在意识形态上所进行的补充，这个神圣领域就可以取代如此这般的存在者在经验上的主导地位，并进入一种本质状态（Wesenhafte）。把存在看做是一种实体（Entität）的观念——关于实体的思维规定必然会扭曲被思考的东西，因为它会把它所思考的对象分割成为碎片，借助于今天流行的政治术语来说，它还会因此颠覆被思考的对象——可以追溯到埃利亚学派的封闭整体之中，过去这个整体像体系，今天这个整体像世界。然而与体系的意图相反，这个封闭的整体恰恰是异质的：这个封闭整体既不能被个人的理性意志所把握，也不能被社会总体主体的理性意志所把握，尽管这个总体主体直到今天仍然没有成为现实。在一个统计上不断更新的社会中，再也没有任何新的主题可以被用来扩充辩护性意识形态的仓库了，而当前的这个意识形态是如此飘忽不定和难于辨识，以至于这种意识形态在当前的经验中难于被否定。如果哲学利用强制和诡计把存在者投射到存在上，那么存在者就被愉快地确证了；如果存在者被蔑视为不过是存在者而已，并受到处罚，那么它就被当作非本质状况而不受阻碍地被驱逐在外。敏感的独裁者恰恰就是如此，它拒绝去探访集中营，而那里的官员却会急切地按照他的指示来办事。

系词

对存在的崇拜依赖于一种古老的意识形态即市场偶像而得以生存：这种偶像是在存在这个词的阴影之中以及在派生于这个词的形式的阴影之中繁荣起来的。"是"（ist）在语法主语和谓语之间建立了实存判断性质的联系，并因此暗示了存在者状态。同时，它可以纯粹就其自身而被当作系词来对待，被当作一般范畴意义上的综合事态，而不代表任何存在者状态。所以，它可以被毫不迟疑地划入存在论这一边。海德格尔从系词的逻辑地位中抽取出存在论的纯洁性，从而迎合了他对事实东西的反感；而实存判断还让人回忆起存在者状态，这种回忆又允许人把表达综合过程的那个范畴性成果加以具象化，并把它当作被给予性。对"是"来说，确实有一种"事态"与之相对应：在一切谓词判断中，"是"就如主语和谓语一样都有它的含义。但这个"事态"是意向性的，而不是存在者状态上的。系词只有在主词和谓词的关系中才能按照它自身的意思来实现自己（的功能）。它不是独立的。海德格尔却错误地把它当作超出于它唯一借以获得意义的那些东西之外的某种东西，因此他被他所抗拒的物性（dinghaft）思维所制服。由于他把"是"所意味的东西固化为绝对理想的自在，也就是固化在存在之中，于是就主词和谓词而进行的判断所代表的东西，一旦摆脱了系词，好像具有同样的权利。这两者只是外在地经历了由系词所完成的综合，而存在概念就是为对抗这一点而被编造出来的。于是，主词、系词、谓词，如同在失效了的逻辑中那样，又重新按照事物的模式结合在一个自身封闭的、完成了的特殊性之中。然而在真理中，直言判断不是外加的，而是——由于两者（主词和谓词）之间的耦合——它们本身原来就该如此，如果这个"原来"（Wäre）可以不借助于"是"的综合而能够以某种方式被想象到的话。这一点阻止了人们从系词外推出一个先定的本质"存在"，也同样阻止人们外推出"变化"，即纯粹的综合。这种外推基于含义理论上的混淆：系词"是"的一般含义，即判断中表示综合的恒定语法标记，取得了一种特殊的含义，即每一个判断中"是"的含义。这两者绝不是重合的。就此而言，这个"是"可以被等同于偶然的表达。其一般性是特殊性的期票，这个一般形式可以兑现特殊判断。命名法也考虑到这一点，它已经为一般性保留了"系词"这个科学术语，为每个判断的特殊做法——而且判断必须这样做——恰恰保留了"是"。海德格尔忽视了这种差别。于是，"是"的特殊功能仅仅在于，它似乎成了普遍性的显示方式。实存判断的内容和范畴之间的差别消失了。

这是用普遍的语法形式替代断言的内容，这种替代也把"是"在存在者状态上的功能转换为存在论上的功能，即存在的存在方式。然而，即使人们忽略了特殊判断中"是"的意义所设定的被中介和中介的功能，那么也不会有任何种类的质料留在"是"之中，除了一般中介的抽象形式。用黑格尔的话来说，这个纯粹的"变"，像任何其他原则一样，都不是首要原则，除了人们希望借助于赫拉克利特赶走巴门尼德。存在这个词有弦外之音，只有武断的规定才会漏听这种弦外之音。这个弦外之音也让海德格尔哲学增加了音色。每一个存在者都多于它的所是（es ist）。与存在者相反的存在就是让人想起这种东西。任何一个存在者，一个既被规定而其自身又进行规定的存在者，如果不需要任何其他的东西，即一个不是它自身的其他东西，那么它就什么也不是——因为它通过自己本身是无法被规定的——它要指向其自身之外。中介恰恰是表示这一点的另外一个词汇。然而，海德格尔试图驾驭超越于自身之外的那种东西，并把被它超越的东西当作垃圾而弃之不顾。对他来说，交织联系走向了自己的绝对反面，即第一实体（πρώτηοὐσία）。在存在一词中，也就是在具体之是（was ist）的概括中，系词被对象化了。如果没有"存在"，人们就不能说"是"，没有"是"人们也不能说"存在"。这个词语指向某种客观要素。这个要素限定了每一个谓词判断中的综合，并在其中固化。正如判断中的事态不能脱离"是"而独立一样，存在也不能脱离"是"而独立。语言——海德格尔正确地指出，它具有比纯粹指称更多的东西——借助于其形式的非独立性而反驳了他从语言中所榨出来的东西。如果语法把"是"与作为其参与者的存在这个基础范畴结合起来，也就是与应当之是（etwas sei）结合起来，那么它把存在与一切具体之是（was ist）联系起来，并可互逆地使用这两者，而不是在自在意义上使用存在。存在论上纯粹性的幻相确实会被下述事实所强化，对判断的任何一种分析都被引导到两个因素，并且两者中的任何一个都不能被还原到另一个，正如元逻辑中的主词和宾词的关系一样。① 由绝对

①　判断中主词—宾词的联系是纯粹逻辑性的，主体和客体的关系（主词和主体在德语中都是"Subjekt"，而宾词、客体在德语中都是"Objekt"——译注）是认识论中的质料。这两者首先要被严格地区分开来。"Subjekt"这个词语在前一种关系和后一种关系中几乎完全是相反的。在判断理论中，"Subjekt"这个词是建立在某种东西要被断定的基础上的。与之相对的是判断行动，是在判断的综合之中被判断的东西，以及在某种意义上被思维所肯定的客观性。在认识论上，主体意味着思维的功能，在许多情况下意味着思维者，意味着从自我概念中所排除出去的东西，而这又仅仅是以它不再意指着它所意指的东西为代价的。但是，这种区分无论如何都包含了这（两个）被区分的东西之间的密切联系。一个是，判断中所涉及事态的星丛——用现象学的术语来说"被判断者自身"；一个是，建立在这种事态基础上的综合，就好像它把这种事态生产出来，并让人想起主体和客体的质料。这两者同样也把自身区分开来，而不能被还原到这一方面或者那一方面的纯粹同一性。它们之间相互制约，因为如果没有使它如此这般的那个规定，即如果没有主体，客体是不可规定的；因为如果主体没有面对某种东西，那么它就不能思考这种东西，甚至也不能思考主体本身：思维是被束缚于存在者的。逻辑和认识论之间的平行，不仅仅是一种类比。事态与综合——这种综合可以不顾实存状况而知道时空方面的事实性——之间的纯粹的逻辑联系，确实实是主体—客体之联系的抽象。这是纯粹思维的视角所关注的，它忽略了一切具体的存在者意义上的事态，而这种抽象也不会支配那占据事态（Sachhaltigkeit）之空位的那种东西，并且这个东西，无论其名称是多么一般，都意味着事态性（Sachhaltiges），并且仅仅通过事态性，它才成为它本身所要意指的东西。抽象的方法论机制作为一种纯粹形式也想要把握住的某种东西，但在关于这种东西之意义方面是有局限性的。在形式逻辑的"某物"之中存在者的痕迹是不可消除的。某物这个形式是按照质料的模式形成的，是按照"这一个"（τόδε τι）的模式形成的。它是质料的形式，就此而言，它按照其自身纯粹逻辑的含义要求某种元逻辑的东西。认识论上的反思作为围绕着另一极的反思就是要努力思考这种东西。

第一性的幻想所激发起来的思想最终会倾向于宣称，那个不可还原性本身甚至是最终的东西。海德格尔的存在概念也显露出还原到不可还原性特征。但那是一种形式化的做法，它并没有与被形式化的东西结合在一起。这种形式化做法不过是一种否定，但它本身却不把它当做否定：它只是说，无论何时做出判断，判断的两个要素中的一方不能回复到另一方，它们不是同一的。在判断要素之间的这种联系之外，不可还原性什么也不是，在这种不可还原性中什么东西也不能被思考。因此，这种不可还原性不能被赋予它对判断中的两个要素的存在论上的优先性。其中的悖谬在于，它把某种否定的东西——没有一个要素可以被还原到另一个要素——转换为某种肯定的东西。海德格尔达到了从同一性中透视非同一性的辩证法的边缘。然而，他并没有贯彻存在概念中的矛盾。他压制了这种矛盾。在存在之中被思考的任何一种东西都会借助于其所意指的东西而嘲讽这个概念的同一性，但海德格尔却错待它，把它当作同一性，把它当作纯粹的存在本身，排除了它的他者性。他就像掩藏家丑那样，把非同一性掩藏在绝对同一性之中。由于"是"既不是主体的功能，也不是某种物性的东西，不是某种存在者，按照传统的思维它不是客观性，于是海德格尔就把它称为存在，即某种第三者。这种转换却忽视了这种表达的这个意图，尽管海德格尔谦逊地认为，他解释了这个意图。（海德格尔）认识到，"是"不仅仅是思想，也不仅仅是存在者，这种认识并不允许把它美化为某种超越的东西，即超出这两个规定中的某一个的超越东西。只要试图对"是"做那么一点思考，即使是以最苍白的一般性来思考，那么这种思考就会或者走向这边的存在者，或者走向那边的概念。这两个要素的汇聚不能被还原到单个的本质，停留在其中的东西就其本身来说不是本质。存在这个词所允诺的统一，只有在这个词未被思考时才是可能的，只有按照海德格尔自己的方法在它的意义没有得到分析时才是可能的，因为任何这样一种分析都会揭示消失在存在这个深渊中的东西。如果存在本身的这种分析是被禁止的，那么关于存在的疑难就变成了歪曲。绝对应当在存在中被思考，但其实，正是因为它本身没有被思考，所以它才成为绝对。只是由于它魔术般地遮蔽了人们对这些要素的认识，它才好像是超越了这些要素，由于理性不能最佳地思考，所以理性对它自身来说也是最坏的。

存在不是超越的

海德格尔虽然忠实信任整体性，但却是语言原子主义者。与这种语言原子主义相反，在真理中，一切特殊概念早已把自己与判断交织在一起。而分类逻辑却忽略了这一点，它像林奈体系那样，把逻辑区分为概念、判断、推理这三个部分，这是一种退步。判断不仅仅是概念的综合，因为没有概念不进行判断。海德格尔忽视了这一点，这可能是受到了经院哲学的迷惑。然而，主体已经介入存在的中介性之中，也介入"是"之中。海德格尔隐匿了这里的——如果人们愿意的话可以说是——观念论要素，并且把主体性提升为先行于主客体二元性的东西，提升为绝对者。对判断的任何一种分析都会导向主体和客体，但这绝不会造成一个超越这两个要素之外的某个领域，一个自在的领域。这可以导致这两个要素之间的汇聚，而不是更高的第三者，尤其不是更一般的第三者。可以肯定地说，在海德格尔的意义上，"是"不是物性的东西，不是"是者"（τὰ ὄντα），不是存在者，不是通常理解的客观性。因为如果没有综合，那么"是"就没有根基。在（它）所意指的事态中，我们也不能指出"这一个"（τόδε τι）与它相对应。如果因此就得出结论说，"是"必定标志着第三者，也就是存在，那么这是错误的，是自娱自乐的语用学政变。这个结论的错误是极其明显的，"是"的这种所谓的纯粹根基是无法被思考的。任何思考的努力都要搭乘中介，而具象化的存在却要逃避这个中介。然而，海德格尔却从它无法被思考这一点之中获得了一种好处，即给存在增加了形而上学的尊严。由于它拒绝被思考，所以它才成为绝对；由于它——用极其黑格尔的方式来说——既不能毫无残余地被还原到主体或者也不能毫无残余地还原客体，所以它超越了主体和客体，尽管如果独立于主体和客体，它根本就不能存在。理性如果无法思考它，那么最终会让自己出丑，好像思考可以与理性分离开来。毫无疑问，存在不仅仅是具体之是（was ist）的概括，不仅仅是具体状况（der Fall ist）的概括。这样一种反实证主义的视域公正地处理了概念超出事实性的那个部分。如果没有这个"多出"的部分，任何一个概念都无法被思考，甚至没有任何概念是可能的，这个"多出"的部分也使语言成为语言。在存在中，在这个与是者（τὰ ὄντα）相反的词语中发出回音的是，一切东西都多于它的所是（es ist）状况，这意味着交织联系，而不是某种超越于它的东西。在海德格尔那里，这种交织联系恰恰成为这样的东西（超越于它的东西——译注），并被他附加到具体的存在者之上。他追随辩证法并发现，无论是主体还是客体都不是直接的、最终的东西，但是他又逃避了辩证法，因为他要达到超越这两者的东西，追踪某种直接的、首要的东西。一旦思维把分散的存在者之中那些多于其自身的东西美化为形而上学上的原始性（ἀρχή），思维就成为复古的思维。作为对于灵韵①消失的反应，海德格尔把这种灵韵——作为物体超出自身的东西——重新功能化，使之成为基底，并由此而把它变成类似于事物的东西。他开出了从令人恐惧的东西中恢复镇静的药方，早在神秘的自然宗教之前，相互交织就作为令人恐惧的东西被提供出来了：从德语的名字"存在"之中，曼纳②被恢复起来，仿佛（如今）不断显现出来的无力状况类似于前万物有灵论时代的原始人类在面对雷电时（无可奈何）一样。

---

① 这是瓦尔特·本雅明发明的概念，参见《本雅明文集》，法兰克福1955 年版，366 页及其后，426 页及其后。

② 参见霍克海默和阿多诺，《启蒙辩证法》，阿姆斯特丹，1947 年版，第 26 页。

海德格尔秘密地遵循这样一种法则，随着理性的不断前进，长期不合理的社会就会不断地退化。他从前人的失败中变得聪明起来，而避免了克拉格斯（Klages）浪漫的伯拉纠主义（Pelasgertum）和奥斯卡·戈登堡（Oskar Goldberg）的权力，并逃离那切切实实的宗教迷信领域，并进入了一种朦胧状态，在这种朦胧状态中，甚至连形象性实在那样的神话素（Mythologeme）都无法成形。于是他既免受到批判，而又没有放弃源始状态的优势：这个源始状态被追溯得如此久远，以至于它似乎既不在时间中存在，而又无所不在。"那是行不通的！"① 这种打破历史的努力不是别的，恰恰就是倒退。其目标是要达到最古老的东西，而这个最古老的东西不是真实的，而是绝对的幻相，是束缚在自然中的阴沉晦暗，其混沌不明的特性不过是超自然的拙劣模仿。海德格尔的超越②是绝对化了的内在，并顽固地抗拒其自身的内在特性。但这种幻相需要得到解释：那个纯粹的被推导出来的东西，那个中介，即存在究竟为何能够夺得最具体的存在（ens concretissimum）这一荣耀。这是建立在这样的

---

① 《荷尔德林全集》第二卷，弗里德里希·帕斯纳编，斯图加特，1953年，第 190 页。

② 作为哲学的基本课题的存在不是存在者的属，但却关涉每一个存在者。须在更高处寻求存在的"普遍性"。存在与存在的结构超出一切存在者之外，超出存在者的一切存在者状态上的可能规定性之外。存在地地道道是 trancendens【超越者】。此在存在的超越性是一种与众不同的超越性，因为最彻底的个体化的可能性与必然性就在此在存在的超越性之中。存在这种 trancendens 一切展开都是超越的认识。现象学的真理【存在的展开状态】乃是 veritas trancendetalis【超越的真理】。见《存在与时间》，陈嘉映、王庆节译，北京：商务印书馆 2016 年版，第 54 页。

基础上的，传统的认识论和形而上学中的两极，即纯粹的这个（Diesda）和纯粹的思维都是抽象的。假如判断只有借助于其所判断的对象才能得以进行，那么由于这两端没有得到任何规定，以至于我们对它什么也不能说。由于这两端似乎是彼此无法分离的，这就允许人们依据要被论证的情况而悄悄地、费尽心机地用其中一个取代另一个。单纯存在者的概念，按照其理想，就是不需要任何范畴（来说明）的概念，完全没有任何质的规定，它只需要把自己限制在非存在者的范围内，并可以把自己称为存在。而存在作为绝对概念，不需要证明自身作为概念的合法性：它无论如何都要限制自身，并抗拒其自身的意义。所以，正如"这一个"（τόδε τι）获得了本质性的尊严一样，存在也装模作样地获得直接性的尊严。海德格尔的全部哲学就是玩弄这两个彼此无关的极端①。

---

① 尽管海德格尔的哲学涉及黑格尔，但是却绕过了辩证法。这促使它呼吁一种可达到的超越。尽管它也不断地触及辩证的反思，但是坚决地抗拒这种反思。它借助传统的逻辑来维持自身，并且按照谓词判断的模式强化它自身的那种稳固性和无条件性的特征，而这只是辩证逻辑的一个要素所具有的特点。比如按照海德格尔最初的说法。（见《存在与时间》，图宾根，1949 年，第 13 页。应该是中文版第 19—20 页。）存在者状态上的此在，应该是生存者，而这个生存者——极其秘密地包含了悖谬——具有存在论上的优先性。此在是主体的另一个说法，是德语上的一个羞羞答答的说法。海德格尔没有回避，它既是中介的原则又是被中介的原则；没有回避，它作为建构者，又预设了被其被建构这个事实。这样一种状况是辩证的。海德格尔不惜一切代价把这种状况转换成为无矛盾的逻辑。他从主体的两个相互矛盾的因素中发现两个特点，并把这两个特点好像赋予实体（Substanz）那样赋予此在。这是有助于存在论的尊严的：未展开的矛盾成为某种更高东西的保证，因为它不遵从话语逻辑的条件，却被翻译为这种逻辑的话语。按照这种投射，这个实体，就是所谓的存在作为肯定性东西既超出了概念，又超出了事实。这样一种肯定性经受不住辩证的反思。如此这般的框架就是整个基础存在论的立场（τόποι）。这个既超出思维，又超出事实的超越是从这样一个事实中引申出来的：辩证结构被非辩证地表达出来，并被具象化，好像这些辩证的结构只是被简单地命名了。

但是与他的愿望相反，存在者却渗透到了存在之中。存在依赖于像芙蕾雅的苹果那样的禁果而得以生存。为了保持其灵韵般的绝对性，存在不希望被任何存在者所侵染，只是因为如此它才成为直接的东西，并且这种直接性使这种绝对性的要求获得一个合法的称号，即存在总是有如此这般的意思：单纯的存在者。一谈到存在，那么这个纯粹的祷告中就被附加了某种东西，这来自于存在者状态。在海德格尔那里，质料存在论上的残余是暂时的，是悄悄发生而又瞬间消失的东西，就像舍勒此前所做的那样。

表达不可表达的东西

如果恢复存在概念所引发的真正经验被把握的话，那么存在的概念也就确实得到了公正的对待：表达不可表达的东西的哲学要求。哲学越是急切地阻止它自身（满足）这种要求，阻止它自身的特有的东西，那么它就越是要努力直接达到不可表达的东西，而不需要像西西弗斯那样艰苦地劳作。西西弗斯那样的艰苦劳作并不是哲学的最坏的定义，而是挑起人们一直嘲笑它的由头。哲学本身，作为一种精神形式，是与一种飘忽不定的东西联系在一起的。这个东西就是海德格尔所要沉思的，而它同样也会阻止这种沉思。哲学是一种非常特殊的形式，这个形式远比人们就哲学的概念史所能设想的要特殊得多。在这个概念史中，哲学——除了黑格尔的那个层次之外——很少反思它与科学、科学的原理以及逻辑学之间的差别，而这些东西却是与哲学缠绕在一起的。哲学既不是由理性的真理，也不由事实的真理构成的。它所说的东西之中没有任何一点会屈从于存在之状况中的那种可把捉的标准，它的那些关于概念性东西的命题不是关于逻辑上的事态的命题，正如它的那些关于事实东西的命题也不是关于经验研究的命题。正是由于哲学与这两者之间的距离，它是脆弱的。它不能被固定下来。它的历史是不断失败的历史，由此而在科学的威胁下它不断地使自己沉迷于可把捉物（Handfest）。哲学诉诸科学性——科学也用这种科学性来斥责哲学——而对哲学自身进行实证主义的批判。但是这种批判是错误的，因为它用一种不属于哲学的标准来衡量哲学，而哲学在任何时候都遵循它自己的观念。然而它并不是要拒斥真理，而是指明科学真理是有局限性的。哲学中的那些飘忽不定的东西是这样被确定下来的：它与那种确证性认识保持距离，但却又不是毫无约束的，而是过上它自己的严谨生活。它是在不是它自身的东西中、在与它相反的东西中寻求这种严谨生活，是在对实证认识以可怜的天真态度视为义务的东西之反思中寻求这种严谨生活。哲学既不是一门科学，也不是实证主义用可笑的矛盾等说辞来贬损它的那种沉思的诗，而是一种既被异于它的东西所中介，又被这种东西所扬弃的形式。哲学中的那种飘忽不定的东西不是别的，恰恰就是对它自身中不可表达的东西的表达。就此而言，哲学与音乐确实是亲姐妹。那些飘忽不定的东西确实很难用词汇来表达，这一点会引起哲学家们——或许除了尼采之外——对此竭力加以粉饰。这与其说是哲学的显著特征，不如说是理解哲学文献的必要条件。这种东西既是历史地发生的，也会一再沉默，正如它会威胁音乐那样。海德格尔敏锐地意识到这一点，并把哲学所特有的这种东西，大概由于这种东西处于消亡的边缘，而切切实实地转换为一个领域，一种处于更高秩序的对象性领域：即哲学领域，这种哲学认识到，它既不是要对事实性做出判断，也不是要对概念作出判断，否则的话它就会被这样判断，它甚至不能确切地知道它的对象，但是它也期望有除了事实、概念和判断之外的某种肯定的内容。于是，思想中的这种飘忽不定的东西被提升到不可表达的东西本身，它就是要表达这种不可表达的东西本身。这个非对象性的东西被转换成为对象，变成其自身本质的概括性对象，并因此而被破坏了。尽管海德格尔想摆脱传统，但是他还是在传统的压力下，把不可表达的变成可表达的，并把它浓缩在存在这个词语中。对物化的责难变成物化，并且变成对思考的背离，变成非理性的。由于海德格尔把哲学中不可表达的东西变成为直接的论题加以处理，他又重新阻碍了这种东西，甚至于取消了（对这个东西的）意识。作为一种报复，按照他的概念能够渗水的水井，他所希望挖掘的那口水井，又干涸了。其中所渗出的水滴要比那些据说被摧毁了的哲学所获得的洞见要少得多，而那种哲学趋向于借助中介对待不可表达的东西。由于误用了荷尔德林，那些被说成是缺乏时间的东西，其实是缺乏思想，这种思想幻想自己是超越时间的。不可表达的东西的直接表达是毫无价值的，凡是不可表达东西的表达发挥作用的地方，其最终的音符，正如伟大的音乐作品一样，总是会余音绕梁的，是附着于一个过程的，而不是简单地说"到此为止"。如果一种思想希望通过牺牲思想来思考不可表达的东西，那么这种思想就错误地把这种东西变成它最不想成为的东西，变成完全的抽象客体之类的极其荒谬的东西。

儿童的问题

基础存在论会辩护说，如果儿童不是在心理上过于执着于存在者状态的话，那么他所追问的也是存在。反思会让儿童不再进行这样的追问，对反思的反思会像观念论所做过的那样，希望弥补这一点。但是，双重的反思并不会像儿童那样直接去询问。哲学给儿童的这种做法涂上了类似于成年人的色彩，也给整个人类涂上了儿童的色彩，把它当作是前时间的和超时间的。儿童的劳作更主要的是要致力于探索他与词语的关系。他以一种在后来的岁月里难以想象的努力去占有词语，而不是他与世界的关系，即作为其行动对象的世界，一个在其早期阶段略有所知的世界。他要确认字词的含义，他专心致志地关注字词的含义，以一种或许在精神分析上才能解释的、精灵鬼式的、吹毛求疵的固执专注于字词的含义。这种执着与固执把他引导到了与字词以及事物的关系上。他总是用一些恼人的问题纠缠着他的妈妈：为什么板凳叫做板凳？他的天真并不天真。

作为语言，文化已经被移入到儿童早期的意识的活动之中，这是谈论原初性的押金（Hypothek）。字词的意义和它的真值函项，即字词"对客观性的态度"，这两者相互之间还没有清晰地区分开来。知道板凳这个词的含义是什么与知道板凳事实上是什么——实存判断也包含在其中——对于这种意识来说，是一样的，或者至少说没有区别。此外，这两者只有通过无数的例子才艰难地被区别开来。在儿童被引入他已习得的词库的时候，儿童的那种直接性就此而言恰恰是在其自身中被中介的，对为什么和第一的追问已经预先被规定了。话语被感知为"自然的"（φύσει），"理所当然"（taken for granted），而不是被感知为"人为的"（θέσει）。从一开始，拜物教就存在着，而且对于原初所进行的追问总是受到这种拜物教的束缚。当然，拜物教是难于被识破的，因为任何一种思想都是语言性的，无沉思的唯名论与实在论——它赋予可错语言以被显露出来之语言的特征——都是错误的。对海德格尔有利的是，不存在无语言的自在，并且语言在真理之中，而真理作为一种纯粹由语言所表示的东西却不在语言中。但是，语言对于真理的建构性贡献并不能够使这两者同一起来。语言的力量在于，在反思中表达和事物相互之间走向对方①。只有在意识到表达和它所意味的东西之间的非同一性，语言才成为真理的机关。海德格尔拒绝这种反思，他在走出语言哲学辩

---

① 参见赫尔曼·施威蓬豪伊瑟：《海德格尔语言理论研究》，载《哲学文库》，1957 年第 7 期，第 304 页。

证法的第一步之后就停下来了。他的思维就是要恢复这样一种做法，即通过命名仪式重新确立名称的力量。然而这种力量与当前世俗化语言所呈现的不是同一种力量，因为世俗化语言允许主体那样做。通过世俗化，主体撤销了语言中的命名，正是他们的这种毫不妥协的坚守，而不是哲学上的上帝信念，才使语言获得客观性。只是由于语言的指称力量，它才不仅仅是一种符号。正是在这种指称的力量中，它才获得其最准确、最严格的意指。仅就其变化而言，语言就是处于表达和事物的持续碰撞之中。尽管卡尔·克劳斯也倾向于用一种存在论的视角来看待语言，但是他就是按照这样的方式来处理的。然而，海德格尔的做法，用肖勒姆（Scholem）新创的词汇来说，还是条顿神秘主义。他像一切狂热的反浪漫主义者那样，浪漫地对待历史性语言，就好像这些语言是存在的语言。在那种未受重视的哲学构造——这种哲学构造同时也被他悬置起来了——面前，他的那种摧毁方式沉默了。这种意识会认可围绕着它的东西，或者至少与它和平相处。真正的哲学上的激进主义，无论历史上它在何时出现，都是怀疑的产物。一种激进的质疑，如果不摧毁别的而恰恰摧毁这种怀疑，那么这种质疑本身就是虚幻的。

存在问题

海德格尔所着重表达的存在一词，是建立在他的一个旧范畴"本真性"的基础上，尽管他后来几乎不再提及这个范畴。存在超越了概念和存在者，这种超越又使本真性成为必然的东西，成为非幻相（Schein）的东西，即既不是被建构起来的幻相，也不是偶然的幻相。人们完全有理由抗议，哲学在其历史展开过程敉平了本质和幻相的区分。对这两者进行区分是哲学的内在冲动，是以"惊奇"（θαυμάζειν）、对表面样子不满的形式表现出来的内在冲动。无反思的启蒙否定了本质是现象背后的真实世界的形而上学命题，不过它用同样抽象的相反命题——本质作为形而上学的概括也是幻相，仿佛幻相因此就成了本质——来否定这个命题。二分的规律作为本真的东西借助于世界的二分把自己隐藏起来。适应于这一情况的实证主义把非数据性的、隐藏起来的东西作为神话和主观投射取消了，并由此而强化了现象性的东西。这种做法与这样一种学说——以确认本体（noumenal）的方式来安慰那些在感性世界中受苦受难的人们的那种学说——曾经的做法相似。海德格尔从这个机制中嗅出了点门道。但是，海德格尔把他所怀念的本真的东西立刻转回实证性之中，而本真性作为一种意识行为，由于它是从世俗领域中迁移出来的，就无力地模仿古老本质学说的神学习惯。这种隐秘的本质就免受人们质疑，就不会被说成是非本质。在这里，没有一个经过仔细权衡的人敢说，所谓的大众化的范畴——这是《存在与时间》中提出的，也是雅斯贝尔斯在关于我们时代的精神状况的那本论著中所阐明范畴①——本身就是隐藏着

---

① 这个所谓大众化范畴是指海德格尔《存在与时间》中所说的"常人"，雅思贝尔斯《时代精神状况》中所说的"群众"。——中译本注

的非本质，并且这种非本质还使人进入了它现在所是的状况；于是，人就必须受到哲学的责骂，因为他们忘记了本质。对物化意识的抗议，这种由本真性激情所激发起来的抗议失败了。剩下来的工作就是针对现象（Erscheinung）进行批判，也就是针对主体进行批判，而本质仍然不受影响，它的过失就纯粹在主体中被反映出来并再生产出来。——而基础存在论则没有一刻偏离"惊奇"（θαυμάζειν）。它以问题的形式阻碍了有关究竟什么是本真这一疑问的解答。他也绝不是无缘无故地借助于一个令人讨厌的术语——存在问题，而搪塞这个问题。这是谎言，因为它要诉诸每个人的肉体上的利益——哈姆雷特在独白中直白地询问，一个人死了之后是完全消失了还是会期待基督教上的永生（non confundar）①；而哈姆雷特所想到的生（Sein）还是死（Nichtsein）却被纯粹的本质所取代了，这个纯粹的本质吞噬了生存。生存论存在论按照现象学的习惯把某个东西作为主题，并对它进行了大量的描述和区分，于是这种存在论既满足了这种利益，又置之不顾。海德格尔说："于是，存在问题的目标不仅在于保障使科学成为可能的先天条件——科学对存在者之为如此这般的存在者进行考察，于是科学一向已经获得在某种存在之领会中，而且也在于

---

① 这个"non confundar"出现在《圣经·罗马书》5：5，"患难生忍耐 忍耐生老练 老练生盼望 盼望则不至羞愧"，其原来的意思是，神给了盼望，就一定会实现，不会让我们失望。也可以参见《存在论与辩证法》（Theodor W. Adorno, *Ontology and Dialectics*, polity press, 2019, Cambridge, p. 302.），第302页注。——中译本注。

保障那使先于任何研究存在者的科学且奠定这种科学的基础的存在论本身成为可能的条件。任何存在论，如果它不曾首先充分澄清存在的意义并把澄清存在的意义理解为自己的基本任务，那么，无论它具有多么丰富多么紧凑的范畴体系，归根到底它仍然是盲目的，并背离了它最本己的意图。"[1] 服务于现象学沉思的这一话语，即关于存在问题的话语，被过度扩展了（überspannung）。由于这种过度扩展，这个词语中所蕴含的一切东西就都丧失了，并且这些蕴含的东西如果可能的话还会进一步退化为狂热的偏见，拒斥反而变成了更高的智慧，变成了它所涉及的问题的本真的回答。为了使之足够本真，所谓存在问题还把存在的意义——作为存在的唯一的原初意义——浓缩为一个无延展的点。于是它就转变成为一种禁令，即禁止它走出自身，走出同义反复。在海德格尔那里，这种同义反复表现为，那个自我展开的存在不会说出别的，而只是一再重复存在[2]。如果可能的话，海德格尔甚至会把存在的同义反复冒充高于逻辑规定的某种东西。然而，这种情况是由一种疑难引发而来的。正如之前的胡塞尔一样，海德格尔轻率地屈从于思维中两个被并列起来的必然要素。而在形而上学——他以极其武断的方式所排除了的形而上学——的历史中，这两个要素被证明是互不相容的：一个是纯粹东西，

---

[1] 海德格尔：《存在与时间》，陈嘉映，王庆节译，北京：商务印书馆2016年版，第17页。译文略有修改。

[2] 参见本书，第1部分第89页。——这是指本书德文原文中的78页，德文原书中的注释是76页，有误。（中译本注）

它摆脱了一切经验的混合物并因此是绝对有效的；另一个是直接的东西，是纯粹的被给予，因为它缺乏概念的补充，所以它是不可反驳的。胡塞尔也是把一个"纯粹"现象学纲领，也就是本质现象学纲领，与现象对象的自身被给予性的纲领混合起来。"纯粹现象学"这个名称就已经把相互对立的两个规范聚合在一起了。由于它不是要成为一种认识论，而是任意采取的一种立场，它就不需要仔细思考其范畴之间的联系。就此而言，海德格尔与他的老师之间的差别仅仅在于，他把这个矛盾的纲领从胡塞尔的舞台即意识中移走，而把它放置在超意识领域（Bewusstseinstranszendente）中，此外，胡塞尔中期对意向对象（Neoma）的重视已经预示了这种观念。然而纯粹的东西和直观的具体之间的互不相容性使得人们无法就这两者之间统一的根基做出确定的选择，以至于在这种统一中不存在任何要素，（使得）其中的一个要求能够证明另一个要求是假的。这就是为什么海德格尔的存在既不是存在者，也不是概念。它由此也获得了无可指责性，但必须以它的虚无性——任何思想、任何直觉都无法达到它，除了纯粹名称上的自我同一之外，它没有抓住任何东西①——而为此付出代价。尽管海

---

① 存在"被赋予的那种极端客观性使这种客观性看上去是完全空洞的：'是关于单纯的东西的空洞观念'。只是借助于一种补偿——尤其是现代存在论把含义（作为存在所意指的东西而赋予存在的含义）归入存在本身之下——存在才能在没有主体所形成的意见的情况下获得含义。任意地区分，从而也就是主体性，因此就是这里的关键原则。存在论根本不能用一种不同于存在者的方式进行概念性的归纳，而它恰恰就压制了这一点，即压制了这种条件。"（卡尔·海因茨·哈格：《现代存在论批判》，斯图加特，1960 年版，第 69 页。）

德格尔所出版的论著中充满了此类没完没了的重复，但是
这与其归咎于他的啰嗦，不如归咎于这里所存在的疑难。
一种现象只有通过规定才能超越自身。取而代之的是，一
遍又一遍地重复那始终不确定的东西，就好像做个手势，
这个手势对行动的对象不发生任何作用，但是却像无意义
的仪式那样，这种手势被一遍又一遍地重复着。存在哲学
像神话一样重复着这样的仪式，并且它乐于成为这样的
神话。

突然反转

存在和存在者之间的辩证法是这样的：没有存在者，
存在就无法被思考，没有存在者是未经过中介的。这种辩
证法却被海德格尔通过这样的方法压制了：对海德格尔来
说，一个要素即无这个要素在没有被他者所中介的情况下
直接就是一（Eine），这种一就是肯定的存在。但计算不会
终止。范畴中的债务要遭到索赔。被草叉赶走的存在者又
返回来了：只有当存在把它所排除出去的存在者重新包含
在其自身之中，被清洗掉存在者的存在才是源始现象。海
德格尔以一种策略性的高招完成了这项工作，这是海德格
尔全部思想的发源地。他的哲学借助于存在论上的差别这
个术语而触及到存在者的那种不可消解的因素。"无论如
何，借助于这样一个'存在'——它被说成是完全独立于
存在者状态的——所理解到的东西必定仍然未被澄清。如
果它要得到规定，那么它就要被放到主客体的辩证法中，

然而它恰恰被说成是摆脱了主客体。存在和存在者这两个极端相互之间所必须保持必要的不确定性，这种不确定性大概是海德格尔存在论中最核心的东西，由于这种不确定性，以至于我们不能指明，它们之间的界线究竟在什么地方。'存在论上的差别'这种说法把自己还原为同义反复，即存在不是存在者，因为它是存在。于是海德格尔与他所批判的西方形而上学犯了同样的错误，即他们始终都未能说明，与存在者不同的存在究竟是什么意思。"① 在这样一种哲学氛围中，存在者变成了存在论上的事实②。这就是用模糊的具象化的方式表达了下述事实：没有存在者，存在就无法被思考，而按照海德格尔的基本命题来说，如果没有存在，存在者就无法被思考。于是，他玩了一个突然反转的把戏。如果没有对抗存在的东西，如果没有存在者状态，那么存在论的贫困就无法被化解；存在论的原则要依赖它的对立面，这是存在论无法摆脱的丑闻，这种依赖性

① 卡尔·海因茨·哈格：《现代存在论批判》，斯图加特，1960 年版，第 71 页。

② 海德格尔关于此在对于存在者层次上的优先地位的学说，同时也就是存在论。而他关于存在的在场（Anwesenheit）学说，从一开始就把存在具象化。只有当存在像他所期待的那样，作为先于此在的东西而独立起来的时候，此在才能透视存在，这也是此在所应该做的。就此而言，对主体主义的所谓克服也是偷偷摸摸地进行的。尽管海德格尔有一个还原的计划，但是他的关于存在的超越性的学说恰恰就是要把主体性在存在论上的优先性再一次偷偷地纳入到存在者之中，而这个存在者恰恰是基础存在论在语言上信誓旦旦地要排斥这种东西。当海德格尔后期在仍然保留存在优先性的意义上改变此在分析的思路的时候，他是前后一致的，这个存在优先是无法建立在存在者的基础上的，因为按照他的观点，存在恰恰不是存在者。当然对他产生影响的一切东西都由此而被取消了，但影响却已经进入了他的后期著作，并成为其权威。

成为存在论的一部分。海德格尔对其他不那么狡诈的存在
论所取得的优势是他把存在者状态存在论化。没有存在不
包含存在者，这个说法就被转换成这样一种形式，存在者
的存在属于存在的本质。在这里含有真理的东西变成了非
真理：存在者成为本质。存在把自己强行变成存在者，而
在其自在存在的维度上，它是不会让自己成为这种东西的，
而存在这个词的词义总是意指存在者的概念结合体。而整
个存在论上的差别的建构就是一个波将金村（Potemkinsches
Dorf）。它之所以这样建构起来，就是要凭借存在者是存在
之存在方式的命题，而更加专断地排除人们对绝对存在的
一切怀疑①。由于他把一切单个的存在者都纳入到存在者概
念之中，也就是纳入到存在者状态的概念之中，于是，使
它区别于概念并成为存在者的那种东西却消失了。从形式
的、一般概念结构的角度对存在者状态及其一切同等物的
讨论取代了存在者这个概念的内容的讨论，而这个内容是
异质于概念性东西的。这种异质于概念性东西的内容之可
能性在于，存在者的概念根本不同于海德格尔所称赞的存
在概念，是涵盖了十足的非概念的东西，涵盖了概念所无
法穷尽的东西，然而它却并不表达它与其所涵盖的东西之
间的差别。由于"存在者"是一切存在者的概念，于是，

---

① "……除非它属于存在的真理，即，如果没有存在者，存在就没有本
质（west：海德格尔用了这个古代的动词 wesen，字面的意思是获得本质。英
文译注），如果没有存在，存在者也不存在。（海德格尔，《什么是形而上学》，
第五版，美茵河畔法兰克福，1949 年版，第 41 页。）"

存在者本身变成了概念，变成了一种存在论结构，这一结构被不折不扣地融入到存在的结构之中了。存在者的存在论化被纳入到《存在与时间》的那个简明公式之中了："此在的'本质'在于它的生存（Existenz）。"① 借助于此在和生存（Existenz）概念，我们可以从此在者的定义、即从作为生存者的生存者的定义之中得出结论，此在者之中非本质的东西、非存在论上的东西，才确确实实是存在论上的。而借助于把非概念的东西概念化为非概念性，存在论的差别就被消除了。

关于存在的神话学

只有当存在者状态和存在论是一样的时候，存在论就不会受到存在者状态的困扰。这样一种扭曲的做法是建立在存在论先于存在论差别这种说法的基础上的："然而，这里所涉及的不是实存（existentia）与本质（essentia）的对立的问题，因为存在的这两个形而上学的规定，更不必说这两者的关系了，还不在考虑的范围之内。"② 尽管海德格尔做了相反的保证，但那据说是先于存在论差别的那种东西，还是落在了本质那一侧：由于存在者概念所表达的那种区分被拒绝了，这个存在者概念就把非概念的东西纳入

---

① 海德格尔：《存在与时间》，陈嘉映、王庆节译，北京：商务印书馆 2016 年版，第 64 页。
② 海德格尔：《柏拉图的真理学说》，第二版，柏林，1954 年，第 68 页。

到自身之中，并借助于这种非概念的东西而得到提升。在关于柏拉图的论文的另一个段落中，我们可以把握这一点。他使关于生存（Existenz）的问题避开生存，并把它转换为关于本质的问题："'人之绽出（eksistiern）'这个表述并没有回答人究竟会怎样这样一个问题，而是回答了人的'本质'的问题。"① 在谈到"尚未"的那个地方，生存和本质的对立被拒绝了②，而对非时间的东西来说，这个"尚未"不是一个偶然的时态性比喻。事实上，这是一种远古思维，是比埃利亚学派更古老的伊奥尼亚万物有灵论的思维。在伊奥尼亚学派所流传下来的贫瘠的哲学元素中，生存（Existenz）和本质是模糊地结合在一起的。古代形而上学的辛劳和努力，从巴门尼德——他必须把思维和存在区分开来，以便能够识别它们—— 一直到亚里士多德的辛劳和努力，都是要强迫进行这种区分。区分就是要祛神话，神话就是把那种未经区分的东西欺骗地统一在一起。这种源始原则（Urprinzipien）不足以解释这个原则所指涉的世界，这就引起了人们对它的区别性阐释，从而在概念之网中把握存在的那种魔幻般的、超然领域，一个在本质与事实之间模糊地徘徊的领域。于是，海德格尔为了保障存在的优越性就必然要谴责人们对这个概念所进行的批判性劳动，说它是堕落的历史，似乎哲学可以在历史之外获得一种历史的立

---

① 海德格尔：《柏拉图的真理学说》，第二版，柏林，1954 年，第 70—71 页。

② 参见同上书，第 68 页。

足点，而从另一方面来看，哲学就应该屈从于历史，只是这个历史本身像生存一样被存在论化而已。海德格尔出于系统的强制而反理智，出于哲学的原因而反哲学，这就如同当代宗教不是借助于其说教的真理性而复兴，而借助于哲学而复兴，这种哲学认为，有宗教是一件好事。思维的历史，无论被回溯到多么久远的过去，都是一种启蒙辩证法。这就是为什么海德格尔下定决心绝不停留在历史的某个阶段上——尽管他年轻的时候曾被诱惑而做过这方面的努力，而是借助于威尔斯（Wells）的时间机器一头扎进了拟古主义的深渊，在那里，一切东西混沌不分，并意味一切东西。他拥抱神话，而他自己的神话仍然是20世纪的神话，是被历史所揭示的幻相，而由于神话与现实的合理化形式完全不相容，这种幻相是显而易见的，而这种合理化形式使任何一种意识都受到了限制。这种意识竟然认为它自己处于一种神话学状况，虽然它自身好像与这种神话学状况根本不是一回事，但是这种神话学状况也是可能的。在海德格尔的存在概念中，神话的天命（Schicksal）概念显示出来了，"存在者的出现依赖于存在的天命（Geschick）。"① 在存在之中，生存和本质是无法区分的，这一点备受（海德格尔的）赞扬。而这种无法区分性被直接称呼为"它的所是"（was sie ist）：自然联系的盲目性、相互关联的厄运、超越的绝对否定都在存在的

① 海德格尔：《柏拉图的真理学说》，第二版，柏林，1954年，第75页。

说辞中发出声响。存在概念之中的幻相就是这种超越。其基础是这样的，海德格尔尽管从此在、从直至今天的真正人类历史的必然性（Not）中抽取出一些规定性，而这些规定性却排斥了对这个历史的回忆。它们成为存在的要素，对于那样一种生存来说，由此而成为某种预先规定好了的东西。它们像天上的星星一样光辉灿烂、力量无穷，但对历史现实中的耻辱和失败却冷若冰霜，这种耻辱和失败好像被当作不可避免的东西而得到认可。把无意义的东西当作意义丰富的东西来庆贺，这就是神话。这只不过是在象征性的单个行动中仪式般地重复自然联系，它好像由此而成为超自然的。许多范畴，例如畏这个范畴——这种畏至少没有被假定为它必须保证是永恒的——借助于这些转换而变成了存在本身的构成要素，是对于每一个生存来说预先规定好了的东西，是它们先天的东西。这些范畴恰恰把自己确立为"意义"，确立为在现代社会条件下，不能被直接地、肯定地命名的东西。没有意义的东西被赋予意义，因为存在的意义只能在其对立面（Widerspiel）、在作为其形式的纯粹生存中才会出现。

存在者状态的存在论化

借助于主体优先性这个观念论的命题，黑格尔就已经预示了此在在存在论上的特殊地位。他利用了这一个事实，即非同一性的东西从它那个方面看只能作为概念而被规定，这种非同一性的东西于是就被他辩证地清理掉了，并被还原为同一性：存在者状态被存在论化了。《逻辑学》中语言的细微差别迅速暴露了这一点。正如在关于"变"的第三个注释谈到雅各比的时候所进行的解释那样，时间和空间"被明显地规定为无规定的东西。这种无规定的东西，假如追溯到它的最简单的形式，就是有。但是，这种无规定性，正是构成规定性的东西，因为无规定性与规定性对立，无规定性作为对立物自身就是有规定性的，或否定的东西，而且是纯粹的，完全抽象的否定的东西。这种无规定性或抽象的否定，是'有'自身所具有的，当内在的和外在的反思将有与无等同起来，宣称有一个空的思想物，是无时，它所说的就是这个有。——或者也可以说，因为有是无规定的东西，所以它不是它所是的（肯定的）规定性，也就不是有，而是无。"① 无规定性被偷偷摸摸地当作无规定的东西之同义词来对待。概念所概括的东西消失在其概念中了。这个概念被等同于这个不确定的东西，并被当做不确定东西的规定，于是这就允许把不确定的东西与无同一起来。在这里，绝对观念论在其真理之中早已预设了需要逻辑上加以证明的东西。这种情况类似于黑格尔拒绝从某种东西而从存在开始的做法。（虽然他也说，）非同一的东西是间接的东西，是经过中介的东西，但是这样的说法却是微不足道的。在其核心观点中，黑格尔并没有公正地对待他自己的洞见。按照他自己的洞见，非同一的东西虽然是

---

① 黑格尔：《逻辑学》上卷，杨一之译，北京：商务印书馆1966年版，第89页。

同一的，是作为自身中介的东西，但它还是非同一的，是
对抗其全部的同一化过程的他者。尽管黑格尔也试图保护
前批判的语言习惯以免使它受反思哲学的影响，但他还是
没有把非同一东西的辩证法贯彻到底。尽管他自己的非同
一东西的概念也不可避免地要把与其相对立的东西作为内
容，但是对他来说，这个概念只不过是把非同一的东西转
变成为同一的东西，转变为一致东西的媒介，他也因此很
快把这种东西清除出去了。为了尽快地把他关于差异的文
字所明确地确立起来的东西纳入他自己的哲学之中，这种
东西反而转变成对他的哲学的最有分量的反击。与黑格尔
自己的理解相反，黑格尔的绝对体系是建立在持续不断地
抵抗非同一性的基础上的，这个体系否定了它自身。确实，
没有非同一的东西就没有同一性，然而在黑格尔那里，同
一性作为总体却获得了存在论上优先地位。当他把非同一
东西的中介性提升为它的绝对的概念性存在的时候，这也
有助于同一性的优先地位。（他的）理论不是要让不可消解
的东西在概念中表现其自身，而是要把它概括在一般的概
念之中，即不可消解性概念之中，从而吞没不可消解的东
西。让同一性指涉非同一的东西——黑格尔几乎达到了这
一点——就是对一切同一性哲学的抗拒。亚里士多德的
"缺如"（στέρεσις）的范畴，既是这种同一性哲学的胜利，
也是它的厄运。必然偏离抽象概念的东西：由于抽象概念
本身不能成为非概念物，他就把这种概念算作一种功绩，
解释某种更高的东西，解释为精神，而与概念被迫从中抽

离出来的东西相反。越少就越正确，后来海德格尔的自我确证的意识形态——简单就是华丽——就是如此。然而对内容贫乏进行辩解，也不仅仅是为了对思维一度被收缩为一个点而进行辩护，而是有其确切的意识形态功能的。视简单性为高贵的那样一种情感对脆弱、贫困的生活兴致勃勃，这种情感顺应了这样一种持续存在的荒谬状况，即在这样一个社会，生产力状况使人们再也没有借口说没有足够的商品可供分配了，但匮乏却是真实的。尽管海德格尔哲学由于其自身的概念而不可能是天真纯朴的，但是，它却通过与莱茵家庭之友（Rheinischen hausfreund）调情来帮助它实现如下这一点：它的存在历史把贫乏直接美化为崇高，或者至少在古希腊的源头上（ad kalendas Graecas）① 被美化为崇高。在黑格尔那里，通过抽象而得到的东西就已经被看作是更加实体性的东西。他按照同样的图谱处理质料，也就是处理向实存（Existence）过渡②。由于质料的概念是不确定的，作为概念它恰恰缺乏它所要意指的东西，于是，一切目光都集中到它的形式上。黑格尔最大限度地把质料纳入西方形而上学之中。恩格斯看到了这一点，但是得出了相反的、却同样是非辩证的结论：质料是首要的存在。③

---

① 这个词语的原意是"在希腊的初一"。Kalendae 是罗马人每个月的第一天。但是在希腊人的日历里没有这种说法，所以，"希腊人的初一"指的是"永远不会发生"。——中译本注。

② 参见维尔纳·贝克尔：《黑格尔逻辑学中根据和莫定在根据之上东西之间的辩证法》，法兰克福大学博士论文，1964 年，第 99 页。

③ 参见阿尔弗雷德·施密特：《马克思学说中的自然概念》，载《法兰克福社会学文集》，法兰克福，1962 年版，第 22—23 页。

首要的存在概念本身需要进行一种辩证的批判。海德格尔重复了黑格尔的变戏法。只是黑格尔公开地进行这种变戏法，而海德格尔却不想成为一个观念论者，于是云山雾罩地掩盖了存在者状况存在论化的做法。然而，在每一种情况下，把概念上更少的东西打扮成更多东西的原动力都来源于古代柏拉图（对感性东西）的否定：非感性的东西更高一筹。逻辑学高扬禁欲理想①并把它推向极端，同时又把它作为拜物教的对象，防止它与感性的东西产生某种紧张关系。然而只有在这种紧张关系中，非感性的理想才获得其真理，并对抗那自慰式满足的幻觉。概念把其内容排挤出去而成为纯粹的，它在这里秘密地发挥了生活趋向之范式的功能，按照这样的趋向，尽管生产工具——概念与此相对应——有了很大的进步，而贫困却无论如何也不会被消除。如果存在论终究还是可能的，那么具有讽刺意义的是，它只是一种否定性的概括。与自身等同的东西、纯粹的同一性是恶。神话的厄运是永恒的。由于哲学用大量委婉的说法把不可变的东西解释成为善的东西，于是，哲学一直到黑格尔和莱布尼兹的神正论，都是这种神话厄运的世俗化，是这种神话厄运的奴隶。如果有人想勾勒出一种存在论，并借此来遵从基本事态——对这个基本事态的重复会使之成为不变的东西，那么这将是非常可怕的。此外，如果果真要确立文化上的存在论，那么文化在那里总体来

---

① 在德文中"sinn"即感性是与肉体有关的感性。"非感性"包含了禁欲的意思。——中译本注

说是失败的。哲学上合法的存在论与其说是在存在的建构中，不如说是在文化工业的建构中找到它的位置。只有逃脱了存在论的东西才是好东西。

生存概念的功能

存在者状态的存在论化是生存学说的主要目标。按照古老的论证，生存不能从本质中推导出来，既然如此，那么它本身就应该是本质的。生存被提升到了克尔凯格尔的模式之上，同时又因此与它相对抗，并被软化了。圣经中的句子"你将根据它们的果实来认识它们"在生存的庙宇中回荡，它听起来也好像是对这句话的亵渎，因而必须沉寂下来。生存不再与存在的存在方式这个概念相对立，其中的痛苦已经被消除。它得到了柏拉图理念的尊严，但也具有了对不能被另类思考之物的防护性质，因为它不是被思考的东西而是直接存在着的东西。在这方面，海德格尔和雅斯贝尔斯是一致了。雅斯贝尔斯不加掩饰地把生存中立化，并与克尔凯格尔相对抗："从他的否定性的决断中……我发觉到了我所喜欢和期望的一切东西的对立面，我所准备或者不准备做的一切事情的对立面。"[①] 尽管雅斯贝尔斯的存在主义在存在概念的建构上未受这位创始人（pater subtilis）的影响，它从一开始就把自身理解为"对存

---

① 卡尔·雅思贝尔斯：《哲学》，柏林—哥廷根—海德堡，1956，第一卷，（导言）20页。

在的追问"①，但是这两位②如果能够不虚假地面对自己，那么他们就会对那些以生存的名义在巴黎所干的事情——为了生存上的趣味而迅速地从课堂冲向酒吧——表示忏悔③，在那里感到自己不那么体面。显然，只要批判持续地坚持这样的命题，即存在者状态的非存在论性的命题，那么这种批判本身仍然是对不变的结构联系所做出的判断，并且同样是存在论意义上的。这也是萨特转向政治的哲学动机。第二次世界大战后，这个运动自称是存在主义运动，作为先锋派而登上舞台，而且也是软弱无力的、模糊不清的。尽管德国当局怀疑这种存在主义具有颠覆性，但这种存在主义类似于它的追随者的胡须。他们把自己装扮成对立面，把青年人装扮成穴居人。他们不再与眩晕的文化为伍，然而他们不过是戴上了过时的徽章，仿佛拥有了其先辈的父权制尊严。在这个生存概念之中正确的东西是，它反对这个的社会以及科学思维的状况，（这种思维）驱逐了未被管束的经验，也就几乎驱逐了作为认识要素的主体。克尔凯格尔对哲学的抗议，也是对物化意识的抗议。按照他的说法，在这种意识中，主体性消失了：他在反对哲学的时候也体会到了哲学的兴趣。而当这种东西在法国存在主义学派重新出现的时候就不合时宜了。在这里，这个现实地无

---

① 卡尔·雅思贝尔斯：《哲学》，柏林—哥廷根—海德堡，1956，第一卷，（导言）4 页。

② 指海德格尔和雅斯贝尔斯——中译本注。

③ 参见同上书，导言23 页；海德格尔的《关于人道主义》，美茵河畔法兰克福，1949 年，大约17 页。

力的而同时又内在地羸弱的主体性被孤立起来了，并且被具象化了，而这种具象化是与海德格尔所进行的具象化——把主体性的对立面即存在的具象化——相互补充的。与存在的抽离一样，主体的抽离也同样走向了被中介的东西的直接性的幻象，在萨特的《存在与虚无》中，这是很明显的。正如存在是通过概念，因而是通过主体而被中介的，主体反过来也是通过他所生存于其中的世界而被中介的，因此主体的决定是如此的无力，并且纯粹是内在的。（主体的）这种羸弱无力也使恶劣的物化状况对主体取得了胜利。在许多人的印象里，生存概念是导向哲学的路径，因为它似乎把两种差异东西结合起来：一是对主体的反思，它把一切认知从而也把一切存在者建构起来；一是具体的、对每个主体来说都是直接的、个别的经验。这两者之间的差异激发主体采取一种总体的路径：（一方面）建构性主体遭到责备，它被说成只是从经验主体推导出来的，因而无法为主体和某种经验的此在奠定基础；（另一方面）就个别（的经验）来说，它被指责为世界中的一个偶然要素并且缺乏本质的必然性，这是它所需要的，以便能够把存在者围拢起来并在可能的情况下促成存在者。生存，或者人，用煽情的行话来说，似乎既是普遍的，所有人都有共同本质；又是特殊的，因为普遍如果不在特殊中、不在一定的个别性中，就既不可想象，也不可思考。然而，在一切认知批判面前，在以正确的意图对人的概念的最简单的反思中，这种"我明白啦"也失去了其自明性。人是什么，是不能直接被说明的。今天，他只是功能，是不自由的，并退回到一切被附加在他身上的，作为不变的东西背后，这些东西甚至是毫无防备地被需求的，是许多人类学家所乐见的。他把千百年来所遭遇到的扭曲和摧残当作社会遗产，并背负着这些遗产吃力前行。如果人的本质从其当代状况中被破译出来，那么这种本质就会妨碍人的可能性。所谓的历史人类学也就再也不适用了。尽管这种历史人类学也包含了（人的）存在可能性（Gewordensein）和制约性，但是它却在去人化（Entmenschlichung）的抽象中把这种东西归到主体身上。正是这种去人化的抽象使他们成为他们所是的样子，并且在人的性质的名义下，这种抽象继续得到宽容。人类学越是具体，就越是具有欺骗性，就会对人之中的那样一种东西——即人之中绝不是作为主体被确立起来的东西，而是在去主体化的过程的确立起来的东西，而这种去主体化过程自古以来就一直伴随着主体的历史形成过程——漠不关心。当前公认的人类学命题"人是开放的"——它也不缺乏对动物的歧视性的觊觎——是空洞的。它故弄玄虚地把它自身的不确定性和崩溃破产当作是确定性和肯定性。生存是一个要素，而不是总体。这个要素是在总体的背景上被思考的，并且一旦这个要素取得哲学的风格，那么当它从总体中分离出来的时候，它就要从总体中紧紧抓住总体所无法兑现的非分要求。不能说出人究竟是什么，并不能独特地让人类学有所提升，而恰恰否定了任何一种人类学。

"此在自身是存在论的"

当克尔凯格尔从唯名论的角度利用生存来反对本质的时候，也就是把它当作神学的武器来反对形而上学的时候，生存即直接的个人，对他来说，也就是根据人是按上帝的形象而被创造出来的教义来说，被看作是具有丰富的意义。他质疑存在论，但是存在者，即"那单个"的此在却吸收了存在论的性质。在描述生存的特性方面，《致死的疾病》中所进行的最初反思与《存在与时间》没有多少差别。克尔凯格尔所说的主体的"透明性"即意识，是主体存在论化的合法称谓："此在无论如何都要与之发生交涉的存在，我们称之为生存（Existenz）。"① 或者准确地说，"此在由于以生存为其规定，故就它本身而言就是'存在论的'。"② 主体性概念和存在概念一样闪烁不定，因而也随意地与存在概念协调起来。这个概念的模糊性就允许它把此在与存在的存在方式等同起来，存在论的差别也在这种分析中消失了。于是，此在按照其在时空中的个别化而被称为存在者状态上的，而在逻格斯意义上又被称为存在论上的。在海德格尔从此在到存在的推论过程中，值得怀疑的是那个"与此同时"，而在他说"此在"具有"先于其他一切存在者"的"多种优先性"的时候，这个说法也蕴含了这种"与此同

---

① 海德格尔：《存在与时间》，陈嘉映，王庆节译，北京：商务印书馆2016年版，第18页。

② 海德格尔：《存在与时间》，陈嘉映，王庆节译，北京：商务印书馆2016年版，第20页。

时"。从主体是由意识所规定的这个事实中并不能得出这样的观点：意识与之无法分离的东西也完全是意识的、透明的、"存在论的"。不是某种东西，而只有命题才完全是存在论上的。尽管在没有个人时意识就不存在了，但是有意识的个人仍然是处于时空之中的，是事实性，是存在者，而不是存在。如果主体潜藏在存在之中，那么主体是概念，而不是直接的被给予：而特殊的个人意识潜藏在主体之中，因而它属于存在者状态。这个存在者可以思考这一事实不足以剥夺它作为存在者的一切规定，似乎它是直接的本质性东西。它"就其本身"恰恰不是"存在论上的"，因为这种自我性预设了存在者状态，而存在论上的优先性却消除了这种存在者状态。

唯名论的方面

批判不仅仅要针对这样一个事实，存在论上的生存概念由于把非概念的东西提升为一种概念而消除了非概念的东西，而且要针对非概念要素在这里所获得的重要地位。唯名论是新教徒克尔凯格尔的生存哲学的根源之一，它也使海德格尔的存在论获得了非思辨的吸引力。正如生存者被错误地概念化为概念一样，生存者也被补充性地赋予了高于概念的优先性，而存在论上的生存概念又再一次从这种优先性中获得好处。如果个体是被社会中介过的幻相，那么他对这样一种认识形式进行的反思也是如此。难以理解的是，为什么每个言说者的个体意识——这种个体意识在"我的"这个代词当中已经预设了语言上的一般性，可是它又通过其特殊性的优先地位而否定了这种一般性，即优先于所有其他一切东西的一般性；而偶然性——这种偶然性迫使他从意识开始，而他恰恰是碰巧在这种意识中成长起来的——对他来说成为必然性的根据。正如黑格尔早就发现的那样，"我的"这个词语的限定性意味着它与它所应该由此而排斥的他者之间的先天联系。社会是先于主体的。主体错误地把自己看作是先于社会的存在者。这是他的必然的错觉，这也说出了关于社会的纯粹否定的东西。在"我的"这个词语中，财产关系在语言上被永恒化了，几乎变成了一种逻辑形式。如果没有一般这个要素——"我的"这个词在把其自身与一般这个要素区分开来时也意味着一般这个要素，那么纯粹的"这一个"（τόδετι）就会像一般那样也是抽象的，尽管孤立的"这个"也指责一般是空洞的，无意义的。克尔凯格尔的哲学人格主义，也许还包括布伯这样的翻版，从唯名论中嗅出了形而上学的可能性。然而当顽固的启蒙把唯名论绝对化而不是辩证地分析其命题的时候，当它信仰某种绝对给予的东西而拒绝反思这种信仰的时候，这种启蒙退回到神话学。这样一种终止反思的做法，这样一种对自身纯朴性的实证主义式的自豪，不过是非反省的自我持存，变成一种顽固概念的自我持存。

武断的生存

真理的尺度不是任何一种类型的客观性，而是思想者

纯粹地如此存在和如此行动，这样一种观念支配着生存者
概念。而海德格尔也偏爱这个已经存在论化的此在，即作
为存在的此在。实证主义者剥去了理性中的理性因素，并
因此主观理性也得到了美化。雅斯贝尔斯在这个方面直截
了当地追随了克尔凯格尔，而海德格尔的客观主义却很难
接受主观性就是真理的命题，《存在与时间》关于生存者的
分析就回荡着这种客观主义的声音。这种客观主义能够在
德国流行起来要归功于这一事实，激进的姿态、神圣的语
调与一种新形成的意识形态即人应该真诚、刚毅这样的意
识形态结合起来，这些品格被每一个人以一种狡诈式憨厚
的方式保留在他高人一等的精神气质中。如果主体性借助
于康德所说的那种功能性本质来消解已经被预先固化了的
实体（Substanz），那么从存在论上肯定这种主体性就可以
缓解由实体的消失所产生的恐惧。主体性这个主导性的功
能概念变成了绝对稳固的东西。另外，康德的先验统一性
学说早就设定了类似的东西。真理是主体与客体的汇聚，
在这种汇聚中两者是相互渗透的。但是真理既不能被还原
为主体性，也不能相反，被还原为存在——这种存在与主
体性之间是辩证联系的，而海德格尔却要模糊这种联系。
主体是在与非主体的东西的联系中展开其自身中真理性的
东西，而绝不是在自卖自夸地肯定它是如此这般而展示这
种真理性的东西。黑格尔知道这一点，而要恢复原状的学
派却讨厌它。如果真理事实上果真是主体性的话，如果思
想不过就是主体的重复的话，那么思想就是无意义的。把

主体提升为生存消除了这一弱点，从而有利于这个从主体中高升起来的东西。于是，这个被提升起来的生存走向了相对主义，但它又认为自己高于相对主义，并使主体受制于它那无法被透视的偶然性。（雅思贝尔斯）这个非理性的生存主义者拍着胸脯去拥抱知识分子（Intellektuellen），因为他就是其中的一员："哲学家们大胆地指出，在真正地导源于哲学的话语与空洞的理知（Intellektualität）之间没有客观的区别。然而，人作为研究者对其研究成果总是有普遍有效的标准，并且对这些标准的不可避免的有效性感到满意，因此他作为哲学家始终只是诉诸他自身存在的主观标准，并由此把空洞的话语与唤起生存的话语区别开来。科学上理论努力的激情与哲学上理论努力的激情在其原初根基上是不同的。"① 生存排除了与它不同的东西，即摆脱了这种东西，于是它就宣称，如此这般生存本身就是思想的标准，并武断地保证它的命令的有效性，这就如同独裁者在政治实践中让他的世界观生效一样。当思想被还原为思想者的时候，思想者在其中首先转变成为思想的过程、主体性本身在其中活生生地发挥作用的过程，就都停止了。作为真理的扎实基础，主体性物化了。从人格性这个过时词汇中，人们早就听到了这种声音。当思维把它自身变成思维者始终所是的状况的时候，就变成了同义反复，就变成退化了意识的一种形式。与此相反，思想的乌托邦潜能

① 雅思贝尔斯：《哲学》，同上，第264页。

在于，思想——它被体现在每个主体中的理性所中介——
打破了如此这般的思维者的狭隘性。思想的最好力量就在于
它超出软弱、可错的思维者。然而这种力量却受到了——从
克尔凯格尔开始到后来为了野蛮的目的——生存的真理概
念的阻碍。这种真理概念把狭隘性当作走向真理的力量来
加以宣传。于是对于生存的崇拜就在所有国家的许多方面
（Provinz）兴盛起来。

"历史性"

　　存在论早就抛弃了生存概念对观念论的抵抗。存在者
曾经一度被用来证明人类所提出的观念的神圣性，而如今
却被赋予了一种更具雄心的神圣性，即存在自身的神圣性。
这个存在者的以太让存在者高贵起来，并从一开始就与物
质的生存条件相对立。当克尔凯格尔以生存来面对思想的
时候，它用"眼下的东西"来意指这种物质的生存条件。
由于生存概念——实际上早就借助于存在哲学把这个概念
制备成值得讨论的一般概念（而）——被吸纳到了存在之
中，历史再一次被精神化而变戏法式地消失了。尽管克尔
凯格尔并不认为左派黑格尔是无足轻重的，但是在他那里，
历史在神学的旗号下，在时间和永恒性之间的悖谬关联中
被纳入到思辨之中。而存在学说的模糊性在于，它既要处
理存在者，同时又要把存在者存在论化，于是，它既要诉
诸存在者的形式特性来剥夺存在者的一切非概念的东西，

又要确定存在者与历史的联系。① 一方面，由于历史被转换成为生存论上的历史性，历史事实的要素就被剔除出去了，一切第一哲学都要求把不变要素的学说扩展到可变要素上：历史性不管任何历史的条件，使历史停留在非历史的东西之中，而正是这种历史条件为主体和客体之间的内在结合和汇聚奠定了基础②。于是这又导致了对社会学的裁决。正如胡塞尔以前对待心理学那样，社会学也扭曲了自身，变成对事情本身的相对化和外在化。这种相对化妨碍了思维的诚实劳动：仿佛真实的历史没有能够被储藏在一切被认识的事物之核心中；仿佛任何一种认识——那种坚定地抵抗物化的认识——都不能让固化的东西流动起来，从而能够意识到其中的历史。另一方面，历史的存在论化还会允许人们把未被透视的历史力量说成是存在的力量，并由此

---

① "只有这样一种存在者，它就其存在来说本质上是将来的，因而能够自由地面对死而让自己以撞碎在死上的方式反抛回其实际的此之上，亦即，作为将来的存在者就同样源始地是曾在的，只有这样一种存在者能够在把继承下来的可能性承传给自己本身之际承担起本己的被抛境况，并当下即是就为'它的时代'存在。只有那同时既是有终的又是本真的时间性才使命运这样的东西成为可能，亦即使本真的历史性生成为可能。"（海德格尔：《存在与时间》，陈嘉映、王庆节译，北京：商务印书馆 2016 年版，第 520—521 页。）

② 基础存在论以语言的形式在社会和历史要素方面出错了。这个要素从它那个方面来说没有被重新还原到纯粹的历史性这个本质（essentia）。《本真性的行话》在语言的批判方面有所发现。这些发现因此是用来对付哲学上的内容的。海德格尔偷运到投射（Entwurf）概念中的那个随意性是现象学自其转向质料学说之后所留下的直接遗产，在结果方面，都是恶名远扬：海德格尔那里关于此在和生存的特殊规定，他归功于人的状况那种东西以及被他看作是真正的存在学说的关键的那种东西，并不像他所设定的那样严谨，而是被偶然的、私人的东西所扭曲。虚假的语调遏制了这种东西，并恰恰由此而承认这种东西。

而确认屈从于历史境遇的正当性，似乎这是存在本身所命令的。卡尔·洛维特（Karl Löwith）强调了海德格尔历史观的这个方面①。历史由此可以被蔑视或者神化，这是存在哲学的政治实践的后果。时间本身以及与此相关的过渡，被生存论存在论的筹划所美化和绝对化，变成了永恒。生存概念，作为过渡的本质性、作为时间的时间性，由于它的这种命名而又远离了生存。一旦生存被当作现象学上有问题的名字而被科学地阐述的时候，它就已经被整合起来了。最新的哲学安慰就是如此，这是一种委婉的神话操作，是一种被错误地恢复起来的信念：通过人温顺地仿造自然来打破自然的魔力。生存论的思想爬进了早就过时了的模仿（Mimesis）的洞穴。于是，尽管它像解雇多余雇员那样粗暴

---

① 在上文所引用的"它的时代"之中，海德格尔打上了引号。这个引号或许是要表明，它所要处理的不是随意"附加"在短暂的、最近的、极其迫切的现在之上的一种东西，而是要处理真正的契机意义上关键时刻——这个关键时刻的决定性特征导源于粗俗的、实存的时间与历史之间的区分。但是，在给定的情况下，人们如何明确地区分，时间究竟是"源始的"当下即是，还是在世界性事件的轨迹和过程中迫切的"现在"呢？这个决定性——这个决定性并不知道，它决定去做什么——并没有提供答案。这种决定性已经多次发生，以至于那些下定决心的人致力于某个事情，这个事情被说成是致命的、决定性的，然而却又是粗俗的、不值得为之牺牲的。人们究竟如何能够内在于一种完全的历史思考的内部，在"本真的"历史和"粗俗的"事件之间划出界线来？如何能够清晰地区分自我选择的命运和无选择的天命——这种天命降临到人身上，或者误导他们做出暂时的选择和决定？粗俗的历史难道不是非常清晰地报复了海德格尔吗？——报复他对现在就已经存在着的东西的蔑视。正是这种蔑视误导他在一个粗俗的决定性的当下即是（时刻）走向了希特勒统治下的弗莱堡大学的校长的位置，并且把决定性的、最本真的此在转换为"德国的此在"，以便在真实历史事件即政治事件的存在者状态的基础上实践他的生存论存在论上的历史性理论。（卡尔·洛维特：《海德格尔：贫困时代的思想家》，美茵河畔法兰克福，1953 年版，第 49 页。）

地对待哲学史，但却顺从于哲学史上一个最致命的偏见，即柏拉图的偏见——不灭的东西一定是好东西；这不过就是说，在永恒的战争状态中，强者总是对的。如果柏拉图的教育学也培养了战争的德性，那么按照《高尔吉亚篇》，这种美德还必须在最高的理念面前即正义的理念面前得到辩护。然而在生存学说的黑暗天空中不再有闪烁的星星。生存不再需要神圣的因素就能被神圣化。本来存在者应该分享永恒理念或者受到这个理念的制约，然而现在这个理念没有留下任何其他东西，而只是对直接现存东西的赤裸裸的肯定，即对权力的肯定。

—

第二部分
否定的辩证法
概念与范畴

某物的不可消解性

没有存在者就没有存在。某物作为概念所必须的思维根基，也就是存在的根基，尽管是对事态（Sachhaltigen）的最极端的抽象，但这个事态却不能在任何进一步的思维过程中被取消，也不能与思维等同起来。没有事态，形式逻辑也不能得到思考。形式逻辑不能清洗掉其元逻辑的剩余①。如果思维中的一般形式试图摆脱事态，即设定绝对的形式，那么这是一种幻想。对于这种形式，关于事态的经验内容一般来说就是事态的构成性要素。与此相关的是，在主体这个相反一极上，纯粹的概念、思维的功能是不能彻底摆脱存在着的"我"。自费希特以来的观念论的原始错误（πρῶτον ψεῦδος）是人们在抽象的过程中丢掉了被抽象的东西。这个被抽象的东西只是在思想中被排除了，只是从它的家园中被放逐了，而其自身并没有被消灭；如果相

① 黑格尔在《逻辑学》（见《黑格尔全集》第四卷，尤其是 89 页和 80 页。）的第一个三一式给出的第一个注释中拒绝从某物开始，而是从存在开始。他要阐明主体的优先性，并由此而使他的整个著作都充满观念论的偏见。假如他从抽象的某物开始——这是与他的著作那种基本的亚里士多德主义构想相对应的，那么辩证法在他那儿也不会走偏方向。在对待非同一物方面，这样一种某物的观念一定会比存在观念更加宽容，并且也同样受到中介。他的分析不应只是坚持某物的概念，而应进一步朝着它所思考的东西前进，即朝着非同一物的方向前进，而不是停留在某物的概念上。可是，黑格尔在他的《逻辑学》进路之中却不能容忍非同一性的一点点痕迹，而这就是"某物"这个词让人想到的。

信这一点，那就非常神奇了。没有被思考东西的思考是与其自身的概念相矛盾的。被思考东西预先意指着存在者，这个存在者是绝对的思维所首先设定的：之后即之前（ὕστερον πρότερον）。这冒犯逻辑上的不矛盾律，只有在概念的自我批判中，辩证法才能把握它。这种辩证法是由理性的批判所讨论的内容引起的，是由认识论客观地引起的，因此它没有随着观念论沉沦下去，反而继续存活下来了，尽管观念论在辩证法中达到顶峰。思想走向了那个与观念论相对立的要素，而又不让这个要素在思想中蒸发。康德的构想允许了诸如形式和内容、主体和客体之间的二分，而又不动摇对立双方相互之间的中介性，它只是没有注意其辩证本质，没有注意蕴含在其意义中的矛盾。恰恰就是海德格尔的老师胡塞尔如此极端地推进他的先天的观念，以至于与胡塞尔以及海德格尔的愿望相反，这种辩证法可以从其自身的形式（εἴδη）要求中推导出来①。然而，如果辩证法是不可避免的，那么它就不能像存在论和先验哲学那样固执于它的原则，不能被作为一种结构，尽管这个结构一直有所改变但却仍然被顽固地坚持下来了。对存在论的批判不是从中导出另一种存在论，也不是要导出一种非存在论。如果那样的话，这种批判不过是设定了另一种彻头彻尾的第一，只是，这一次这个第一不是同一性、存在、概念，而是非同一的东西、存在者、事实性。由此，

① 参见西奥多·阿多诺：《走向认识论的元批判》，斯图加特，1956年，97页以及其他各处。

这种批判就使非概念东西这一概念被具象化，并以违背它的意思的方式来对待它。基础哲学、第一哲学（πρώτη φιλοσοφία）必然会带有概念的首要性，如果拒绝了这一点，那么这就背离了所谓从基础出发进行哲学探究这一形式。这样，哲学就可以满足于关于先验统觉的思想，甚或关于存在的思想，只要这些概念能够与思维，即这些概念所进行的思维一致起来。如果这种同一性在原则上被放弃了的话，那么概念作为最终的东西在其下沉过程中就失去了平静。由于每一个一般概念的基础性特点都会在确定的存在者面前消亡，哲学就不应再期望总体。

走向事态的必要性

在《纯粹理性批判》中，感觉（材料）作为"某物"占据着不可消解的存在者状态的地位。然而感觉（材料）却没有高于任何其他现实的存在者的那种认识上的尊严。感性材料是"我的"感性材料，这个"我的"对感性材料的先验分析来说是偶然的，并且是与存在者状态联系在一起的。这个"我的"被一种经验，即一种被束缚在其反思等级之中并最接近于它自身的经验，误认为是一种合法的要求；这就如同任何一个个人的意识中所设想的最终东西自在地就是最终东西，仿佛任何其他人的那种局限于自身的意识都不能像这个人那样有获得他的感性经验的特权。然而，如果这种形式以及这种先验主体为了能够发挥作用、从而能够有效地进行判断而严格地需要感性材料的话，那么这种先验主体就会在准存在论的意义上不仅依附于纯粹的统觉，而且也同样要依附于它的对立面即它的质料。这就必定会动摇整个主体建构的学说，因为按照康德的观点，质料不能归因于主体的建构。于是，不可改变的东西的观念、自身相同的东西的观念也会崩溃。这是从概念的主导地位中推导出来的，而概念希望对他的内容也就是它的"质料"保持不变，并因此而对质料不管不顾。尽管没有感性材料，也就是康德所说的质料，甚至形式也是不可想象的，这种感性材料就其自身那一方面来看也是认识可能性的条件，但是它却具有暂时的性质。这种非概念的东西虽然是离不开概念的，但却不承认概念是自在存在，并改变概念。非概念东西的概念从认识论上来说不能停留在它自身，这使哲学中的事态性（Sachhaltigkeit）成为必要。凡是哲学能够主宰这种东西的时候，它就会把非概念的东西与历史上的存在者一起作为它的对象，这不是首先在谢林和黑格尔那里，而不得不遗憾地说早在柏拉图那里就是如此。虽然柏拉图对存在者加以洗礼，并把它作为非存在者，但他还是写出了国家学说，在这个国家学说中，永恒的观念是与经验的规定，比如与平等交换、劳动分工密切联系在一起的。今天，学术界习惯于进行这样一种区分，即把正规的哲学与那种以臭名昭著的知识社会学和意识形态批判为其原型（的学术领域）区分开来。前者与最高概念有关，尽管它也否定其概念性，而后者则仅仅从发生学上以外在于哲学的方式与社会相联系。这一区分是没有说服力的，正如对正规哲学的需要从它那方面看也是可疑的一样。哲学不是单单靠它后来一直吹嘘它的纯洁性，就能背离它一度曾经在其中拥有实体的东西。相反，哲学的分析会从所谓的纯粹概念及其真理内涵的核心东西之中内在地碰到存在者状态。（哲学的）纯粹性的诉求在这种存在者状态面前感到了恐惧，并以一种傲慢的姿态把它转交给实证科学。在概念中哪怕一点点存在者状态的残留——正规哲学徒劳地想抹除这些残留——都会迫使正规的哲学反思地把此在存在者包含在自身之中，而不会喜欢与纯粹的概念打交道，也不会稳稳当当地在那儿猜想概念所意指的东西。哲学的思维不是把取消了时空之后的残留物作为自己的内容，也不是把时空中的一般发现作为自己的内容。它把自己固化在特殊之中，固化在那时空里所规定的东西中。单纯的存在者概念不过是虚假的存在概念的影子。

管窥式的形而上学

凡是宣扬绝对第一的学说总是会讨论某种次于它的东西，某种绝对异于它的东西，把它们作为绝对第一的逻辑关联物。第一哲学与二元论走到了一起。为了避免这一点，基础存在论必须努力避免去规定对它来说是第一性的东西。康德那儿的第一性东西即统觉的综合统一性在这个方面也不会更好。对他来说，对客体的任何一种规定都是主体对无质（的质料）的多样性的干预而不管下述两个事实：既不管这样一个事实，这种规定的行动本身——对他来说，这种规定可以算作是先验逻辑的自发行动——也模仿了异于它们自身的那种要素；也不管那样一个事实，要被综合的东西只是在它们要求并允许这种综合的时候，综合才得以发生。这种积极的规定并不纯粹是主体的（行动），也正因为如此，至上的主体，即为自然立法的主体的胜利，是空洞的。然而主体和客体在真理中并不像康德所勾勒的那样是彼此顽固独立的，而是相互渗透的，因此这既影响了康德把事实贬低为某种混沌状态的抽象做法，也影响了赋予其形式的那种力量。主体所施加的魔力也是施加在主体上的魔力。这两者都陷入了黑格尔的毁灭性的复仇①。主体在利用范畴的行动中耗费并虚化自身。为了规定和表达与主体相对抗的东西，从而使这个东西成为康德的对象，这个东西必须把自身弱化为单纯的一般性，以便使这种规定具有客观有效性，这个东西既被它自身也被认识对象肢解，以便使这个认识对象按照计划被还原为主体的概念。对象化的主体收缩为抽象理性的一个点，并最终成为逻辑的无矛盾性。而在独立于被规定的对象时，这个逻辑的无矛盾性从它自己这个方面来看就没有任何意义。绝对的第一和它的对立面一样，都仍然是没有被规定的。对具体的在先东西的追问也不能展示抽象对立面之间的统一。相反，对对立面的任何一极的规定都是其对立面的一个要素，并且这种规定会瓦解这种僵化的二元对立的结构。在哲学思想

① 参见黑格尔：《精神现象学》，邓晓芒译，北京：人民出版社 2017 年版，第 358 页。——中译本注。

中，这种二元论是给定的，不可避免的，正如在思想过程中，这种二元论不可避免地是错误的一样。中介只是最一般地、不恰当地表达了这一点。然而，如果取消了主体成为第一性东西的诉求——这个诉求秘密地激励着存在论，那么按照传统哲学的纲领，第二性的东西就不再是第二性的，不再在双重意义上是从属的。对它的贬低恰恰把这个微不足道的东西反转过来，一切存在的东西都被染上观察者、观察者团体或者类的色彩。实际上，认识的主体要素作为中介介入到客体之中，而这种认识蕴含地批判了这样一种观念：认识是对纯粹自在东西的观察，这个中介虽然被忘记了，但却隐藏在那个微不足道的东西背后。西方形而上学除了某些异类之外，都是管窥式的形而上学。主体——其自身作为被限制的要素——被永久地监禁在它自身之中，以作为对它的神化的处罚。主体仿佛是透过高塔上的瞭望孔，注视着漆黑的夜空，看到了像星星一样的观念或存在在这夜空中升起。然而，恰恰是围绕主体的那堵墙把物性的影子投射到主体所神秘地唤起的一切东西之上。而主体哲学却再一次无力地与这个影子相抗争。无论存在这个词携带着怎样的经验内容，这种经验内容只能在存在者的构造中表达出来，而不是通过对存在者的厌恶来表达。否则的话，哲学的内容就变成了不断扣除（客体内容的）过程所留下来的贫乏剩余物，与笛卡尔的主体即思维的实体的确定性无异。人不能向外看。外面的东西只是在范畴和质料之中显示出来。正是在这里，康德哲学的真理和非真理各自反转过来了。它是真的，因为它摧毁了关于绝对的直接知识的幻想；它不是真的，因为它用了一个与直接意识相一致的模式来描述绝对，而这个模式就是理知的原型。对这种非真理的证明是后康德观念论的真理。而当后康德观念论把主体中介过的真理等同于主体的时候，好像它的纯粹概念就是存在本身的时候，这种观念论的真理又变成了非真理。

无矛盾性不可被具象化

从表面上看这种思考导致了悖谬。主体性，即思维自身，不能由其自身来解释，而要由实际情况来解释，尤其是由社会来解释；而认识的客观性反过来却不能没有思维、主体性。这样一种悖谬起源于笛卡尔的规范：解释应该通过先出现的东西为后出现的东西，至少是逻辑上后出现的东西提供根据。这个规范不再有约束力了。按照这个规范所提供的标准，辩证的事态直接就是逻辑矛盾。然而，辩证的事态不能按照从外部引入的等级秩序来加以解释。否则的话，解释的努力就要预设有待发现的解释，预设无矛盾性，即主观的思维原则，并把它看作是内在于被思考的东西之中的，即内在于客体之中的。从某个方面来看，辩证逻辑比它所排斥的实证主义还更具有实证性：作为思维，它尊重要被思考的对象，甚至在这个对象不遵循思维规则的地方也是如此。辩证逻辑所进行的分析是思维规律的切线。思维不满足于它自身的规则性，它有能力在不牺牲自

己的条件下以对抗自身的方式来思考。如果辩证法的定义
是可能的，那么这或许就是一个值得推荐的定义。思维的
工具对思维来说不必保持成长，思维有足够的能力识破思
维逻辑的总体性要求这一幻象。主体性以事实的东西为条
件，而客观性又以主体为条件——这个表面上不可容忍的
说法，只是对这样一种幻象才是不可容忍的，这种幻象把
原因和结果的联系具象化，把那个与客体经验并不完全匹
配的主观性原则具象化。辩证法作为一种哲学的活动方式
试图用最古老的启蒙手段即狡计来解开这个悖谬的扭结。
自克尔凯格尔以来，悖谬就是辩证法的衰弱形式，这绝不
是偶然的。辩证理性有一种超越自然联系及其幻象——这
种幻象在逻辑规则的主观强制中持续存在——的冲动，而
没有把它的控制强加在自然联系上，即辩证理性没有牺牲
和报复。甚至它自身的本质也像对抗的社会一样，是生成
性的和过渡性的。毫无疑问，对抗像痛苦一样并不局限于
社会。正如辩证法不能作为一种普遍的解释原则被推广到
自然，这两种真理—— 一种是内在于社会的辩证法真理，
一种是与社会无关的真理——也不能相互并列起来。把社
会的存在与社会之外的存在区分开来，就是要把科学分为
不同部门，这种区分就是要欺骗性地掩盖一个事实，盲目
自然的自然特质（Naturwüchsigkeit）在他律的历史中持
续。[1] 走出辩证法的内在联系的唯一出路就是辩证法本身。

---

[1]　参见"世界精神与自然历史"各处。

辩证法批判性地反省这种内在关联，反思它自身的运动，否则的话，康德所提出那个与黑格尔相反的合法诉求就绝不会失效。这样一种辩证法是否定的。这种观念表明了它与黑格尔的差异。在黑格尔那里，同一性和肯定性是重合的，他把一切非同一的和客观的东西都包含在被扩展和提升到绝对精神的那种主体性之中，而这种包含应该是达成一种和解。相反，在每一个具体规定中都发挥作用的总体力量不仅是对总体力量的否定，而且这种力量就是否定的、不真实的。绝对的、总体主体的哲学是特殊的。① 尽管同一性命题的可逆性是内在于这种哲学之中的，但是这种可逆性是与这种哲学的精神原则相对抗的。如果存在者完全可

———————

① 同一性这个词在现代哲学中具有多重意义。它曾经表示个人意识的统一性：我在我的所有经验中保持同一。当康德说："我思考，而我的一切表象就应该能够随之而来。"他的这个说法就是这个意思。于是同一性又被看作是，一切理性的存在者的合规则的一致性，即按照逻辑的一般性来思考。更进一步说，它是指一切思维对象的一致性，即直接的 A = A。最后，它具有认识论上的意思，即主体和客体尽管被中介了，但是却能够结合起来。前面的两层意思决不能严格地被相互区分开来，甚至在康德那里也不能被区分开来。这不是话语的松散用法的过错。或许，同一性表明了，心理的要素和逻辑的要素在观念论中的无差别点。逻辑的一般性作为思维的一般性与个人的同一性是束缚在一起的。如果没有个人的同一性，逻辑的一般性就不可能出现，因为否则的话，过去发生的事情绝不可能在当前仍然保持一致性。诉诸这个同一性就是再次以逻辑一般性为前提，这就是诉诸思维过程。康德所说的"我思考"即个人的同一要素，总是需要有超个人的一般。只有借助于数量上的单一性（Einheit）原则的普遍性，单个自我才是一（Eines），意识自身的单一性是逻辑上同一性的自身反思形式。只有在排除了第三者这个逻辑前提下，个体意识是单一的这个说法才是有效的：即意识不应该是某种其他东西。就此而言，意识的单个性只要想具有可能性，就应该是超个人的。在这两个要素中，没有一个是优先于另一个的。如果不存在同一的意识，如果没有特殊东西的同一性，那么一般性反过来也就不可能。这就从认识论上使特殊和一般之间的辩证观念本身合法化。

以从精神中派生出来，那么精神就会不幸地类似于单纯的存在者，即精神与之相矛盾的单纯存在者。否则的话，精神和存在者就不能和谐相处。恰恰是这个永不满足的同一性原则压制了与它相矛盾的东西，并由此而使（精神和存在者的）这种对抗永恒化。一种东西如果对与它不同的东西绝不宽容，那么尽管它会误以为自己与这种东西达成了和解，其实它却妨碍了这种和解。强行实现雷同的暴力行动再生产出它想根除的矛盾。

与左派黑格尔主义的关系

首先是卡尔·柯尔施，其次是辩证唯物主义的领导人提出了反对意见，他们认为，这种向非同一性的转向，由于只是一种内在批判和理论批判，因而与新黑格尔主义或者过时的黑格尔左派没有太大的差别。好像马克思主义的哲学批判已经清除了新黑格尔主义或黑格尔左派；与此同时，在东方国家，人们由于文化上的献媚而又不会离开马克思主义哲学。理论和实践的统一的要求势不可挡地把理论贬低为实践的奴仆，并清除了理论在这种统一中所作出的贡献。人们要求所有的理论都要得到实践上的许可。这种许可的标记变成理论接受审查的标记。而在著名的理论和实践的统一中，理论消失了，而实践则成为一种无概念的政治活动，而实践就应该是从这种政治活动中引出的，并受到了权力的控制。理论被教条化、被禁止思考，并受到了清算，这也促成了恶劣的实践。理论要重新赢得独立性，这才应该是实践本身的兴趣。这两者之间的关系不是能够一劳永逸地确定下来的，而是历史地交替变化的。今天，那种狂妄专断的盲动扭曲并污蔑着理论，而理论只能通过自己的单纯的存在而在完全无力地抵抗这种活动的过程中检验自身。这就是为什么它既是合法的，也是被憎恨的；如果没有理论，那一直要改变事物的实践就无法改变自身。谁要是指责理论是不合时宜的，那么谁就遵从了这样一个惯常的做法，把一切痛苦地感觉到的那种受挫东西作为过时的东西并放弃这些东西。由此，理论的观念本来要拒绝服从世界过程的，然而这个世界过程恰恰在这里得到了肯定。即使理论被成功地废除了，无论是被实证主义所废除，还是被权力的命令所废除，这个世界过程也没有能够从理论上击中理论（的要害）。另外，西方思想界由于没有能够远离那种浅尝即止的思想习惯，一想到有分量的理论，就常常愤怒不已。各种学术流派由于害怕被说成是鹦鹉学舌或者学究做派——每一次复兴起来的编撰哲学史的动机都充满了这种学究气——长期以来一直吹嘘他们自己是前所未有的。恰恰就是这一点强化了早已就有的东西的那种无可比拟的连续性。一种方法越是大声宣称它坚守原初经验，它就越是迅速地从社会机制中获得了它的范畴。正如这种方法是可疑的一样，思想也不能与思想的这种来源等量齐观。可是，这种习惯也同样是（所谓）原创哲学的一部分。每一个要防止遗忘的人，当然只是要防止历史的遗忘，而不是像海德格尔那样防止存在的遗忘，从而防

止超历史的存在的遗忘；他应该防止已获得的自由意识被
牺牲，一种可以普遍地被预期到的牺牲，而不应提倡精神
历史的恢复。只有那些把历史称为世界法庭的人，才会把
历史超出各种立场而大踏步前进这样的事实看作是对这些
立场的真理性内容的判断。经常出现的情况是，那种被抛
在一边而又没有在理论上被吸收的东西，往往只是后来才
显示其真理内容。这个内容会成为健康身体上的溃疡，而
这种未被吸收的东西在改变了的环境下会一再导致这种溃
疡。在黑格尔和马克思的理论中，那些还不够准确的东西
却成为历史实践的一部分。这就是为什么这种东西需要得
到理论上的重新反思，而不是让思想非理性地屈从于实践
第一性，而实践本身就是一个显著的理论概念。

"瓦解的逻辑"

在一个涉及总体的矛盾即一个不能作为特殊矛盾而按
部就班地加以解决的矛盾中，告别黑格尔是显而易见的。
在批判康德把形式和内容割裂开来的时候，黑格尔想要一
种哲学，这种哲学既没有可分离开来的形式，没有独立于
事物而能够加以施行的方法，而又能依循一种方法前进。
事实上，辩证法既不单纯是方法，也不是朴素的知性所理
解的那种现实。它不是方法，这是因为不可调和的事物是
矛盾的，它恰恰缺乏思想所取代的那种同一性，并且阻止
任何一种一致性的解释。这种事物不是思想的有组织强制
所形成的，并走向辩证法。它不是单纯的现实，这是因为

矛盾性是反思的范畴，是把事物和概念加以对抗的思维。辩证法作为一个过程意味着，为了事物中曾被经验到的矛盾而思维，即在矛盾中抗拒这种矛盾而思维。现实中的矛盾，即现实是反抗现实的矛盾。然而，这样一种辩证法不再与黑格尔相兼容。辩证法的运动过程不再是让每一个对象与其概念之间的差异走向同一，而是要怀疑其中的同一性东西。辩证法的逻辑是一种瓦解的逻辑：即瓦解概念的那些固化了的、对象化了的形式，瓦解认知主体首先直接面对的形式。这些概念与主体的一致是非真理。主体借此而把它对现相（Phänomen）所预先形成的形式推进到非同一的东西面前，推进到不可言说的个别面前。被汇总起来的同一性规定符合传统哲学的理想、符合先天的结构、符合新近的拟古主义形式，即存在论。然而在任何一种具体的内容面前，这种结构作为某种被抽象坚持的东西，在最简单的意义上就是否定的，是变得极其强制的精神。直到今天这种否定的力量支配着现实。应有的变化还没有出现。这影响了所有的具体规定。任何一个显得无矛盾的规定，都像存在论的存在和生存的模式一样，被证明是矛盾的。从哲学中得不到任何与其结构相一致的肯定的东西。在去神话的过程中，肯定性必须被否定，直至去神话过程中所得到的工具理性也被否定。和解的观念禁止把它肯定地安置在概念之中。当然，对观念论的批判并不是要忽略概念结构在透视中一度获得的那种东西，也不是要忽略在概念的引导下从方法中所获得的活力。只有埋藏在观念论的怪圈中的东西才能走出这个怪圈，这就是要在它完成其自身的演绎过程中直呼其名，在完成了汇总的总体中展示那些与它分离的东西，展示其中不真实的东西。纯粹的同一性是主体所确立起来的东西，就此而言，是由外部所引发的东西。于是对它进行内在的批判就极其悖谬地意味着从外在的角度对它进行批判。主体必须就它自己对非同一性的东西所干的坏事进行补偿。正因为如此，主体才从绝对的自为存在的幻相中解放出来。这种幻相从它那个方面来看是同一化思维的产物。这种思维越是把事物贬低为类或者种的单纯样本，就越是错误地认为，事物本来就是如此而没有被附加主体性的东西。

走向同一性的辩证法

由于思维沉浸在最初与它对立的东西即概念之中，并意识到它自身的内在矛盾特性，于是它就迷恋关于某物的观念，沉迷于那超越矛盾的东西中。思维对抗那异于它的东西，这种对抗在思维自身中被再生产并被当做是思维的内在矛盾。概念与特殊之间的相互批判，也就是同一化的行动，它们会做出判断，即判断概念是否公正地对待它所涉及的对象以及特殊是不是满足了它自身的概念。这种相互批判以及这种同一化行动是人们思考特殊和概念之间之非同一性的中介。它不是纯粹思维的中介。如果人要摆脱强制，即以同一化的形式强加于他的那种现实的强制，那么他就必须同时达到与人的概念的同一性。所有相关的范畴都在这里发挥了作用。交换的原则，即把人类劳动还原到抽象的平均劳动时间的一般概念上，与同一化原则具有原始的相关性。这个同一化原则在交换中有其社会的模型。如果没有交换——非同一的个别存在和个别行动成为可通约的和同一的，同一化原则也不可能。这个原则的扩张使整个世界成为同一的，成为一个总体。如果这个原则也被抽象地否定了，如果这个原则被宣布为一种理想，因而为了不可还原的质的更高的荣誉，这个理想就不应再走向相等物的交换，那么这就为退回到古代的不公平制造借口。由于等价交换自古以来就是建立在不公平的基础上的，即不相等的东西以平等的名义进行交换，因此劳动的剩余价值就会被剥夺。如果人们简单地取消了可比较性这个标准范畴，那么直接的霸占和暴力，如当前的垄断集团的赤裸裸的特权，就取代了交换原则中的合理性，尽管这种合理性确实是一种意识形态，但是它也作为一种承诺而内在于交换原则之中。把交换原则作为思维中的同一化原则来批判，就是希望自由而公平的交换的理想真正得到实现，而不是像今天那样不过是一种冠冕堂皇的托词。这恰恰就超越了交换。一旦批判理论揭开了交换的秘密，即表面上平等而实际上不平等，那么对平等中的不平等的批判就会进一步指向平等（相等），同时也对资产阶级平等理想表现出来的恼怒，即不容忍任何质上不同东西，持完全怀疑的态度。如果任何人都没有被剥夺他的活生生劳动中的应得份额，那么合理的同一性就达到了，而社会就超越了同一化的思维。这就非常接近黑格尔了。我们与黑格尔之间的界线很难用特定的差别勾画出来，而更多地可以用意图勾画出来：在理论和实践的结果中，意识是不是要把同一性作为最终的、绝对的东西，并强化这种东西；或者是不是体会到同一性是一种强制机制，它要求这种强制机制以便最终摆脱这种普遍强制，这就如同说，只有通过文明化的强制，而不是通过返回自然，自由才是真正可能的。总体性应该遭到反对，因为总体性按照其自身的概念是否认非同一性的，它犯有与它自身非同一之过失。因此，否定的辩证法从一开始就是与同一性哲学的那些最高范畴联系在一起的。就此而言，否定的辩证法也是错误的，也遵循同一性逻辑，而这恰恰是它想要反对的。它必须在批判的过程中修正自身，这个批判过程会影响到辩证法按照形式所处理的那些概念，好像这些概念对它来说仍然是第一性的。这里有两种情况：一种情况是，思维由于不可避免地需要形式而受到限制，于是它在原则上会屈从于形式，这是为了能够否定传统哲学所要求的那种封闭结构；另一种情况是，思维由于其自身而迫切要求这样一种封闭形式，其目的是要让它自身成为第一性的东西。观念论借助于其自身的形式化过程而把同一性变成其最高的形式的原则，并把肯定作为其自身的内容。这一点由这个术语准确地揭示出来了，即简单的判断句被称为"肯定的"。系词说，它是如此这般而不是别样的。系词所保证的是一种综合行动，这种综合行动表明，事情是这样的，而不是别样的，否则的话，这种综合行动就不能实现。趋向同一性的意志在一切综合中都发挥作用。这是思维的先天的、内在于其自身的任务，作为思维的先天的任务，这种综合是肯定的、被渴望的：由此综合的基底就与自我达成了和解，被看作是"好的"。于是这就立刻提出了一种道德上的必要性：主体应该借助于其对事物究竟在何种程度上是其自身的深入透视，而服从于异质于它的东西。同一性是意识形态的原初形式。同一性被当作准确性即准确地把握了那被压抑的事物，而被人们所享用。然而，准确性总是意味着依照控制的目的所进行的压制，就此而言准确性是与自身相矛盾的。当人类甚至也要违背自己（的意愿）去确立同一性的首要地位时，他付出了无以言表的巨大努力。在这种努力之后，他把同一性作为被征服事物的规定性，并为这种胜利而欢呼雀跃：他必定把这个被征服事物所遭遇到的东西作为它自在的东西呈现出来。意识形态所拥有的那种抵抗启蒙的巨大力量要归功于它与同一化思维的同谋关系，也就是一般的思维的同谋关系。在这里，思维显示它自身的意识形态方面，因为它根本就不能证明"非我最终就是自我"这个断言是正确的。自我越是要把握非我，自我就越是发现它自己完全被降格为客体。同一性变成了校准原理的权威，在这里，主体按照客体来调整自己，而客体又把主体附加在它身上的东西返还给主体。主体既应该接受理性，又应该对抗他的理性。因此，意识形态的批判不是边缘性的，不是科学内部的事情，不也局限于客观精神或者主观精神之产物，而是哲学中的核心：对建构性的意识自身的批判。

思维的自我反思

意识的力量可以直达它自身的幻觉。合理性在放任自己并失去控制的时候就会出错，会真正地变成神话，这是可以被合理地认识到的。理智在其自身的必然过程中一旦错误地认为，它的根基的消失——无论这个根基多么脆弱——都是它自己的产物，是它的抽象所产生的后果，那么它就变成了非理性。如果思维无意识地遵循它自己的运动规律，那么它就变得和它自己的意思相对抗了，即对抗那在思维中被思考的东西，对抗那阻止主观意图恣意妄为的东西。思维自足性的训条注定要使思维变成空洞的，并且最终在主观上使它变成愚蠢的和粗野的。意识的倒退是意识缺乏自我反省的结果。这种反省有能力看穿同一性原则，但是如果没有同一化的过程，它就不能进行思考，因为每一种规定都是同一化。但是这种同一化恰恰是要接近客体本身，即作为非同一性东西的客体：借助于同一化给非同一东西打上烙印，同一化也愿意被非同一性东西打上烙印。非同一性是同一化的秘密目标，是在同一化过程中要被拯救的东西。传统思维的错误在于，它把同一性作为自己的目标。摧毁同一性幻相的力量是思维本身的力量：思维利用"这是"来动摇它的那个表面上看来不可动摇的形式。对非同一性的认知也是辩证的，这恰恰表现在，它能比同一性思维更多地同一化，并且以不同于同一性思维的方式进行同一化。它想说，某物可能是什么，而同一性思维说，某物归类于什么，它是什么东西的样板或者代表，因而它自身不是什么。同一性思维越是远离其对象的同一性，就越是毫无顾忌地使对象靠近躯体。同一性并不会因为人们对它所进行的批判而消失，它在质上改变自身。对象与思考对象的思想之间所具有的亲和要素在同一性中持续存在。同一性就是事物自在地与其概念之间的符合，这是一种狂妄自大的说法。但是，它的这个理想却不能简单地被抛弃：在事物与其概念不同的指责中也持续存在着一种渴望，即概念期望相同。在这种形式中，非同一性的意识包含了同一性。事实上，同一性的假设，直至形式逻辑的假设都是纯粹思想中的意识形态要素。然而，在这种意识形态中也隐含了真理的要素，即这样的命令，矛盾和对抗不应该存在。在简单的同一化判断中，控制自然的实用要素已经伴随着乌托邦的要素。"A"应该是它仍然不是的东西。这种希望与打破谓词判断之同一性形式的那种东西矛盾地结合在一起。传统哲学用"理念"这个词来表达这种东西。它们既不是分离（χωρίς）的，也不是空洞的声音，而是否定的标记。一切已达到的同一性的非真理性是真理的颠倒形式。这种理念存在于事物被期待的样子和它实际的样子之间的那个处所。乌托邦既超出了同一性，也超出了矛盾，它是不同东西的融合。为了乌托邦，同一化所反映的是语言如何超逻辑地使用字词，它所说的不涉及客体的同一化，而是涉及人与事物的同一化。古希腊关于类似者相知还是非类似者相知的争论只能辩证地加以解决。假如类似者相知这个命题成功地使人们意识到，认识和实践中的模仿这个不可消除的要素，那么当类似者之间的亲和性被设定为肯定性的时候，这种意识就是虚假的意识，（因为）尽管这种亲和性是不可消除的，但同时（达到这种亲和性）却又无限地遥远。认识理论会从这种虚假意识中得到一个错误的结论是，客体就是主体。传统哲学则想当然地认为，当它把非类似者变成类似于它自身，它就能认识非类似者，然而事实上它由此所认识的不过是它自身。一种变化了的哲学观念认为，它能对不同于它自身的东西进行规定从而意识到相同的东西。——只要被归入类之中的任何一个个别对象都拥有不包含在它的那个类的定义中的规定性，那么在同一化判断中人们可以无条件地把握非同一性要素。然而，对于有所强调的概念——这种概念是从单个客体中抽取出来的，并且不仅仅是表示这单个客体的特征综合体——来说，相反的情况同时也是有效的。我们突出地思考一下，某人是自由的这个判断是与自由概念相关的。但是，自由这个概念却多于我们对这个人所做出的判断，正如这个人通过其他的规定是多于他的自由概念的。自由概念不仅仅说，它可以被运用于所有的个人，即他们是自由地被规定的个人。这个概念还包含了有关这样一种状态的观念，在此状态下所有的个人都应该有某些特质，然而在此时此地还没有一个人拥有这些特质。在一个人被赞美为自由的时候，这里潜在地包含了一种特殊的意思：某种不可能的东西被归结于他，因为这种东西会在他那里展现自身。这种偶然的同时又神秘的东西激活了每个同一化的判断，并且值得做出这样的判断。自由概念一旦被经验地使用就会落后于其自身。因而，它自身就不是它所说的东西。然而由于它必须始终是被它所把握的那种东西的概念，它于是就走向对立。这样一种对立迫使它与自身相矛盾。人们曾经努力借助于那种纯粹设定的、"操作的"定义把这个哲学术语曾经一度所说的那种观念排除在自由概念之外。任何这样一种努力都是为了运用这个概念任意地贬低这个概念，并对抗这个概念自在地所意指的东西。个别既多于又少于其一般规定。然而由于只有通过扬弃这种矛盾，即通过特殊与其概念所取得的同一性，特殊的东西、确定的东西才成为它自身，因此个别的兴趣不仅仅在于保持它的那些被一般概念所剥夺了的东西，而且还在于针对它所缺乏的东西而获得比概念"更多"的东西。直到今天，概念都把这种东西体验为它自身的否定性。特殊和一般之间的矛盾具有这样的内容，即凡是在个别性确立自身的地方，个别性却还不存在，因而仍然是恶的。同时，自由概念和它的实现之间的矛盾（表明）自由概念同时也是不充分的。自由的潜能在于它所期望的批判，即批判形式化的强制使之成为的那种样子。

矛盾的客观性

这样一种矛盾不是主观的思维错误。客观的矛盾性是辩证法中令人恼怒的东西，尤其对反思哲学，即在今天与在黑格尔时代一样都占据了支配地位的反思哲学，更是如此。这种矛盾直接地与现行的逻辑不相容，并且被判断的形式一致性所消除。只要人们坚持抽象地批判逻辑的规则，那么客观矛盾就不过是一种虚张声势的说法而已：主观的概念工具不可避免地要坚持，它对特殊存在者所做出的判断是真理，而这个存在者只是由于需要被断定并在被概念规定预先剪裁了的情况下才与判断相一致。这种存在者也很容易被融合到发达的反思哲学的逻辑之中。然而，客观矛盾性不仅仅是指存在者在判断之外所留下来的所有东西，而且是指被判断者本身中的某东西。因为判断总是意味着被判断的存在者具有超出了判断中所包含的那种特殊性的东西，否则的话，按照判断自身的意图，判断就是多余的。而判断恰恰没有满足这样一个意图。同一性哲学的否定的动机仍然保留着它的力量。没有一种特殊的东西是真的，也没有任何东西像其特殊性所宣称的那样是它自身。辩证的矛盾既不是失败了的概念建构对于事物所进行的纯粹的投射，也不是形而上学的胡乱作为。经验拒绝通过意识的统一性来解决那些始终以矛盾形式所出现的东西。比如下述这两种规定—— 一是个人知道并视之为自己本身就有的那种规定，一是社会强加于他的那种规定，如果他想活着，那么这就是他的"角色"的规定——之间存在着矛盾。这种矛盾在没有操控的情况下，在没有贫乏的上位概念所进行的细微调整——这种调整使实质性差别归于消失①——的情况下，是不能被还原为任何一种统一体。同样，现存社会中被用来提高生产力的交换原则同时也以不断逼近的毁灭来威胁这种生产力，这样的矛盾也不能被还原为一种统一体。无法容忍矛盾的主观意识陷入了绝望的选择之中：或者它虽然必须和谐地把自己打扮起来，表面上是与世界的进程相对抗的，但却违背它自己的更好的洞见，以他律的方式来服从这个世界进程；或者它必须固执地忠实于他自己的规定，在行动的时候好像没有世界进程，并在世界进程中走向毁灭。它不能靠自己、不能靠概念的排列来消除客观的矛盾以及其派生现象。然而，意识只能把握它，其他的一切都是徒劳的宣誓。对于第一个正视矛盾的黑格尔来说，矛盾的份量就更重了。矛盾曾经是总体的同一化过程的媒介，而如今却成为这种同一化过程之不可能性的器官。辩证的认识不是像它的对手所指责的那样，从上面构建矛盾并通过这种矛盾的解决而向前推进，尽管黑格尔的逻辑学时常是这样进行的。相反，辩证认识的任务是探究思想和事物之间的不对称性，在事物之中体验这种不对称性。辩证法不需要害怕这样的指责：当事物的（客观矛盾）已经得到平息的时候，辩证法仍然沉迷于客观对抗这一僵化观念之中；任何个体都不能在未被

———————

① 这是上位概念的一个范例，即为了意识形态的目的而进行的逻辑概括技巧。它在当代工业社会中相当流行。它通过诉诸技术生产力而忽视生产关系，这好像是说，对于社会形态来说，只有生产力的状况才具有直接的、决定性的意义。当东西方社会在官僚统治的方面不可抵抗地一致起来的时候，这种理论上的错位确实是可以搪塞过去的。

平息的总体中得到和平。哲学上的疑难概念是客观上而不仅仅是思想中未被解决的矛盾的标记。将矛盾归罪于思辨的不可救药的固执，不过是转移矛盾。羞耻感命令哲学不要压制齐美尔的洞见，让人吃惊的是，人们在他们的历史中竟然如此漠视人类的痛苦。辩证的矛盾不"是"单纯的，而是有其意图的，即有它的主观要素的，正因为如此，在讨论辩证法的时候不能回避这个要素。辩证法通过这个意图而走向各种不同的东西。辩证运动作为哲学的自我批判仍然还属于哲学。

概念的出路

由于存在者不是直接的，而只有通过概念才能被透视，人们应该从概念开始，而不是从单纯被给予性开始。而作为概念的概念自身是有问题的。与它的非理性的对应物直觉一样，概念也有远古时代留下的痕迹，这痕迹是与合理性交织在一起的。它是动态意识中静态的思维和静态认识的理想的残余。概念的内在要求是获得一种秩序的不变性，以抗拒被它所把握的东西所发生的变化。概念的形式拒绝这种变化，因此也是"错误的"。在辩证法中，思想对其概念性的拟古主义提出异议。概念自在地在所有的内容面前具象化，并用它自身的形式抗拒内容。于是，同一性原则由此而出现了：那种只是在思维实践中被确立起来的东西却变成了事态本身，变成了固定的东西，持存的东西。同一化思维通过概念的逻辑同一性而对象化。按照其主观方面来说，辩证法意味着这样一种思维，在这种思维之中，思维的形式不是把它的对象转换成为不变的、始终如一的东西。如果它是这样的话，那么这是与经验相冲突的。传统哲学中那固定东西的同一性究竟是多么不可靠，这可以从它的保证者即个体意识而得知。在康德那里，意识作为普遍给定的统一体应该为任何一种同一性奠定基础。事实上，当一个老人回过头来探寻他何时在一定程度上开始有意识的时候，他明显是在回忆遥远的过去。这个过去所建立的同一性就如同那逝去的童年一样都是不真实的。然而，在这个非现实性中，他所记得的那个自我，那个曾经一度是而且潜在地还将是的自我，同时就变成他者，变成一个被分离开来并可以被观察的陌生者。这种既是同一性又是非同一性的两可特性一直保持在同一性这个逻辑难题中。对此，人们有一个行话，即非同一性中的同一性这个流行公式。这个公式首先要与同一性中的非同一性这个说法加以比较。然而这种简单的形式上的颠倒就为歪曲事实留下了空间：辩证法尽管没有第一哲学上的那些东西，却是"第一辩证法"①。在

---

① "如果辩证法只是重新加工实证科学所取得的成果，在思想上把它们结合成为总体，那么它不过是一种更加高级的经验，实质上不过是一种沉思，这种沉思就是要努力从经验的角度描述总体的和谐。于是，辩证法就不可能与原初的观察决裂开来。它就不能吹嘘它的那种内在进步，而内在进步排除了人们所偶然获得的一切观察和发现的成果。于是，它就像其他一切科学一样以同样的方法和同样的手段来进行研究，只是在目标上不同，即它把部分结合为思维中的总体。于是，在这里，我们可以看到一个发人深思的困境：或者辩证的发展过程是独立的，仅仅是由它自身所规定的，于是它必须事实上只要从自己的内部就能知道一切东西；或者它以有限科学和经验知识为前提，于是，内在的进步以及无缝的关联就被那些从外部吸收而来的东西所打破，此外，它还无批判地对待经验。辩证法可以进行选择。我们看不到第三种可能。"（F. A. 特伦德让博格：《逻辑研究》，第一卷，莱比锡，1970 年，第 91 页。）

辩证法的运行过程中，非同一性的转向得到了证实，如果这种转向只是声明，那么它会取消自身。在传统哲学中，甚至在它按照谢林的话来说被建构的地方，这种建构实际上也是后建构，这种建构不容许任何未被它预先消化吸收了的东西。由于它还是把异质于它的东西解释为它自身的东西，最终解释为精神，这种东西会再次转变成为相同的东西，成为同一的东西。在其中，这种东西好像是在宏大的分析判断中一样一再重复自身，而不给质上的新东西留下任何空间。这已经内化为一种思维习惯，以至于如果没有这种同一性结构，哲学就不再可能，就会分解为既定立场的纯粹排列。尽管这也是努力让哲学思想转向非同一的东西，而不是转向同一性，但是却是荒谬的，因为这会把非同一的东西先天地还原到其概念上，从而把它同一化。所有此类启发性的思考都非常激进，也因此像大多数激进问题一样又不够激进。这种不知疲倦的回溯形式好像受到某种强制性劳动伦理的鞭挞，越来越远离它所要看穿的东西，而又毫不触及这种东西。根的范畴、起源的范畴本身是支配性的，这是对首先出现的东西的肯定，因为它首先出现在那儿。这是原住民对移民的抗拒，是定居者对游荡者的抗拒。具有吸引力的东西，即起源，尽管它不想被派生的东西、被意识形态所满足，但从它那个方面来看，仍然是意识形态的原则。在卡尔·克劳斯的这个听起来有点保守的话语"起源就是目标"之中，一种当下难于言表的意思被表达出来了：起源概念必须摆脱它的那种静止的恶劣状态。目标不能在起源中、在幻想的善良天性中被重新发现，而是起源要退回到目标，并在目标中建构自身。只有短暂的生命，而没有起源。

综 合

唯心主义辩证法也是一种起源哲学。黑格尔把它比作圆圈。然而，在结果返回到其起点的运动中，这个结果被可悲地取消了：由此主体和客体的同一性可以毫无悬念地生产出同一性。它的认识工具被称为综合。这种综合如果被当作是单个的思维活动，即把孤立的要素联系起来的思维活动，那么是不应该受到批判的，如果被当作指导性的、最高的观念，那么就应该受到批判。可是，在综合概念的一般用法即抗拒分解的用法中，它明显采纳了一种涵义，这种涵义在所谓的心理综合对抗弗洛伊德的心理分析这一（理论）发现中以最恶心的形式表达出来。这种极端的厌恶使人们拒绝使用综合这个词。在三段式中，尽管黑格尔也絮絮叨叨地说过这个词，但是他对于这个词语的使用还是比人们所期待的要少得多。这与他的实际的思维结构相对应。在其中起决定作用的是对概念的确定的否定，这些概念循环往复，以求最大的近似性。在这种沉思中，可以在形式上把自己称为综合的那种东西——只要它忠实于这种否定它就拯救了否定之中的东西——是概念先前的每一个运动所屈从的东西。黑格尔的综合完全是对这个运动所具有的不充分性的透视，也是对产生这个运动所付出的代价的透视。早在《精神现象学》的导言中，他已经非常接近于意识到他所阐发的辩证逻辑的否定本质。它的要求是，纯粹地观察每一个概念，直至它开始运动，直至它根据它自身的意思——或者说它自身的同一性——而不再与自身同一。而这个要求不是综合的要求，而是分析的要求。概念中的静态方面，为满足这些概念，应该把其动态方面释放出来，这类似于在显微镜之下看出一滴水的混乱状态。因此，这个方法被称为现象学方法，即与显现出来的东西之间的被动联系。在黑格尔那里，这个被本雅明称为处于停顿状态的辩证法已经远远进步于一百年后作为现象学而出现的一切东西。客观地说，辩证法意味着，借助于同一性强制的具体化过程中所积累起来的能量来打破同一性的强制。就此而言，黑格尔已经部分地取得了成功，他也确实不承认同一性强制的非真理性。由于概念经验到它自身的非同一性以及它的运动，所以概念不再仅仅是它自身，并且用黑格尔的术语来说走向了它的他者①，而又没有吸干这个他者。它借助于外在于它的东西规定自身，因为它不能根据它自身的意思而在自身中穷尽自身。概念作为自身，而又不仅仅是自身。在《逻辑学》中黑格尔讨论了第一个三段式中的综合，即生成（变）②。在那里，他只是在把存在和虚无同样当作是空洞的和无规定的之后，才注意到这两个概念的字面意思所表示出来的绝对差异。他在早期认

---

① 参见《黑格尔全集》第四卷，克罗克纳编，斯图加特，1927年，第543页。

② 参见同上书，第98—99页。

为，同一性只有通过非同一的东西才能有意义地表述
（prädizieren），也就是说，以多于同义反复的方式来加以表
述。他后来推进了这个学说：只有每一个要素借助于综合
而被同一起来的时候，这些要素才是非同一的。这些要素
的同一性的论断促成了一种不息的运动，黑格尔称为之
"生成"：它自在地颤动。辩证法就是借助于同一性而意识
到非同一性，它不仅仅是一个前进的过程，而且同时也是
一个倒退的过程。就此而言，圆圈的形象准确地描述了这
个辩证法。概念的前进也是一种回溯，是综合，是对在概
念中毁灭了的、"消失了"的差异的规定，这极其类似于荷
尔德林那里的必定沉沦之自然东西的病态史。只有在完成
了的综合中，在矛盾着的要素的统一中，它们之间的差别
才能显露出来。如果没有这一步，那么存在可以被等同于
虚无，用黑格尔喜欢的话来说，这两者之间就漠不相关。
只有当它们被当作是同样的东西时候，它们才是矛盾的。
辩证法不会羞于回忆埃希特纳赫的跳步游行。毫无疑问，
与康德相反，黑格尔限制了综合的优先性：按照柏拉图后
期的对话模式，黑格尔把多数性和单一性（同一性）——
康德把它们当做并列的范畴——看作是相互依赖的要素，
没有其中的一个就没有另一个。尽管如此，像康德和包括
柏拉图在内的整个传统一样，黑格尔属于赞同同一性的那
一派。甚至对同一性的抽象否定也不值得考虑。直接把握多
数的幻觉作为一种倒退性的模仿退回到一种神话之中，退回
到混沌的恐惧之中，正如它的相反极，即同一性的思维一样，

它通过征服自然来模拟盲目的自然，最终也导致神话的控制。启蒙的自我反思并不是要废除启蒙：为了取悦当前的状况，启蒙才被败坏和废除。甚至同一性思维的自我批判的转向也依赖于概念，即凝固起来的综合。综合的行动由于意识到了它对多数东西所产生的破坏而调整了它的指向。只有同一性才能超越同一性。在其中，亲和性（Affinität）获得了存在的权利，而这种亲和性也会被不断推进的同一性所遏制，并且由于它被世俗化为一个不可认识的点而同时蛰伏于同一性之中。正如柏拉图所熟知的那样，主体的综合模拟了这种综合自身期待的东西，尽管这是借助于概念而间接进行的。

肯定性否定的批判

非同一不能像某种从它那个方面看具有肯定性的东西那样被直接把握，也不能通过对否定性东西的否定而被把握。正如黑格尔所说的那样，这种否定性东西本身并不就是确定的。对他来说，导源于否定的那种肯定性东西超出了与它同名的肯定性，即他在青年时代一直与之战斗的肯定性。把否定之否定与肯定等同起来是同一化的精髓，是还原为纯粹形式的形式原则。反辩证法的原则，即一般代数中的负负得正的传统逻辑，借此而在辩证法的最核心处获得了优势。这种传统逻辑借用了数学，黑格尔否则的话会特别厌恶它。如果总体是被禁止的，是否定的东西，那么对包含在整体中的特殊东西的否定仍然是否定的。由此而产生的肯定只是一种确定的否定，是批判，而不是通过巧妙回避的方式所取得的结果，不是可以被快乐地把握在手中的确定性东西。在再生产一种不透明的直接性——这种东西一经产生就是幻相——的时候，成熟时期黑格尔所说的那种肯定性，用前辩证法的术语来说，就带有坏东西的特点。尽管黑格尔的分析摧毁了主体性自在存在的幻相①，但是那使主体性得以提升并回归到其自身的体制，绝高于他几乎总是机械地处理主体性的那种体制。相反，在其中被进一步生产出来的东西是被主体性以很好的理由所否定的东西，无论这种主体性作为某种被压制的东西本身，是多么抽象。主体所施加的否定是合法的；而被施加于主体上的否定也是合法的，但却是一种意识形态。由于黑格尔在辩证法的每一个新的层面上违反了他自己逻辑学上断断续续的洞见，并忘记了先前步骤的权利，他就着手模拟被他所斥责的抽象否定：即抽象——由主观随意所确证的——肯定。从理论上来说，这种抽象的肯定产生于方法，而不是像黑格尔所说的那样必定产生于事物；并且这种抽象的肯定作为一种意识形态不仅拓展到了整个世界，而且还转变成真正的笑柄，还由此使它自身成为荒谬的东西（Unwesen）。当

---

①　像黑格尔的任何一个范畴一样，被否定东西的范畴，从而实证的否定性的范畴，也具有经验的内容。对于哲学认识的主体性过程来说，情况尤其如此。如果认识者极其清楚地知道，一种洞见所缺乏的是什么，或是它错在什么地方，那么他往往会由于这种确定性而接受已经失去的东西。只是这一确定的否定的要素——从它那方面来看，作为主观的东西——是不应被归入客观逻辑，更不用说归入形而上学。然而，无论如何，这种要素是有助于人们深入到所强调的认识的最有力证据，有助于认识能够继续这个要素；从而形而上学可能性——超出黑格尔形而上学的可能性——也在这里获得支撑。

人们用日常话语盛赞他们是多么肯定地（积极地）生活着，当人们使用肯定的力量这样的杀气腾腾的术语的时候，肯定性自在地被拜物教化。相反，那必须被严肃对待的坚定的否定就在于，它不打算认可存在者。否定之否定不是要回到肯定，而是要证明这种否定仍然是不充分的否定。否则的话，辩证法就仍然保留着被黑格尔整合进其（体系）中的那个样子，而且以丧失其潜力为代价，并最终会对其起初确立起来的东西漠不关心。被否定的东西是否定的，并直至它消失。这就是与黑格尔的彻底决裂。如果用同一性来再一次掩饰辩证矛盾，即不可化解的非同一者这个说法所表达的东西，那么这同时就意味着这种做法忽视了这个表达所说的东西，并且重新回到纯粹的一致性的思维。有些人把肯定性作为普遍的概念，从一开始就预设起来，只有这样一些人才会捍卫否定之否定就是肯定这种说法。这种做法所收获到的是，逻辑对原逻辑的优先性，是哲学以其抽象的形式所进行观念论上的欺骗，也收获到了自我确证。否定之否定就再一次变成同一性，变成新的幻觉；一致性逻辑在绝对上的投影，最终是主体性原则投射到绝对之上。黑格尔下面这句话在一种最深刻的见解和这种见解的毁灭之间闪烁不定："真理作为与客体相符合的知识也是肯定的东西，但是只有在这种知识否定地对待他者时，只有当它穿透客体并扬弃否定即扬弃客体所呈现的那种否定时，真理才是与其自身的等同。"[1] 把真理

---

[1] 《黑格尔全集》第四卷，同上，第543页。

描述为知识的否定性行动，即穿透客体的行动——从而消除客体直接如此的幻相——听起来好像是否定的辩证法的纲领，即一种"与客体相一致"知识之否定辩证法的纲领。然而一旦把这种知识作为肯定性确立起来，那么这种做法也就彻底背弃了这个纲领。通过"与自身等同的"公式，通过同一性的公式，关于客体的知识就像是一种变戏法，因为这种知识不再是关于客体的知识，而是被绝对地确立起来的"对思考的思考"（νόησις νοήσεως）的同义反复。和解概念不可和解地阻止它在概念上得到肯定。如果有人提出反对意见说，对否定之否定即肯定（之学说）的批判斩断黑格尔逻辑学的命根子，会排斥任何一种辩证运动，那么这种指责不过把辩证法局限在黑格尔自我理解的权威性的绝对信仰上。如果没有这个原则，黑格尔体系的建构无疑会垮塌。尽管如此，辩证法的经验内容不在于这个原则，而在于他者对同一性的抵抗，这就是辩证法的力量之所在。既然主体的现实统治产生了矛盾，而这种矛盾又是渗透到客体之中的，那么主体就潜藏在辩证法之中。如果把辩证法单纯地归于主体，并且通过矛盾来清除矛盾，那么辩证法由于被扩展为总体而终结了。在黑格尔那里，辩证法来源于体系，但是在体系中却没有辩证法的尺度。

个别也不是最终的

在同一性方面发生错乱的思维很容易向不可消解的东西投降，很容易把客体的不可消解性扩展为主体的禁忌。

而主体就会非理性地或者唯科学地放弃自己，不愿意触及与它不同的东西，并且向流行的认识理想投降，甚至因此向这种认识理想表示崇敬。此类思维态度对于这种认识理想一点也不陌生。这种认识理想始终把对可吸收东西的欲望与对不可吸收东西的厌恶结合在一起，而恰恰是这些不可吸收的东西是需要被认识的。在个别性面前，理论上的极端热情与冷漠无为一样，都起到了维护现状的作用，因为这种理论赋予现状以精神上不可穿透性和顽强性的光环和权威。个别实存者（Existierende）不能与其上一级概念即实存（Existenz）概念相符合，但是它既不是不能被解释的，也不是就它自身来说最终的东西，不是认识只能对之无奈搔首的东西。按照黑格尔逻辑学的最持久结论，个别存在者不是单纯的自为的存在，而是在自身中的他者，并与他者联系在一起。具体之是（Was ist）多于它的所是（es ist）。这个"多"不是附加上去的，而是内在于它的东西，是从它身上挤压出来的东西。就此而言，非同一的东西是事物自身的同一性，是对抗事物的同一化的同一性。这表明，对象的最内在的核心同时也是外在于这个核心的，它的封闭特征，作为一种幻相，是同一化、稳固化过程的反映。人们对个别的执着思考会导向它的本质（Wesen），而不是导向一般，即它所代表的一般。与他者的交流会凝固在个别中，而个别在其此在之中被这种交流所中介的。正如胡塞尔所认识到的，一般事实寓于个别事物之核心，而不是在个别事物与他者的比较中建构起来。为了获得一般而进行的抽象过程，同时也会产生绝对个别性，这是胡塞尔所没有注意到的。尽管个别不能从思想中推导出来，但是个别之核心却类似于那样一种艺术作品，它拒绝一切图式，甚至拒绝那些最大程度上个别化的图式。然而对于这些艺术作品的分析却可以从它们的极端个别化中重新发现一般的要素，发现一般自身会不知不觉地隐秘地介入典型的东西之中。

星丛

即使没有否定之否定，甚至也没有诉诸作为最高原则的抽象，进行统一的要素也会继续存在。不过，这不是从概念开始而一步一步走向一般的上层概念，而是这些概念进入星丛。这些星丛揭示了对象的特殊性，而分类过程漠视这种特殊性，或者把它当作一种负担。语言的行为是此类做法的典型。它不只是为认识功能提供符号系统。只要它根本上作为语言而出现，只要它进行描述，那么它就不对它的概念进行规定。语言建立了概念围绕着事物转的关系并由此而使概念获得客观性。因此，它服务于概念的意图，即完整地表达它所意指的东西。只有星丛才能从外部体现概念在内部所剪裁掉的东西即"更多"，虽然概念非常想成为但又不能成为"更多"。概念围绕着要认识的事物而聚集起来，并由此潜在地规定了事物内在的核心，并试图借助于思维而达到思维所必然排除的东西。黑格尔所使用的具体这个术语——按照这个术语，事物本身就是它的关联，而不是纯粹的自身性——表达了这一点，尽管他对商谈逻辑进行了各种批评，但却没有忽视这一点。当然，黑格尔的辩证法是没有语言的辩证法，而辩证法最简单的字面意思就预设了语言。就此而言，黑格尔仍然是流行科学的信徒。黑格尔不需要强调意义上的语言，因为对他来说，一切东西，甚至无语言东西、不透明的东西，都被预设为精神，而且是关联起来的精神。这个预设是不可救药的。然而，那消融在非事先设想好的关联中的东西，作为非同一东西，确实会超越它自身的封闭性。它与那疏离于概念的东西进行交流。只有对同一性的总体诉求来说，它才是透明的；它抗拒这种诉求所产生的压力。然而作为这样的东西它又努力表达自身。它通过语言摆脱了自我独立性的魔咒。非同一之中那种不能在其概念中被规定的东西超出了它的个别定在，而在个别定在中这些东西收缩到与概念相对的那一极，并注视着概念。在非同一的内部存在着这样的联系：它与非自身存在的东西之间的联系；它与它的自身同一性——它所构造起来并凝固起来的同一性——向它隐瞒的东西之间的联系。它只有在它的外化中，而不是在它的固化中才能成为自身。我们仍然可以从黑格尔那里习到这种东西，而不必向他的外化学说中那些压抑性要素做出任何让步。客体向单子论的坚定主张开放自身，这种主张是对客体存在于其中的星丛的意识：要想有可能专注于内在的东西，就必须有外在的东西。然而个别之中的这种内在普遍性作为沉淀下来的历史，是客观的。这种普遍性既内在于个别，又外在于个别，是围绕着个别的东西，个别在这个东西中有一定的位置。要意识到事物居于其中的星丛就要对个别作为生成而在自身中所携带的东西进行解码。内部和外部的分离就这种分离来说是受历史制约的。只有一种知识才能够把对象中所包含的历史解放出来，这就是从对象与他者的关系中意识到对象的历史地位和价值，是对已知的东西即它所改造过的东西的关注和更新。在对象的星丛中认识对象就是要认识一个过程，即对象已经在自身之中积累起来的过程。作为一种星丛，理论思维围绕着概念，它想开启概念，即期望概念像被严密看管的保险箱之锁突然开启一样：只不过它不是通过一把钥匙或者一个数字而被开启的，而是通过一个数字组合被开启。

科学中的星丛

我们如何通过星丛来开启对象呢？这与其说是从对此不感兴趣的哲学中获知，倒不如说是从重要的科学研究中获知。在许多情况下，完成了的科学研究工作往往跑在对这一工作的哲学理解即唯科学主义之前。在这里，人们根本不需要按照形而上学的研究方法而从它自身的内容开始，比如根本不需要像本雅明的《德国悲剧的起源》那样将真理概念本身理解为星丛①。人们可以求助于像马克斯·韦伯那样的具有实证主义思想倾向的学者。他确实是把"理想

---

① 参见本雅明：《德国悲剧的起源》，法兰克福，1963年，第15—16页。

类型"——这完全是主观认识论意义上的东西——当作了接近对象的辅助手段，而排除了一切实在内容本身，并重新把它变成任意流动的东西。在一切唯名论那里，不管它把其概念看做是如何空洞，事物的某种特性都会渗透到概念中，并超越思维实践所占据的优越性——这也是（人们）批判非反思的唯名论的重要缘由。与唯名论一样，韦伯的著作也是从客体中获得材料，并且超出了人们所期待的那种按照西南学派的方法论所能获得的材料。在对一个社会对象的研究中，如果这项研究把自己看作是局限于并从属于它所研究的领域的，这个领域为对象奠定了基础，并且这个研究忽视了它是被总体所规定的，那么这项研究就是错误的。只要这项研究是错误的，那么概念就是事物的充分根据①。如果没有上一级的概念，那么那种从属性就会掩盖一切从属性中最有效的从属性即对社会的从属性，而这不能由单个物体来加以恰当地弥补的，（因为）单个事物是被概括在概念中的。然而，这种从属性却只能通过个别事物显示出来，概念因此再一次变成确定的认识。与流行的科学活动相反，韦伯清楚地意识到对那些历史性的概念进行定义的困难，比如他在处理新教伦理与资本主义精神的

---

① "这种联系，作为本质同一体的总体，只存在于概念之中，存在于目的之中。对这个同一体而言，机械原因是不够的，因为这些原因不是根源于目的，不是把目的作为其规定的同一体。莱布尼茨把充足理由理解为这样的理由，它足以说明这种同一体，因此，在它自身之中它不仅仅能包括原因，而且包括最终的原因。然而关于这种理由的这类规定却不属于这里。目的论的理由是概念的财富，是自身中介的财富，这就是理性。"（《黑格尔全集》，同上，第四卷，第555页。）

时候提出了对它们进行定义的问题。而在他之前，只有康德、黑格尔和尼采之类的哲学家才这样做过。韦伯明确地拒绝了按照"属加种差"① 的图式来进行划界的定义方法，相反他要求社会学的那些概念应该"逐步地从那些取自于历史现实中的个别部分谱写（komponieren）出来的。因此，概念上的最终说明并不存在于研究的开始，而在于其终点。"② 这里所涉及的问题是：是不是需要如此这般的、能一锤定音的定义？或者，如果没有通过形式上定义而得到的结果，那么韦伯所说的"谱写"是不是能够成为韦伯的认识论所希望的那个样子？正如定义不像粗俗的唯科学主义所认为的那样是认识上的一切，它同样不能被废弃。如果思维在其过程中不能进行定义，如果它只注重当下的东西而不能用准确的语言来代表它所涉及的事物，那么这样的思维就如同只是满足于口头上定义的思维一样，都是枯燥贫乏的。然而更根本的是，韦伯使用谱写这个词所表示的东西，对于正统的唯科学主义，是不可接受的。他确实只是关注认识的主观方面，即认识的过程。但是这里所涉及的谱写完全可以像它的类似者即音乐的谱写一样来进行。尽管这种谱写是主观地进行的，但是只有当这种主观的生产在谱写中消失，这种谱写才是成功的。这种谱写所形成的关联，也就是星丛，可以作为客观性的符号，即精神的符号来阅读。在这样的星丛中出现的类似于字符的东西就

---

① 马克斯·韦伯：《宗教社会学文集》，图宾根，1947 年，第 30 页。
② 马克斯·韦伯：《宗教社会学文集》，图宾根，1947 年，第 30 页。

是要借助于语言把主观地思考和汇聚起来的东西转换为客观性。尽管传统的科学理想和科学理论非常需要一种类似于韦伯的那种方法，但是它们所需要的方法并不缺乏这种要素，而在韦伯那里这种要素却不是其主题。他的最成熟的著作，尤其是《经济与社会》表面上看总是受到那些借自法学的、过度的文字定义的困扰，尽管如此，如果仔细考察我们就会发现，这些文字定义还不仅仅是文字定义。它们不仅仅进行概念上的固定，而且把概念聚拢在要探索的核心周围，并试图借此来表达概念所指向的这个核心，而不是为了操作的目的描述这个核心。于是在每一个方面都很关键的这个资本主义概念从诸如收益或利润动机等孤立的、主观的范畴中凸显了出来。顺便说，这与马克思很相似。那个常被提及的利润动机在资本主义社会中必须指向利润原则、市场机会，必须利用资本主义的核算方法；它的组织形式必须是自由劳动的形式以及家务与经营必须区分开来；它需要有经营簿记和合理的法律体系，从而与整个资本主义制度中占统治地位的合理化原则相一致。[①] 当然，这个清单的完整性仍然是可以被质疑的。尤其需要质问的是，韦伯对合理性的强调是不是忽视了通过等价交换而再生产出来的阶级关系，并把资本主义的这种方法与它的精神完全等量齐观，尽管没有合理性，等价交换及其难题也肯定是不可思议的。正是由于资本主义系统不断强化的整合趋势，

---

① 马克斯·韦伯：《宗教社会学文集》，图宾根，1947 年，第 4 页及其之后。

即把这些要素编织成为一个持续的、越来越完善的功能结合体，使得与星丛相对立的原因这个老问题越来越不确定。不是认识的批判，而是历史的真正进程需要我们去探索星丛。在韦伯那里，如果这些星丛取代了系统——人们喜欢指责他缺乏系统，那么这就证明他的思想（的价值），这表现在这种思想是超越实证主义和观念论这一两难选择的第三条道路。

本质和现象

当一个范畴——通过否定辩证法，如同一性的否定辩证法和总体性的否定辩证法——改变自身的时候，一切范畴的星丛会发生变化，从而每一个范畴也会再次发生变化。本质和现象的概念就是这方面的典型。它们来自于哲学传统并一直保留在哲学传统中，但是它们的趋势和走向却颠倒了过来。本质不再被具象化为纯粹的精神上的自在存在。毋宁说，本质渗透到隐藏在直接性外观背后的东西之中，渗透到隐藏在所谓的事实的背后东西之中。它使事实成为它们所是的样子。它是命运的法则，是历史至今一直屈从的法则。它在事实背后隐藏得越深，从而会轻易地被事实所否定，它就越是不可抗拒。此类本质原先就是非本质①，是这样一种世界构造，这个世界把人贬低为自我持存的手段，它在再生产他们生活的过程中，裁剪并威胁他们的生

---

① 作者在这里一语双关，这句话也可以理解为，"Wesen"（本质）就是"Umwesen"（恶作剧）。——中译本注。

活；它欺骗他们说，事情就是如此这般，从而满足他们的需要。这个本质也必须像黑格尔所说的本质那样：在自身的矛盾之中伪装起来。只有在现存状况与它所声称的东西之间的矛盾中，本质才能被认识到。与伪装的事实相比，本质也确实是概念性的，而不是直接的。但是，这种概念性绝不是纯粹的人为的（θέσει），不是认识主体的产物，主体也不能在其中最终能够再一次确证自身。相反，它表达了这样一个事实，概念化了的世界，是主体的过失造成的，不是主体自身的世界，而是敌视主体的世界。这一点几乎不知不觉地被胡塞尔的本质直观学说所证明。这种学说可以被归结为它把本质和把握本质的意识完全分离开来。这种学说尽管把绝对理念的领域拜物教化，但它还是没有忘记，概念——概念的本质性被不假思索地与概念等同起来了——不仅仅是抽象和综合的产物：它们同等地代表了杂多中的一个要素，这个要素把那些按照观念论的学说纯粹设定起来的概念援引过来。胡塞尔的那个极度夸张的却又因此而并不自知的观念论在把纯粹精神存在论化同时，又竭力在他最具说服力的文献中歪曲地表达了一种反观念论的动机，即表达了对思维主体的绝对统治的不满。凡是主体先前必须服从法则的地方，现象学都禁止主体制定法则：就此而言，主体把法则体验为某种客观的东西。同时对胡塞尔以及观念论者来说，一切中介都被置于意向活动的方面，也就是主体方面，于是，他没有别的办法设想概念中会有客观要素，而只能把它设想为一般本身的直接性，并且只能以认识论上的暴力行动按照肉体的感知来复制一般性。胡塞尔竭力否认，本质不管怎样从它那个方面看都是一个要素，是产生出来的。他无知而又傲慢地责骂的黑格尔早就有了比他高明的见解：《逻辑学》第二部分的本质范畴既是历史形成的，是存在范畴自我反思的产物，又是客观有效的。那种狂热地排斥辩证法的思维不再能够达到这一点，尽管胡塞尔的基本命题即逻辑命题本应该使他接触到这一点。因为按照他的理论，这些命题既具有客观的特征，是"本质的法则"，同时又是与思维密切联系在一起，并且在其最核心处依赖于从它们那个方面看它们所不是的那种东西，而关于这一点他起初却避而不谈。逻辑绝对主义的绝对在形式命题和数学的有效性中确证自身。然而它不是绝对的，因为它所诉求的绝对性，即作为肯定地达到的主体和客体的同一性，其本身是有条件的，是主体的总体性诉求的凝聚。本质的辩证法是按照其自身的方式同时既像存在者又像不存在者的辩证法。然而这种辩证法绝不像黑格尔所说的那样，在创造的精神和被创造的精神的统一中被化解。他关于本质客观性的学说假定，存在是仍然没有达到自身的精神。本质提醒我们关注概念中的非同一性，即起初并非主体设定的东西，但主体却要遵从它。即使把逻辑、数学与存在者状态的领域区分开来——逻辑和数学自在存在的幻相，形式范畴的存在论解释就是建立在这种分离的基础上的——这种分离既有存在者状态的维度，并且正如黑格尔所指出的那样，也有与存在者状态相排斥的维度。那种存在者状态的要素在其中再生产自身。由于它们不可能看清自己，不能把自己看作是被分离开来、受限制东西——因为分离是它们自身的本质——于是它们取得了一种定在的形式。社会及其运动的本质法则更是如此。这些法则要比它们出现在其中的事实，比欺骗性地蒙蔽它们的事实还要真实。但是，它们抛弃了它们的本质性的惯常特征。它们可以被称为还原到其概念的否定性，使世界成为现在这个样子的否定性。尼采是形而上学中神学遗产的不妥协的反对者。他嘲笑本质和现象的区分，把背后的世界（Hinterwelt）转交给偏远地区的人们（Hinterwäldlern），从而具有与全部实证主义相一致的意义。或许，没有其他任何地方（使我们）更能如此容易把握到，不知疲倦的启蒙竟然会有益于蒙昧主义者。本质就是按照非本质（Unwesen）的法则而把自己隐藏起来的东西。质疑本质的存在就是站在幻相一边，就是站在总体的意识形态一边，而实存（Dasein）在这里就变成了这样的一种意识形态。那些把一切显现出来的东西都当作是同样东西的人，由于他们不知道那个能够进行区分的本质，于是出于对真理的热爱而与非真理同流合污，与尼采所蔑视的那种枯燥的科学同流合污。这种枯燥的科学不再关注所要考察对象的尊严，它或者跟在有关这种尊严的公共舆论后面鹦鹉学舌，或者按照一种事物是否像它们所说的那样被仔细考察过来选择自己的标准。科学倾向于把关于本质和非本质的抉择权交给任何时候都专注于对象的那些学科，对于其中一个是本质的，对另一个就是非本质的。与此相一致，黑格尔把这种区分放在第三者身上，即暂时处于事物的内在运动之外的东西①。具有讽刺意味的是，胡塞尔，这位连做梦也想不到本质和幻相之间辩证法的人，居然正确地反对了黑格尔：事实上存在着一种关于本质和非本质的直接的精神经验，尽管这种精神经验确实也是可错的，而科学出于秩序的需要而只能借助于暴力从主体中排除这种经验。只要这种经验没有发生，那么认识就仍然是僵化不堪，无果而终。认识的标准是，主体客观上遭遇到的使之痛苦的东西。与理论上铲平本质和现象做法类似的是，认识者在主观上不仅失去了痛苦和快乐的能力，而且也失去了区分本质和非本质东西的基本能力，而没有这种能力，人们就不能切实地知道原因是什么，结果是什么。人们固执地渴望去核实不相关东西的正确性，而不是去反思相关事物可能发生错误的危险，这是意识发生倒退的最广泛的症状。偏远地区人们的最新风格是，他们不再受背后世界的困扰，而是满足于接受眼前世界有声或者无声地向他们所兜售的那些东西。实证主义首先消灭了客观的本质范畴，然后又合乎逻辑地对本质发生了兴趣。实证主义也由此转换成为意识形态。然而本

---

① "由于本质和非本质是在定在之中被相互区分开来的，因此，这种区分是一种外在的设定，是把定在的这一部分和那一部分分离开来，而不触及定在本身。因此，这种分离属于第三者。因此，在这里不确定的是，究竟什么属于本质或者非本质。这是某种外在的思考和观察。正是这种观察和思考才是使这种分离变成这样的，并且也因此，同样的内容一会儿被看做是本质，一会儿被看做是非本质。"（《黑格尔全集》，第四卷，第487页。）

质绝不会在隐藏的一般法则中被穷尽。在受法则之害的东西之中，在被世界进程判定为非本质的东西中，在弃之于边缘的东西中，具有一定潜能的肯定性本质得以幸存下来。关注这样的东西，关注弗洛伊德的"现象世界的剩余"，这个远远超出心理学的剩余，就是要遵从这样一种意图，把特殊的东西当作非同一东西的意图。本质的东西既与占统治地位的普遍、与非本质相对抗，又批判性地超越这些东西。

借客观性而进行的中介

本质与现象的中介、概念与事物的中介也不会保持其原来的样子，不会保持为客体中的主体性要素。对事实进行中介的东西与其说是主观的机制，即预先形成事实并推动事实的主观机制，不如说是异于主体的客观性，即隐藏在主体所能够经验到的东西背后的客观性。这种客观性否定了主体的基本经验领域，是先于这种经验领域的。在当前的历史阶段，用一句流行的话来说，无论人们的判断多么过于主观，主体都是自动地、鹦鹉学舌地重复公众意见。只有当主体抵抗这种客观性的平均值，并使他自身成为自由的主体的时候，他才能使客体成为它自身，而不会满足于（对客体的）虚假复制。今天客观性就依赖于主体的解放，而不是依赖于毫无止境地压制主体。在主体中那种被客观化的巨大力量，不仅会妨碍主体成为主体，而且也妨碍对于客观东西的认识。这就是曾经一度被称为"主体要素"所形成的东西。现在是主体性，而不是客观性受到更多的中介。这种中介比传统的中介更加迫切需要得到分析。客观性的中介机制一直延伸到主体的中介机制中，并且每一个主体，甚至先验主体都被约束在这种客观性的中介机制中。按照主体所宣称的，感性材料只能如此这般而不能是别样的，这也是前主体的社会秩序所招致的，这种社会秩序就其自身来说从根本上建构了主体性，尽管对认识论来说，主体性也进行建构。康德本人承认，在他的范畴演绎中最终仍然保留了偶然的东西即"被给予"：理性没有别的基本概念而只有这些概念受它支配，按照康德的说法，这要归功于范畴起先所促成的东西。然而，中介的普遍性不允许人们把天地之间一切东西都拉平到这个普遍性的层面上，仿佛直接东西的中介和概念的中介是一样的。对概念来说，中介是根本性的，概念本身按照它的性质直接就是中介。而直接性的中介是反思规定，只有在与它相反的东西即直接的东西联系起来时才有意义。如果没有任何东西不被中介过，那么正如黑格尔所强调的，这种中介总是必然会在被中介的东西中出现。没有被中介的东西，中介就其自身来说也就不是中介了。相反，如果没有中介，那么被中介的东西也不会存在，而这个说法具有纯粹私人和认识论的特征：这个说法表明，如果没有中介，对某种东西做出规定是不可能的，这无异于同义反复，即思考某种东西与思考完全一样。反过来说，没有某物，中介就无法持存。中介作为中介存在（Vermittelsein）是没有直接性的，而这与中介中的直接东西是不同的，尽管这种直接东西也被中介过。黑格尔忽视了这种差别。直接东西的中介影响了它的模式：影响了关于它的知识以及这种知识的边界。直接性不是模态，不仅仅是意识对"如何"做出规定，而是客观的：直接东西的概念意指不能被概念清除掉的东西。中介绝不是要表明，一切东西都要进入中介中，而是假定某种东西即某种仍然没有展开的东西，被它所中介。而直接性本身却代表了一个要素，这个要素不像中介需要直接的东西那样需要认识和中介。只要哲学使用直接和间接的概念——就当前来说这是不可缺少的，那么它就会在语言上承认这个事实，而观念论意义上的辩证法却否认这种事实。这种辩证法忽视了这个貌似微小的差别，这也使它看上去好像合情合理。直接性在任何情况下都是被中介过的，这个说法所取得的胜利强暴地欺凌被中介者，并轻易地达到了概念的总体，而任何非概念的东西都无法阻止它达到这一点。然而，由于这个被悄悄隐藏起来的差异是可以由辩证法来加以认识的，因此这里的同一化的总体并不是最终决定性的。辩证法能够打破这个怪圈，而不需要从外部教条式地把它与所谓的现实命题加以对比。由思维所描绘出来的同一化——它最终只能与它自身同一起来——的圆圈，不能容忍任何外部的东西。它的这种自我封闭是它自己的作品。这种总体合理性以及由此而出现的特殊合理性在历史上是由自然的极端威胁和强制造成的。这就是合理性的局限。同一化的思维要使每一个不同的东西变成相同的东西，它要在恐惧中让自然的衰弱持久化。非反思的理性在面对每一个逃脱它的支配的东西的时候失去理智，甚至达到了疯狂的地步。
当前，理性处于病态，只有治好这种病态，它才是理性的。
甚至异化理论这个辩证法的酵素也把走向他律从而走向不合
理的世界的需要——用诺瓦利斯（Novalis）的话说"处处是
我家"——与兼并和迫害的狂烈混淆起来，与古代的野
蛮——主体虽然充满渴望却不能去热爱陌生的东西，不能去
关爱不同的东西——混淆起来。如果陌生的东西（Fremde）
不再受到排斥，那么异化（Entfremdung）就很难再次发生①。

特殊性与特殊

　　中介概念的模糊性导致这样一种情况的出现，认识中
对立的两极以牺牲它们在质上面的差别为代价而被等同起
来。而这种质上的差别恰恰是所有东西都依赖的。而这种
模糊性导源于抽象。然而"抽象"这个词仍然太抽象了，
因此它本身也是模糊的。概括在一般概念之下的东西所具
有的同一性根本不同于被概念所规定了的特殊东西。而就
特殊东西来说，概念同时就是它自身的否定。概念剪裁掉
特殊自身所是而又不能被直接命名的东西，并且用同一性
来取代它。这种否定虽然是错误的，但同时又是必须的，
是辩证法的舞台。观念论意义上的辩证法的核心虽然就其
自身来说也是抽象的，但是却不能被简单地抛弃。与黑格
尔不同的是，即使是最不确定的东西，由于它与无不同，

――――――――――

　　①　这里有一个文字游戏在里面——中译本注。

也不单纯是不确定的东西。这就反驳了观念论关于一切规定都是主观性的学说。没有一般，特殊就无法被规定——按照流行的逻辑学特殊通过一般而被同一化，但特殊又不能与一般等同。观念论不想看到，某种东西，无论怎样缺乏质的特性，也不能因此就被称为无。黑格尔从他所构思的特殊辩证法退缩了回来——因为这种辩证法消灭了同一性的优先性的同时，也消灭了观念论，所以他被迫不断地制造假象。他用单纯的特殊化如"实存"之类的一般概念来取代特殊东西，而在这类概念中特殊就不再特殊了。这就恢复了康德所合理地斥责的那种思维方式，说它是早期唯理主义的反思概念的歧义。凡是黑格尔辩证法失败的地方，它都变成诡辩。对于那种使特殊变成辩证启示的东西，对于这种东西在上位概念中的不可消解性，黑格尔的辩证法都把它们当作一般事态加以处理，仿佛特殊本身就是它的自身的上位概念，因而是不可消解的。正因为如此，非同一性和同一性的辩证法就变成了虚假幻相：同一性战胜了具有自身同一性的事物（Identisches）①。没有概念，认识就不能确认任何特殊东西，但是概念却并不就是特殊东西，这是认识的不充分性。而这种不充分性却以变戏法的方式增强了精神的优势，它超越了特殊并且清洗掉那抗拒概念的东西。特殊性这种一般概念无权凌驾于特殊东西之上，它只是抽象地意指特殊东西。

---

① 指特殊事物（不可化解的某物），阿多诺在这里玩文字游戏。——中译本注。

关于主体和客体的辩证法

尽管一切辩证法都是在主体和客体的两极之间发生，但是这两极也很容易就其自身来说表现为非辩证的结构。这两个概念是派生出来的反思范畴，是某种不可调和东西的表达式。它们不是肯定性的东西，不是基本的事态，而是完全否定的，只是非同一性的表达。尽管如此，主体和客体的差别从它们自身的角度来看，也不能被简单地否定。它们既不是最终二分的，也没有某种最终的统一隐藏在它们背后。它们借助于这样一个机制既互相建构也互相分离。如果主体和客体的二元论被作为原则确立起来，那么这个二元论就类似于它所拒绝的同一性原则，这个二元论就会是总体性的、一元的。绝对的二元性就是同一性。黑格尔利用了这一点，其目的是要把主体和客体对立的两极最终吸收到思维之中。他感到如果他按照这两个方面来展开这两极性，那么他就可以超越费希特和谢林。按照他的观点，主体和客体的辩证法作为一种存在结构变成了主体①。作为一种抽象，

---

① "把握一个客体包括这样一个事实，这个事实无非是这样的，我把这同一个客体变成它自身，穿透这个客体，把它带入到它自身的形式之中，即带入到普遍性之中，而这种普遍性是直接的规定性，或者说，这种规定性是直接的普遍性。直觉中或者表象中的客体仍然是一种外在的东西、陌生的东西。自在的存在和自为的存在——它们在直观和想象中被把握——通过把握而被转换成为被设定的存在，自我以思维的方式穿透它。对象在思维中如何存在，那么这是它的自在自为的状况；它在直观和想象中如何存在，那么这是它的现象。思维扬弃它的直接性——它最初就是以直接性在我们面前出现的——并把它变成设定起来的存在。然而这个东西，即被设定起来的存在，是它的自在自为的存在，或者说，是它的客观性。这个客观性由此而在概念中拥有对象，而概念是对象被接收于其中的自我意识的统一。因此，它的客观性或者概念本身不是别的，而是自我意识的性质。它没有其他要素或者规定，而只有我自身。"（《黑格尔全集》第五卷，16页。）

这两者都是思维的结果。它们之间对立的假定无条件地宣告，思维是第一性的东西。可是，二元论却没有暗示这两者都是纯粹思维。只要这思维仍然是思维，那么它就会按照二分法来进行。这种二分法已经成为思维的形式，如果没有这种二分法思维也就不存在。任何一个概念，甚至存在的概念，都会再生产出思维和被思维者之间的差异。这种差异是对立的现实状况在有关它的理论意识中留下的烙印。就它表达的这种状况而言，二元论的非真理性倒成为真理。然而，一旦背离了这一点，这种对抗就成为二元论永久性的哲学遁词。唯一可能的路径就是对单个要素进行确定的否定，通过这种否定，主体与客体既绝对对立，又恰恰因此而相互同一。实际上，主体不完全是主体，客体不完全是客体。然而，这两者也不能借助于超越它们的第三者而被拼凑在一起。这第三者同样是骗人的。康德的建议是，将第三者作为无限的东西从肯定的、有限的认识抽离出来，并借助于这个达不到的东西来激励认识做出不懈的努力。但是，他的这个建议是不够的。主体和客体的二元性被批判性地保留下来了，并被用来对抗思想所坚持的那种总体性要求。然而，当这种分离把客体变成异己的、被控制的东西，变成要加以占有的东西时，这种分离就是主观的，是事先安排的结果。只不过，对于这种分离的主观起源的批判不是要在它已经切实分离开来之后再重新把这被分离的东西聚合起来。意识总是吹嘘，它能够把起先被随意地分离开来的诸要素重新结合起来。因此，一切关于综合的说法都包含了意识形态上的暗示。它掩盖了分析，把这个分析对自己隐藏起来，并不断地把它变成禁忌。那种表面高雅实为粗陋的意识之所以对分析表示反感，是因为这种肢解是资产阶级精神自己的无意识的杰作，而这种精神却责备它的批判者进行了这种肢解。合理的劳动过程就是这种肢解的典范。这些劳动过程把（部门化的）的分割作为商品生产的条件，这非常类似于一般概念的综合过程。如果康德果真在理性批判中也包含了他的方法与理论之间的联系，包含了认识论上进行观察的主体和被观察的主体之间的联系，那么他本就不该忽视那些要把杂多综合起来的形式从它们那个方面看是诸种演绎的产物，他的著作在结构上极具启发性地把这种演绎命名为"先验分析论"。

倒转主观还原

根据认识论反思的主导趋势，这个反思进程越来越把客观性回溯到主体上。恰恰是这样一种趋势应该倒转过来。在哲学传统中，人们是通过模仿存在者而从存在者之中抽取出主体性概念。哲学直到今天仍然受困于缺乏自我反省，忘记了中介者之中即主体之中的中介。这种做法像任何一种遗忘一样，不值得被看作是崇高的。仿佛为了惩罚主体，主体被它所遗忘的东西所征服。一旦主体变成认识论反思的对象，它就分享了对象所具有的那种对象性特征，而在缺乏这些特征的时候，主体就愉快地以这种缺乏为由把自己看做是高于事实领域的。正如黑格尔所没有回避的那样，主体的本质性作为第二潜能的定在，是以第一潜能的定在，即事实性为前提的，这种事实性尽管是被否定的，但却是主体可能性的条件。原初反应的直接性在自我的形成过程中被打破了，与此同时，纯粹自我的自发性——按照先验论传统，纯粹自我应该聚合为这种自发性——也被打破了。主体以牺牲观念论所赋予它的一切东西为代价而获得了它的核心的同一性。在哲学中这个建构性的主体比特定心灵要素还更具有物性的内容，尽管它把这些内容作为物性自然的东西排除在自身之外。自我越是专断地把自己提升到存在者之上，就越是不知不觉地把自己变成客体，并讽刺性地收回它那建构性的身份。不仅纯粹自我从存在者状态上来说是被经验自我所中介的——它明白无误地显示为纯粹知性概念演绎的第一版的模式，而且先验原则本身也是这样被中介的，按照这个先验原则，哲学相信它拥有某个第一的东西，并且这个第一的东西是与存在者相对立的。阿尔弗雷德·S. 雷特尔（Alfred Sohn-Rethel）首先注意到这一点。他认为，在先验原则中，在精神的一般的和必要的活动中，无条件地隐藏着社会劳动。先验主体这个疑难概念——这个主体尽管不存在，却能够活动，它尽管是一般的，但却能够像特殊那样被经验到——不过是一个肥皂泡，这个主体绝不能从必然的个体意识的自主关联中被产生出来。与这种个体意识相反，这个概念不仅展现某种更抽象的东西，而且能够借助于它自身的构造力展现某种更现实的东西。如果我们超越同一性哲学的怪圈，那么先验主体可以被破译为未意识自身的社会。这种无意识性也是可以被推导出来的。由于脑力劳动和体力劳动在精神统治的招牌下、在证明精神的优越性的招牌下分离开来了，这种被分裂的精神从此之后就不得不昧着良心夸大其辞地为它的统治要求辩护，并从精神是第一性和源始的这个命题中派生出统治要求。因此，假如精神不想崩溃的话，它就会竭尽全力忘记这种要求从何而来。在内心深处，精神感到他的稳固统治根本不是精神的统治，而是在它所支配的肉体力量中才获得其最终的理性（ultima ratio）。然而它不会以自己的崩溃为代价说出这个秘密。甚至极端的观念论者费希特也提供了这方面的证词，只有抽象才使主体成为完全的建构者。这种抽象反映了（这个主体）与体力劳动的分离，并且可以从它与体力劳动的对立中分辨出来。马克思在《哥达纲领批判》中曾经告诫拉萨尔派，劳动不像庸俗社会主义者通常所主张的那样，是社会财富的唯一源泉①。马克思在这个时候，即他把官方哲学的主题抛在脑后的时候，无异于借此从哲学上表达了这样一个事实，劳动不能以任何形式，既不能以手工劳动的形式，也不能以智力产品的形式被具象化。这种具象化只会进一步推进生产原则优先性的幻觉。只有在与非同一东西——马克思这个认识论的鄙视者起初选择了粗糙的、极其狭隘的"自然"

---

① 《马克思恩格斯选集》第三卷，北京：人民出版社 2012 年版，第 357页。

这个名称来命名非同一的东西，后来用选择自然材料以及其他一些不那么受到指责的术语来命名它——关联起来的时候，这个生产原则才到达它的真理。① 自从《纯粹理性批判》以来，构成先验主体本质的那种东西就是功能性，就是纯粹的活动。这种纯粹的活动——它既在单个主体的业绩中发生，同时又超出这些业绩，把自由流动的劳动追溯到纯粹主体身上，并把它作为起源。假如康德认为，没有适合主体的物质材料，这种功能性就是空无，并借此来限制主体的功能性，那么他就会毫不畏惧地表明，社会劳动是对某种东西的劳动。随后的观念论者都更加一致地、毫不犹豫地清除了这一点。然而先验主体的普遍性就是社会的功能结合体即总体的普遍性。这个总体是由个人的自发性以及个人的特质聚合而成的。这种自发性和特质后来又通过平均化的交换原则而受到限制，并被当作无力地依赖于总体的东西而几乎被完全清除。交换价值对人类的普遍统治先天地阻止主体成为主体，把主体性本身减低为单纯的客体，并把那样一个普遍性原则，即主张它要确立主体的主导地位的普遍原则，减低为非真理。先验主体越多，经验主体就越少，甚至会完全消除自己。

对先验的解释

先验主体作为意识形态的最极端情况就接近于真理。

---

① 参见阿尔弗雷德·施密特：《马克思学说中的自然概念》，载《法兰克福社会学文集》，11卷，法兰克福。1962年，第21页。

先验的普遍性不仅仅是自恋和自我拔高，也不是自我的自主性的傲慢，而是在那靠交换原则所实施的盛行不衰的控制中有其现实性。那被哲学所美化并单单由认识主体所完成的抽象过程在现实的交换社会中被发挥到了极点。把先验规定为必然的东西，并使它与功能性、普遍性结合在一起，这表达了类的自我持存的原则。自我持存的原则为抽象奠定了正当性的基础，而没有抽象，自我持存的原则无法运作。这种抽象是自我持存之理性的中介。在海德格尔的滑稽作品中，哲学中的普遍性的必然性的思想被不加掩饰地解释为消除贫困所需要的，是通过有组织的劳动来克服生活资料的缺乏所需要的。于是，海德格尔的语言神话当然就逃出了一种圈套：即把客观精神神化的做法，这种做法从一开始就排斥了对物质过程的反思，并把这种反思当作是低级的，尽管物质的过程已经深深地嵌入到客观精神之中。意识的统一就是个体意识到统一，并且作为一种原则明显地带有个体意识痕迹，也带有存在者的痕迹。然而，对于先验哲学来说，个体意识由于其无处不在而成为某种普遍的东西，这种普遍性的东西不再坚持自我确定性的具体性的优势。同时，只要意识的统一性模仿了客观性，也就是说，只要它从建构对象的可能性中获得其尺度，那么它就从概念上反映了总体，即社会中生产活动的完整结合；正是借助于这种完整结合商品的客观性即它们的"对象性"才从根本上得以形成。进一步说，对于经验的意识来说，自我之中的那种坚固、持久和不可逾越的东西是对外部世界的不可逾越性，即原始意识所感知到的那种不可逾越性的模拟。主体在现实中的无力是对主体的无穷精神力量的回响。自我原则所模拟的是否定它的东西。客体，并不像观念论者数百年来所熟知的那样，是主体；然而毫无疑问的是，主体是客体。主体优先性从精神上把达尔文的生存斗争持久化。为人类的目的征服自然是一种纯粹的自然联系。因此，支配自然之理性及其原则的首要性是一种幻相。主体在认识论上和形而上学上参与其中，宣布他自己是培根式的主人，并最终是一切事物的观念论上的创造者。在他实施其统治的过程中，他成为他想控制的东西的一部分，像黑格尔所说的主人那样屈从于这种东西。在这之中所显示出来的是，它在消费客体的时候是多么地依附于客体。主体自以为这种东西已经在他魔力的控制之下，而他所做的正体现了这种东西的魔力。主体竭力地自我拔高，这是他对自己无能为力的经验的一种反应，并阻止了它去自我反省。绝对的意识就是无意识。康德的道德哲学以一种毫不掩饰的矛盾对于这种状况做出了辉煌的论证：他所说的那个自由而又崇高的主体同时也是自然环境的一部分之中的存在者，而这个环境也是主体的自由所希望摆脱的。柏拉图的理念论尽管是在去神话的过程中所迈出的有力一步，但还是重复了神话：它把对自然的控制过渡到对人的控制，并把这种由人来实施的控制关系作为本质加以永恒化。假如对自然的控制是去神话的条件和步骤，那么，如果我们要使去神话不再成为神话的牺牲品的话，（对自然的）控制也要去神话化。然而，哲学上对主体要素的建构力量的强调总是妨碍了真理的要素。这就像三角恐龙或者犀牛这类动物总是拖着保护它们的盔甲，又徒劳地试图甩开这些伴随着它们成长的禁锢，在人类学上这至少也是如此。犀牛陷于它的"生存"机制的牢笼之中，这可以被用来解释为什么它特别野性。这同样也可以用来解释为什么人类的那种尽管不被承认却因此而更加可怕的野蛮。主观的要素可以说是被束缚在客观的要素之中的。作为沉淀在主体之中并限定主体的东西，这种主观要素本身是客观的。

"先验幻相"

按照传统的哲学规范，也就是观念论和存在论的规范，所有这一切都有某种"之后即之前"（ὕστερον πρότερον）的东西附加在它身上。我们可以用极其严肃的口气说，这些想法虽然也想把主体、思想作为被中介的东西推导出来，但还是把它们预设为进行中介的东西，尽管它们不承认这一点。它们的一切规定，作为规定早就是思维规定了，并且只能是思维规定。但是批判思维并不想让客体登上主体所空出来的王位——在这个王位上客体什么也不是，而只是一个偶像——而是要消除等级制度。先验主体是一个阿基米德点——这是一种幻相，而这种幻相却无法用纯粹主体自身的分析来消除。因为这种幻相中包含了未从思维中介中剖析出来的真理：即社会对个体意识及他们的所有经验的先在性。通过客观性来透视思维的被中介性并不是要否定思维，也不是要否定那个使思维成为思维的客观规律。这种状况是无法绕开的，这恰恰从它那个方面表明了非同一东西的支撑点，对于这种非同一的东西，思维既要否定它，又要通过其形式探索和表达它。然而一种先验幻相的根据，并且远远超出康德先验幻相的根据还是显现出来了：为什么思维在间接意向中总是势不可挡地在它自身的优先性中即在主体的具象化中达到顶点？自从亚里士多德批判柏拉图以来，在唯名论的历史上，人们都指责主体的错误就在于它把其自身抽象化，并把这种抽象加以物化，而正是这种抽象才是主体借以根本上成为主体的原则，是主体的本质。因此，主体总是自命不凡地认为，诉诸某种不是它自身的东西都是外在的、是强暴。当我们谴责主体说它任性专断、把后来当作最初的时候，那个被用来谴责主体的东西对主体来说听起来却总是超越的教条。如果人们坚持从内到外来批判观念论，那么观念论就获得了现成的辩护，批判由此认可了观念论。由于批判采纳了观念论的前提，观念论实际上自身已经拥有了这种批判，于是观念论就会优越于这种批判。观念论会把外部的异议当作反思哲学式的东西，当作前辩证法的东西，并打发掉这些东西。然而在面对这种二选一的情况时，分析也不需要自暴自弃。内在性是同一性立场的总体，在内在的批判中，这种同一性总体的原则就会被当作无。按照马克思的说法，观念论按照它"自己的曲调"来起舞。非同一的东西即那个按照同一性尺度从内部规定观念论的东西，同时就是同一性原则的对立面，尽管观念信誓旦旦地要控制这个对立面，但却是徒劳的。当然，如果完全没有来自外部的知识，如果人们愿意的话也可以说，如果没有直接的要素，附加于主观思维的东西，即那看上去超出辩证法机制的东西，那么内在批判也不会达到自己的目的。观念论恰恰不能否认这个要素，即自发性的要素，因为没有这个自发性要素就不会有观念论。观念论的最核心东西就是自发性，而观念论又破坏了这种自发性。主体作为意识形态在主体性的名义下兴奋狂迷，就像 W. 豪夫（Hauff）作品中小矮人的鼻子会被一种"闻后即醉"的草药所迷惑。这种草药对他来说一直是一个秘密。他因此也从来没有学会做"宗主馅饼"（Suzeraine），这个馅饼的名字包含了王权衰弱的意思。仅仅依靠内省无法打破使他变形的规则，也不能打破他的劳动规则。这需要借助于外部的推动，即咪咪（Mimi）鹅的智慧。对哲学来说，尤其是对黑格尔哲学来说，这种外部推动是异端邪说。内在批判所受到的限制在于，内在关联的法则最终是与它所要打破的幻觉完全一致的。只有当内在辩证法完成的时候，这样一个时刻，即质的跃迁的时刻才会来临。这种内在的辩证法具有超越自身的倾向，且并非根本不同于柏拉图的辩证法向自在理念的转变。如果辩证法把自身变成完全封闭的，那么它就已经是一个总体，就退回到了同一性原则。谢林在反对黑格尔的时候就有了这种兴趣，并由此而嘲笑（黑格尔的）那种放弃思想、逃向神秘主义的做法。谢林思想中的唯物主义因素，即把类似于驱动力的东西赋予质料本身，使他的哲学也享有唯物主义特征。但是，那种跳跃也不能像克尔凯格尔那样被具象化。否则的话，它就亵渎了理性。辩证法必须出于意识对自身的意识而限制自身。如果完全没有这种跳跃，哲学就不能借助于自身的运动而从它的迷梦中惊醒，而要做到这一点，哲学就需要某种远离它的魔力的东西、某种其他的东西、某种新东西。然而，有人还是对此感到失望。这种失望与儿童的失望没有什么不同：他们在阅读豪夫的童话故事的时候感到惋惜，因为小矮人虽然不再畸形了，但是却再也没有机会给公爵提供宗主馅饼了。

客体的优先性

对同一性的彻底批判需要探索客体的优先性。同一性思维，即使在否认这种同一性思维的时候，也是主观主义的。修止同一性思维，把同一性说成是非真理，也就确立了主客体之间的非均衡性，确立了认知中的功能概念的非主导性：即使主体只是受到限制，它就已经被削弱了力量。主体知道，为什么按照它自身绝对性的标准，即使非同一性的最少的残余也使它感到绝对的威胁。即使那么最微小的一点点，作为总体的主体也受到了损害，因为总体是主体的自负的要求。主体性是在一个从它本身之中所不能发展起来的关联中改变其性质的。借助于中介概念中的不平等，主体进入客体的方式完全不同于客体进入主体的方式。

客体只能被主体所思考，并且总是作为他者而与主体相对立，从而保持其自身；而主体按照其自身的状况从一开始就是客体了。客体即使作为观念也不能被主体看做是不存在，但是，主体却可以被客体看做是不存在的。主体性之中包含了成为客体的这个含义，而客观性之中却不包含成为主体这样的含义。我的存在，是隐含在"我思，我的所有观念都能够伴随着我"这样一种逻辑意义之中的，因为这个存在着的我拥有我的可能性的时间序列，而这个时间序列也只是（我）作为暂时东西中的一种时间序列。这里"我的"是指一切客体中的一个客体意义上的主体。如果没有这个"我的"，那么随之就没有"我思"。此在这个说法是主体的同义词，它暗示了上述事态。这就是从客观性中设定了主体的存在，这也赋予主体某种客观性的东西。拉丁文中的"subjectum"（主体）意指承受者，它让人想起关于人为语言的哲学所说的客观。这绝不是偶然的。相反，客体只有在反思其可能的规定的时候才会联系到主体性。这绝不意味着客观性是某种直接的东西，对朴素的实在论的批判可以被遗忘。客体的优先性意味着，自身中介的东西在质上被不断细分，这并不超越辩证法，而是辩证法中的一个要素，并在辩证法中表达自身。康德也拒绝放弃客观性的优先性。他在《纯粹理性批判》中①既出于客观的意图限制了主体进行分析的认识能力，也顽固地维护超越的

---

① 参见《康德著作全集》第三卷，李秋零译，北京：中国人民大学出版社2013年版，第80—81页。

自在之物①。康德看到，自在之物显然不是完全与关于某个客体的概念相矛盾的，而是自在的，客体的主观中介与其算作是客体的观念，不如算作是主体的不足。在康德那里尽管主体没有能够成功地走出自身，但是，它也没有牺牲他者性的观念。没有这个观念，认识就退化为同义反复，被认识的就会是它自身。然而与这里存在着的一种不和谐性——自在之物是现象得以产生的未知原因，然而原因性作为一个范畴在《纯粹理性批判》中却是属于主体的——相比，（关于他者性）这一点显然更激发了康德的沉思。先验主体的建构是极其悖谬和易误的努力，即它试图在客体的对立一极中把握客体，就此而言，肯定的、观念论上的辩证法所唯一需要的东西就只能通过对这种建构的批判才能达到。正如主体需要存在论要素一样，存在论要素也批判地剥夺了主体的建构功能，然而主体也不会被客体，比如被第二直接性意义上的客体所取代。只有主体的反思以及对主体的反思，才能获得客体的优先性。对于这样一个事态，即这个既难于和流行逻辑的规则一致起来，而在其抽象表达中似乎又是极端怪诞的事态，人们可以这样来解

---

① 严格地来说，客体的优先性需要被追溯到这里，即思想想象他已经获得了他自己的绝对客观性的地方，在这里，它摆脱了任何一个它自身不是思想的东西：在形式逻辑中。任何一个逻辑命题所涉及的某物，仍然是思想所意味东西的余像（Nachbild），而没有这种东西，思想就不可能，甚至在它完全忽视这一点的地方也是如此。非思想性的东西（das nicht Gedankliche）是思想的逻辑内在性的条件。系词"是"按照实存判断的模式，始终包含了对象性。于是，尽管这里存在着对可靠性的需求，即希望在形式逻辑上拥有绝对无条件的东西，并把它作为哲学的基础，但是这一希望落空了。

释，尽管主体的原历史是可以被撰写出来的，就像《启蒙辩证法》所勾勒的那样，而客体的原历史却无法被书写。客体的原历史总已经论及客体。如果有人反驳说，没有进行认识的主体，就没有对客体的认识，那么从这个反驳中无法推导出意识在存在论上的特权。主体性不管怎么说都是"存在"的，任何这样一个断言都已经包括了客观性，这种客观性是主体借助于其绝对的存在而首先需要建立的。只是由于主体从它那个方面来看是经过中介的，而不是客体的极端他者，并且只有它才能使客体合法化，因此主体才能把握客观性。与其说是主观的建构不如说是主观的中介，才是客观性的阻碍，因为主观的中介没有吸收客体的本质，即存在者。从发生学上来看，独立的意识、认识成就的活动总体都是从人的类存在的力比多能量中生长出来的分支。人的本质不能对此漠不关心，绝不能像胡塞尔那样，划定一个"绝对本源的领域"。意识是活生生的主体的功能。其概念是根据主体的形象构成的。这种东西是不能从主体概念自身的含义中剔除出去。有一种反对意见认为，主体的经验要素是与先验的或本质的要素混合在一起的，这个反对意见是软弱无力的。如果没有与经验意识的联系，与活生生自我的联系，那么人就没有什么先验的、纯粹精神的要素。对客体的发生进行类似的反省是无效的。客体的中介表明，它不能被静态地、教条地具象化，而只能在与主体的交织中被认识。主体的中介表明，如果没有客观性的要素，那么它严格来说就什么也不是。客体优先性的标

志就是精神的软弱无力——不仅在精神的一切判断中，
而且在迄今为止的一切现实机制中。精神上的和解及其
同一化都失败了，它的优先性流产了，这些否定性的东
西是精神自我祛魅的原动力。精神既是真实的，也是幻
相：它是真实的，因为没有任何东西能够不受统治，不
过精神把这种统治还原到它的纯粹精神形式上；精神又
是虚假的，因为与统治缠绕在一起的根本不是精神，它
只是自以为是地宣称自己是精神。于是启蒙超越了它传
统上的自我理解：它作为对神话的祛魅不仅仅是要"还
原为人"（reductio ad hominem），而且相反地还是"人的还
原"（reduction hominis），是对绝对化和格式化的主体骗局
的透视。主体是神话的最新形式，然而，却与神话的最古
老形态相同。

客体不是被给予

尽管客体是优先的，但是它自身是某种被中介过的东
西，因此这种优先性并不破坏主客体辩证法。和中介一样，
直接性也不能超越辩证法。按照认识论的传统，直接的东
西要被纳入主体之中，但它是作为主体的被给予性或者情
感而被纳入主体的。尽管主体是自主的和自发的，但是它
确实有力量用形式来规约这种自主性和自发性，但是就直
接被给予的东西绝对地存在在那儿来说，主体却没有这样
的力量。主体既是主体性学说——即关于"我的"，关于主
体所拥有的内容的学说——所依赖的实际基础，又以被给

予的形式抵抗客观的东西，这种东西可以说是主体之中的客观性这类不祥之兆。因此，休谟在直接东西的名义下批判了同一性，即自我（同一性）原则，而这个自我试图保持自己的独立以抵抗直接的东西。但是直接性也不能被固定下来，以取悦于那种以结论性为目标的认识论。在其中，直接被给予性与同样单纯被给定的形式相互剪裁、相互补充。尽管直接性阻止了对派生物的偶像崇拜，但它就其自身来说也是从客体中抽象出来的东西，是主体生产过程的原材料，而认识论就模仿了主体的生产过程。以贫乏和盲目的形式出现的被给予东西不具有客观性，而只有临界值，这是主体在剥夺了具体的客体之后还不能在自己的魔圈中彻底把握的临界值。就此而言，尽管经验论对事物进行了感觉论上还原，但它还是注意到客体的优先性：从洛克以来，经验论坚持认为，没有任何意识的内容不来自于感觉、不来自于"被给予"。在全部经验主义中，对朴素实在论的批判在休谟对事物的怀疑中达到了顶峰。这种批判借助于那束缚着经验主义的直接东西的事实性，是对主体作为创造者的怀疑。尽管所有这一切，这种批判也还是一种不成熟的"实在论"。一旦思维从主体优先性的假定中摆脱出来，那么经验主义认识论就不再有权通过削弱主体而把一种最低限度的客体，即作为剩余规定的客体，转换成为直接的感性材料。这样一种建构不过是让主体的优先性与主体的不可行性这两种教条之间达成妥协。被剔除一切规定而赤裸裸地存在着的经验材料，是抽象过程的产物，而康德的主观认识论恰好与之相反。经验材料越是被净化并被清洗掉其形式，那么它也就越是贫乏，越是"抽象"。如果把主体附加的东西全部剔除，那么所留下来的那种客体的剩余，即被给予，不过是第一哲学的欺骗。有人认为，客体之所以是具体的是因为某种规定被强加于客体之上。这种说法只有在坚定不移地相信主体优先性的时候才是有效的。然而，主体的形式不是像康德的学说所认为的那样，是某种需要被认识的最终东西。而这种要被认识的最终东西在主体经验的过程中会打破这种形式。如果不幸地与自然科学分离开来的哲学可以用物理学作为依据而又不导致任何问题，那么它就处于这样的关联中。自从爱因斯坦以来，物理学的发展以其理论上的严谨性既冲破了直观的牢笼，又冲破了空间、时间和原因性等主观先天性的牢笼。主观——按照牛顿的观察原则——经验展现它冲破这种牢笼的可能性，并且既凸显了客体的优先性，又限制了它自身的过强力量。它拥有一种不自觉的辩证精神，用主观的观察来对抗那主观的被建构物的学说。客体超出了纯粹的事实性。这种事实性是不能被消除的，这种状况阻止了客体就被记录的感觉材料或者满足于其抽象的概念或者满足于其残余。具体客体的观念就是要对主观的—表面的范畴化进行批判，也要对它的相关物，即没有任何规定的、虚构的事实性进行批判。世界上没有任何东西是由事实性和概念构成的，似乎是由这些东西附加上去而形成的。康德列举了一百个想象的塔勒例子，说明塔勒的现实性不是附加于它的又一特征。这个例子很有说服力，它冲击了《纯粹理性批判》中形式和内容的二元论，并且其力量超出了这一点。事实上，它摧毁了一和多之间的区分，而自柏拉图以来的传统哲学一直进行着这样的区分。无论是概念还是事实性都不是要附加于对方的补充物。黑格尔自以为是地进行了一个观念论的预设：主体之所以会纯粹地、无保留地屈从于客体，屈从于事物本身，是因为事物在这个过程中展示自身，即作为主体，像它自身所是的样子展示出来。这个观念论预设注意到了某种与观念论相反的、正确的东西，即注意到主体思维方式方面正确的东西：主体必须切实地"注视"客体，因为它不产生客体，并且认识的准则就是要支持这一点。这里所假定的主体的被动性是根据客体的客观确定性来衡量的。与意识——按照康德的学说——似乎自动地、无意识地实施的同一化相比，这种衡量需要进行更持久的主观反思。精神活动，甚至被康德算作建构问题的那种精神活动是不同于那样的自动机制的，尽管他把这种机制等同于精神活动，但是他还是以特殊的方式认出了精神经验。观念论尽管发现了这种经验，但是却又立刻阉割了这种经验。事情本身所意味着的东西不是可以肯定地、直接地加以把握的。无论谁想认识它都不能满足于思考杂多被综合起来的联系点，而必须思考更多，因为从根本上来说，满足于那种思考无异于无思考。因此，事情本身绝不是思维的产物，而是穿透了同一性的非同一东西。这种非同一性不是"观念"，而是被遮蔽的东西。经验主体要竭力消失在其中。真理应该是主体的沉沦。如果人们为了被对象化为方法的那种主体的"更大荣耀"（ad maiorem gloriam）而在科学方法中减少主体中一切特殊能力，那么主体的沉沦就是纯粹的伪装。

客观性和物化

对自负的哲学来说，客体优先性的思想是可疑的，自费希特以来，对这种思想的厌恶已经被制度化。人们数千次地重复并以各种方式而对一种相反的主张提供保证，企图以此来抑制一种日趋恶化的顾虑，即他律比自律更有力。而根据康德的学说，自律不应该受到那个强大的外力的胁迫。从意识形态上来说，这种哲学上的主观主义伴随着资产阶级（所要求的）自我的解放，并成为这种解放的基础。它的顽强力量来自于对现存事物即对它的物性的激烈反抗，但这是一种被引入歧途的反抗。哲学相信，如果它把这种物性相对化或者液化，那么它就能够超越商品的支配力量，超越主观的反思形式即物化意识。在费希特那里，这种冲动就像获得极权的渴望一样是极其明显的。他看穿了世界的自在存在，尽管这种自在的存在被平常的、非反思的意识所肯定，但他把它当做纯粹人造的、完全自我保持的东西，就此而言，他是反意识形态的。尽管客体是优先的，但是世界的物性却是幻相。它误导主体使主体把他们在生产中的社会联系当成一种自在之物。这是马克思在《资本论》中关于拜物教那一章所阐发的，实际上它也是德国古典哲学的一份遗产。其中甚至还残存着德国古典哲学的体系动机：商品的拜物教特征不能归咎于主体的错误意识，而要从社会的先天性即交换过程中客观地推导出来。马克思已经表达了客体的优先性——即批判地确立起来的某种东西——与它在现存事物中的伪装即商品特征对它的扭曲之间的差别。交换作为先行发生的事情，具有现实的客观性，但却是客观上不真实的，它违背了它自身的原则即平等的原则。因此它必然产生虚假意识，产生市场偶像。只有在讽刺的意义上，社会交换的似自然性（Naturwüchsigkeit）才是一种自然规律。经济的支配地位不是不变的。哲学家很容易想象，他们在消除物化即商品的特征的过程中获得了哲人之石，并由此而获得安慰。但是，物化本身是虚假客观性的反思形式，使理论围绕着物化，即围绕着一种意识形式，会使主流意识和集体无意识从观念论的角度接受批判理论。与《资本论》相反，马克思的早期文本能够在当前得以流行，特别是在神学家中得以流行，要归功于此。四十多年前，由于卢卡奇在一本重要著作《历史与阶级意识》的一章中论述物化，而被粗暴的官员们所诽谤。极具讽刺意味的是，这些人从他的构想嗅出了观念论的气味。尽管辩证法如此充满争议，但是它既不能被还原为物化，也不能被还原为其他孤立的范畴。人类所遭受的痛苦，物化的悲痛有时被掩盖起来了，而不是受到指责。这种恶果（的根子）在于那个使人类软弱无力、冷漠无情的关系，这种必须由人类来加以改变的关系，而主要不在于人类，不在于这种关系向人类显示出来的方式。与这种总体灾难的可能性相比，物化是一种附带现象。与物化联系在一起的异化就更是如此，这是一种与物化相对应的主观意识状态。这种异化由恐惧再生产出来。在已经建构起来的社会中，这种意识被物化了，但这个意识却不是这个社会的构成要素。那些把物性的东西看作是极端的恶的人喜欢使一切存在的东西运动起来，使它变成纯粹的暂时性，他们趋向于敌视他者、异己者（Fremde）——在异化中，这个名称并不是空空如也的声响。对于非同一性来说，不仅意识而且和解的人性都要朝着这个方向而被解放出来。然而绝对的运动就是对事实的绝对控制，它粗暴地满足自身，并误用非同一性，把它作为这种粗暴行动的契机。于是，那些不屈不挠的、普适于人类的口号被再一次用来使那不同于主体的东西变成类似于主体的东西。物作为被征服东西的碎片而得到强化。拯救这些被征服的东西意味着对物的爱。意识所体验到的那种物性的东西、异己的东西，比如否定性的强制、否定性的他律、应该被爱却又被扭曲了的形象、意识的"族内婚"禁令所不允许爱的东西，不能从现存事物的辩证法中被排除出去。艾兴多夫（Eichendorff）的说法"漂亮的异在者"，远远超出了那些自以为感受到世间悲哀、异化痛苦的浪漫派。一种和解的状况是这样的，它不是哲学用帝国主义的方式来吞并异己者，而是这样来获得快乐，即使在切近的范围内，异己者也依然保持疏远和多样，并且既能超出他律也能超出自我。对物化的无休止的指责却阻碍了这种辩证法，而异己者则指控历史哲学中支持这种指责的建构。青年卢卡奇所渴望回到那个感性满足的时代是异化的产物，是非人制度的产物，同时他又证实，这个产物就是属于资本主义社会。在当代人对中世纪城镇的描述中，执行死刑看上去完全像是一种大众娱乐活动。如果在那个时代也有某种形式的主客体和谐占据了主导地位，那么这种和谐像现代社会一样是在强制下实现的，并且是极端脆弱的。对过去状况的美化是为了后来的、夸张的诋毁——一种不可避免地被体验到的诋毁——服务的。只有作为失去的东西，过去的状况才会光彩夺目。在个体衰弱和集体退化的时代，对过去的崇拜、对前主体阶段的崇拜是在恐怖中的自我觉醒。随着自然科学的解放，物化和被物化的意识也使这个世界所具有的摆脱匮乏的潜能得到实现。以前的那种人性的条件已经变成物性的非人性的东西。① 至少，这些东西是与意识的物性形式携手共进的。而对物质——物质被当作纯粹手段而受到赞扬并被还原到主体身上——的冷漠态度进一步助力于折磨人性。一方面是客体的非同一性，另一方面是人对占统治地位的生产关系——即他们自己所形成并且又是他们自己所不认识的功能关系——的屈服，这两个方面在物性之中相互作用。关于被解放了的社会之特征，成熟时期的马克思只有极少的论述。但是在这些极少的论述中他改变了他对劳动分工和

---

① 瓦尔特·本雅明：《德国人：一系列书信》，法兰克福1962年，阿多诺后记，第128页。

物化根源的态度①。他把自由状况和原始的直接性区分开来。在有计划生产的环节，他希望生产不是为了利润，而是为了生活，这在一定意义上说是恢复了直接性，异在的物性维度也被保留下来了。而在勾画这个只是哲学上所设想的目标的实现过程中，这个物性的维度还只是中介。如果没有物性的稳固要素，那么辩证法也是不可能的，并且会被敉平为一种关于变化的无害的学说。但是，这种状况既不能被归咎于哲学的习惯，也不能仅仅被归咎于社会强制，即意识在这种固定性中所认识到的那种社会强制。哲学的任务就是要去思考那不同于思想的东西，只有这种东西才能使思想成为思想，而哲学的恶魔却劝说它，思考不应该是这样的。

向唯物论过渡

辩证法在过渡到客体优先的时候就变成唯物论。客体，即用肯定的方式所表达的非同一东西，是一个术语上的面具。肉体的方面，在对象中即在被转变成为认识对象的过程中，就预先在认识论对它所进行的转换中被精神化，并被进行了一种还原，这最终就如同胡塞尔的现象学大体上所规定的那种还原。如果主体和客体的范畴对认识批判来说是不可消解的，如果它们是以表面上对立而实际上不纯粹对立这样一种虚假的方式确立起来的，那么这也就是说，

----

① 参见马克思：《资本论》第一卷，柏林 1955 年，第 514 页。

它只是从一种主观分析的视角把客体中客观的东西，即其中不能被精神化的东西，称为客体，而在这种主观分析中，主体的优先性似乎是不可置疑的。如果从外部来观察，那么在对精神的反思中那特别地呈现为非精神东西，即客体，是物质的。非同一性的范畴仍然服从于同一性尺度。但如果非同一性的要素从这种尺度中解放出来，那么这些要素就显示自身为质料性的，或者是与质料不可分离地融合在一起的东西。感觉，作为一切认识理论中的关键，就借助于质料得到重新解释，被解释为一种意识事实，而这是与感觉自身的完满特质相对立，而这种特质仍然应该被看作是认识的合法来源。没有肉体的要素就没有感觉。就此而言，感觉的概念为了满足认识一切阶段中自主性关联的要求被扭曲了，并与它所要概括的东西相反。既然感觉按照认识的分类原则属于意识，那么意识的现象学即按照认识的规则那不偏不倚的现象学，就必须把感觉描述为并非在意识中产生的东西。每个感觉本身都是身体的感受。感觉并不是"伴随"身体的感受。这（种伴随）要预设感觉与肉体之间的分离，这种分离只能从感觉中的心智意图中获得，从严格的意义上说，通过抽象而获得。"感性的""感官的"这两个词语以及"感觉"这个词语的口气恰好揭示了，它们所意指的事态完全不像那种认识理论所处理的那样，即它们不是纯粹的认识要素。如果没有身体，那么主体对物质世界所进行的内在重构就没有其等级的基础，即感觉，而自主认识论就是要建构在这种身体之上。躯体要素作为认识中并不纯粹的认知要素，是不可还原的。因此，恰恰是在极端的经验论保留主观诉求的地方，这种诉求却是无效的。认识主体的认知成就，按照其自身的意思，是躯体性的，这不仅影响主客体之间的基本关系，而且影响肉体的尊严。它作为认识的核心出现在主体认识的存在者状态的一端。这就废除了认识论的主导观念，这种认识论把肉体建构为感觉与行动之间关联的法则，也就是确立为精神性东西。感觉本身就已经是系统所要阐明的、通过意识而形成起来的东西。传统哲学通过其概念的剪裁而给异于它的东西施加魔法。用黑格尔的话来说，无论是客体还是主体都不仅仅是"被设定的东西"。只有这样才能充分表明，为什么哲学用主体和客体这两个词语所装扮起来的对立不能被解释为原初事态。否则的话，精神就会变成肉体的绝对他者，并与内在于躯体中的东西相矛盾。仅仅通过精神，这种对立也不能被消除，因为那样做实际上就把它再次精神化了。这种对立所宣告的是，一方面，那种先于主体而拥有优先性的东西以及那种脱离主体的东西，另一方面这个时代无法与主体即客体优先性的倒转形式实现和解。

唯物论和直接性

观念论对唯物论的批判，就其是内在地展开的而不是简单地宣告而言，喜欢利用直接被给予的学说。如同对世界上的事物所进行的一切判断一样，意识的事实被看作是为质料概念奠定基础。如果人们按照庸俗唯物论的习惯做法，把精神的东西与大脑中事件等同起来，那么观念论就必定会反驳说，原初的感性知觉正是对这种大脑中事件的知觉，而不是，比如对色彩的知觉。这种反驳具有无可置疑的严谨性，这是因为它所反驳的对象笨拙而又随意。对意识过程的还原是被束缚于科学认识的理想之中，被束缚于在方法论上对科学命题的有效性进行严密论证这个要求上。那个就其自身来说受困于哲学疑难的论证变成了哲学的指引，也就是说，科学被存在论化了，好像这些判断的有效性标准，对它们进行验证的路线，无条件的就是一种事态，它们就像对待已经确立的东西那样回过头来处理这种事态，并且按照它们的主体所透彻把握的规范来加以处理。对科学判断的验证要多步骤进行，即一步一步弄清楚，人们是如何达到每一个判断的。于是，这种验证主观上要强调的是，当主体做出判断时，他犯了什么错误，比如，它与同一学科中的其他命题相冲突。然而极其明显的是，这样一种回溯性的追问与被判断的事态本身以及它的客观基础并不一致。如果某个人算错了，这种错误已经被指出了，那么这并不意味着，计算的例题或者这里所使用的计算规则可以被还原为"他的"计算，尽管这种计算作为他的客观性要素也同样非常需要主体的活动。这种区分对于先验的、建构逻辑的概念具有极其重要的意义。康德已经重复了它所指责的理性主义前辈的错误，即反思概念的歧义。他以一种反思即对认识主体在判断中所采取路径的反思取代（对）判断的客观基础的反思。这至少是《纯粹理

性批判》表明它自身是一种科学理论的原因之一。把这种
歧义确立为哲学原则，并最终从其中榨出形而上学，大概
是现代哲学史上最致命的错误。这种错误就其自身来说可
以从哲学史的角度来加以把握。在托马斯主义的秩序——
它把客观性看作是上帝的意志——被摧毁之后，客观性似
乎也同时崩溃。与此同时，和纯粹意见相反的科学客观性
却极度地扩张，随之而来的是对它的工具即理智的极端自
信。这里的矛盾是这样被解决的，人们受到了理智的诱惑
而去重新解释这个理性，即把它从工具、从反思的上诉法
庭转换为进行建构的东西，一种具有存在论特征的东西，
这明显受到了沃尔夫学派的理性主义的误导。就此而言，
康德的批判仍然被束缚在前批判的思维中，并且其整个的
主体建构的学说都是如此。在康德之后的观念论者那里，
这已经变得显而易见。从理论上来说，把手段具象化——
今天，这已经是人类理所当然的习惯——就存在于所谓的
哥白尼转向之中。按照内容上的趋势即与天文学相反的趋
势来说，康德的这个隐喻不是毫无意义的。传统的论辩逻
辑，即用流行的论据来反驳唯物论的那种论辩逻辑，必须
受到批判，它是盗取前提的论证过程。《纯粹理性批判》的
一开始就预设了意识的先在性，并且这个意识从它那个方
面看应该可以使科学合法化，然而这个先在性是从那个按
照科学的基本规则对判断进行推论和反驳的标准程序中推
导出来的。这种循环论证是错误方法的标志。它所要掩盖
的是，根本不存在自在的纯粹的意识事实，不存在无可置

疑的、绝对的第一：这就是青年风格派和新浪漫派的基本经验，他们被明晰的心理事实这一支配性观念吓破了胆。作为补充来说，按照有效控制的命令以及出于分类的需要，意识事实才与它们的微妙的、过渡性的边缘形态区分开来，这种边缘形态拒绝其中的所谓固定的东西，并特别地从这种边缘形态过渡到身体上的神经运动。这表明，任何直接被给予的主体，任何被给予的自我，都不可能独立于主体间的世界。那些被给予了某种东西的人先天地属于那个使他们拥有被给予东西的领域。这就谴责了主体是先天的这一命题。唯物论不是它的机智的对手所指责的那种教条，而是化解了从它那个方面看被它看穿了的教条。因此，这种唯物论在批判哲学中获得了正当性。当康德在《道德形而上学奠基》中把自由规定为摆脱感性的自由的时候，他不知不觉地向他想在论辩中加以驱逐的东西表示敬意。正如观念论关于被给予性的等级观无法被挽救一样，身体和精神的绝对分离——这已经悄悄地导致了精神的优先性——也不能被挽救。这两者从历史意义上来说，在合理性和自我原则的发展过程中，既相互对立，而又缺一不可。虽然无矛盾的逻辑会对此进行挑剔，但是这个事态却阻止它这样做。关于意识事实的现象学必须在如此这般定义意识事实的地方来超越这一点。

辩证法不是知识社会学

　　马克思强调历史唯物主义与庸俗的形而上学的唯物主

义的对立。于是他就把历史唯物主义带入哲学问题的框架中，而任由庸俗唯物主义在哲学的那一边固执地欢闹嬉笑。自那以后，唯物论就不再是人们决心采纳的相反立场，而是观念论批判之总括，是对现实之批判的总括，即观念论以扭曲现实的方式所拥护的那种现实。霍克海默的"批判理论"这个表述并不是想让唯物论变得可以接受，而是要让唯物论进行理论上的自我反思，因此唯物论既与对世界的浅薄解释区分开来，又与科学的"传统理论"区分开来。理论，作为辩证法的理论，甚至马克思主义理论，都必须是内在的，即使它最终否定了它活动于其中的全部领域。这把这种理论与知识社会学对立起来，因为这种知识社会学只是从外部接近某种东西，并且正如哲学所发现的那样，它无力与哲学相抗衡。知识社会学在哲学面前失败了，它用其社会功能和利益的制约来取代真理的内容，并且它不能进入在真理内容的自我批判之中，对这个内容采取漠不关心的态度。这种知识社会学在意识形态概念面前也失败了，它借意识形态概念把它早先乞讨来的稀汤再加工一遍。因为意识形态的概念只有在与它所指向的真理和非真理的联系中才有意义，只有在涉及非幻相并且在幻相中有其标记的时候，我们才能说社会中的必要幻相。意识形态批判的任务就是要判断主体和客体的份额及它们的动力。它通过还原到社会主体来否定虚假客观性，即概念拜物教。它也否定虚假主观性，即通过证明主体性的欺骗性、它的恶劣的依附状态以及它对精神的内在敌视来否定虚假主体性，

（这种主体性表现为）那种时常被掩盖起来而又不易被觉察的诉求，这种诉求强调存在着的就是精神。相反，一切无差别的总体意识形态概念最终就是无。只要它不把自己与正确的意识区分开来，那么它就不再能够批判错误意识。尽管唯物辩证法一直进行哲学批判，但也由于它进行哲学批判，它在客观真理观念方面必然具有哲学的特征。相反，知识社会学既否认客观的社会结构，也否定客观真理观念及认识真理的观念。对它来说，社会不是别的而就是个体反应方式的平均值，这类似于实证主义的经济学，帕累托可以算作是其鼻祖。它使意识形态的学说退回到类似于早期资产阶级的主观的偶像学说。实际上这就如同律师的辩论巧技，为的是摆脱包括唯物辩证法在内的整个哲学。精神就如此这般地进行归类并受到限制。所谓的意识形式被如此这般地还原了，这种还原与哲学上的辩护术完全一致。知识社会学仍然会借口说，哲学专家所说的真理或者非真理与社会条件无关，（在这里）相对主义和劳动分工联合起来了。后期舍勒的两个世界的理论毫不犹豫地利用了这一点。只有通过破解哲学范畴的真理内容，哲学要素才能进入社会的范畴。

论精神概念

众所周知，黑格尔在关于主人和奴隶的那一章阐明，自我意识来自于劳动关系，并且是在自我适应他自己所确立的目的以及异质的材料的过程中产生出来的。自我起源于非我在这里被毫不掩饰地表达出来了。这个自我的起源要在实际的生活过程中，在类的生存规则中，在为类提供生活资料的过程中寻找。此后黑格尔却徒劳地把精神具象化。为了能够竭尽全力地达到这一点，黑格尔把精神吹嘘成为一个整体，然而精神从概念上来说也是有种类上的差别，这是因为它是主体，而不是整体：这种偷换的做法也无法弱化这个辩证概念的紧张状态。精神应该是总体，这明显是胡说。这类似于 20 世纪发迹的那些政党，它们不容忍除它们之外的其他任何政党，并且在极权国家中，这些政党的名字作为一种特殊人群可以直接获得权力的隐喻而声名远扬。按照黑格尔的说法，精神要在他者之中才能生存，但是与他者的任何一种差别却在作为总体的精神中被消灭了，于是精神就第二次成为无，正如在辩证逻辑的开端这种无把自身显示为纯存在一样：精神烟消云散，变成了纯粹的存在者。《精神现象学》时期的黑格尔本该毫不犹豫地把精神概念看作是自身中介的东西，看作既是精神又不是精神，他本来也不该由此得出结论说，他摆脱了绝对同一性的链条。如果精神在其所是中需要它所不是的东西，那么诉诸劳动就不再是哲学领域的辩护士们所一再重复的那种最终智慧：变为另一类（μετάβασις εἰς ἄλλο γένος）。观念论的洞见也不会消失，这种精神活动作为劳动是既通过个体也通过他们的工具来进行的，并且在其实施的过程中个体被贬低为他们的功能。观念论的精神概念利用了向社会劳动过渡的过程：它极其容易地把吸纳了个体行动的一般活动转换为自在的东西，而忽视个体行动者。针对这一点，唯物论以同情唯名论的方式做出有争议的解答。从哲学上来说，这种同情太狭隘了，单独的个人和众多的个人才是真正现实，而这是与黑格尔学派的马克思的价值规律理论不相容的，因为在资本主义社会中，价值规律是在人的头顶上实现的。普遍和特殊的辩证中介不允许那赞同特殊的理论过于草率地把一般当作肥皂泡来对待。如果那样，那么理论就既不能在现存事物中把握一般所拥有的那种有害的优先地位，也不能把握有关这样一种状态的观念，这种状态会把个体的东西还给个体，并借此来剔除一般中恶劣的特殊性。如果没有社会，先验主体是不可想象的，同样，如果没有个体，没有那因善或恶而被社会结合起来的个体，先验主体也是不可想象的。先验主体概念的失败就在于此。甚至康德的一般性也希望用一个代表一切，即代表所有的理性存在者，这些有理性天赋的存在者都是被先天地社会化了的存在者。舍勒企图随意地把唯物论驱赶到唯名论一边，这不过是一种策略性的举动。首先唯物论被抹黑——如果不是他不可否认地缺乏哲学反思，那么他也不会借此抹黑唯物论——为次等的东西，然后这种次等状况又被光荣地克服了。辩证法在堕落为政治统治的工具的时候，也变成了粗陋世界观，唯物辩证法对这种世界观如此厌恶，以至于它更愿意与科学结盟。这种辩证法也与布莱希特所自杀式地要求于它的东西，即为策略的目的而对它所进行的简化，相冲突。按照它的本质，这种唯物辩证法本身也是辩证的，它既是哲学又不是哲学。意识依赖于存在这个说法，绝不是倒转过来的形而上学，而是针对精神的谎言：精神既是自在的，又超越总体过程，即它发现它自身是这个总体过程中的一个要素。精神的条件在这里也不是自在的。在马克思和海德格尔那里，"存在"这个术语意味着完全不同的东西，当然也不是说完全没有共同点：在存在先于思维，存在的"超越性"的存在论学说中，唯物主义的回声不断从远处回荡。如果这种存在论学说把唯物主义的要素转换为纯粹的功能性，即超越一切存在者的功能性，并由此而不知不觉地把思想中的唯物主义要素精神化，如果它在虚假意识的批判中魔术般地驱除内在于唯物主义的存在概念中的那些东西，那么存在的学说就是意识形态。那个希望被用来命名反意识形态东西的词汇"真理"也会变成最不真实的东西：对同一性的修正变成了理想领域的宣言。

纯粹活动与发生

被规定为活动的精神内在地迫使哲学从精神走向精神的他者。自康德以来观念论无法避免这一点，甚至黑格尔也不能避免这一点。然而精神会通过活动而处于发生过程之中，而这个发生却作为玷污观念论的东西而困扰着观念论。哲学家们一再重复说，精神作为活动就是生成，因此它是与历史无法分离的（χωρίς），这是他们仍然极其强调的。按照精神的简单概念，它的活动是内在于时间的，是历史的。它既是生成，又是生成在其中积累起来的已生成了的东西。正如时间一样，时间的最一般表象也需要某种时间性东西，没有一种活动是没有基础的，例如没有活动者以及活动对之发挥作用的东西。隐藏在绝对活动的观念之中的只能是在那儿应该有事情发生。纯粹的作为思维的思维（νόησις νοήσεως）是一种对神圣造物主的害羞信仰，被中立化为形而上学的信仰。观念论关于绝对的学说想把神学的超越性作为一个过程吸收进来，把这个过程纳入内在性之中，而这个内在性却不容忍任何绝对，不容忍任何独立于存在者状态的东西。这或许是观念论最深刻的不一致性：一方面它必须把世俗化推向极端，以免牺牲它的总体性要求，另一方面，又只能用神学的范畴来表达它关于绝对和总体的幽灵。这些范畴一旦从宗教中被剥离出来，就既缺乏本质，也不能由"意识的经验"所充实，尽管它们已经被移交给"意识的经验"。一旦精神的活动被人格化，那么它就不能被归于任何人或者任何其他东西，而只能被归于活生生的东西。不过这种东西也把自然的要素渗透到概念——这个概念远远地超越一切自然主义——之中，即渗透到统觉的综合统一的主体性概念之中。只有当自我从它那个方面也是非我的时候，自我才处理非我，才会"做"某事，它自身才是思维的活动。思维在第二次反思中打破了思维高于他者的至上性，因为思维在其自身中一直就是他者。因此，一切行动的最高抽象即先验的功能并不优先于实际的发生。实际发生中的现实要素与真正主体的活动之间不能被挖出一个存在论上的鸿沟来。因此，在精神和劳动之间也不存在这样的鸿沟。劳动即把某种东西设想出来却未使之成为现实的那种制造活动，确实还有超出此在者（Daseienden）的部分；正如此在（Dasein）不能被牧平为精神一样，精神也不能被牧平为此在。精神中的非存在者要素与此在是如此密切地结合在一起，以至于要干干净净地把这种非存在者要素分离出来，就等于要把它对象化并虚假化。关于精神和肉体谁优先的辩论是用前辩证法的方法进行的。它吃力地背负着（谁是）第一性问题前行。从形式上来说，这种争论几乎是从物活论的角度指向本原（ἀρχή），按照形式来说就是存在论上的原初，而从内容上来说，它的答案却像是质料。精神和肉体这两者都是它们经验的抽象，它们之间的绝对差别是设定起来的东西。它反映了精神在历史上所达到的"自我意识"，反映了精神拒绝它为自身同一而否定的那些东西。一切精神都是被调节了的肉体冲动，这样一种调节从质上反馈到那不仅仅存在着的东西（was nicht bloss ist）之中。按照谢林的洞见①，迫切要求是精神的最初形式。

---

① "因此，存在也就完全不同于存在者。但是，这种放松状态越是表现得热忱、欢乐，一种在永恒中的平静的渴望——虽未有所行动，虽然未知其然——就越是必然产生出来。它要知道自己、发现自己、尽情享受。它要迫切成为意识，对此意识，它自己却还一直毫无意识。"（谢林：《世界时代》，慕尼黑，1946 年，第 136 页。）"于是，我们在最深的层次上看到自然，它欲望其最内在的东西和最秘密的东西，并且我们看到这个自然在其渴望之中总是不断上升，不断大踏步前进，直到它最终收回到它自身的最高本性，即纯粹的自在的精神，并成为它自身。"（同上书，第 140 页。）

痛苦的躯体

所谓的意识的基本事实可以是任何一种东西而恰恰不是基本事实。就快乐和不快乐的维度来说，身体的要素深深地嵌入意识之中。一切痛苦和一切否定，作为辩证思维的动力，是被多次中介过的，并时常成为未被认识的身体形式。这就如同一切快乐都是以感官的满足为目标，并在这种满足中获得客观性。如果快乐在这个方面完全受阻，那么它就根本不是快乐。在主体的感性材料中存在着一个就其自身来说与精神相对立的维度；这个维度好像被弱化为精神的认识论摹本，并且与休谟的好奇理论所说的东西没有什么根本的差别。按照他的想法，表象或者说观念，即具有意向功能的意识事实，被说成是对印象的简单复制。这种学说很容易受到批判，被说成是隐秘的朴素自然主义。但是，就是在这个学说中，躯体的要素在其完全被驱逐出去之前最后一次在认识论上战战兢兢地出现了。在认识中，躯体的要素作为其搅动要素而残存下来，它使认识运动起来，并且在认识过程中永不停息地再生产自身。（在这里）缺乏快乐的意识绝不是精神的欺骗性的虚荣，而是内在于它的，是它的真正的、唯一的尊严，是它在与肉体分裂开来的时候所获得的尊严。这从否定的方面提醒精神，使它意识到它有肉体的方面；精神唯有能够这样，才赋予自己以希望。经验世界中未被知觉到的痛苦所留下来的最微小的痕迹也都会斥责全部的同一性哲学，说它是谎言，而这个同一性哲学把这种经验从痛苦中排除出去，"只要还有一个乞丐，那就还有神话。"① 因此，同一性哲学就是作为思想的神话。身体的要素显示出这样一种认识，痛苦不应该存在，事情应该不同。"痛苦意味着，逝去。"因此特定的唯物论会聚焦于要被批判的东西，聚焦于社会转型的实践。消除痛苦或者把痛苦降低到理论所预期不到的程度，降低到不受任何限制的程度，这并不取决于经受痛苦的个人，而取决于个人所从属的类，在这个类之中，这些个人即使主观上摆脱了类，但是客观上却被迫进入绝对孤独之中，成为无助的客体。类的全部活动都涉及身体的持续存在，即使它误认了这一点，它也会自发地组织起来，当然也会顺便照料他们的事务。然而，社会所确立的那种自我毁灭的机制却是一种不受束缚的、荒谬的自我持存机制，同时也是他们自己对抗苦难的无意识活动。如果他们被狭隘地局限于他们自己，那么他们的全部特殊性会反过来对抗他们自己。面对这些情况，只有这样来进行社会安排才能使社会成为社会的目的，这就是要按照生产关系在这里或者那里所无情地阻止的而当下的生产力所直接允许的那个样子来进行社会安排。这样一种安排的目的是要消除身体的痛苦，哪怕是其最少成员的痛苦，消除对于这种痛苦所进行的内在反思形式。这是符合所有人的利益的，这种利益只有通过其自身是透明的并且对所有人都显而易见的团结来逐步实现。

---

① 本雅明：《拱廊街研究》，手稿，K 札，第六卷。

无图像（Bilderlos）的唯物论

对于那些不想实现这种利益的人来说，唯物论这时就会乐于自我贬低。正如康德所认为的那样，导致这种情况的不是人类自身不成熟的过失。这种情况往往是由掌权者有计划地再生产出来的。由于掌权者需要客观精神的约束力，于是他们便操纵客观精神，使这种客观精神适应于那个被束缚了数千年的意识。那个获得了政治权力的唯物论就像献身于它想要改造的世界那样，献身于这样一种实践。它继续束缚这种意识，而不是把握这种意识，并从它那个角度改变这种意识。恐怖主义的国家机器以一种老套的借口来维护一个近50年的专制统治，并把自己作为一个恒久的制度对被控制的无产阶级进行长期的专制统治，这是对他们高谈阔论的理论嘲讽。他们把他们的下属束缚在眼前利益上，并使他们变得极其狭隘。如果理论中没有留下一些虚伪杜撰的东西，那么理论也不可能如此恶化。那些垄断地控制着理论的官员们只是借助于文化从外部实现这种转向，并由此而笨拙地假装，他们是高居于文化之上的，这就导致了文化的普遍倒退。哲学在期待当下的、急迫的革命时，由于对它自己的诉求失去耐心而希望抛弃一些东西，而它所抛弃的东西当时就已经落后了。在唯物论的虚伪杜撰中，高级哲学也暴露出其精神至上性的虚假性。正如市民社会从前秘密地制造这种虚假性一样，占统治地位的唯物论讥讽地蔑视这种虚假性。观念论上的崇高与（唯物论的）杜撰实属同类。卡夫卡和贝克特的作品尖锐地揭露了这种联系。唯物论的缺陷是它没有反思占统治地位的状况。一种更高的东西所面对的是这样一种状况，精神化的失误使精神化被当作一种失败的原则而没有能够被坚持下去，当它看到那持续存在的缺陷时感到羞耻，看到某种更糟糕的东西而感到羞耻。唯物论的平庸和野蛮之处就在于，它把第四等级的外在性永恒化，并使它成为一种文化，这种文化往往不是被局限于其成员内部，而是扩展到整个文化领域。唯物论回复到它应该避免的野蛮之中。为对抗这一点而努力是批判理论的重要任务之一。否则的话，那种古老的不正确的东西会随着摩擦系数的不断减低而持续存在下去，甚至变得更糟糕。在革命走上了弥赛亚的复归的道路之后，那些低级的东西会成长起来。于是，与资产阶级意识的空洞的崇高相反，唯物论不仅在审美上是有缺陷的，而且还是不正确的。从理论上说，这是确定不疑的。辩证法存在于事实之中，但如果没有反映它的意识，那么它也是不存在的；同样，辩证法也不能消解在意识之中。在单纯的整一性（Ein）之中，在未分化的总体物质之中是不存在辩证法的。官方唯物辩证法通过命令越过认识论。这种唯物辩证法就在认识理论方面受到报复，这表现在摹本理论中。思想不是对事物的摹本，而是瞄准事物本身。只有伊壁鸠鲁式的唯物主义神话学才把思想变成了事物的摹本，这种唯物论发现物质会散发出小图像。思想包含了启蒙的意向，它要去神话化，消灭掉意识的图像性质。仅仅抓住图像的理论仍然受制于神话，仍然是偶像崇拜。图像的全体组合成挡在现实前面的一堵墙。摹本理论否认了主体的自发性，这种自发性是生产力和生产关系之间客观辩证法的推动者。如果主体被束缚于关于客体的死板镜像上——这个镜像必然会错失客体，而客体只会对思想中的剩余主体性开放自身，那么其结果就是一体化管理中永不终止的精神沉寂。只有那坚持不懈的物化意识才会想象，或者努力说服别人想象，它拥有客观性的图片。意识的幻觉转变成为教条化的直接性。当列宁不是进入认识论而是与认识论相反，强制地、不断地强调认识对象的自在存在的时候，他想证实的是主观实证主义与现存权力的共谋。他的政治需求使他掉转过来，而在理论上反对认识目标。超越的论证是根据权力的诉求来进行的，并导致灾难的后果：那被批判的东西由于并没有被深入而透彻地处理而不受干扰地保持原样，并且作为没有受到恰当审查的东西而在被转换了的权力星丛中随意地重新复活。布莱希特曾经在口头上说过，在关于经验主义批判一书出版之后，对内在哲学的批判就不再必要。这种说法是短视的。如果唯物论要不屈从于东方国家那损害艺术的狭隘观念（Provinzialismus），那么它就应该说出哲学所迫切需要的东西。理论的对象绝不是某种直接的东西，理论也不能把直接东西的复制品带回家。认识不像国家的警察那样，拥有其对象的画像。相反认识在其中介中思考对象，否则的话它就会满足于外表的描绘。正如布莱希特也承认的那样，那个过分扩展了的、甚至在其所处的位置上已经成为问题的感性直觉的标准是不能用于被彻底中介过的社会的。从这个标准之中，已经移入对象之中的客观规律被剔除了，被现相的意识形态形式所掩盖的东西必然也被剔除。出于对学术争吵的厌恶，马克思就像谚语中所说的公牛冲进瓷器店一样在认识论的范畴领域横冲直撞，几乎不怎么重视反映之类的说法。反映的所谓优先性是以牺牲主体批判的要素为代价的。对于这一点的强调既包含了意识形态，也包含对于意识形态的那一丝敌意，即这样一个歪曲的东西——被生产出来的产品以及生产关系按其性质来说具有直接性——被阻止了。任何理论都不能为了宣传上的简单性而对客观地获得的知识状况充耳不闻。它必须反思这种知识，并推进这种知识。理论和实践的统一并不意味着要对思想的弱化做出让步，而思想的弱化是压抑社会的怪胎。思维使自己类似于计算机，并且为了计算机的荣誉，思维乐于取消它自身。在这样的记录机器式的（思维）形式中，意识宣布自己在现实面前破产了。这个现实在当前阶段不是直观地被给予的，而是功能性的，是自在地抽象的。摹本思维是非反思的，是一种非辩证的矛盾。没有反思也就没有理论。如果意识在它自身和它所思考的东西之间插入第三者即图像，那么这个意识就会不知不觉地把观念论再生产出来。表象的结合体就会取代认识对象，这些表象的主观随意性变成主宰一切东西。唯物论渴望把握事物，这种渴望想要相反的东西：完整的客体只能无图像地被思考。这样一种无图像性与神学的图像禁忌相一致。唯物论把这种图像禁忌世俗化，它不允许实证地绘制出乌托邦（的景象）。这就是唯物论否定性的内容。唯物论在他最具有唯物论特征的地方与神学一致起来。它所渴望的是肉体的复活。对观念论来说，对绝对精神的领域来说，这是完全陌生的。历史唯物论在它的自我扬弃中而处于消失的边缘状态，即精神在物质需求得到满足的情况下从物质需求的优先性中摆脱出来。只有在肉体的渴望得到满足的时候，精神才和这种渴望达成和解，并且，只有精神在物质条件的禁令中拒绝了物质上的满足，精神才会成为它所唯一许诺的东西。

第三部分
模式

第一章 自由：走向
实践理性的元批判

幻相问题

出于启蒙的目的，幻相问题这个说法曾经一度期望阻止那不可置疑的权威教条，阻止这种权威教条来规定思考的过程，因为这个思考过程会对它们所屈从的思维做出恰恰是不可能的决断。在"经院"这个词的贬义的用法中，这一点就已经显示出来了。可是，长期以来，幻相问题不再是嘲笑理性判断和理性兴趣的问题，而是使用未被清晰定义的概念这一问题。语义学上的禁忌扼杀了事实问题，似乎它们不过是语义问题，基础性的考虑退化为禁止一切考虑。（其）方法都是轻率地模仿流行的精确科学，而这些方法的基本规则都调节着哪些东西是可以被思考的，而不管事情多么紧迫。手段——被接受的操作方式——对目标，即那要被认识的东西，取得了优先地位。经验由于它与用来明确标记它的符号相抵触而受到斥责。经验所引发的困难单单被归咎于前科学的、松散的命名方法。意志这个术语相对于明确地表达其意思的要求来说是非常难以把握的，同样，意志究竟是不是自由的这个问题也（与此）相关。既然正义和处罚，最后整个哲学传统所说的道德或者伦理的可能性，都依赖于对这个疑问的回答，那么人们就不能以这个质朴的疑问是幻相问题为借口而把回答这一疑问的理智要求弃之不顾。那自诩为极其规整的思维只是为此提供了贫乏的替代性满足。尽管如此，语义学上的批判也不能被漫不经心地忽略了。如果不想得到不正确的回答，那么我们就不能以问题的紧迫性为由而强行给出答案。更何况，那可错的需求，无论多么急迫，都不能为答案指明方向。我们应该反思当前所讨论的对象。这种反思不是要判断这些对象是存在的还是不存在的，而是要在它们的规定之中加入这样的内容：尽管不可能把它们变成可触摸的东西但必须思考它们。无论是不是明确地表达了这样的目的，《纯粹理性批判》的二律背反那一章以及《实践理性批判》的大部分章节都进行了这样的尝试。尽管康德和休谟一样在针对其他的传统概念时都斥责其中的教条用法，但是在自由概念方面康德却并没有完全避免这种用法。他要解决事实性即"自然"与思考中的必然性即理知世界之间的冲突。然而，即使我们不能像直接指出某种存在的东西那样，直接指出意志或者自由，我们也不能完全像简单的、前辩证法的认识论那样得出结论，个人的冲动或个人经验能被综合在一个没有任何相应的自然主义基础的概念之下。这就类似于康德把现象说成"客体"那样，把那些冲动或经验还原到一个公分母上。按照康德的这个模式，意志就是一切冲动的合法则的统一，这些冲动同时既表现为自发的，又表现为被理性地规定的，以区别于自然的因果性，尽管这些冲动也处于自然因果性框架中：意志行动的序列都不处于因果联系之外。自由就是用来表达这些冲动的可能性的词语。然而，这种断然的认识批判意义上的解答却并不准确。关于意志是不是自由的问题，却迫使人们给出非此即彼的答案，这类答案虽然简洁却又可疑，而意志作为冲动的合法则的统一体这样一个概念却漫不经心地掩盖了这一点。尤其是，它模仿了主体的内在哲学所进行的概念建构，而悄悄地设定了意志和自由的原子论结构。与这个结构相冲突的是这样一个最简单的事实：它是被分析心理学所说的"现实测试"所中介，并且无数的外部要素尤其是社会现实要素都渗透到那些带有意志和自由标记的决定之中。如果意志中的合理性概念果真应该说点东西的话，那么它所说的就是指这个，无论康德如何顽固地否认这一点。事实上，从实际决定的情况来看，也就是询问决定是自由的还是不自由的这个问题来看，只有抽象才使内在哲学对这些概念所进行的规定显得优雅而又自足。与内在和外在的真实复合体相比，这种抽象在心灵中所留下来的东西是极其贫乏的。从这种被化学提纯了的贫瘠的东西之中，我们读不出任何可以用来断言自由或者其反面的东西。更加严格地说，同时也以更加康德的方式来说，做出这些决定的经验主体——只有经验主体才能做出决定，而先验的、纯粹的"我思"不可能有任何冲动——本身是具有时空特性的"外部"世界的一个要素，并且对这个世界没有任何存在论上的优先性。因此，在先验的"我思"之中提出自由意志问题的尝试失败了。（因为）这是要努力在经验世界中划出理知的领域和经验领域的界限。这就是关于幻相问题的命题中的真实的东西。一旦把自由意志的问题收缩为个人决定的问题，把这种决定从它的语境中摆脱出来，把个人从社会中摆脱出来，那么这就是听从了绝对的、纯粹的自在的谎言：有限的主体经验篡夺了最可靠的东西的尊严。这种替代的基础是某种虚构东西。所谓自在存在的主体在其自身之中是被它与之分离开来的东西所中介的，被一切主体所形成的关联所中介。它本身通过这种中介而成为，按照它的自由意识，它所不希望的东西，成为他律的。即使在不自由确实存在的地方，人们也要在分裂的个体——尽管个体根本没有这类的分裂——之中探索他不自由的条件，即内在的、封闭的心理因果性上的那种不自由条件。如果一个人在自身中没有在当下感到自由，那么关于决定性的原理随后也不能简单地消除他那任性而天真的感觉。心理学上的决定论学说只是在后来的阶段上才发挥作用。

自由兴趣的分裂

17 世纪以来，伟大的哲学都把自由当作它们最独特的兴趣。这就是按照资产阶级没有明确表达出来的命令而对自由进行透彻的论证。不过，这种兴趣本身是对抗性的。它在对抗旧压迫的同时也推动了新压迫，即潜藏在理性原则背后的新压迫。人们为自由和压迫找到了共同的表达式：自由让位于合理性，而这种合理性限制了自由，并且远离经验，人们不希望在经验中看到自由的实现。这种二分法也涉及不断推进的科学化过程。只要科学化促进了生产，资产阶级就与它是同盟，然而，一旦科学化妨碍它确信，自由——尽管这种自由已经退化为纯粹内在性——是现存的时候，这个阶级就必定害怕科学化过程。这就是真正存在于二律背反学说背后的东西。先在康德那里，其后在观念论者那里，自由的观念就与具体科学的研究，特别是心理学的研究对立起来。这些具体科学的研究对象被康德驱逐到不自由的领域中。实证科学应该被置于思辨之下，在康德那里，就是被置于本体学说之下。随着思辨力量的衰弱以及具体科学的相应发展，这种对立更加尖锐并走向极端。为此，具体科学付出了头脑狭隘的代价，而哲学付出了不承担义务的空谈的代价。具体科学越是剥夺了哲学的内容——例如，心理学就是这样对待性格的发生，甚至康德对此也只是进行胡乱的猜测——关于自由意志的哲学原理就尴尬地堕落为高谈阔论。如果具体科学越来越多地探索合规律性，如果它们因此先于其他观念而倒向决定论一边，那么哲学就越来越成为关于自由的那种前科学的、辩护性的直觉。自由的二律背反构成了康德哲学的基本要素，而自由的辩证法则构成黑格尔哲学的基本要素，在他们之后，至少学院派哲学发誓要忠实于那高于经验领域的偶像。个人的理知上的自由受到了赞美，人们于是就可以更加毫无顾忌地让经验上的自由承担责任，并且用那种可以预见到的、从形而上学上得到确证的处罚来更好地束缚这种自由。自由学说与压抑性实践的联盟使哲学远离关于生活中自由与不自由的真正洞见。哲学倒退式地越来越失去过去的辉煌，黑格尔把它诊断为哲学的贫困。可是由于具体科学——比如刑法学——不能处理有关自由的问题而不得不显露出自己的无能，于是它恰恰要求助于哲学，而哲学却由于它与科学主义恶劣地、抽象地对立起来而无法提供这样的帮助。凡是在科学希望哲学就其无法解决的问题作出决断的地方，它从哲学中获得的只是世界观上的安慰。对其无法解决的问题，科学家们根据他们自己的趣味来引导自己，于是按照他们自己心理上的本能结构，他们必然会害怕。（在这里）自由和决定论的复杂关系被随意地交由非理性来处理，并在临时的、多多少少经验上的具体立场和教条的普遍性之间摇摆。最后，对于这种复杂关系的态度取决于政治信条或者刚好被承认的权力。关于自由和决定论的反省听起来非常老旧，好像可以追溯到资产阶级革命的早期时代。自由虽然已经过时却还没有实现，但是，这不能被当作宿命来接受。而要抗拒它就必须解释它。自由的观念之所以失去对人的支配力，其原因之一是，它早就被人们抽象地、主观地设想了，以至于客观的社会趋势可以轻易地把它埋葬。

自由、决定论、同一性

对自由、自由概念和事物本身的漠不关心是由社会整合造成的，这种整合是对抗主体的，而主体感觉到这种整合似乎又是不可抵抗的。他们对被爱的兴趣瓦解了他们对自由的兴趣，他们担心自由会使他们得不到保护。就像呼吁自由那样，只要提到自由这个名称就已经是空洞无物的响声。极端的唯名论就是适应了这一点。它按照逻辑的规则把客观的对立驱逐到幻相问题的领域。这种做法从它那个方面看具有社会的功能：通过否定矛盾来掩盖矛盾。由于人们坚持感性材料或者它的当代遗产即记述命题，于是意识就摆脱了与外部现实相矛盾的那些东西。按照这样一种意识形态规则，我们只需要对不同情况下的人类行为方式进行描述和分类即可，而不需要谈论意志或者自由，这类说辞都是概念拜物教。于是，正如行为主义所规划的那样，人的一切规定都可以被简单地转译为模式化的反应或者个体性的反应，这些反应都可以被固定下来。这种想法所忽视的是，这些被固定下来的东西会产生一种对立于反射的新特质，而这种新特质恰恰产生于反射。这些实证主义者无意识地遵从了它的形而上学死敌所主张的教条即起初的东西最优："最可敬的也是最古老的，而誓言证人是最值得敬重的。"① 在亚里士多德那里，最古老的东西是神话；而即使在十足的反神话论者那里也有一种观念从神话中保留了下来，即一切现存的东西都可以还原到过去一度存在的东西那里。他们的那种同类换同类的量化方法既没有为阻止命运提供空间，也没有为自我产生他者提供空间。然而在人身上的那种东西即既出于反射又对抗反射的东西，会把自身对象化。这种东西就是性格或者意志，是自由的潜在器官，而正是这种东西又暗中遏制自由。因此，它代表了一种占统治地位的原则，是人类所一直屈从的原则。自我同一和自我异化从一开始就相伴相随。因此，自我异化的概念是一个恶劣的浪漫主义概念。自由的条件，即自我同一同时直接就是决定论原则。只有当人把自己对象化为性格，意志才会存在。于是，人在对待他们自己的时候——无论他是什么——就变成了某种外在的东西，并遵循物质世界的模式，屈从于因果性。此外，实证主义的"反应"概念尽管就其意图来说纯粹是描述的，但是却预设了远远超出它所公开承认的那些东西，即它对每一被给定环境的被动依赖。主体和客体之间的相互影响先天地变戏法式地被消解了，自发性在方法上被排除了，从而与服务于世界过程的那种适应性意识形态一致起来，这种意识形态再一次从理论上排除了人的自发性这个要素。如果这里只留下了被动的反应，那么按照古代哲学的术语，这里也

---

① 亚里士多德：《形而上学》，A 卷，983b。

就只留下接受性：思维就不再可能了。如果只有通过意识才有意志，那么意识实际上也只有在存在意志的地方才会相应地存在。自我持存从它那个方面来看，在历史上不会满足于有限的反射，于是就准备好了它最终所超越的东西。在这里，这种自我持存或许类似于规定了其反射形式的生物个体。然而，如果没有统一性要素，这种反射是不可能的。它强化了它自身作为自我持存的自我。这个自我乐于接受自由，并把自由作为它与反射之间所形成的差异。

自由与被组织起来的社会

如果没有任何关于自由的思想，那么组织起来的社会就很难从理论上得到支撑。然后，组织起来的社会又会再次削弱自由。这两者都在契约国家的结构中被显示出来。与决定论者霍布斯相反，一种事实上的、彻底的决定论会允许一切人反对一切人的战争，如果任何一个人既是预先被决定的，又是盲目的，那么任何一种行动标准都会失效。这就把某种极端前景勾勒出来了；假如人们为了共同生活而要求自由，那么在这种要求中是不是隐藏着谬误推理呢：自由必须是现实的，于是恐怖才不会出现。然而，因为自由还没有出现，所以恐怖也还存在着。对有关意志和自由的问题的反思并没有消除这个问题，而是把它变成历史哲学问题：为什么"意志是自由的"和"意志是不自由的"这两个命题会成为二律背反？这种反思是从历史上产生的，康德并没有忽视这样一个事实。他明确地把他自己道德哲学的革命性诉求建立在一个迟来的反思的基础上："人们看到人由于自己的义务而受到法则的约束，但不曾想到，人仅仅服从他自己的、但尽管如此却是普遍的立法，而且人仅仅有责任按照他自己的、但就自然目的而言普遍地立法的意志而行动。"① 然而他绝没有想到这样一个问题，自由本身——对他来说，这是永恒的观念——是不是有一个历史的本质，它不仅仅是一个概念，而是要依据其经验内涵的。整个社会、整个时代缺乏自由的概念，也缺乏自由的事实。如果我们在人们对自由甚至全然无知的情况下也把自由作为一种客观自在的东西而赋予这个时代和社会，那么这是与康德的先验自由的原则相抵触的，因为这种先验自由被说成是建立在主体意识之中的，并且如果这里所说的一般意识完全不是活生生的人的意识，那么这种先验自由也是靠不住的。因此，康德就要固执地去努力证明道德意识是无所不在的，甚至在极端的恶人那里也是现成存在的。此外，他本该必须借助于理性存在物以及人的特征来拒绝那种没有自由的阶段和社会，作为卢梭的追随者，他本该不迁就于这个社会。对康德来说不言自明的、现代意义上所形成的个体绝不是生物学上的单个存在，而是通过反思而建立起来的统一体②，即黑格尔所说的"自我意识"。

---

① 康德：《道德形而上学奠基》，见《康德著作全集》第四卷，李秋零译，北京：中国人民大学出版社 2005 年版，第 440—441 页。

② 参见霍克海默和阿多诺：《启蒙辩证法》，阿姆斯特丹，1947 年，第 106 页。

这个个体可以不管时代地讨论自由，既讨论现实的自由，也讨论应然的自由。于是那种只能在物质财富无限丰富的社会条件下才能全面地确立起来的自由也可以被不留一点痕迹地消除。这里的弊端并不在于自由的人如此极端地作恶，甚至远远超出了康德所想象的那种尺度作恶，而在于这里不存在一个他们不需在其中再作恶的世界，布莱希特曾经闪现了这样一种想法。于是，恶是世界本身的不自由：这里所出现的恶都来自于这个世界。社会规定了个体，并且按照其内在的谱系来说，社会使他们成为他们所是的样子。他们自由或不自由，并不像个体化原则的面纱之下所显示出来的那样，是首要的。正如叔本华用摩耶面纱的神话所揭示的那样，即使自我对于其依赖性有着深刻的洞见，但是对于主体意识来说，达到这种洞见仍然困难重重。个体化原则，即与个体之中的普遍理性密切联系在一起的那种特殊化法则，从其发展趋势来看要与包含了普遍理性的那种环境相对抗，并封闭这种洞见，由此也心悦诚服地对主体自足性百倍信赖。主体自足性的典型形式以自由的名义与那个限制个体性的总体对立了起来。然而个体化原则根本不是形而上学上最终的和不可改变的，因此也绝不是自由的。毋宁说，自由在双重意义上是一个要素：不是孤立的而是相互交织的，并且它总是一个自发性的瞬间，在当前条件下是历史关节点。如果个人的独立性被自由的意识形态不恰当地强调了，那么这是行不通的，可是个人与社会的真正分离也不能被否定，尽管意识形态错误地解释了这种分离。个人时常作为特殊而又独立的存在者而与社会对立起来，他通过理性来追求自己的利益。在这个阶段并超出这个阶段，自由问题是真实的：社会是不是像它所许诺的那样承认的个人自由？社会本身因此是不是自由的？个人短暂地耸立于盲目的社会环境之上，而这恰恰有助于他在闭塞的孤独之中把这种社会环境再生产出来。不自由的命题也表明个人从历史上所经验到的内在和外在之间的非和解性：人被束缚在外在的东西之中，是不自由的，而这个外在的东西反过来又是他们自己。按照黑格尔《精神现象学》的认识，主体只有在那与主体分离开来并必然对抗主体的东西中才会获得自由和不自由的概念，然后主体才回过头来把这种自由或者不自由概念与它自己的原子论结构联系起来。而前哲学的意识在这两者之间选择了后一方面；把自己确立为与环境相对立的朴素行动者却无法透视他所受到的限制。为了控制这种限制，意识必须使这种限制变得透彻明了。于是至上的思维借助于它的自由如同返回到主体一样返回到它自身，并得到了不自由的概念。这两者不是简单对立的，而是相互交织的。意识不是出于理论上的求知欲而注意到这一点的。支配自然的至上性及其社会形态即对人的控制也向它暗示了它的反面，即自由的观念。站在金字塔顶端而没有看到他的依赖性的人是自由的历史原型。在超出自然的抽象的一般自由概念中，自由也会被精神化为原因性王国的自由。但是，自由由此变成了自我欺骗。从心理学上说，主体对他是自由的这个命

题的兴趣，像其他任何自恋一样，是极端过分的自恋。在
康德的论证中，尽管他把自由领域在范畴上置于心理学之
上，但自恋还是在其中显示出来。按照《道德形而上学奠
基》，每一个人，甚至"最坏的恶棍"也希望"当我们向他
举出心意正直、坚定地遵守善的准则、同情和普遍仁爱的
榜样的时候"，他也有这种倾向。由此，他不期待"欲望的
满足"，"不能期待任何一种使他的某一个实际的或者可设
想的偏好得到满足的状态"，"而只能期待他的人格的一种
更大的内在价值……当他把自己置于知性世界的一个成员
的立场上时，他相信自己就是这个更善的人格。自由，亦
即对感官世界的规定原因的独立性的理念，迫使他不得不
这样做"。① 康德不遗余力为他对于人格的更大内在价值的
期待提供根据，当然从他那个方面来看，他是借助于道德
法则的客观性为此提供根据，（因为）这种内在价值会推动
自由的命题。正是在这样一种期待的基础上，意识应该把
自己提升到这个道德法则高度。尽管如此，康德也不让我
们忘记，与自由有关的"普通人类理性的实践应用"② 是与
自我提升的需要，与人格"价值"联系在一起的。同时，那
种直接意识，即"普通的道德理性知识"——康德的《道德
形而上学奠基》在方法论上就是从这里出发的——也有兴

---

① 《康德著作全集》第四卷，李秋零译，北京：中国人民大学出版社
2013 年版，第462—463 页。
② 《康德著作全集》第四卷，李秋零译，北京：中国人民大学出版社
2013 年版，第462 页。

趣拒绝它所宣称的那同一个自由。主体和主体共同体赋予自身的自由越多，它的责任就越大。而在资产阶级生活中，主体却无法承担这种责任，因为资产阶级生活实践从来没有保证主体在理论上被赋予那种完整的自主性。因此，主体必然感到内疚。主体意识到，当他们是自然界的成员的时候，他们的自由是有限度的，也同样意识到在面对独立于他们的社会时他们自己的无能为力。然而，当被压迫者也参与普遍的自由概念的时候，这个自由概念会反过来抗拒那个作为自由模型的控制。那些拥有自由特权的人们对此所作出的反应是，他们愉快地发现其他人还没有足够成熟以便享有自由。他们极其明显地借助于自然的因果性把这种情况加以合理化。主体不仅是与他们的肉体融合在一起的，而且也在心灵中借助于反思而竭力地与肉体世界分离开来，在这样的心灵中彻底的合法则性占据了主导地位。对于这一点的意识是与心灵作为同一体这一规定等比例提升的。于是在这里既不存在直接、明显的自由的自我意识，也不存在不自由的自我意识。这种不自由的意识总是这样的，它或者需要把社会中所感知到的东西反射到主体身上——最古老的是所谓柏拉图心理学，或者需要心理学上的一种对象化了的东西，这种东西就是心理学所发现的心灵生活，并被心理学转变成万物之中的一物，它处于物质世界的因果性之中。

前自我的冲动

觉醒起来的自由意识得益于对远古冲动的回忆，这种冲动还没有受到被固化了的自我所操控。自我越是约束这种冲动，远古的自由对自我来说就越是被当做混沌不堪的东西，就越是可疑。没有对无拘无束的、前自我的冲动——它后来被驱逐到束缚于不自由的自然领域之中——的历史记载，自由的观念就不可能产生，尽管这种自由观念从它那个方面看还是在不断强化的自我之中终结了。虽然哲学概念把自由提升为超越于经验此在之上的最高行为方式，但是在这个哲学概念即自发性概念中经验此在的声音在回荡，而观念论哲学的自我想借助这个回声来保证自己的自由，但却一直控制它，直至把它消灭。为替自由的倒转形式辩护，社会鼓励个人把他们自己的个体性以及他们的自由具象化。就这种固执的幻相所达到的范围而言，意识只是在病态状况中，比如强迫性的神经官能症中才知道它自身的不自由的要素。这种病态状况迫使意识在其自身的内在范围按照规则，即被意识经验为"异于自我"的规则来行动。这就是在意识自己所属的领域中拒绝自由。神经官能症的痛苦也有其元心理学方面的意义，这种意义就在于，它摧毁了这样一种过于简化的观念：内在是自由的，而外在才是不自由的，而主体却并没有认识到他的这种病态所传递给他的真理，他既不能把这种真理和他的本能和解，也不能把这种真理与他的理性兴趣和解。神经官能症的真理性内涵是，它们证明自我在其自身中就有异于自我的东西，就有那根本不是我的感觉，并由此而是不自由的；在这里，它控制内在自然的努力失败了。传统认识论所说的人的自我意识可以被纳入统一体之中。在这种统一体之中的东西——就这种统一体中的一切要素都被打上合法则性的烙印来说，这种自我意识本质上是强制的——对退回到自身的自我来说，表面上是自由的，因为这个自我的自由观念来自于它的自我控制的模型，首先来自于它对人和事物的控制，其次是通过意识上的内化而来自于它对其自身全部具体内容的控制，它通过思考这些内容来处置这些内容。这不仅仅是把自己吹嘘为绝对的那种直接性的自我欺骗。只有一个人作为自我来行动而不仅仅是反应性地行动的时候，这种行动才被理所当然地称为自由的。然而那不被束缚于自我——作为一切规定之原则的自我——的那种东西同样是自由的，虽然这种东西正如在康德的道德哲学中那样对自我显现为不自由并且直到今天事实上一直是不自由的，却也是自由的。作为给定事实的自由，会由于自我经验的进步而受到质疑，因为主体对自由的兴趣仍然没有衰弱，并且已经升华为一种观念。精神分析的压抑理论已经从元心理学的角度证实了这一点。按照这个理论，那个压制的机构、压抑的机制是与自我结合在一起的，而这个自我又极其辩证地成为自由的工具。内省不可能在自身之中把自由和不自由作为实证（给定）的东西揭示出来。它会联系到心灵之外的某种东西而构想这两个方面：自由被构想为社会强制下的痛苦所引发的受争议的反面形象，而不自由被构想为社会强制下所引发的痛苦的镜像。这就是为什么主体不是"绝对起源的领域"的原因，尽管哲学是这么认为的。甚至主体借以宣称自己具有至上性的那些规定也总是需要那些——按照它们的自我理解——只需要这些规定的东西。自我之中决定性东西，即它的独立性和自律性，只有在联系自我的他者的时候才能被判断。自律性是否存在，这依赖于其对手和对立面，即客体，它会允许或者拒绝主体的自律性。如果脱离了客体，那么自律性是虚构的。

关键的实验

意识究竟多么难于通过诉诸自己的体验来弄清自由，这一点可以由关于内省的关键实验来加以证明。把承担重负的驴子①作为最通俗的实验不是毫无意义的。康德还是按照其图式，试图通过类似于贝克特的戏剧中那种能够从椅子上站起来的决定来证明自由。从经验上说，为了能够鲜明地确定意志是不是自由的，环境中的经验因素必须被严格地清除干净。为了能够把思想实验的状况确立起来，决定性的因素必须尽可能地少。思想实验的任何一个范例如果不想那么滑稽可笑，就必须包含主体的自我决定的理性根据，这个理性根据必须被当作决定性因素记录下来。实验据以作出决定的原则也使这种实验变得极端愚蠢，这也

———————————

① 这里是指后文中所说的布里丹的驴子——中译本注。

贬低了决定。布里丹式的那种纯粹状况根本不可能出现，除非为了证明自由，这种状况才被设想或者确立起来。即便类似的情况出现了，那也与任何人的生活无关，从而对自由来说也是无关紧要的（ἀδιάφορον）。实际上，康德的一些关键实验也极端自负。他引入这些实验，把它们作为经验证据来说明他有权"把自由引入科学"，因为"就连经验也证实了我们心中的这种概念秩序"①。可是，当经验的证据被用来证实那按照康德自己的理论来说完全超出经验的东西的时候，这应该使他感到怀疑，因为这些关键性的事态被安置在他原则所排除的领域中。因此，下面这个例子就不是那么严谨的："假设某人为自己淫欲的偏好找借口说，如果所爱的对象和机会都来到他面前，那么这偏好对他来说是完全不可抗拒的：如果在他遇到这种机会的房子前面竖起一个绞架，在他享受过淫欲之后马上把他吊在上面，他在这种情况下是否还会不克制自己的偏好呢？人们可以很快猜出他会怎样回答。但如果问他，假如他的君王以同一种毫不拖延的死刑相威胁，且想以莫须有的罪名来诋毁一个清白人，无理要求他提供伪证，此时无论他对生命的热爱有多大，他是否可能克服这种热爱呢？他是会这样做还是不会这样做，这是他也许不敢做出保证的；但他必须毫不犹豫地承认，这样做对他来说是可能的。因此他作出判断，他能够做某事乃是因为他意识到他应当做某事，

---

① 《康德著作全集》第五卷，李秋零译，北京：中国人民大学出版社2013 年版，第 32—33 页。

并在自身中认识到通常没有道德法则就会依然不为他所知的自由。"① 那个被康德指责为"淫欲倾向"之人以及那个被暴君——也就是康德尊敬地称呼为他的君王——胁迫之人或许果真会承认,他会这样做。但是,在意识到这类决定在自我持存中的份量的时候,这两个人会说他们不想那样做,这就如同他们在真实的情况下那样,那么这或许才是真理。在紧急情况下,诸如"自我欲望"以及死亡恐惧之类的心理要素会与虚构的思想实验中的情况显得截然不同,因为这种实验把这些要素中立化为一种经过深思熟虑的、冷漠无情的观念。任何人,甚至那些最正直的人,都不能预测,在备受折磨的情况下他们将如何行动。这种绝非虚构的情况给康德的那个自明的东西划定了界限。他的例证并不像他所期望的那样能够把自由概念按照其实践中的用法加以合法化,人们至多耸耸肩而不予理睬。玩牌作弊的例子也不恰当:"在赌博中输了的人,也许会对自己不聪明感到恼火。但如果他意识到自己在赌博中曾经**使诈**(哪怕他因此赢了),那么,只要他用道德法则对照一下自己,他必定**蔑视**自己。因此道德法则必定是与自身幸福的原则有所不同的东西。因为不得不对自己说:尽管我充实了自己的钱袋,我却是一个**卑鄙小人**,这与赞许自己说:我是一个聪明人,因为我充实了自己的钱袋相比,毕竟还

----

① 《康德著作全集》第五卷,李秋零译,北京:中国人民大学出版社2013年版,第33页。

必须有一条不同的判断准绳。"① 玩牌诈欺之人是不是会鄙视自己，甚至假定他反思道德法则，这显然是经验问题。他也许幼稚地感到他是被免除一切资产阶级义务的幸运之人，甚至为他成功的手腕而暗自窃喜，他的自恋会使他对所谓的自我鄙视无动于衷；他也许就是遵循他那一类人所赞同的道德规则。他必定会谴责自己失去人的尊严的那种激情是建立在他承认康德的道德法则的基础上的，而康德却希望借助于这个例证把道德法则确立起来。在那样一群人中，比如"道德错乱"概念所涵盖的那一群人中，道德法则被悬置起来了，然而他们绝不缺乏理性。只有在隐喻的意义上，他们才被归入疯狂之人。如果关于理知世界的命题要在经验世界中获得安慰，那么它就必然满足经验的标准。然而，思辨思想却把所谓的例证说成是低级的东西，并厌恶这种东西，就此而言，经验世界无法提供这种满足。在康德那里并不缺乏这种厌恶的证据："这也是实例的唯一而且重大的效用：它们使判断力变得更加敏锐。至于知性的洞识的正确性和精密性，实例通常毋宁说对它们有些损害，因为它们只是罕见地完全满足规则的条件（作为 casus in terminis【术语中的事例】），而且除此之外还经常削弱知性在普遍的东西中、不依赖于经验的特殊情况而就其充足性来洞识规则的努力，从而最终使人习惯于把规则更多地当做原理来使用。所以，实例是判断力的学步车，缺乏判

---

① 《康德著作全集》第五卷，李秋零译，北京：中国人民大学出版社2013年版，第41页。

断力的自然才能的人绝不能缺少它们。"① 尽管如此，与康德本人的这个见解相反，在《实践理性批判》中，他并不讨厌运用例证。然而，他却引发（人们）怀疑，他之所以需要例证，是因为如果没有经验上的扭曲，那么形式的道德法则与定在之间的关系、从而绝对命令的可能性就无法实现。康德哲学由此报复了他。道德实验的荒谬性的核心在于，它们把不相容的东西结合在一起，并宣称它们对那不可能被计算的东西进行了成功的计算。②

附加物

　　尽管如此，这些实验还是显示了一个相当于模糊经验的要素，它可以被称为附加物。主体的决定不是像因果之

---

① 《康德著作全集》，第三卷，第126—127页。黑格尔也一再讽刺性地批评哲学中使用例证，尤其是在哲学史中。（原文中的注脚有错，不是第二版97页，而是第二版的173页。——中译本说明。）

② 康德思想实验与生存论伦理学没有什么不同。尽管康德十分清楚地知道，善良意志的中介在生活的连续性中，而不是在孤立的行动中，但是他却把善良意志限制到对于实验中二选一情况进行抉择，以便它能够证明它究竟应该做什么。于是，这种连续性不存在了，因此萨特紧紧抓住抉择，并以这样一种方式倒退到18世纪。然而，由于自律要在二选一的情况下才得到证明，于是对于全部的内容来说，它又是他律的。这样康德就不得不为他的一个例子提供一个君主，以形成一种抉择的情况。同样，萨特的例子也常常是从法西斯主义那里产生出来的。这些例子被用作抨击法西斯主义是正确的，但是如果被当做是人类状况，那么这就是错误的。只有当一个人不必接受二选一的情况时才是自由的，而在现存状况下，拒绝这种二选一就有一点自由的痕迹。自由意味着，批判和改变这些状况，而不是在强制机制的范围内达成一种决定，从而肯定这些情况。布莱希特按照他与学生所进行的讨论，先让肯定者（Jasager）的集体主义的教育剧登场，然后让叛逆的否定者（Neinsager）戏剧登场。当他这样做的时候，他也帮助这样一个洞见取得突破，而不管他的官方信条。

链那样展开的，而是突发的。这个附加的东西，即意识外化自身而实现出来的现实东西被哲学传统再次解释为意识。这种附加的东西会产生干预作用，纯粹的精神似乎可以预知这种干预作用。如此这般的构想是为了表明：只要主体进行反思，那么即使它不能打破因果之链，至少也能够在其他的动机秩序中添加某种东西，从而改变其方向。对于自由要素的自我体验是与意识联系在一起的。只有当主体的行动与主体一致的时候，并且这种情况只有被意识到时，主体才知道它自身是自由的。只有在这种情况下，主体性才艰难地、短暂地抬起头来。但是，固执地坚持这一点就是从理性主义的角度限制它自身。就此而言，只要康德坚持把实践理性当作是真正"纯粹"的理性，即认为它对于一切质料性东西都是至上的，那么他就附属于理论理性所推翻了的那个学派。意识、理性的透视都不能简单地与自由行动等同起来，也不能径直地与意志相等。而在康德那里恰恰发生了这种情况。对他来说，意志就是自由的全部，是自由行动的"能力"，是一切可以被设想为自由的那种行动的统一标志。关于那些在"超感性事物的领域"中与"纯粹意志的规定根据"处于"必然联系"的那些范畴，他教导我们说："这些范畴永远只与作为理智的存在者相关，而且在这些存在者身上也只与理性和意志的关系相关，因而只与实践的东西相关。"[①] 理性通过意志获得了现实，而

----

① 《康德著作全集》第五卷，李秋零译，北京：中国人民大学出版社2013年版，第61页。

这种现实却不受任何一种质料的束缚。散落在康德道德哲学文献中各种表述都集中于这一点。在《道德形而上学奠基》中，意志"被设想为依据某些法则的表象来规定自己去行动的能力。"① 在同一本书的后面的一个段落中，他说："意志是有生命的存在者就其有理性而言的一种因果性，而自由只是这种因果性在能够不依赖于外来的规定它的原因而起作用时的那种属性"。② 在第三个二律背反中所出现的那个"由自由而来的因果性"这个矛盾的说法，在《道德形而上学奠基》中得到了解释，在这里，这个说法只是由于意志被抽象地看作是从理性中而来的而变得似是而非。事实上，对康德来说，自由成为生命主体的因果特性，因为它超出了规定他们的外来原因，并收缩为与理性相一致的必然性。甚至在《实践理性批判》中，他在把意志当作"目的的能力"③ 的时候，也是把意志解释为理论理性，尽管意志是以客观的目的概念为取向的，因为目的"是在任何时候都是按照原则来规定欲求能力的根据"④；然而只有理性的法则才被看作是从属于原则的，并被悄悄地赋予了

---

① 《康德著作全集》第四卷，李秋零译，北京：中国人民大学出版社2013年版，第435页。"某些法则的表象"导源于纯粹理性的概念，康德也把它规定为"根源于原则的认知能力"。

② 《康德著作全集》第四卷，李秋零译，北京：中国人民大学出版社2013年版，454页。

③ 《康德著作全集》第五卷，李秋零译，北京：中国人民大学出版社2013年版，第63页。

④ 《康德著作全集》第五卷，李秋零译，北京：中国人民大学出版社2013年版，第63页。

指导欲求能力的权能，即指导这个从它那个方面看属于感性世界的欲求能力的权能。作为纯粹的逻格斯（λόγος），意志成为主体和客体之间的无主地，成为二律背反的，这是理性批判所没有考虑到的。然而，在现代的、自我解放的主体进行自我反思的一开始，比如在哈姆雷特中，洞见与行动之间的背离就已经纲领性地显示出来了。主体越是成为自为的存在者，越是让自己远离那与先定秩序的牢固和谐，（主体的）行动和意识就越是难于一致起来。按照理性主义的基本规则，附加物具有非理性的方面。它抵抗笛卡尔关于广延实体与思维实体之间的二元论。这种二元论把附加物当作某种心灵的东西，并把它与思维实体（res cogitans）结合在一起，而没有考虑到它与思维的差别。附加物是一种冲动，是心灵之外的东西和心灵之中的东西这类二元区分所无法完全确定、两者差异之外的残余，既不是有意地调和起来的东西，也不是存在论上最终的东西。意志的概念也涉及这方面的东西，它把所谓的意识事实作为自己的内容。这种内容同时既是纯粹描述性的，而又不仅仅如此。它潜藏在从意志到实践的转换过程中。纯心灵（intramental）和肉体结合在一起的那种冲动超越了意识领域，而这又是冲动所从属的领域。自由借此而渗透到经验之中。这就把自由概念作为这样一种状态——既非盲目的自然状态，又非被压抑的自然状态——的概念激活起来。自由的愿景——理性绝不允许任何关于因果的相互作用的证据削弱这种愿景——就是精神和自然和解。这种自由的愿景不是像康德把理性与意志等同起来时所显示的那样，对理性来说是外在的，不是从天上掉下来的。只有对哲学反思来说，这种自由的愿景才显现为某种完全的他者，因为被还原为纯粹实践理性的那种意志是一种抽象。附加物就是用来命名被这种抽象所排除了的东西。没有这种附加物，意志就绝不会成为真正的意志。附加物像闪电在下述两个极点之间闪现：一个极点是某种早已过去的东西、是几乎无法被认识的东西，另一个极点是未来总有一天能够实现的东西。真正的实践，即一切满足自由观念的行动的概括，确实需要充分的理论意识。在从意志向行动转换的过程中，决断论取消了理性的作用。这种决断论是把这种转换过程托付给统治的自动机制来完成：这种决断论所适应的那种未经反思的自由成为总体不自由的奴仆。希特勒的帝国所教导的就是这种东西，它把决断论和社会达尔文主义结合起来，是自然的因果律的肯定性扩展。但是，实践需要他者，某种不能在意识中被穷尽的东西，某种肉体性的东西，它既被中介为理性，而又不同于理性。这两者绝不是分开来被体验到的，但是哲学分析以这样一种方式对这种现象进行了剪裁，即在哲学语言中，它不能用其他方式被表达，而只能像是某种他者被附加在合理性上。由于康德只是把理性当作实践中的作用要素，他就仍然停留在褪色了的理论魔法之中。而为对抗这种理论魔法，他构想出了实践理性的优先性作为补充。康德的整个道德哲学深深受此折磨。虽然纯粹意识在康德那里是迫使人采取行动的东西，但是行动中（包含了）与纯粹意识不同的那种东西是突然跳出来的东西，是自发性，然而康德仍然把这种自发性放置在纯粹意识之中，因为否则的话"我思"的建构功能就会受到威胁。尽管他还保留了对于那被驱逐出去的东西的记忆，但是这种记忆也只是对隐含在心灵内部的自发性进行了双重解释。一方面，它是意识所取得的成就，即思维；另一方面，它是无意识和非自愿的，是思维实体（res cogitans）而又超越思维实体的脉动。纯粹意识——"逻辑"——本身是某种已经形成并发挥作用的东西，其发生就消失在其中。纯粹意识包含了它的发生，但是这种发生是被包含在被康德学说所掩盖了的要素，即意志的否定这一要素之中，但是按照康德的观点，这个意志是纯粹意识。逻辑是对抗自身而又被封闭起来的实践。沉思的行为，即逻辑的主观相关物，是不需要任何东西的行为。相反，每一个意志行动，都会打破逻辑的自主机制。这就把理论和实践推向对立。康德把事情颠倒过来。尽管随着意识的不断提高，附加物也日益升华，尽管意志的概念也会因此形成某种实质性和一致性的东西，但是如果反应的动力形式被完全抛弃了，如果手腕没有突发动作，那么意志也就不存在了。伟大的理性主义哲学家在意志的名义下所设想的东西已经抛弃了意志。尽管叔本华没有对此作出说明，但是他在自己的（《作为意志与表象的世界》的）第四篇中还是正确地感到自己是康德主义者。没有意志就没有意识，观念论者把这个观点纳入到十足的同一性之中并使它变得模糊不清：好像意志与意识没有什么不同。在先验认识论的最深刻的概念中，即在创造性的想象力的概念中，意志的痕迹被移入到纯粹的理知的功能之中。一旦这种情况出现，那么自发性就奇妙地隐匿在意志之中。从发生学上来说，理性不单单区别于意志并且从内驱力中发展起来：如果没有每一次的意志活动，那么意志就不能在每个思维行动的任意性中表现自身——并且只有意志才给思维提供了一个基础，使它区别于主体的那种被动的、"接受的"要素——从而也就没有本来意义上的思维。观念论却信誓旦旦地忠实于相反的观点，并且观念论以消灭意志为代价而不允许说出它，这就表明了它既背离真正的事实，又接近真正的事实。

肯定性自由的虚构

自由只能根据不自由的具体形式而在确定的否定中被把握。如果作为肯定性的东西，那么它就成为"仿佛"。准确地说，《道德形而上学奠基》中的自由就是如此："现在我说，每一个只能按照理念去行动的存在者，正因为此而在实践方面确实是自由的，也就是说，一切与自由不可分割地结合在一起的法则都适用于它，正好像它的意志就自身而言也被宣布为自由的，而且这在理论哲学中也是有效的。"①

---

① 《康德著作全集》第四卷，李秋零译，北京：中国人民大学出版社2013年版，第455—456页。

在这个虚构中所出现的难题——或许正是由于它的这个弱点，它才如此这般地从主观上强调："现在我说"——在注脚中表现出来。在这里，康德抱歉地说："仅仅假定自由被理性的存在者纯然在理念中当作其行为的根据，这对我们的意图来说已是足够"，"我自己无须在理论方面证明自由"。① 然而，他看到，只有按照这种理念来行动的存在者才是真正的人。而康德《纯粹理性批判》的"理论意图"就是意指这样的人，（于是）它把因果性列入范畴表中。就康德来说，他需要付出巨大的努力才能赋予经验的人以自由，好像他们的意志也有他在理论哲学、在关于自然的哲学所证明的那种自由。因为如果道德法则与这些经验的人是完全不相容的，那么他的道德哲学就毫无意义。这种道德哲学急于摆脱下述状况，即第三个二律背反把两种可能的答案都同等地当作是越界而加以处罚，并最终陷入了僵局。在实践哲学中，尽管他也严格地宣称实然和应然之间的分离，但是他还是被迫对它们进行中介。他的自由观变成了悖论：被纳入到现象世界的因果性，它是与康德所说的那个因果性概念不相容的。康德在关于只能按照理念行动的存在者的说法中，在这些存在者的主体意识被束缚于这种理念的说法中极其天真地表达了这一悖论。这种天真甚至使康德的错误都比一切狡诈都高明许多。这些存在者的自由建立在不自由的基础上，既建立在他们不能以其他

---

① 《康德著作全集》第四卷，李秋零译，北京：中国人民大学出版社2013年版，第456页。

方式行动的基础上，同时也建立在一种经验意识的基础上，这种经验意识既可能在其自由方面欺骗自己，也可能在这种意识自身因自尊而发生的心理活动的其他无数细节方面欺骗自己。于是这种自由的存在受制于时空定在的偶然性。如果自由被肯定地确立起来，即被当作某种给予的东西或者给予东西之中的不可避免的东西确立起来，那么自由直接就变成了不自由。当然康德的自由学说与其在现实中的状况是严格对应的。这个社会强调自由是某种现存的东西，并把它与不可消除的压制结合在一起，在心理上与强制特征结合在一起。这就是康德的自身矛盾着的道德哲学与犯罪学实践所共同具有的东西。在这种犯罪学实践中，意志自由的顽固教条与不顾经验条件的严厉处罚的必要性结合在一起。在康德的《实践理性批判》中所有概念，例如：法则、强制、敬重、义务等，尽管是为了尊重自由，尽管是要力图填平绝对命令与现实的人之间的鸿沟，但却都是压迫性的。来自自由的因果性，腐蚀了自由并使之变成服从。与其之后的观念论一样，康德不能容忍没有强制的自由。他的那个未被扭曲的自由概念已经使他产生了对无政府状态的恐惧。这种恐惧后来使资产阶级清除了它自身的自由意识。我们可以从《实践理性批判》所随意采取的表达方式中看到这一点，当然更多的是从这种表达方式的口气中，而不是从内容中看到这一点："意志对法则的一种自由的服从是与一种不可避免的、但仅仅由自己的理性施之于一切偏好的强制结合在一起的，这种意识就是对法则的敬重。"① 被康德当作先天的东西、那个具有令人恐怖的威严的东西，就是（精神）分析者所追溯到的那种心理状况。在这里，决定论的科学从因果的角度解释了一种非推导出来的强制，观念论把自由贬低成这样一种强制，这种强制却真正地有助于自由：这是关于自由的辩证法的一部分。

思想的不自由

充分发展起来的德国观念论配合了同一时期被搜集在《少年魔法号》中的一首歌：思想是自由的。既然按照这种观念论的学说，一切存在着的东西都应该是思想，是关于绝对的思想，那么一切存在着的东西都应该是自由的。然而，这只不过是期望去平息人们的这样一种意识，思想绝不是自由的。在一切社会控制面前，在对支配关系的适应面前，思想的纯形式、逻辑严谨的形式就是不自由的证据，就是强制，这种强制既与被思考的对象有关，也与思考者有关，这些思考者只有通过集中注意力才能获得自己所思考的对象。一切不适于判断之实施的东西都应该被抛弃。思维预先进行了一种暴力，哲学以概念的必然性反映了这种暴力。通过同一化过程，哲学和社会相互中介，并由此而形成哲学的最内在的核心。今天科学思想中的那种普遍的、严密的规则体系以行为方式和组织形式而把这种原始

---

① 《康德著作全集》第五卷，李秋零译，北京：中国人民大学出版社2013 年版，第 86 页。

的关系外化出来。如果没有强制的形式，思维就根本不可能。思维和自由之间的矛盾既不能借助于思维而被消除，也不能为了思维而被消除，这种矛盾只是要求思维进行自我反省。从莱布尼兹到叔本华的那些思辨哲学家们都正确地把他们的努力集中于思考因果性。从包括叔本华的形而上学——只要它知道它是建立在康德的基础上——在内的更广泛的意义来说，因果性是理性主义的难点。纯粹思维形式的合法则性，作为认识的原因，而被投射在作为动力因的对象上。因果性预设了形式逻辑的原则，实际上也就是无矛盾性和赤裸裸的同一性原则，并把它作为客体认识中内容上的规则，尽管从历史上看其发展是朝着相反方向的。在这里，理智这个词包含了模糊性：理由（Vernunft）和根据。因果性因此付出了代价：按照休谟的洞见，因果性不能诉诸直接的感性的东西。从这方面来看，因果性作为一种教条的剩余物而从观念论中被强行分离出来；可是，如果没有因果性，那么观念论就不能行使它所追求的对存在者的支配。如果摆脱了同一性的强制，那么思维就可能会逃脱因果性，即模仿强制所形成的那种因果性。因果性把形式具象化，并使它成为对内容具有约束性的东西，而内容并没有给自身提供这样一种形式。于是元批判的反思就不得不吸收经验论。与此相反，整个康德哲学都处于同一性的标记之下。这赋予他的哲学——尽管它特别强调"质料"，即不是从纯粹形式所产生的质料——以系统的特征：他像他的后继者一样期待这样一种体系。然而，占主

导地位的统一性是理由（理性）概念本身，最终也就是纯
粹的无矛盾性的逻辑上的理由（理性）。康德的实践学说没
有对这种理性添加任何东西。尽管康德在术语上对纯粹理
论理性和纯粹实践理性进行了区分，这种差别就如同形式
逻辑和先验逻辑之间的区分，最终也如同狭义的理念学说
上的区分一样，但是这种区分并不是理性自身内部的差别，
而只不过是它们的用法上的区分，这种运用或者与对象毫
无关系，或者直接涉及对象的可能性，或者像实践理性一
样，从它自身中创造了其对象即自由行动。黑格尔的学说，
即逻辑学和形而上学同一性的学说，已经内在于康德思想
之中了，只是后者仍然没有把它作为主题。对康德来说，
这种理性的客观性，形式逻辑有效性的总体成为存在论的
避难所，而这个存在论在一切质料的领域都遭到批判的致
命攻击。这不仅仅促成了三大批判的统一：理性作为这种
统一的要素获得了它的双重特征，这种双重特征后来有助
于促进辩证法。对他来说，理性一方面区别于思维，是纯
粹主观性的形式，另一方面，又是客观有效性的总体，是
一切客观性的原型。理性的这种双重特性使康德哲学以及
德国唯心主义有可能发生转向：通过主体性来告诉人们真
理的客观性和每一种内容的客观性，而这种客观性恰恰被
同一个主体性所掏空。在理性中，主观性和客观性已经统
一在一起，在这里，客观性所意味着的任何一种东西都是
与主体相对立的，但这种东西又通过抽象而消失在主体之
中，无论康德如何进行抵赖都是如此。理性概念的双重结

构特性也在意志概念中出现。当意志概念以自发性的名义出现的时候，当它以那在主体中毫不费力地对象化的东西的名义出现时，它不是别的而恰恰就是主体；与此同时，它又像理性一样是固定的、同一的，并对象化为一种能够在事实的经验世界中具象化的、事实性的能力，并且与这个经验世界相兼容。只是由于其先天的存在者状态上的性质——它就如同特征一样是某种现成在手的东西——人们才能对它做出合理的判断，它会创造其对象，即活动。它属于它在其中产生影响的那个世界。意志肯定具有这一特点，这是把纯粹理性确立为一种毫无区分的概念所应承受的代价。当意志把自身对象化的冲动都被作为他律的东西而排除在意志之外的时候，它必须支付这种代价。

形式主义

人们从系统的内部对康德提出了反对意见，他们认为，如果按照理性的对象而对理性进行划分，那么这就违背了自律学说，使理性依赖于它所不是的东西，即依赖于理性之外的东西。这样的反对意见不会有多大的分量。不管康德的意图如何，从理性与它所依赖的东西之间的不一致性中所凸显出来的是康德所要驱逐的东西，即理性所内在地指涉的那种与它非同一的东西。只是康德没有走那么远：在所谓的理性的一切运用领域中理性统一的学说都预设了理性和理性的"关涉者"之间的固定的分离。可是，因为理性要想成为任何一种形式的理性都必须指称这样一种

"关涉者"，于是与他的理论相反，理性在其自身中也是被这些东西规定的。例如，对象的特征会进入关于在实践上究竟应该做什么的判断中，而这在质上不同于康德在理论领域中的那些基本命题。理性按照对象区别自身，而不是外在地按照有效性的不同程度始终以同样的方式给不同的对象领域打上烙印。意志学说也是如此。意志并不与它的质料，即社会分离（χωρίς）开来。果真如此的话，那么绝对命令就会和它自身相抵触；那么（社会）就不会是它的质料，其他人是被自律主体当作手段，而不是也当作目的。这就是单子论式的道德建构的荒谬性。道德行为显然比纯粹的理论行为更加具体，但却又因为这个学说认为实践理性要独立于任何一个"外在"于它的东西，独立于任何一个对象，而作为这样一个学说的后果，这种道德行为比纯粹理论行为更加形式。自舍勒以来反动的德国学院哲学给康德（的道德哲学）贴上了形式主义的标签，但是它却不能像这样仅仅受到谴责。尽管它没有就究竟应该做什么给人们提供现成的、肯定的决策，但是它还是人道地阻止人们为特权或者意识形态的利益而误用人和人之间的具体的、质上的差别。它制定了一般的法律规范，就此而言，虽然它是抽象的，并且由于它是抽象的，在这种平等的观念中还是保留了某种实质性的东西。当德国人批评康德说，他的形式主义过于理性主义了，这种批判在法西斯主义实践中显示出其血腥的色彩。这种实践按照盲目的现象领域，即按照一个人是不是属于某个指定种族，决定究竟谁应该被屠杀。这是具有虚假特征的具体性：在完全的抽象中，人被归入一些随意的概念之下并被相应地对待，而这种做法并不能洗清自法西斯主义以来具体这个词所沾染上的污点。然而，对抽象道德的批判却不能被弄得走向倒退。从特殊和一般的持续的不可调和性来看，所谓质料价值伦理学所说的那个突发的永恒规范是远远不够。如果把诉诸一个同时就诉诸另一个提升为一种原则，那么这就不能公正地对待这里的对立的两者。康德的实践理性的去实践化，也就是说，它的理性主义，是与它的去对象化耦合在一起的。只有被去对象化了，实践理性才成为绝对至上的东西，这个至上的东西才能够不管经验如何、也不管（理性中的）行动和（经验中的）行为之间的跳跃，而在经验领域中发挥作用。纯粹实践理性的教条准备把自发性重新转换为沉思。这确实在后期资本主义发展史中出现了，并且在政治冷漠中，这种最彻底的政治达到了顶峰。它的主观化一旦完成就会促成实践理性客观性的幻相，好像它是自在存在的。它也就不再清楚它究竟如何超越存在论的深渊从而以某种方式达到介入（经验领域）的存在者。这也是康德道德法则中非理性东西的根源。他选择了给定性这个表达方式来表达这个根源，而这个表达方式却抵抗一切理性的透明性；它命令我们终止反思过程。对于他来说，自由就相当于实践领域中理性的不变的自我同一性，因此，它也取消了语言运用中把理性和意志区别开来的东西。意志借助于其总体上的合理性而成为非理性的。《实践理性批判》在一个虚幻结合体中运行。它把精神作为行动的替代者，而这个行动不是别的而只是在那儿的纯粹精神。它破坏了自由：在康德那里自由的承担者即理性，与纯粹的法则相一致。自由要求康德所说的他律的东西。正如没有理性的判断就没有自由一样，如果没有按照理性的标准来说是偶然的东西，那么也就没有自由。正如把自由和理性绝对区分开来是武断的一样，把自由和偶然绝对地区分开来也同样是武断的。按照法则性的非辩证标准，自由之中似乎总是有某种随机的东西；这也要求一种反思，一种超出法则与偶然这两个特殊范畴之上的那种反思。

作为物的意志

近代理性概念是一个中立的概念。在其中，还原为纯形式的主观思维——从而潜在地被客观化并且与自我分离开来的思维——与脱离其构成要素的那种逻辑形式的有效性之间达到一种均衡，尽管这种逻辑形式反过来如果没有主观思维是不可想象的。在康德那里，意志的表达即行动参与到这种客观性中。这些行动于是被称为对象。① 它们的

---

① "为把实践理性的对象的概念理解为一个作为因自由而有的可能结果的客体之表象。因此，是实践知识的一个对象本身，这只不过意味着意志与使这对象或者它的对立面成为现实所借助的那个行动的关系，而对某物是不是纯粹实践理性的一个对象的评判，则只不过是对愿意有这样一个行动的可能性或不可能性辨析，借助这个行动，假如我们有这方面的能力（对比必须由经验来判断），某个客体就会成为现实的。"（《康德著作全集》第五卷，李秋零译，北京：中国人民大学出版社2013年版，第61—62页。）

对象性是模仿理性的模型而来的，是不顾行动和对象之间的具体差别的。意志无论是作为行动的较高概念，还是作为行动的统一要素都以类似的方式对象化。意志在理论上由此所遭遇到的东西，尽管存在显著的矛盾，但却不是完全没有真理内容的。从个人冲动的角度来看，意志事实上是独立的东西，是准物性的东西。就此而言，自我统一性的原则在联系到它的现相即作为"它的"现相时获得了一定程度的独立性。我们可以说这是独立的意志，甚至就此而言说它是对象性的意志，就像我们说强大的自我，或者用古代的术语说性格一样。我们甚至可以超出康德的理论建构之外说，它处于自然和理知世界的中间，本雅明把它与命运加以对照。① 个体冲动在对象化为意志时，意志也对这些冲动进行综合和规定。这种对象化是对个体冲动的升华，是对原初本能目标进行成功的、延后的、持续的调整。在康德那里，意志的合理性忠实地围绕着这个调整过程。通过这种调整，意志成为某种不同于它的"质料"东西，即不同于混乱的刺激。强调人的意志就意味着它是行动的统一要素，这个要素就是行动对理性的服从。用唐·乔瓦尼的那个意大利称谓来说，浪荡子被称为"il dissoluto"，即放荡者②。语言倾向于把道德看作是按照抽象的理性法则而

---

① 参见《本雅明文集》第一卷，美茵河畔法兰克福，1955 年，第 36—37 页。

② 在这里，阿多诺玩了一个文字游戏。这个意大利词的拉丁词根有分散、解体的意思。——中译本注

形成的人格统一性。康德的伦理学说使主体的总体高于这个总体唯一赖以存在的要素，尽管这些要素要在这个总体中才能存在，但是这些要素如果处于总体之外，那么它们不再是意志。这个发现是一种进步：它阻止人们，使他们不再针对特殊的冲动做出最终的判断，它也促使那种完全遵从文本的做法内在地走向终结。这有助于自由。主体自为地成为道德的，因此，主体不可能根据内在和外在的特殊要素，或者根据异于主体的那种东西而得到衡量。当意志的理性统一体被确立为唯一的道德权威的时候，主体就能免于等级社会对它所施加的暴力——甚至在但丁那里都是这个等级社会对主体的行为作出判断，而这个社会的法则却没有被主体的自我意识所接受。个人的行为是可以原谅的，因为没有任何一个孤立的行为是绝对善的或者是绝对恶，它们的标准是"善良意志"，即它们作为统一体的原则。社会作为总体被内化了。这种内化取代了对等级秩序的反思，而这个等级秩序的构造越是严密，它就越是会摧毁人格的一般性。康德把道德转移到了清醒的理性统一体之中，这是他的资产阶级的崇高品性，尽管在意志的对象化方面他产生了错误意识。

二律背反的客观性

　　按照康德的看法，关于自由和不自由的论断最终归于矛盾。因此有关的争论会毫无结果。按照有关科学和方法方面的标准的基本原理（Hypostasis），不证自明的是，各种原理如果不能避免它们成为矛盾着的对立面，那么就应该被理性的思维所抛弃。从黑格尔以来，这种说法就再也站不住脚了。矛盾也许是事物之中的矛盾，而不应预先就归咎于方法。对于自由的迫切兴趣暗示了这样一种客观矛盾的存在。尽管康德证明了二律背反的必然性，但他不愿意放弃幻相的难题，而匆匆忙忙地屈从于逻辑的无矛盾性。[①]先验辩证法并不完全缺乏这方面的意识。或许，康德的辩证法可以按照亚里士多德的模式被说成是包含了深奥结论的辩证法。这种辩证法总是把正题和反题本身都阐发为无矛盾的。就此而言，这种辩证法绝不是要轻易地打发掉反题，而是要证明这个反题是不可避免的。它只能通过更高层次上的反思才能"被化解"，作为逻辑理性的基本原理它是与它对之一无所知的那种自在东西密切相关的，因而是与它对之无法做出肯定判断的那种自在的东西有关的。理性不可避免地陷入矛盾，这表明矛盾是超出理性及其"逻辑"的东西。从内容方面来看，这种矛盾就允许理性的载

---

① "因为必然地推动我们超越经验和一切现象之界限的东西，就是理性在物自身中必然地并且完全有理由为一切有条件者要求的、从而条件序列作为已经完成了的而要求的无条件者。现在，如果人们假定，我们的经验知识遵照作为物自身的对象，将发生的情况就是：根本不能无矛盾地思维无条件者；与此相反，如果人们假定，我们对事物的表象如同它们被给予我们的那样，并不遵照作为物自身的对象，而是毋宁说这些对象作为显象遵照我们的表象方式，那么，矛盾就被取消了；因此，无条件者必然不是我们认识的物（它们被给予我们）那里找到的，但却是我们不认识的、作为事物自身的物那里找到的：这就表明，我们一开始只是为尝试而假定的东西是有道理的。"（《康德著作全集》第三卷，李秋零译，北京：中国人民大学出版社，2013年版，第13页。）（"Erscheinung"，在本书中，我们都翻译为"现象"。——中译本注）

体即主体有可能既是自由的又是不自由的。康德用非辩证逻辑的中介来解决这种矛盾，也就是把纯粹主体和经验主体区分开来，而这种区分忽视了这两个概念的中介性。主体也是它自身的客体，它通过范畴而被合规则地综合。就此而言，主体应是不自由的。为了能够在经验世界中行动，主体不能被设想为异于"现相"的东西。康德并没有总是否认这一点。《实践理性批判》和《纯粹理性批判》都一致地教导我们说，思辨的批判把"经验的对象本身，其中甚至包括我们自己的主体都仅仅视为显象"。① 综合、中介不能从任何一个被肯定地判断的东西中被删除。思想的统一要素把握住它所思考的一切东西，并把它们规定为必然的。这就相当于要把强大的自我说成是牢固的同一性，是自由的条件。这个自我会无力对付分离。在康德那里，性格的对象化就该属于被建构的领域，而不属于建构的领域。否则的话，他就犯了他指责理性主义所犯的谬误推理的错误。然而，主体又是自由的，因为它设定，按照康德的说法即"建构"它自身的同一性，即它的法则性的基础。这就是说，进行建构的应该是先验主体，而被建构的应该是经验主体。但这个说法并不能消除矛盾，因为没有一个先验主体不是在意识统一体中被个体化的，也没有一个先验主体不是经验主体的要素。先验主体需要不可还原的非同一东西，这种非同一东西同时也为法则性划定了界限。没有非

① 《康德著作全集》第五卷，李秋零译，北京：中国人民大学出版社2013年版，第7页。

同一东西，同一性就很难成为主体的内在法则。只有对非同一东西来说，它才是一个法则，否则的话，它就是同义反复。主体的同一化原则本身就是被内化的社会原则。因此，直到今天，在现实的、社会性的主体身上，不自由仍然对自由处于优势地位。在模仿同一性原则的现实之中，自由绝不是现成的、实证的。在普遍的魔力之下，人看起来好像是从同一性原则中摆脱出来了，从那看得见的决定因素中摆脱出来了，在这种情况下，他们只是暂时更少而不是更多地被决定而已：作为一种精神分裂症，主观的自由是一种毁灭性的东西，它只是会让人更多地把自己置于自然的魔力之下。

意志的辩证规定

如果没有身体的冲动，即微弱地残存于想象之中的那种身体冲动，那么意志就根本上什么也不是。然而，同时，意志又调整自己，使自己成为不断取得中心地位的冲动统一体，成为限制并潜在地否定这些冲动的权威。这就必须对意志进行辩证规定。意志是一种意识的力量，正是借助于这种力量，意志才跳出它自己的怪圈，并借此来改变那单纯存在着的东西；它的退缩也是一种抵抗。毫无疑问，对于这种情况的记忆一直陪伴着先验的、理性的道德学说。比如康德就公开宣称，道德法则的给定性是独立于哲学意识的。尽管他的这个命题是他律的和武断的，但其中还是包含了真理的要素，因为，它限制了道德法则的纯粹理性

的性质。如果人们要从严格意义上采纳一种理性，那么这
只能是未被压缩的哲学理性。这个主题在费希特的一个公
式即道德东西的自明性中达到了顶峰。当意志的合理性变
成坏良心的时候，意志的不合理性就成为扭曲的、虚假的。
如果意志应该是自明的，是不需要理性反思的，那么这个
自明的东西就给未被清除的余孽和迫害提供了庇护。自明
是文明的核心标记：善就是单一的东西、不变的东西、同
一的东西。一切不与之相适合的东西，前逻辑的自然要素
所遗留下来的全部东西都直接变成了恶，它像与之相反的
原则一样是抽象的。资产阶级的恶是过去的、被征服而又
没有完全被征服的东西的遗物。然而，就像它的暴力对应
物不是无条件地善一样，它也不是无条件地恶的。只有意
识，只有对意识所能够达到的那些要素进行广泛而持续反
思的意识，才能对它作出个别的决断。实际上，只有最先
进的理论立场才是判断正确实践和善本身的权威。一种要
被用来指导意志的善的观念，如果没有被吸收到具体的理
性规定之中，那就是不知不觉地服从物化意识，服从社会
所认可的东西。那摆脱了理性并宣布其自身就是目的的意
志——纳粹自己在他们的每一次党代会上都记录了这种意
志所取得的胜利——就像一切对于理性表示不满的理想一
样，随时准备作恶。善良意志的自明性在幻想中，即在本
应受到意志的抵抗的那种权力的历史积淀中变得极端顽固。
与这种自明性的假仁假义相反，意志的非理性因素谴责一
切道德的东西，把它们看做是原则上可错的。不存在道德

上的确定性。确立道德的确定性就已经是不道德的了，就是错误地把个人从一切可以称为伦理的东西中摆脱出来。社会越是无情地在每一种情况下都显示出其自身的客观对立，人们就越是不能保证任何一个单独的道德抉择是正确的。无论个人或者团体做了哪些反对总体的事情，作为这个总体的一部分，它（他）都沾染了这个总体之恶；那些什么都没有做的人也同样如此。这就是世俗化了的原罪。如果单个主体想象他自己具有道德上的确定性，那么他会失败，并且会成为共犯，因为他被束缚在社会秩序中，对那诉诸伦理天赋的状况几乎无能为力：喊不出改变这种状况的口号。第二次世界大战之后的现代德语狡猾地炮制出"苛求"这个说法来表达这样一种道德东西——而不是道德——的衰败状况。从它那个方面看，它成为再一次为这种状况提供辩护的工具。对于道德东西所设想出来一切规定，甚至是最形式的规定，比如作为理性的自我意识统一体，都是从质料性的东西中挤压出来的，而道德哲学却不想被这些东西弄脏自己的手。今天道德被允许再次拥有它曾经所憎恨的他律，并倾向于扬弃其自身。如果不诉诸质料性的东西，那么任何应当都不可能从理性中产生出来。然而，即使理性被迫抽象地把它的质料当作是应当的可能性条件，那么它也不可以中断它对特定质料的反思，否则的话它就恰恰会成为他律的。回过头来看，道德东西的肯定性，即观念论所确证的它的不可错性显示出，这种肯定性是多多少少仍然封闭的社会所发挥的功能，或者至少是

这个社会之幻相——对受此社会限制的意识来说那种社会
之幻相——所发挥的功能。这就是本雅明所说的人性的状
况和限度。康德和费希特所教导的关于实践理性高于理论
（理性）的学说，也就是理性高于理性的学说，只有在传统
主义阶段才是有效的，因为在传统主义的地平线上，怀疑
是不被允许的，而这两位观念论者恰恰梦想着要消除怀疑。

沉思

马克思从康德以及德国观念论那里接受了实践理性优
先性的命题，并把它强化为一种要求，即改变世界而不只
是解释世界。他也因此认同了一种彻底控制自然的纲领，
一种原初资产阶级的纲领。作为一种现实模型，同一性原
则——被辩证唯物主义所质疑的也是这样一种原则——粉
碎了主体所进行的那种努力，即把不同于主体的东西变成
类似于主体的东西所进行的努力。然而，尽管马克思把这
种内在真实的概念向外翻转过来，但是他还是准备把它翻
转回去。按照马克思的看法，那个早该完成的实践的目的
是要清除资本主义社会中所盛行的实践的优先性。只要生
产力获得了解放，以至人不再被吞没在那种被短缺所强迫
的实践中、那种在人身上自动化了的实践中，那么进行人
道的沉思还是可能的。这种沉思的坏处是，直到今天，沉
思还是满足于实践的这一方面，即亚里士多德所首先阐发
的那种致力于至善的实践，恰恰由于它对改变世界漠不关
心，而使它成为一种极其狭隘的实践：它变成了方法和工

具。把劳动尽可能地减少到最低程度，必然会极大影响实践概念。通过实践而被解放出来的人不管获得了怎样的见解，这些见解都不同于被意识形态所拔高了的实践，不同于以这样或者那样的方式使主体忙忙碌碌却又劳而无功的实践。今天这个方面的余辉也落到了沉思上面。当前流行着一种反对意见，一种从《费尔巴哈提纲》中推导出来的反对意见。这种反对意见认为，在贫困国家暴涨的人口所引发的越来越严重的不幸面前，在已经发生以及将来会发生的灾难面前，精神上的幸福是不允许的；对抗这种反对意见不仅仅是因为它主要是把无能变成了美德。确实，在这里精神享受不再是正当的，因为，如果幸福必须要看穿它自身的空无、即这种幸福是靠借来的时间而获得的，那么这种幸福就根本不是什么幸福。即使幸福还是那么激动人心，但它却在主观上被动摇了。有许多东西可以用来证明这样一个事实，认识——这种认识与改变世界的实践之间的联系至少暂时被扭曲了——本身并不是一种福祉。实践被推迟了并且不能再等了，而理论也由此而痛苦不堪。然而，假如一个人什么事情也不能做，即尽管他也期望更好的状况但也没有威胁性地让事情变坏，那么他就被迫去思考，这就是对他的确证，是对精神幸福的确证。这种精神幸福的视野根本不是要建立一种与后来的可能实践之间的极其明确的联系。即使思维出于纯粹的强制而推迟了实践，但是关于实践的那种推迟了的思考总是包含某种不恰当的东西。如果有人被束缚在谁得益方面来进行思考，那么任何事情都非常容易变得极其糟糕。一种更好的实践究竟给人强加了怎样的义务和要求，按照乌托邦主义所提供的警示，思维此时此地几乎无法做出任何预测，同样，实践按照其自身的概念来说也不可能在认识中穷尽自身。思维不需要有实践上的许可，它应该排除一切表面的东西，并尽可能地能走多远就走多远。然而，一种现实如果把自身与传统理论、甚至与迄今最好的理论对立起来，那么它就会封闭自身，并且也会为了把这个现实掩盖起来的那种魔力之缘故而要求这样做。它以如此异样的目光来看待主体，以至于那对于自己的失败十分警觉的主体会不遗余力地对这种异样的目光做出回应。由于极端重要的实践一再受挫，这样一种绝望的事实却极其悖谬地给思维提供了喘息的机会，如果不在实践上利用这个机会就是一种犯罪。对思维有利的竟然讽刺性地是这样一个事实，即人们不能把概念绝对化：思维，作为行为，仍然属于实践的一个部分，无论实践如何把这一点对它自身隐藏起来。可是，如果有人把感官的快乐当作某种更好的东西，并把它与不被允许的精神严格地对立起来，那么他就不会认识到，在历史升华的终点，那种从精神割裂开来的感官快乐也同样会表现出某种倒退的方面，这就如同儿童与食物之间的那种关系对成人来说是极度恶心的一样。就此而言，不要像儿童那样，倒是一种自由。

第三个二律背反的结构

按照先验分析的结果，第三个二律背反被预先中断了：

"是谁让你们来想出世界的一个绝对最初的状态，从而想出一个川流不息的显象序列的绝对开端，并由此给你们的想象创造一个休息地，而为不受限制的自然设置一个界限呢？"① 然而，康德却又不满足于这样一个概括性的结论，这一二律背反是由理性的误用而产生的可避免的错误；并且像其他二律背反一样，他把这个二律背反继续贯彻下去。康德的先验观念论包含了反观念论的禁令，即禁止设定绝对同一性。认识论不应该有这样的非分之举，好像不可预见的、"无限的"经验内容竟然可以从自在理性的肯定性规定中获得。任何人只要违反这一点，就会陷入到连常识都不会容忍的矛盾之中。对于这样一个貌似有理的说法，康德要进一步钻研下去。理性如果按照康德指责它的方式来进行，那么它就必须按照它自己的意思，为了它的不可阻挡的目标，继续前行，甚至好像是自然的和无法抵抗的诱惑下前进到它所不应到达的地方。理性悄悄得知，存在者的总体汇聚于理性之中。另一方面，在这个同样是异于体系的必然性之中，也可以说是在理性对于诸条件的无限探索中，包含了某种本真的东西，即绝对的观念。没有这种绝对的观念，真理是不可思议的。而与此相反的认识只不过是让事物与思想一致起来。理性会无条件地进行无限探索，并由此而导致二律背反。这样一个理性同时也是批判的理性。而这个批判理性在先验分析中却又必须压制理性的这

---

① 康德：《纯粹理性批判》，见《康德著作全集》第三卷，李秋零译，北京：中国人民大学出版社 2013 年版，第 303 页。译文略改。

种过度要求。这表明理性借助于其并非故意的自我批判而在批判地对待它自身的理性的时候是与它作为有所强调的真理之工具是矛盾的。尽管康德坚持这种矛盾的必然性，但同时他却要堵住这个漏洞。为此，他为了理性的更大的荣誉而变戏法式地处理了那导源于理性本性的必然性，并把它解释为只是概念的误用，并且是可以改正的误用。——在第三个二律背反的正题中，他把自由解释为"由自由而来的因果性"，并把这种解释说成是"必要的"。① 他自身关于自由的实践学说，正如他的意图所明确表达的那样，也不能简单地说成是非因果的或者反因果的。他修改或者扩展了因果性概念，只要他没有把这个概念与他在反题中所使用的那个因果性概念明确地区分开来。甚至在有关无限性的一切悖谬之前，他的这个定理就已经贯穿了矛盾。作为一种关于科学认识有效性的理论，《纯粹理性批判》只能把它的主题置于法则概念之下加以处理，甚至那些超出法则性的东西也被如此处理。

关于康德的因果性概念

康德关于因果性的最著名、从而也是完全形式的定义是，任何一个发生的事件都以先前的状态为前提，"它按照一条规则不可避免地跟随该状态。"② 从历史上看，这个定

---

① 《康德著作全集》第三卷，李秋零译，北京：中国人民大学出版社2013年版，第300页。"通过自由的因果性"，译文按照邓晓芒译本改。

② 《康德著作全集》第三卷，李秋零译，北京：中国人民大学出版社2013年版，第301页。

义一方面是反对莱布尼兹学派的，反对从内在必然性的角度把状态序列解释为某种自在的东西。另一方面，它又与休谟区分开来：没有思想中的合规则性，没有后来被加在习惯东西、偶然东西上的这种合规则性，一致的经验就不可能。而休谟在此也必须从因果意义上加以讨论，以便使他把无关的东西说成类似于习惯这个说法看起来合情合理。相反在康德那里，因果性是主观理性的功能，于是被设想为概括在这个概念下的东西就变得越来越稀少。它像神话那样消解了。它接近于合理性原则本身，即按照规则进行思考的原则本身。关于因果联系的判断渐渐变成同义反复：理性在这些判断中看到它自己只是作为规则的能力而发挥作用。理性为自然立法或者说理性进行立法，这种说法无非是在理性的统一性之下所进行的概括。它把这种统一性，即它自身的同一性原则转移到客体那里，并作为对客体的认识而强加到客体身上。一旦因果性被如此彻底地祛魅，就好像是被不许对客体进行内在规定的那种禁忌所祛魅一样，那么因果性也就会瓦解自身。与休谟否定因果性相比，康德进行的拯救所具有的唯一优势是，被休谟消除掉的东西却被康德看作是理性所固有的，这种固有的东西如果不被看作是人类学的偶然性，那么这就应该被看作是它所建构的必然性。因果性不应该产生于客体及其相互关系，而仅仅产生于主体的思维强制。一种状态与其后的状态之间存在本质性的、特殊的联系，这种说法对康德来说是独断。然而，前后相继东西的合法则性是按照康德的观念确立起来了的，它不是要让人回想起任何因果联系。客体相互之间的联系，即深入地把客体内在地结合起来的那种联系，对于因果性原理来说其实就成为表面上的东西。在这里被忽视的是一个最简单的说法，某物是他物的原因。严格地与对象的内在性隔绝开来并把自身封闭起来的因果性不过是它自身的外壳。在法则的概念中，还原到人这一方法达到了极限值，它所说的不再是关于客体的法则。把因果性扩展为纯粹的理性概念也就否定了因果性。康德的因果性是一个没有原因的因果性。当他把因果性从自然主义的偏见中解救出来的时候，他又让因果性在他的手中烟消云散。意识确实不能逃避因果性，它是意识的固有形式，这当然回应了休谟的弱点。但是，当康德说主体必须按照因果的方式进行思考的时候，他就在分析被建构东西的过程中按照"必须"这个词的意思来遵从因果性命题，他首先就应该把被建构的东西隶属于因果命题。如果通过纯粹理性进行的因果性建构——这种建构从它那个方面看仍然应该是自由的——早就屈从于因果性了，那么自由也就已经是一种妥协性的自由了。这种自由除了让意识顺从于法则之外几乎没有任何地盘了。在这种全部对立的建构中，自由和因果性是相互交叉的。在康德那里，由于自由与行动一样都是出于理性，因此自由也就是合法则，甚至自由行动也"遵从规则"。由此所产生的是康德之后哲学所无法承受的负担，即没有法则就没有自由。自由就在于它与法则的一致性。这一点通过德国观念论而被恩格斯所进

一步继承①，并造成了无法预见的后果：这就是错误和解的
理论来源。

为秩序辩护

　　随着认识论上的强迫特征的消失，对总体性的要求——
只要这种因果性与主体性原则相一致，这个总体性要求就
凸显了因果性——也不能再被坚持了。尽管在观念论中自
由还只是以悖谬的形式出现，但是却因此成为一种具有实
际内容的要素，这个要素超越了被命运所钳制的世界过程。
假如人们所探索的因果性被看作是事物本身的一个规定——
无论这个规定如何被主体所中介，那么在这样一个特殊规
定，即与纯粹主体性的无差别同一体相反的规定中所展现
出来的就会是一种自由的前景。这种因果性可以说是相当
于那区别于强制的东西。于是这种强制不再被当作主体的
实际行动而受到颂扬，主体的总体性也不再受到肯定。它

――――――――――

　　① "黑格尔第一个正确地叙述了自由和必然之间的关系。在他看来，自
由是对必然的认识。'必然只是在它没有被了解的时候才是盲目的'自由不在
于幻想中摆脱自然规律而独立，而在于认识这些规律，从而能够有计划地使自
然规律为一定的目的服务。这无论对外部自然的规律，或对支配人本身的肉体
存在和精神存在的规律来说，都是一样的。这两类规律，我们最多只能在观念
中而不能在现实中把它们相互分开。由此，意志自由只是借助于对事物的认识
来做出决定的能力。因此，人对一定问题的判断越是自由，这个判断的内容所
具有的必然性就越大，而犹豫不决是以不知为基础的，它看来好像是许多不同
的和相互矛盾的可能的决定中任意进行选择，但恰好由此证明它的不自由，证
明它正好应该由它支配对象所支配。因此自由就在于根据对自然界的必然性的
认识来支配我们自己和外部自然；由此它必然是历史发展的产物。"（《马克思
恩格斯选集》第三卷，北京：人民出版社1995年版，第455—456页。）

也会失去先天的力量，一种从现实强制中抽引出来的先天力量。因果性越是具有客观性，自由的可能性就越大。这就是凡期望自由的人都必须坚持必然性的原因之一。相反，康德既寻求自由，又阻止自由。第三个二律背反的正题的基础，即原因的绝对自发性——自由而神圣的创造行动的世俗化，具有笛卡尔的风格。这种风格应该是有效的，以便满足方法。认识论的完善性被确立为认识论的标准。没有自由"甚至在自然的进程中现象的序列继起在原因方面也永远不是完备的。"① 认识的总体性——在这里它被心照不宣地等同于真理——应该是主体和客体的同一性。作为一个认识的批评家，康德限制了认识的总体性，作为一个关于真理的理论家，康德又宣传这种总体性。按照康德的观点，只有依据原初行为是绝对自由的这个基本原理，认识才可以被设想为一种处理完整序列的认识。于是，这种认识不再允许任何一种东西处于感性被给予性之外，它也不会直面任何与它相异的东西。对于这种同一性的批判不仅打击了肯定性的、存在论上的原因概念，一种被奉若神明的、主观的原因概念，而且也打击了康德对自由的必然性的论证，从纯粹形式上来说，这种论证不管怎么说都包含了矛盾。自由必定存在，这是自主的立法主体的最大的不公正。这个主体自身自由的内容是同一性，是吞并一切非同一东西的同一性。这个自由的内容与必须、法则以及

---

① 《康德著作全集》第三卷，李秋零译，北京：中国人民大学出版社2013年版，第302页。为术语的一致性，译文略改。

绝对统治是一致的。这激发了康德的激情。他甚至把自由解释为因果性的一个特例。对于他来说，这涉及"持续的法则"。他的资产阶级立场极端蔑视与厌恶无政府状态，这一点也不亚于他的资产阶级自我意识对专制的反感。于是社会也渗透到他的最形式化的考量之中。这种形式的东西自在地一方面把个人从必须如此这般这种限制性规定中解放出来，另一方面，又拿不出任何东西来对抗现存状况。由此，它只能把自身建立在那种被提升为纯粹原则的统治之上，并且是资产阶级性质的东西。在康德的道德形而上学的起点上潜藏着孔德后来所进行的那种社会学意义上的区分，即社会进步的法则与社会秩序的法则的区分，其中还伴随着支持后者的那种偏见，而后者又会借助于其合法则性来限制进步。康德在论证反题时的一句话就有这样的弦外之音："对自然规律的自由（独立性）虽然是对强制的一种解脱，但也是对一切规则的导线一种解脱。"① 这条导线会通过"无条件因果性"，也就是通过自由生产的行动，而被"扯断"。当康德在反题中科学地批判这种生产行动的时候，他像对待呆板的事实一样，蔑视地称之为"盲目的"②。康德急急忙忙地把自由看作是法则，这暴露了这样一个事实，康德和他的阶级一样都不那么严肃地对待自由。

① 《康德著作全集》第三卷，李秋零译，北京：中国人民大学出版社2013年版，第302页。
② 《康德著作全集》第三卷，李秋零译，北京：中国人民大学出版社2013年版，第302页

早在他们害怕工业无产阶级之前，他们就把对被解放出来的个人的赞美与对社会秩序的辩护结合在一起，例如亚当·斯密的经济学就是如此。在这个秩序中，一方面看不见的手既关照乞丐，也关照国王，另一方面即使是自由的竞争者也要为——封建的——公平竞赛的而努力。当康德的通俗化者把社会秩序称为"慈悲的天女"① 时，他并没有误解他的哲学导师。而就在这同一首诗歌中，他又再三强调，当人民苏醒起来的时候，福祉却并不会兴盛。这两个人都不想知道，他们那一代人在法国大革命相对温和的恐怖中所看到的那种混乱——他们对保皇党人的残暴并没有显得那么愤怒——是由压制而产生的怪物。甚至在奋起反对这种压制的人当中还残留了这种压制的痕迹。正如所有其他的德国天才一样——这些人虽然最初都欢呼革命，但一旦罗伯斯比尔给他们提供了借口，他们马上就如释重负地谴责革命，康德在对反题的论证中以"无规律性"为代价来赞美"合规律性"，甚至还说到了一种"自由的幻象"。② 法则被赋予了一个令人赞美的修饰词"持续的"。这个修饰词可以把法则提升到无政府状态的恐怖景象之上，而不让人产生一丝疑虑，这些法则恰恰就是那不自由社会的痼疾。在康德那里，法则概念的优先性表现为在证明正

---

① 《席勒文集》第一卷，钱春琦，朱雁冰译，北京：人民文学出版社2013 年版，第 136 页。——英文本译注。

② 《康德著作全集》第三卷，李秋零译，北京：中国人民大学出版社2013 年版，第 302 页。

题以及证明反题过程中，他把法则称为这两者的所谓更高的统一体。

对反题的论证

众所周知，在《纯粹理性批判》中关于反题的整个部分都采用了反证法。而在正题之中有这样的观点，被设定的相反命题犯了超越地使用因果性的过错，从一开始违背了范畴学说；反题中的那个原因范畴超出了经验可能性的边界之外。从内容上来看，这里所忽视的是，它以顽固的科学主义立场来防范原因范畴的形而上学用法。为了逃避这种科学主义——这种科学主义是理论理性学说所明确地赞同的——所产生的不可知论的后果，于是康德构建了一个与科学主义立场根本不同的反题：自由是通过摧毁了按一定标准做出来的稻草人而获得的。它所证明的不过是，因果性不应被看作是肯定地被给予的、直至无限的东西——按照纯粹理性批判的要旨，这是同义反复，这也是实证主义最不会反对的同义反复。然而，这绝不意味着，甚至在论证正题的上下文之中都不意味着，因果之链会由于自由的设定而被打断，因为这个自由和因果之链都同样是被肯定地设定的。这个谬误推理具有极端的重要意义，因为这允许它对未被确定的东西进行肯定性的重新解释。肯定的自由是一个疑难概念，这个概念被编造出来是为了对抗唯名论和科学化倾向而把自在存在作为精神的东西保留下来。在《实践理性批判》的最核心处，康德承认他所要做的是拯救一种残余："但是，既然这法则不可避免地涉及事物的一切因果性，只要它们的存在在时间中可被规定的，所以，假如这法则是人们也能够表象这些物自身的存在所根据的方式，自由就必然会作为一个无意义的和不可能的概念被抛弃。因此，如果人们还要拯救自由，那么除了把一个事物的存在就其在时间中可以被规定而言，因而也把按照自然必然性法则的因果性仅仅赋予现象，而把自由赋予作为物自身的同一个存在者之外，就无路可走了。"① 自由的建构承认，这种建构是被《亲和力》后来所说的那种拯救的欲望激发起来的，与此同时，如果这种自由被归入时间内主体的特征之中，那么它就把自身展露为"无意义的和不可能的"。这种建构的本质性的难题不在于反题在无限东西方面所提出的抽象可能性公然否定了肯定性自由的学说。理性批判无可争辩地反对把超越时间和空间的主体说成是认识的对象。所以起初《道德形而上学的奠基》就认证道："甚至对于自己本身，即便根据人通过内部感受而对自己拥有的知识，他也不可以妄称认识他就自身而言是什么样子。"② 在《实践理性批判》前言中他引证《纯粹理性批判》而重复了这一点。③ 在这里，康德还规定说，"经验的

---

① 《康德著作全集》第五卷，李秋零译，北京：中国人民大学出版社2013年版，第101—102页。

② 《康德著作全集》第四卷，李秋零译，北京：中国人民大学出版社2013年版，第459页。

③ 《康德著作全集》第五卷，李秋零译，北京：中国人民大学出版社2013年版，第7页。

对象""却把物自身作为它们的基础"①，这个规定由此听起
来非常独断。然而这里的疑难绝不仅仅是认识自在自为的
主体的可能性的问题。关于主体的每一个可以想象的规定，
康德意义上关于主体所进行的"本体上的"规定都陷入这
样的疑难之中。按照康德的学说，为了分享自由，这个本
体的主体必须是外在于时间的，"作为纯粹理智，在他不能
按照时间来规定的存在（Dasein）中。"② 拯救的欲望使这
一本体的东西得以存在——因为否则的话就不能就这个主
体断定任何东西，——但它不应该根据时间而得到规定。
然而存在，就像任何一种被给予东西一样，不能消失在纯
粹的观念中，按照它自身的概念是在时间内的。在《纯粹
理性批判》关于纯粹知性概念演绎那个部分以及关于图型
那一章③，主体的统一体变成了纯粹的时间形式。它把一
个人的意识事实结合起来，并作为这同一个人的结合。没
有时间内被综合要素之间的相互联系，就没有综合。这甚

---

① 《康德著作全集》第五卷，李秋零译，北京：中国人民大学出版社
2013 年版，第 7 页。

② 《康德著作全集》第五卷，李秋零译，北京：中国人民大学出版社
2013 年版，第 125 页。

③ "由此可见，知性的图型法通过想象力的先验综合所产生的结果，无
非是直观的一切杂多在内感官中的统一，并如此间接地作为与内感官（一种感
受性）相应的功能的统觉的统一。因此，纯粹知性概念的各图型就是给这些概
念提供一种与客体的关系，从而提供意义的真正的和唯一的条件，而因此之
故，各范畴归根到底就除了一种可能的经验性的应用之外没有别的应用，因为
它们仅仅被用于通过一种先天必然的统一（为了一切意识中一个源始的统觉中
的必然结合）的诸般根据使显象服从综合的普遍规则，并由此使它们适宜于无
一例外结合在一个经验中。"（《康德著作全集》第三卷，李秋零译，北京：中
国人民大学出版社 2013 年版，第 133 页。）

至是最形式的逻辑运演及其有效性的条件。因此，如果主体这个名称之下还有某种东西可以被思考，那么无时间性就不能归入绝对主体之中。如果万一这种无时间性要被归入主体之中，那么它就是绝对的时间。令人费解的是，自由——它原则上说是时间中活动的特性，并且只能在时间中被实现——为何竟然可以被论断为某种完全非时间的东西；同样令人费解的是，这类非时间的东西如何既能够在时空的世界中发挥作用，而它本身却不会变成时间性的东西，而又能够不误入康德的因果性领域。于是，自在之物的概念就像救星一样帮上了大忙。它是隐藏着的和无规定的，标志着思维中的盲点。正是它的无规定性才使它被拿来按照需要而得到解释。康德关于自在之物所说的唯一的话语是，它会"影响"主体。然而这个自在之物又是与主体尖锐对立的，只有通过一种无法实现的思辨才能把这个自在之物与道德主体、这个同样自在存在着的主体撮合在一起。而康德在任何地方都没有进行过这样的思辨。康德对认识的批判不允许召唤自由，并使之成为实存着的自由。当然康德还是帮助自己魔法般地构想出一个存在领域（Daseinssphäre），而这个领域却可以免受那种认识批判，但对它究竟是什么人们也无法做出判断。他也试图把自由学说具体化，并把自由赋予活生生的主体，但是却陷入了自相矛盾的论断中："由此，人们可以承认，假如对我们来说有可能对一个人的思维方式就其通过内部的以及外部的行动表现出来而言具有如此深刻的认识，以至于它的每一个哪怕是最微小的动机都为我们所知，此外还有所有对着动机起作用的外部诱因，那么人们就能够确切地测算出一个人未来的行为举止，就像测算出一次月食或者日食那样，这时却仍然主张人是自由的。"① 甚至在《实践理性批判》中康德也不能没有"动机"这个术语。这是与内容有关。如果要想让自由学说能够被人理解——这也是自由学说所不可或缺的，那么它就不可避免地要借助于隐喻走向来自经验世界的表象。"动机"是一个因果性、机械性的概念。于是，即使这个命题的前半句是有效的，那么后半句也是废话。它只是被用来服务于一个目的：通过一种神秘的命定的关联而把那地地道道形而上学的东西与完全卷入因果性的经验的东西联系起来，并且在自由的名义下使它背负罪责，而在完全被给予的规定之中，这种罪责就根本不是罪责。通过人的有罪感，这种完全被给予的规定进一步强化并渗透到人的主体性的最内在的核心。这种自由的建构没有留下任何其他东西，而只是牺牲其所依赖的基础——理性，并以一种威权的方式来恐吓那些试图徒劳地思考自由的人。对康德来说，理性从它自身的那个方面来看不过是立法的能力。因此他从一开始就必须把自由设想为"一种特殊方式的因果性"②。当他这样设定自由的时候，他也

① 《康德著作全集》第五卷，李秋零译，北京：中国人民大学出版社2013 年版，第 106 页。

② 《康德著作全集》第三卷，李秋零译，北京：中国人民大学出版社2013 年版，第 301 页。

取消了自由。

存在者状态上的要素和理想的要素

事实上自由的疑难建构不是建立在本体上，而是建立在现相上。在这里，我们看到了道德法则的既定性，康德据此相信，无论如何，自由也是某种实存的东西。然而，既定性，正如这个词所暗示的意思，是自由的对立面，是在时间和空间上所行使的赤裸裸的强制。对康德来说，自由也就叫纯粹实践理性，即创造其对象自身的纯粹实践理性。这种理性"就对象而言，不是认识它们，而是实践理性自己（根据对这些对象的认识）实现这些对象的能力"。[①]这里所说的意志的绝对自律也就是对内在自然的绝对统治。康德又自吹自擂地说："一以贯之是一个哲学家的最大责任，但这却鲜有发现。"[②] 这不仅仅是要把形式逻辑上的纯粹连贯性强行作为最高的道德权威，而且同时也要使任何一种冲动都屈从于逻辑的同一体，使逻辑的同一体凌驾于松散的自然之上，实际上也就是凌驾于非同一东西的一切多样特征之上。在逻辑的封闭圈子中，松散的自然显得极端不连贯。尽管康德要解决第三个二律背反，但是他的道德哲学仍然是自相矛盾的：这个道德哲学按其全部观念只

[①] 《康德著作全集》第五卷，李秋零译，北京：中国人民大学出版社2013年版，第96页。
[②] 《康德著作全集》第五卷，李秋零译，北京：中国人民大学出版社2013年版，第25页。

能把自由的概念设想为压制。在康德那里，道德的具体化全都带有压制的特点。它所进行的抽象是实质性的，因为它从主体之中排除了一切与它的纯粹概念不符合的东西。这就是康德的严格性。享乐的原则遭到了反驳，这不是因为它本身是邪恶的，而是因为对纯粹自我来说，这个原则是他律的："出自一个事物的实存的表象的愉快，就它应当是对这个事物的欲求的规定根据而言，建立在主体的易感性之上，因为它依赖于一个对象的存在；所以它属于感官（情感），而不属于知性，知性按照概念来表达表象与一个客体的关系，而不是按照情感来表达表象与主体的关系。"①康德赋予自由的那种荣誉——他希望把一切影响自由的东西都清洗干净——同时也就宣判人在原则上是不自由的。除了感受到他对自己的冲动的限制之外，人感受不到这种走向极端的自由。如果康德在一些段落中也倾向于快乐——比如，关于实践理性诸原理的第二个定理所进行的第二个冗长注释，那么这就是他的人道的倾向打破了连贯性的规范。他也许开始认识到，如果没有这样的仁慈，人按照道德原则就无法生存。人格的纯粹理性原则应该与人的自我持存原则相一致，应该与包括他的幸福在内的总体"利益"相一致。康德对幸福所采取的立场与作为总体的资产阶级精神一样，是模棱两可的。这种资产阶级精神既要保证个人对幸福的追求，又要按照劳动的伦理来阻止这种

---

① 《康德著作全集》第五卷，李秋零译，北京：中国人民大学出版社2013年版，第23页。

追求。这样一种社会学上的反思不是从外部被强行纳入康德的先天理论之中的。事实上，一些具有社会内容的术语在《道德形而上学奠基》和《实践理性批判》中一再出现，但这是与他的先天理论的意图不相容的。如果没有这样一种转换，那么康德就必须在道德法则与经验的人之间的相容性问题上保持沉默。只要他承认自律是无法实现的，他就必须向他律投降。如果一个人为了体系的一致性而想在使用那些具有社会内容的术语时剥夺其质朴的意义，并把这些术语提升为观念，那么他就不仅仅忽略了词语本义。道德范畴的真正根源就是以极其巨大的力量深深地扎入这些术语之中，这种力量超出了康德意图所能驾驭的范围。《道德形而上学的奠基》中绝对命令的一个著名的变体是这样的：“你要如此行动，即无论是你的人格中的人性，还是任何一个其他人的人格中的人性，你任何时候都同时当做目的，绝不仅仅当做手段来使用。”[①] 于是，“人格”即人之中人的可能性，都只是意味着一种规则的观念；人格，作为人的存在的原则，绝不是指一切人的总体，并且还没有得到实现。此外，这个词还被附加了事实性内容，这种内容不能被甩掉：每一个人都应该被作为社会化了的人类的代表而受到尊重，而不仅仅是交换过程的功能物。康德所强调的那种关键区别，即目的和手段的区别是一种社会性的区别，是作为劳动力商品的主体——经济上的价值就是

---

① 《康德著作全集》第四卷，李秋零译，北京：中国人民大学出版社2013年版，第437页。

通过他而被生产出来的——与人之间的区别，而人即使作为商品也仍然不失为主体。正是为了人，整个商品市场系统才运转起来，但它却忘掉了人，而只是偶尔才满足人。如果没有看到这种社会性区别，那么绝对命令这个变体就变得空洞无物，毫无作用。然而正如霍克海默所注意到的那样，这个绝对命令的变体中所说的"绝不仅仅"是一种极端清醒的转折用法。在这里，康德为了不破坏其实现乌托邦的机会竟然接受了那应受指责的经验内容，即接受剥削这一经验内容，并把它作为获得更好前景的条件，就像他后来在历史哲学中就对立概念所阐述的经验内容那样。在那里，他说："自然用来实现其所有禀赋之发展的手段，就是这些禀赋在社会中对立，只要这种对立毕竟最终成为一种合乎法则的社会秩序的原因。在这里，我把这种对立理解为人们的非社会的社会性，也就是说，人们进入社会的倾向，但这种倾向却与不断威胁要分裂这个社会的一种普遍对抗结合在一起。这方面的禀赋显然缊含着人性之中。人有一种使自己社会化的偏好，因为他在这样一种状态中更多地感到他自己是人，也就是说，感到自己的自然禀赋的发展。但是，他也有一种使自己个别化（孤立化）的强烈倾向，因为他在自身中也发现了非社会的属性，亦即想仅仅按照自己的心意处置一切，并且因此而到处遇到对抗，就像他从自身得知，他在自己这方面喜欢对抗别人一样。正是这种对抗，唤醒人的一切力量，促使他克服自己的懒惰倾向，并且在求名欲、统治欲和占有欲的推动下，在他的那些他无法忍受，但也不能离开的同伙中为自己赢得一席之地。"① "作为目的自身的人性"的原则②，尽管是沉思的伦理学的原则，但绝不仅仅是内在的东西，而是人的概念得以实现的一种汇票。这个概念作为一种社会的即内化了的原则只有在每一个个人那里才有其位置。康德肯定注意到了"人性"一词的双重含义，既是人的存在的观念又是一切人的总体。尽管有那么一点不够严肃，但是康德还是以极具辩证法的深刻含义把人性这个词引入他的理论之中。于是，康德的话语一直在字词的存在者状态意义上的用法与观念相关意义的用法之间徘徊。"理性存在者"③当然既是活生生的人类主体，又是"目的自身的普遍王国"④。在康德那里，这个普遍王国与理性存在者相一致，又超越了理性存在者。他既不想把人性的观念让位于现存社会，也不想让它化为泡影。这两者之间的紧张关系在他关于幸福的模棱两可的态度中达到了一个爆发点。一方面，他在人值得享有幸福的概念中为幸福辩护，另一方面，他又把幸福贬斥为他律，尤其是在他发现"普遍的幸福"⑤对于意

---

① 《康德著作全集》第八卷，李秋零译，北京：中国人民大学出版社2013年版，第27—28页。

② 《康德著作全集》第四卷，李秋零译，北京：中国人民大学出版社2013年版，第438页。

③ 《康德著作全集》第四卷，李秋零译，北京：中国人民大学出版社2013年版，第455页。

④ 《康德著作全集》第四卷，李秋零译，北京：中国人民大学出版社2013年版，第471页。

⑤ 《康德著作全集》第五卷，李秋零译，北京：中国人民大学出版社2013年版，第40页。

志的法则毫无用处的时候更是如此。尽管绝对命令具有无条件的特点，但是康德却绝没有想把它本体化，把它变成纯洁无瑕的东西。下面这段话证明了这一点："也就是说，善和恶必须不是先行于道德法则（表面上必须是这概念为道德法则提供根据），而是仅仅（如同这里也发生的那样）在道德法则之后并由道德法则来规定。"[①] 善恶不是道德精神的等级体系中自在存在的东西，而是理性所设定的一种东西。这显示了唯名论是多么深入地渗透到康德的严格理论之中。当他把道德规范固定在自我持存的理性上的时候，这些道德范畴就不再是与幸福完全不相容了，可是康德却把这些范畴展现为与幸福极端对立的。康德在《实践理性批判》的进程中对有关幸福的立场所进行的调整，不是由于疏忽而向恋物伦理学（Güterethik）传统的退让，而更可能是在黑格尔之前所出现的一种概念运动的模式。不管有意还是无意，道德的普遍性进入了社会。《实践理性批判》的第四条定理的第一个注释明确地记录了这一点："因此，一个限制质料的法则的纯然形式，必须同时是把这质料附加给意志的根据，但并不以质料为前提条件。例如，这质料可以是我自己的幸福。如果我把这种幸福赋予每个人（就像我实际上在有限的存在者那里可以做的那样），那么，它就唯有在我把别人的幸福也一并包含在它里面的情况下，才能够成为一个客观的实践法则。因此，'促进他人幸福'

---

① 《康德著作全集》第五卷，李秋零译，北京：中国人民大学出版社2013 年版，第 67 页。

的法则并不是产生自'这对每个人自己的任性来说都是一个客体'这个预设，而是产生自：理性当做给自爱准则提供一个法则的客观有效性的条件所需要的普遍性的形式，成为意志的规定根据，因而客体（别人的幸福）并不是纯粹意志的规定根据，相反，惟有纯然的法则形式，才是我用来限制我的基本偏好的准则，以便使它获得一个法则的普遍性，并使它这样适合纯粹的实践理性；惟有从这个限制中，而不是从一个外在的动机的附加中，才能产生出把我的自爱准则也扩展到别人的幸福上去的责任的概念。"① 道德法则绝对地独立于经验存在、即独立于快乐原则这一学说被搁置起来了，因为它把关于活生生生命的思想与绝对命令的那种极端的、普遍的表达形式结合了起来。

自由学说的压制性

另外，康德的伦理学不仅是脆弱的，而且还保留了压制性的方面。他还因处罚的需要而得意洋洋。② 下面这段话不是来自康德的后期著作，而是来自《实践理性批判》：

---

① 《康德著作全集》第五卷，李秋零译，北京：中国人民大学出版社2013年版，第38页。

② 当然，从《纯粹理性批判》中，我们也会找到相反的意图："如果立法和治理越是与这一理念一致地建立起来，刑法当然就会越是减少，而此时（像柏拉图所断言的那样），如果立法和治理有一完善的安排就会根本不需要诸如此类的处罚，这是完全合情合理的。"（《康德著作全集》第三卷，李秋零译，北京：中国人民大学出版社2013年版，第243页。）

"同样，道德法则持立于通常是一个老实人（或者哪怕这一次仅仅想把自己置于老实人的位置）的人面前，他凭这法则而认识到一个说谎者的卑劣，他的实践理性（在关于应当因他而发生的事情的判断中）马上就抛弃了好处，使自己与那为他保持着对他自己的人格的敬重的东西（诚实）相一致，而好处则被每一个人在摆脱和清洗掉理性（它仅仅完全站在义务的一边）的附加物之后予以权衡，以便还可以在别的场合与理性建立联系，只是除了他有可能违背道德法则的场合，道德法则永远不离开理性，而是最密切地与理性结合在一起。"① 在轻视怜悯方面，实践理性与它的反对者尼采的"强硬起来"相一致："甚至这种同情和好心肠的关心的情感，如果先行于什么是义务的思考并成为规定根据的话，对于好心的人格本身来说也是累赘，它将使他们深思熟虑的准则陷入混乱，并造成摆脱它们并仅仅服从立法的理性的愿望。"② 在自律性的内在构成之中还混合了他律东西，这种他律的东西有时会爆发出来，变成为对作为自由之来源的理性的愤怒。于是，康德站在了第三个二律背反的反题一边："但是，在依照自然法则的规定终止的地方，一切说明也就终止了，剩下的就只有捍卫，亦即排除那些自称更深入地看到事物的本质、且因此大胆地

---

　　① 《康德著作全集》第五卷，李秋零译，北京：中国人民大学出版社2013年版，第99页。

　　② 《康德著作全集》第五卷，李秋零译，北京：中国人民大学出版社2013年版，第125—126页。

宣布自由不可能的人们的反驳。"① 对理性的绝对统治地位的崇拜是与蒙昧主义纠缠在一起的。绝对命令遵从康德所产生的强制力是与自由相矛盾的，并且自由（在他那里）还应该作为绝对命令的最高规定而与绝对命令结合在一起。于是康德至少有理由把那被剥夺了一切经验内容的绝对命令作为一个不需要检验的"事实"呈现出来②，尽管事实性与观念是分裂的。康德的自由学说的二律背反尖锐到了这样一个程度，以至于对它来说，道德法则直接既是理性的，又是不理性的。它之所以是理性的，是因为它把自己还原为没有内容的纯粹的逻辑理性；它之所以是不理性的是因为，它是作为给定东西被接受，并且不再被进一步分析了；任何对它进行分析的企图都受到诅咒。这种二律背反不能归咎于这位哲学家：纯粹的逻辑连贯性不加反省地屈从于自我持存，这种连贯性本身就是一种欺骗，就是不理性的。康德的那个可恶理性化（Vernünfteln）——它仍然在黑格尔的"推理"（Raisonnieren）这个说法中发挥作用——没有根据任何有效的理由做出区分就排斥了理性，并且这种具象化的理性化超越了一切理性的目的。这种理性化尽管存在着明显的矛盾，却又是连贯的。理智变成了不合理的权威。

---

① 《康德著作全集》第四卷，李秋零译，北京：中国人民大学出版社2013 年版，第 467 页。

② 《康德著作全集》第五卷，李秋零译，北京：中国人民大学出版社2013 年版，第 33—34 页。

自由和不自由的自我体验

这种矛盾可以追溯到意识就其本身所产生的经验与意识对总体所产生的经验这两种经验之间的客观矛盾。就个体独立于社会并能采取某种措施——尽管这些措施比他所相信的要少得许多——反抗社会或者其他个体而言，个人感到自己是自由的。他的自由主要限于追求他自身的目的，而不是直接奉献于社会的目的。就此而言，自由是与个体化原则相一致的。这样一种自由从社会的天然状况中摆脱出来，在一个不断合理化的社会中，这种自由获得了一定程度的现实性。同时，在资本主义社会之中，这种自由又仍然是一种幻相，而个性总体上来说也是如此。对意志自由的批判如同对决定论的批判一样，都意味着对这种幻相的批判。价值规律在形式上自由的个人之上发挥作用。按照马克思的看法，这些个人作为价值规律的不自觉的执行者是不自由的。而且自由的表象在其中得以形成的那个社会越是对抗，个人就越是彻底地不自由。个人的独立化是交换社会的功能性要求，而这个独立化过程通过功能整合而终止，独立性也在其中被消灭。那产生自由的东西又反转为不自由。个人只是作为资产阶级经济活动的主体才是自由的，就此而言，他的自律性是这个经济系统所要求的，以便这个经济系统能够发挥功能。因此他的自律性在根子上就潜在地被否定了。正如黑格尔所首先注意到的那样，主体所坚持要求的那种自由也是某种否定的东西，是对真正自由的嘲弄，是每个人的社会命运的偶然性的表达。自

由必须坚持自身，并且要像极端自由主义意识形态所颂扬
的那样，要通过努力争取，才能具有必然性。而这种自由
之必然性掩盖了社会总体之必然性，而这种社会必然性也
迫使个人**强壮起来**，以便能够存活下去。甚至概念，尽管
非常抽象以至于好像几乎不会发生任何变化，也是历史性
的。生活的概念也是如此。由于生活要在不自由的条件下
再生产自身，因此，尽管生活的概念按照它自身的意思要
预设那些仍然没有被包含进来的东西的可能性，即预设开
放经验的可能性，但是这种可能性却如此地减少，以至于
"生活"这个词听起来倒像是一种空洞的安慰。而资产阶级
社会中的个人自由也同样如此，变成了一幅讽刺画，变成
了他的行动的必然性。这种必然性并不像规律的概念所要
求的那样显而易见，而是作为偶然性，作为持续的神秘命
运那样撞上每一单个主体。这是生活所保持的一个否定的
侧面。这个否定的方面可以被用来命名舒伯特的四手联弹
的钢琴曲"生活的风暴"。社会的自然特性在商品生产的无
政府状态中展现出来。这就如同自然特性在"生命（生
活）"这个词中流露出来，即生物学的范畴被用来表达在本
质上具有社会意义的东西。如果社会的生产和再生产过程
对主体来说果真是一目了然的，是由他们所规定的，那么
主体也就不再会被动地受到生活之不祥风暴的来回折磨。
由此，所谓生活的东西，包括那生活攸关的灵韵消失不见
了。而工业时代的青年风格（Jugendstil）却让灵韵围绕着
（生活）这个词语，为那恶劣的不合理性提供正当性的证

明。这个虚幻无常的替代者还时常迫不及待地甩掉它的友善的幻影：今天，19世纪的通奸文学早已成为垃圾，除了少数伟大的作品，它们还能唤起那个时代的历史元像（Ur-bilder）。正如没有戏剧导演敢于在不愿放弃比基尼的妇女面前表演赫贝尔的《吉格斯和他的戒指》一样——这种对不合时代主题的畏惧、对审美距离的畏惧同时也有点野蛮，一旦人类弄清楚，今天被看作是生活的一切东西几乎都会烟消云散，都是欺骗人们，（让人们无法识别）生活在这里实际上几乎荡然无存。到那个时候，占支配地位的法则就是与个人及其利益完全对抗的。在资本主义的经济条件下，这是不可动摇的。在这样的社会中，如果把自由或者不自由作为现成在手的东西，那么关于意志自由还是不自由的问题是无法得到解答的。这个问题就其自身来说，是资本主义社会的铸造物：个人作为一个真正的历史范畴却欺骗性地把这个问题排除在社会动力学的范围之外，并把每一个人当做一种元现象（Urphänomen）。自由也顺从地把个人主义社会的意识形态恶劣地内化到它自身之中。这也阻止了对意识形态做出任何一种确切的回答。如果意志自由的命题使失去独立性的个人承受他们所无法对付的社会不公正，如果这个命题不停地用这些个人所无法得到的却又迫切需要的东西来羞辱他们，那么不自由的命题相反就会从形而上学的角度延长那被给定东西的优先地位，宣布它自身是不可改变的，并鼓励他们小心谨慎、畏缩退让，即使他们还不打算这样，因为这个命题也没有给他们留下其他任何可做的事情。在决定论看来，似乎非人性，即把劳动力的商品特征变成一个总体，才是十足的人性。它根本没有认识这样一个事实，劳动力的商品特征是有它的界限的，它不仅仅具有交换价值，而且具有使用价值。如果意志自由被直截了当地否定了，那么人就会毫无保留地使他们自己劳动力的商品特征在发达资本主义社会中取得一种标准的形式。先天意义上的决定论与意志自由学说一样——这个学说从商品社会中抽象出自由，都是颠倒是非。个人本身成为商品社会的一个要素：他们被赋予的那种纯粹自发性，又被社会所剥夺。主体只是需要摆出一副架势，似乎他面临着意志自由还是不自由这样一个不可避免的抉择，其实主体早就不是主体了。每一个极端命题都是虚假的。决定论命题和自由命题在其最内在的核心处是一致的。两者都主张同一性。当经验主体被还原为纯粹的自发性的时候，他要接受一种法则，而恰恰就是这个法则把自身扩展成为决定论上的因果性的范畴。自由的人或许也要从意志中解放出来。毫无疑问，只有在自由的社会中，个人才是自由的。随着外在压抑的消失，内在压抑也会消失，这种内在压抑的消失或许要在很长一段时间之后，并且处于出现倒退这样一种持续的威胁之下。如果哲学传统以一种压抑的精神把自由和责任混同起来，那么责任就会介入到每个人的无畏的、积极的参与活动之中：（他生活）在一个不再从制度上强化这种参与活动的总体之中，在这个总体中这种参与活动要面对真正的后果。个人的（自主）决定以

及与之相反的社会责任之间的二律背反绝不是什么概念的
误用，而是真实的二律背反，是普遍和特殊之间不可调和
性的道德形式。确实，按照所有心理学的见解，希特勒及
其走狗们是他们童年时代受害者，是扭曲心灵的产物；确
实，这少数几个人如果能够被抓住的话，如果要想这样的
罪行在将来不被无休止地重复的话，那么他们也不应该被
无罪释放，广大群众的无意识也证明了这一点，因为正义
之光不会从天而降；这一点不能用诸如功利的必然性之类
的权宜之计、这类与理性相冲突的东西来加以掩饰。只有
当个体化的全部领域包括其道德的方面作为附带现象而被
完全看穿之后，人性的东西才会降临到个人头上。有时社
会总体出于对它的状况的失望而代表了一种与个人相对抗
的自由，而个人会在他的不自由中反抗这种自由。另一方
面，在一个普遍的社会压抑时代里，那种与社会相对抗的
自由图景只是存在于那带有被撕裂、被碾压特征的个人那
里。这种自由在历史上分别会栖身何处，这是不能被一劳
永逸地圈定的。在不断变化其形式的压抑中，自由也变得
极其具体：自由在抵抗这些不断变化的压抑中存在。人多
么向往解放自己，意志就多么自由。可是，自由本身是如
此密切地与不自由纠缠在一起，以至于自由不仅仅被不自
由所阻碍，而且还把不自由作为其自身概念的一个条件。
正如任何其他个人一样，自由也不能作为绝对而被分离出
来。没有理性的强制和统一性，任何一种类似于自由的东
西都是不可想象的，更不必说它能存在了。这已经被记录

在哲学之中了。自由的模型只有作为意识才是可行的，也只有在社会的总体建构中才是可行的，这个模型会通过这个总体建构而对个人的气质进行干预。正因为如此，自由才不会完全是一种空想，因为，意识从它这方面看是本能力量的一个分支，它本身也是一种冲动，从而也是它所干预的东西之中的一个要素。如果没有这种亲和力，即康德所强烈否认的亲和力，那么也就没有自由的观念，而康德为了这个自由的观念却对这种亲和力不置一词。

关于因果性的危机

自由观念中所出现的情况在它的对应概念即因果性概念那里也同样发生了。这是与错误地扬弃普遍和特殊之间的对立的广泛趋势相一致，即普遍通过同一化自上而下地消灭特殊。这种趋势也不会因为人们诉诸自然科学中的因果危机而中断。自然科学中的因果性危机明显地只适用于微观领域，而另一方面，康德所说的因果性，至少《纯粹理性批判》所说的因果性是如此的宏观，以至于它甚至也给那只是统计学上的合规则性留下空间。就因果性而言，自然科学满足于操作定义，即内在于其方式方法中的那种操作定义；而哲学，如果不想抽象地重复自然科学的方法论的话，那么就要免不了对因果性进行解释；在这里哲学和自然科学不幸地分裂了，也不能单靠需要而被重新粘合起来。而因果性的危机甚至在哲学经验可以达到的领域之中，即在现代社会中也是非常明显的。康德接受了这样一种方法，即任何一种状况都可以追溯到"它的"原因，并把这个方法作为不可置疑的理性方法。哲学大多来说越是远离科学，就越是热情地要成为科学的代言人。而科学的操作与其说是关注因果之链不如说是关注因果之网。然而，这绝不仅仅是附带地对因果联系在感性上的模棱两可的退让。甚至康德也不得不承认，对每一现象中交叉的因果序列的意识，而不是对时间序列中因果性所进行的线性规定的意识，才是因果性这个范畴本身的本质性东西，用他的话来说，是先天的：任何单个事件都不能没有多重关联。相互交织以及相互交叉的事物之无限性使人们在原则上而不仅仅是实践上绝不可能形成单一的因果之链。而第三个二律背反的正题和反题却都同样地设定了这一点。尽管在康德那里，切实的历史研究还被限于有限的过程之中，但是这一研究从横向上来说还是包含了肯定的无限性，关于二律背反那一章所进行的批判也是针对这种无限性。而康德却忽视了这一点，它好像是把一个小镇上的那种清晰可见的联系转移到一切可能的对象上。他的理论模型无法导向一个成熟的因果规定。由于他把因果性只是作为一个原则来处理，他的思考却绕过这个原则上已经成为网络的东西。这一疏忽是由于他把因果性安置在先验主体之中所造成的。作为纯形式的合规则性，因果性收缩为单向度性。他的范畴表中包含了那个臭名昭著的"相互作用"，这只不过是事后为了弥补这一缺失而进行的尝试。同时这也先行表明因果性危机的来临。如同涂尔干学派所未能避免的一样，它的因果性图式模仿了简单的代际关系，正如代际关系的解释也需要因果性。尽管这种因果性没有像阿那克西曼德和赫拉克利特那样采取古代司法中那种报复关系的形式，但是它还是带有某种封建的特征。其去神话的过程既阻止了因果性，那个被继承下来的在事物之中活跃着的精灵，又以法则的名义而强化因果性。如果因果性是多元联系中的实际统一性，并且是叔本华所钟爱的一个范畴，那么整个资产阶级时代就完全贯穿着一种诸如体系一样的因果性。其中的关系越是明晰，那么人们就越容易说历史中的因果性。与威廉德国引发第一次世界大战相比，希特勒德国是产生第二次世界大战的原因就更加准确。但是，这种趋势也会反转。最终一定程度上的系统——社会意义上的关键词叫"整合"——出现了。在这个系统中，一切要素都依赖于其他一切要素，这就使因果性的这个说法成为陈词滥调。于是，在整体化了的社会中探索原因这样的东西就是徒劳的。只有社会本身才是原因。因果性可以说是凝聚成了一个总体。在这个系统之中，原因是无法分辨的。因果性概念越是按照科学指令把自身稀释得极端抽象，人们就越是无法在社会化的社会即极端凝聚起来的网络中，按照同时性的线索以确凿的证据把一种状况追溯到另一种状况。每一种状况都既在横向上又在纵向上与其他状况联系在一起。那侵染一切的东西也被一切东西所侵染。马克思主义的经济基础和上层建筑的理论是启蒙把因果性作为关键性政治武器的最新学说。这个学说可以说是天真地落后于这样一种状况——不仅生产、分配和统治的工具，而且经济、社会联系以及意识形态等都是密不可分地交织在一起。在这里，活生生的人也成为意识形态中一个要素。当意识形态不再是从外部对现存事态进行辩护和补充，而是渗透到幻相之中，即渗透到现成状况——这是它所不可避免的，它也因此而被合法化——之中的时候，借助于经济基础和上层建筑之间的明确关系所进行的批判也就偏离目标而无法中的了。在总体性的社会中，所有的事物都同等地接近于中心点。这个社会是如此的透明，对它的辩护也软弱无力，它就像看穿它的人一样，是死寂的。批判者可以描述工业上的每一个管理大楼、每一个机场，说明在何种程度上它的基础也是它自身的上层建筑。为此，这些批判者一方面需要关于社会总体状况以及广泛的个人资料方面的表面知识，另一方面，也需要分析经济结构的变化。这些东西不再是从意识形态中派生出来的，而意识形态也绝不是从因果状况之中得出的某种独立的、现成的东西，更不带有其自身的真理性的断言。因果性的有效性解体了，与之相应的是自由的可能性消失了。这是社会转型的征兆，即从一个手段合理的社会转换为公开的不合理的社会，这个社会按照其自身的目的早就潜在地不合理了。莱布尼兹和康德哲学在狭义上把最终的原因与现象上有效的原因性区分开来，并且试图把这两者结合起来。他们也由此感到了这两者之间的某种差异。但是，他们却没有深入到资本主义社会中手段和目的之二律背反的根源上。但是，今天因果性的消失并不标志着自由王国的出现。在相互作用的总体中，过去的依赖关系在更广泛的层面上扩张开来，并再生产其自身。这也阻止了人们以一种早已过时的、理性的、直至可以触摸的方式去透视这个被不计其数地重叠起来的网络，而因果性思维还试图通过这种透视来为社会进步服务。只有在自由的地平线上，因果性本身才有意义。因果性受到了经验主义的保护，因为如果没有因果性的假设，组织成为科学的那种认识也是不可能的；观念论也没有更强有力的论据。尽管康德努力把因果性——作为一种主观的思维中的必然性——提升为客观性的建构条件，但是它并不比经验主义对因果性的否定更具有说服力。康德甚至也必须与现相的内在联系的假定保持一定的距离，可是如果没有这种假定，那么因果性就会变成一种如果—那么的关系，而这种关系恰恰脱离了所强调的合法则性即"先天性"，而这又是因果性在本质上是主观范畴的学说所要坚持的。于是科学的发展实现了康德学说的潜力。另一个权宜之计是以动机中的直接自我经验作为因果性的基础。然而心理学用具体性的证据证明，直接经验不仅可能会欺骗人，而且肯定会欺骗人。

作为一种魔力的因果性

如果因果性作为主观的思维原则是包含了悖谬的，可是如果完全没有因果性，认识又是不可能的，那么人们就需要在其中找到一个因素、一个非思维的因素。从因果性中，我们可以获知同一性对非同一东西所干的坏事。对因果性的意识，作为一种合规则性的意识，就是要意识到这一点；而这种意识作为一种认识批判，也是对同一化过程中主观幻相的意识。被反思了的因果性表明了自由是非同一性之可能性的观念。客观的因果性，在挑衅性的反康德的意义上，是自在之物之间的联系；当且仅当这些自在之物服从于同一性原则的时候才是如此。因果性无论在主观上还是在客观上都是被控制自然的魔力。它在同一性中有其事实的基础，而这个同一性作为精神原则不过是对自然的现实控制的反射。在反思因果性的时候，理性发现自然之中到处都存在因果性，而自然又受到因果性的控制，理性也因此意识到了它自身的自然秉性，意识到它自身充满魔力的原则。在这种自我意识中，进步的启蒙把自身与回到神话的倒退区分开来，尽管这种神话是启蒙所不加反思地赞同的。启蒙剥夺了它的还原图式——"这就是人"——的强大力量，因为人认识到，他自己否则的话就会成为贪得无厌的还原的对象。因而因果性不是别的而恰恰就是人的自然禀赋，这个自然禀赋作为对自然的控制而持续存在。主体一旦认识到他的那个与自然相一致的要素，那么他就不再把自然转换为与它自身相一致的东西。这就是观念论的秘密的、颠倒了的真理内容。主体越是彻底地按照观念论的习惯把自然变成与他自身相同的东西，那么他就越是不能使他自身与自然等同起来。亲和性是辩证启蒙的顶点。启蒙一旦完全切除了这种亲和性，那么就退缩成为一种幻想，成为来自外部的无概念的躁动。没有亲和性就没有真理：这就是观念论在同一性哲学中所漫画化了的东西。意识以类似于他者的方式来获得关于他者的知识，但是却绝不是在这种类似性中消除自身。作为抽取主体之后所残留下来的东西，客观性不过是模拟（äffen）。客观性是尚未意识到自身的那种图式，是主体把他的他者归入于其下的图式。主体越是不能容忍他与事物的亲和性，就越是要肆无忌惮地进行同一化。然而亲和性也不是实证的、存在论上的个别规定。如果它变成了一种直觉，变成了直接的真理，变成了以领会的方式所认识的真理，那么它就像（古代）残余一样而被启蒙的辩证法所碾碎，就像不断被翻新的神话一样而被启蒙辩证法所碾碎。而这种不断翻新的神话又是与从纯粹理性中再生产自身的神话学相一致的，与统治相一致的。亲和性绝不是人们借助于范畴工具之类的同一化图式所排除之后的剩余物，不是认识可以把握在手中的剩余物，而是对这些图式的确定的否定。因果性就是在这种批判中被反思的。在这种批判中思维要对事物之魔力进行模仿（Mimikry），并把这种魔力施加在模仿之上，在达到通灵性（Sympathie）的极限的时候，魔力也在这种通灵性面前消失。主观的因果性是（主体）对客体的选择性亲和性，并能够预知主体会让客体遭遇到什么东西。

理性、自我和超我

康德把道德法则变成一种事实（Faktum），这是因为他从如下情况中获得一种暗示性的力量——即他可以从经验的个人领域中列举出这类被给定的东西。这个事实对于理知领域和经验领域的中介来说是有一定的优势的，尽管这个中介也总是有问题的。经验意识的现象学，也就是心理学，也恰恰碰到了那个良知，也就是康德的学说中的道德法则的声音。对这个良知的功效的描述，尤其是对"强制"的描述绝不是头脑中编造出来的。那铭刻在康德自由学说中的强迫性特征可以在现实的良知强迫中被发现。心理学上所存在的良知即超我具有经验上的不可抗拒性，这既向他保证了道德法则的事实性，又抗拒道德上的先验原则。而对康德来说，这种事实性使这个良知既没有资格作为自律道德的基础，也没有资格成为他律性的冲动。康德不容许对良知进行任何批判，这使他与他自己的见解发生冲突：在现相世界中，一切动机都是经验性的动机，是心理学上的自我。正因为如此，他才从道德哲学中清除掉发生的因素，并以理知特性的建构取而代之。这个建构也确实是主体最初给予他自身的东西①。然而，在时间中发生的并且无

---

① "因此，我们对自由行动就其因果性而言所作的判断只能表达到理知的原因，但却不能超出这一原因；我们能够认识到它是自由的，也就是说，不依赖于感性而被规定，并且以这样的方式能够是在显象的感性上无条件的条件。但是，为什么理知的性质在呈现出来的情势下恰恰给予的是这些显象和这种经验性的性格，对此作出回答远远超过了我们理性的一切能力，甚至超过了理性哪怕仅仅提出问题的一切权限，就好像人们问：我们外部感性直观的先验对象何以恰恰给予的只是空间中的直观，而不是某种别的直观似的。"（《康德著作全集》第三卷，李秋零译，北京：中国人民大学出版社2013年版，第367页。）

论如何又是经验上提出的对于这"最初"的那种要求是不可能兑现的。人们所获得的关于性格发生的知识都是和关于自发道德行动的论断不一致的。在康德那里应该进行这种行动的是自我，然而这里的自我却不是直接的东西，而其本身也是经过中介的东西，是被产生出来的东西，用精神分析的术语来说，它是从弥漫的利比多能量中产生的分支。不仅道德法则的具体内容，而且其所谓的纯粹的、命令的形式都是这个实际状况的构成性要素。这种形式既要以压制的内化为前提，也要以自我的那种固定的、维持自身同一那种权威的预先发展为前提。康德把这个权威绝对化为道德的必要条件。人们在对康德进行解释的时候指责他的形式主义，而又试图借助于这种形式主义来证明被康德所清除掉的内容，即道德在经验上的相对性。所有此类解释都不够深刻。法则，甚至是最抽象的法则，都是已经形成的东西；它的那种令人痛苦的抽象是沉淀下来的内容，是被还原成其规范形式即同一性形式的统治。康德引以为荣却又没有分析的那个无时间的理知领域是有其经验的起源的。而在康德的时代，这一点还不为人所知，因此他也没有特别关注它。而今天的心理学具体地弥补了这一点。弗洛伊德学派要求把超我当作某种异于自我的东西、当作真正他律的东西，并对它进行无情的批判。这个学派在其英雄的时代在这一点上是与另一个人即进行启蒙的康德是一致的。这个批判透彻地发现，超我是把社会强制盲目地、无意识地内化了的结果。桑多·费伦齐（Sandor Ferenczis）

在《精神分析的基石》一书中，以一种最好被解释为害怕社会后果的谨慎态度指出："一种切实的性格分析应该移除，至少暂时移除任何一种超我，甚至也包括分析家的超我。病人最终必须摆脱一切情绪化纽带，只要这些纽带超出了理性的范围之外，超出病人的利比多趋势之外。只有这样铲除了超我，病人才能达到彻底的治疗。如果人们只是成功地用一种超我取代另一种超我，那么这种成功只能被说成是进行了成功的转移。这些做法当然没有正确地对待治疗的最终目的，这个目的也包括清除掉这种转移。"①在康德那里，理性作为良知的基础，以消解超我的方式来拒斥超我。因为不加反思的理性的统治，也就是自我对本我的统治是与压抑原则相一致的。由于对这种压抑原则的批判被自我的现实原则所阻止，精神分析就把这种压抑原则置于自我的无意识控制之下。精神分析的拓扑学坚持把自我和超我分离开来，而这种分离是可疑的。从发生学上来说，这两者都可以被追踪到父亲形象的内化。因此，关于超我的理论尽管被大胆地提出来了，但却很快衰弱了：否则的话这些理论会伤害到那个被钟爱的自我。费伦齐很快限制了他的批评："他的斗争"针对"超我之中那个无意识的、从而不易受影响的部分"。②但这是不够的：康德在

---

① 桑多·费伦齐：《精神分析的基石》，波恩，1939 年，第三卷，第394—395 页。

② 桑多·费伦齐：《精神分析的基石》，波恩，1939 年，第三卷，第398 页。

良知的强制中所发现的那种不可抵抗性就在于它变成了无意识，正如古代的禁忌那样。如果社会中一切方面都是合理的，如果这种状况是可以想象的，那么超我就不会被确立起来。费伦齐、特别是精神分析的修正主义不仅赞同其他一些健康的观点而且还赞同健康的超我的观点。他们都努力要把超我分为两部分，无意识的部分和前意识的、因而也更加无害的部分。然而这种努力是徒劳地，因为良知要通过一种对象化和独立化的过程才成为一种权威，而这种对象化和独立化的过程从构成上来说是一种遗忘，就此而言也是异于自我的。费伦齐以赞同的口吻强调，"普通人在他们的前意识中仍然是否定和肯定模式的总和。"① 如果存在着一个严格的康德意义上的他律概念，从精神分析上来说，就是利比多的集中发泄，那么这就是模式概念。而模式与费伦齐所同样尊重的"正常人"是密切相关的。这些正常人让自己主动地和被动地接受任何一种社会的压制。精神分析则出于对劳动分工的灾难性的信仰，而不加批判地从现存社会中抽出这些人。一旦精神分析对超我所开始的批判被遵从社会的态度所阻止，那么精神分析就密切接近于压制了，而这种压制直到今天还在扭曲和损毁一切自由学说。其接近于压制的程度可以由费伦齐的下面一段话极其清晰地表现出来："只要这个超我恰如其分地注意到，一个人感到自己是道德的公民，并且如此这般地行动，那

---

① 桑多·费伦齐：《精神分析的基石》，波恩，1939年，第三卷，第398页。

么这个超我就是一个有用的机制而不应该被动摇。但是，对超我的那种病态的夸张……"①。对夸张的恐惧也同样是道德公民的标志，这种道德也要毫不吝惜地消灭超我以及它的不合理性。可是如何按照精神分析的标准把正常的超我和病态的超我主观上区分开来呢？对于这个问题，精神分析急速地恢复了理智却沉默不语。这就如同小市民就他们所珍视的自然的民族感情与种族主义之间的界线沉默不语一样。其唯一的区分标准是社会效果。而对于社会效果这个法律问题，精神分析宣布，它无力做出回答。对于超我的反思，按照费伦齐的说法，确实是属于"元心理学的"，尽管这是与他的命题相矛盾的。对超我的批判必须成为对产生这种超我的社会的批判。如果它对此沉默不语，那么它就是顺从占统治地位的社会规范。如果为了超我的社会功用或者它的不可避免性而推荐超我，可是超我本身作为一种社会强制机制却并不能获得那样的客观有效性，尽管它在心理动机的有效范围内宣称它有这种客观有效性，那么这就是重复和强化心理学内部的不合理性，而心理学却信誓旦旦地要"消除"这种不合理性。

自由的潜力

最近一段时期所出现的情况是，超我被外化成为无条

---

①　桑多·费伦齐：《精神分析的基石》，波恩，1939年，第三卷，第435页。

件的适应，而不是升华到更加合乎理性的总体之中。自由
作为经验生活可能性的信使，转瞬即逝，踪迹难觅，从趋
势上来说越来越不可能。自由成了临界值。它甚至不能被
当作一种辅助的意识形态呈现出来。那些官僚机构尽管也
以强硬的手腕控制着意识形态，但是它们还是明显地对于
把自由作为一种宣传手段所具有的吸引力缺乏信心。自由
被遗忘了。不自由在其不可透视的总体中得以完善。它不
容许任何外部东西，不容许任何它可以眺望和突破的外部
东西。如此这般的世界成为唯一的意识形态，人成为其构
成部分。然而在这里，一种辩证的正义兴盛起来，它在个
人——即一种特殊主义的、不自由的社会的成员和原型——
之上出现。尽管个人也必定期望自由，但是这种自由却不
仅仅是他自己的自由，而且也必定是整体的自由。只要自
由范畴是按照不自由个人的形象产生出来的，那么对个人
的批判就会延伸到对这种自由范畴的批判。这里存在一个
矛盾：一方面，个人的领域被说成没有意志自由或者道德，
另一方面如果没有意志自由或者道德，甚至人类生命都无
法得到保护。这种矛盾不能通过赋予所谓的价值来加以解
决。其按照他律所确立起来的法则，即尼采的新的训示，
是自由的对立面。然而自由既不必保留它得以产生的来源
的样子，也不必保留它过去的样子。或许，在社会强制内
化为良知的过程中，这种良知会按照自身的尺度来批判性
地衡量社会权威，对社会权威的抵抗也随之出现，正是在
这个过程中，摆脱强制的潜力也成熟起来。对良知的批判

就已经预想到要拯救这种潜力。不过这不是在心理领域中发生的，而是在自由者之被和解了的生活的客观领域中发生的。如果康德的道德能够最终与伦理上的善一致起来——尽管这明显与他严格主张的自律性相冲突，那么这里，它的正当性和真理性还是被保留在社会理想与自我持存之理性的主观理想之间的断裂之中，一种可以通过非概念的综合而被联系起来的断裂。假如有人指责说，这是主观理性把自己装腔作势地变成客观的道德法则中的绝对，那么这种指责就比较低级了。康德以一种易误和扭曲的方式表达了他对社会所提出的合理要求。这种客观性不应该被转换到主观领域之中，即心理学的和合理性的领域之中，而是要持续存在下去，并且无论是好是坏都要与主观领域分离开来，直到特殊利益和普遍利益真真切切地一致起来。良知是不自由社会的污点。康德必然没有看清他自己哲学的奥秘：主体，正如康德所确信的那样，为了能够建构客观性或者在行动中客观化他自身，就必须就其自身来说也是客观的。先验主体，即客观地解释自身的纯粹理性，却被客体的优先性所困扰，而如果没有客体作为其中的一个要素，那么甚至康德所说那种主体客观化的成就也是不可能的。因此，他的主观性概念在其核心处包含了非人格（apersonal）的特点。尽管主体的人格性对主体来说是直接的、最接近的、最确定的，但又是被中介过的。正如社会绝不能超出社会中的个体一样，没有自我意识就没有社会。实践理性的那个超越主体的设定，即关于上帝、自由和不朽的设定包含了对绝对命令、对纯粹主观理性的批判。如果没有这个设定，那么绝对命令就是不可思议的，尽管康德信誓旦旦地保证相反的情况。如果没有希望，那么就不会有善。

反人格主义

唯名论的趋势导致这样一种思想，即使直接的暴力到处爆发也不能放弃对道德的保护，它诱发人们把道德作为一种不可摧毁的善安放在人身上。尽管自由只能在自由社会的制度中出现，但是人们却在现存制度拒绝自由的地方来寻找自由，在个人那里寻找自由，而个人也确实需要自由，尽管他曾经一度是自由的，自由却并没有得到保障。伦理上的人格主义既没有对社会进行反思，也没有对人格本身进行反思。一旦人格从普遍之中完全分离出来，那么它也不能建构任何普遍。于是，人们就秘密地从现存的统治形式中获得普遍。在前法西斯时代，人格主义和有关责任的废话还能在非理性的舞台上较好相处。而现在，人格作为绝对的东西否定了一般性，这个理应从人格之中才能获取的一般性。于是人格也获得了任性这个老套了的合法称号。本来人格的非凡魅力来自于普遍的不可抗拒性，然而人格却对普遍的合法性产生误解，于是它就在思想的贫乏之中缩回自身。人格的原则，即表明其自我性那种不可动摇的统一性，顽固地重复着它在主体之中所进行的控制。人格是历史地编织起来的纽结，这个纽结应该为了自由而被打开，而不是被持久化。普遍这个古老魔力盘踞在特殊之中。从人格中推导出来的任何道德方面就像直接的生存一样，是偶然的。与康德关于人格性的那种过时的说法不同，（在人格主义那里）人格变成了这种东西的同义反复：它事实上没有留下任何东西，而只有非概念的、它们的此在在此存在。许多新存在论者期望人格所具有的那种超越性不过是要抬高人的意识。意识是不会没有普遍性的，可是诉诸人格并把人格作为道德基础的学说却要排除这种普遍性。因此，人格的概念及其各种变种，比如你—我关系的概念，都像神学那样油嘴滑舌，不可信任。正如真正的人这种概念不能被预先设定那样，它也不同于人格，即他的自身自我持存的神圣复制品。从历史哲学的观点来看，人的概念肯定一方面以那被对象化为性格的主体为前提，另一方面又以这种主体的解体为前提。当经济上的占有原则已经成为人类学原则时，自我的极端软弱、主体变得被动并像原子那样孤立、反射性行动方式等，都是对人格所进行的适当判断。在人身上可以被当做理知特性来思考东西，不是其中的人格性（personhaft），而是把他们和他们的此在赖以区分开来的东西。在人格之中，这种区分必然会表现出非同一的特点。人的任何一种冲动都和包含了这种冲动的同一体发生冲突。用康德的话来说，每一种为了更好状况而努力的冲动，不仅是理性的，而且在理性的面前也是愚蠢的。人只有在他们不像人格那样行动时才是人，只有在不是如此这般被设定时才是人。人不因自然的消散（Diffuse）而成为人格，但自然的消散类似于理知存在的轮

廓，类似于那自己（Selbst）——从自我中解放出来的自
己——的轮廓。当代艺术激发起这一点。主体是谎言，因
为它为了其自身的无条件统治而否认自身的客观规定。主
体就是那摆脱了这种谎言的东西，就是借助于其自身的力
量——这种力量要归功于它的同一性——摆脱其自身坚硬
外壳的东西。人格的那种意识形态上的可恶状态是可以被
内在地批判的。按照这种意识形态，某种实质性的东西赋
予人格以尊严，而这种东西是不存在的。人首先并毫无例
外地还不是他自己。人的可能性理所当然地应该在自己这
个概念之下来思考，但是这种可能性是与自己本身的现实
性尖锐对立的。这就是自我异化的这个说法站不住脚的原
因之一。自我异化这个说法，尽管在黑格尔和马克思主义[①]
那里非常盛行，或者因为他们的缘故，已经沦落为一种辩
护词，因为它要用严父般的口气让人明白，人已经从一
种自在存在即他一直所是的状况堕落了，然而人却从来
没有如此这般存在过，因而如果他期待从诉诸其古代状
况（ἀρχαί）而能得到什么的话，那就只有对权威——即那
恰恰异于他的东西——的顺从。在马克思的《资本论》中
这个概念不再出现。这不仅仅是因为它受到这部著作的经
济学主题的限制，而且还有哲学的含义。否定的辩证法既
不会停留在生存的完美性——自我的那种固化了的自我性

---

① "这种'异化'（用哲学家易懂的话来说）当然只有在具备了两个实
际前提之后才会消灭。"（《马克思恩格斯选集》第一卷，北京：人民出版社
1995年版，第86页。）

（Selbstheit）——面前，也不会停留在其同样固化了的反题即角色面前。而当代主观社会学把角色当作万用的灵丹妙药，当作对社会化的最新规定，类似于许多存在论者所说的自我性的生存（Existenz der Selbstheit）。角色这个概念承认了今天所出现的一种颠倒做法，即恶劣的去人格化：这是不自由，仅仅为了完美的适应，不自由就被用来取代自律性——那个千辛万苦才获得的而极易被废除的自律性；这不是高于自由，而是低于自由。劳动分工所造成的困境通过角色概念而被具象化为美德。借助这个概念，自我命令他自己成为社会判定他所要成为的东西，即再一次成为他自己。被解放的自我既不会被封闭在他的同一性之中，也不再是社会所判定给他的角色。在劳动时间被极大地缩短了的情况下，劳动分工所留下来的具有社会影响的东西就不再是可怕的，即要可怕地彻彻底底地塑造个人本质。自己本身所获得的坚实的物性、随时准备发展这种物性的态度、有效地成为社会所期待的角色都是帮凶。在道德的东西之中，如果同一性能进入它的他者，那么同一性也不能被抽象地否定，而是要在抵制中得到保护。当前的状况是破坏性的：为了抽象的同一性、为了赤裸裸的自我持存而导致同一性的丧失。

去人格化与生存论存在论

　　自我的双重关联性在生存论存在论（Existential ontologie）中表达了出来。求助此在与针对"常人"的本真的筹

划都同样是把有关强大的、自我封闭的、"果断的"自我的
观念转换为形而上学。《存在与时间》就是起到了人格主义
的宣言的作用。由于海德格尔把主体性解释为一种先于思
维的存在模式，他的人格主义就已经走向了自己的对立面。
他选择诸如此在和生存来表达主体，这些反人格的词汇就
从语言上表明了这一点。德国观念论和笃信国家的态度都
把同一性置于它们自身的承担者之上，即置于其主体之上，
而在这样一种用法中，这种趋势悄悄地反转回来了。主体
性，也就是谢林所说的自我性——作为个别自我的普遍原
则——和个体化自我本身的区分就已经建立在去人格化的
基础上，建立在资产阶级颂扬个人而同时又贬低个人的基
础之上了。主体性的本质作为此在是《存在与时间》的主
题，此在类似于人格的残留物，这时，人格的残留物就不
再是人格了。这一做法的动机不应该受到轻视。在人格的
普遍概念的范围内存在着可通约的东西，也就是关于人格
的个人意识，这种东西总是一种幻相，但它又是与跨主体
的客观性交叉在一起的。按照观念论和存在论的学说，这
种跨主体的客观性可以在纯粹主体中找到。凡是自我内省
式地体验到的那个自我同时也是非我，这个非我是绝对的
自我性所无法体验到的。这就是叔本华所确证的一个困难，
即它意识到它自身的困难。最终的东西也并不是最终的。
黑格尔绝对观念论即绝对主观性的客观转变公正地处理了
这一点。个人越是丧失了过去一度所说的他的自我意识，
那么去人格化就越是严重。在海德格尔那里，死亡成为此

在的本质，这一点被他纳入到纯粹自为存在之不性之中①。
那种灾难性的去人格化的抉择就是倒退性地向悲惨命运低
头，向被人们感到是不可避免的悲惨命运低头，而不是通
过观念来超越人格，从而这种观念成功地达到它的命运。
海德格尔从语言上确立了这种非人格性，他完全忽略了那
使主体成为主体的东西，从而极其轻易地赢得了这种非人
格性。他在思想上绕开了主体这个纽结。去人格化的前景
不能依赖于把此在抽象地雾化为纯粹的可能性而被展示出
来，而是只能依赖于对此在着的世内主体的分析才有可能。
海德格尔的此在分析却在这样的做法面前停顿下来了，于
是他的那种去人格式的生存就可以非常轻易地被附加到人
格上。对人格的分析是威权主义思维方式所不能容忍的：
在我性之中，这种分析会击中一切统治的原则。相反，此
在一般来说作为一种去人格化的东西可以极其轻易地被当
作好像是人而又超出人的东西来处理。事实上，活生生的
人构成的整体建构，作为先于他们所有人的那种功能结合
体就是在匿名的意义上走向一种去人格状况。尽管海德格
尔在语言上对此表示痛惜，但是，他同时又以肯定的方式
把这种事态作为一种超人格的东西反映出来。只有透彻地
把握人格之中物性的东西，透彻地把握自我性的局限性，

① "在海德格尔出版了他的主要著作之后，从克尔凯格尔的生存概念中，
它（此在）的客观的存在论含义就已经得到了论证；在否定的客观性中返回到
内在的无客体性这一点也得到了论证。"（参见阿多诺：《克尔凯格尔：审美的
建构》，美茵河畔法兰克福，1962 年，第 87 页。）

即它受到了把自我等同于自我持存的限制，这种去人格化的恐怖状况才能被征服。而在海德格尔那里，存在论上的去人格性始终要把人格存在论化，而不是要达到人格。如果在牺牲意识的活生生方面的情况下去认识意识所一度出现的样子，那么这种认识就会有产生一种反作用：自我性始终是物性的。客观条件寓于主体的核心之处。尽管这种客观条件是主体自己的，但是主体为了其自身控制的无条件性又必然会否定这种客观条件。主体应该摆脱这种客观条件。主体同一性的前提是同一性强制的终结。在生存论存在论那里，这只是以扭曲的形式表现出来。一切不再与精神有关的东西都没有被纳入到去人格化的领域之中，纳入到精神的辩证法之中。从历史哲学的观点来看，精神分裂是关于主体的真理。海德格尔把他所触及到的那个领域不知不觉地转变成为被管理世界的寓言，并补充性地把它变成主体的令人绝望的僵死规定。只有对它的批判才能找到它的对象，而这个对象被海德格尔以摧毁的名义保留给哲学史。弗洛伊德的反形而上学的本我学说比海德格尔的那个不想成为形而上学的形而上学更加接近于对主体的形而上学批评。如果角色——即由自律所规定的他律——是苦恼意识的最新的客观形式，那么相反，只有在自己（Selbst）不是自己的情况下，幸福才会存在。如果主体无法忍受那强加于他的压力而像精神分裂那样退回到一种疏离孤立、模棱两可的状况——主体在历史上所摆脱了的状况，那么主体的消解同时就展示了一幅可能主体的瞬间即逝、可恨可恶的图画。一旦主体的自由要求终止神话，那么主体就会把它自己从最终的神话，即从他自身中解放出来。只有乌托邦才会想到在没有牺牲的情况下就达到主体的非同一性。

道德哲学中的一般和个别

　　康德强烈抨击心理学，这不仅表达了他害怕再次失去他劳经费神地才获得的理知世界那些碎片，而且还要表达这样一种洞见——个体的道德范畴不单单包含个别的内容。按照康德道德法则的模式，如同有关普遍的范畴一样，其中明显地包含了秘密的社会内容。在《实践理性批判》中康德使用了一个显然难以捉摸的人性概念。这个概念的功能之一就是纯粹理性要把它算作是普遍适用于一切理性存在者：康德哲学中的一个无差别点。如果普遍这个概念是从不同的主体之中获得的，并独立起来而变成理性的逻辑客观性，而且所有的单个主体甚至表面上的主体性也会如此这般地消失在这种逻辑客观性之中，那么康德就可以借助于逻辑绝对主义和经验的普遍有效性之间的狭窄的分水岭而重新回到实存状况，而这是他那严密的逻辑体系原先所排除的。反心理学的道德哲学与后来的心理学发现在这里汇合起来了。当超我被当作内化了的社会规范被揭示出来的时候，心理学就打破了道德哲学的原子论上的限制。这些限制从它们那个方面看，是社会的产物。良知从社会客观性中获得了它那与人相对的客观性，而人就在这种社会客观性中生存并且依赖于这种客观性而生存，这种客观性也一直会渗透到他们的个体化的核心。在这样一种客观性中，对抗性因素，如他律的强制以及克服不同个人利益的团结观念，都是不可分割地交织在一起的。在良知中，社会之中的那种顽固地被坚持的、压抑性的恶劣状况被再生产出来，这些东西是与自由对立的，并且只有通过良知的自身规定的证据才能被祛魅。相反，普遍的规范，即被良知所无意识地拥有的普遍规范，证明了在社会之中超出特殊性的东西才是社会总体的原则。这是普遍规范中的真理性要素。关于良知的对错问题是没有最终的答案的，因为对错就寓于良知之中，我们不能用一个抽象判断把它们分离开来：只有在良知的压抑形式中，扬弃压抑的社会团结才能形成。个人和社会既不能通过简单差别而被分离开来，也不能被调和，这是道德哲学最根本的东西。一般性之中的恶的方面已表现在个人在社会中所没有实现的要求上。这是在对道德的批判之中所包含的超个人的真理内容。但是，如果个人，比如因贫困而犯错误，就是把自己变成了最终的和绝对的东西，那么个人从他自身那个方面来看就因此陷入了个人主义社会的幻相，并且误识了他自己。黑格尔再次辨识出这一点，并且在他强烈地助长这类反动的误用的时候，最敏锐地辨识出这一点。尽管社会在其普遍的要求中没有公正地对待个人，但只要社会的那个未经反思的维持自身的原则——即使其自身是一种恶劣的普遍性——在个人之中被具象化，那么社会也公正地对待个人了。社会衡量个体就是用规则来衡量规则。后期康德说过，每个人的自由只有在他伤害到其他人的自由的时候才必须受到限制。① 这句话是暗示了一种和解的状况，这种状况不仅超越了恶的普遍性，即强制的社会机制，而且超越了顽固的个人——社会的强制机制在其中以微观的形式重复自身。关于自由的问题不是要得到是和否的回答，而是要有一种理论，一种既能超越现存社会，又能超越现存个人的理论。这个理论不是要去认同那内化了、僵化了的超我权威，而是要实施一种关于个体和类的辩证法。超我的严格性不过是反映了这样一个事实，即冲突的社会状况抵抗着超我。只要自由与它的对立面即压抑结成联盟，那么主体只能在与非我的和解中获得解放，并且只要自由和它的对立面即压抑进行共谋，主体就会超出自由。每当人们在普遍的不自由中好像是在自由行动的时候，我们就可以看出，时至今日自由之中究竟还暗藏多少进攻性。然而，在自由的状态下，个人很少会疯狂地保护旧的特殊性这种状况——个性既是压抑的产物，也是抵抗压抑的权力中心。这种自由状况也很少与当前的集体概念相一致。在当前垄断了社会主义之名的那些国家中，直截了当的集体主义就是要命令个人服从于社会。这密织了他们的社会主义的谎言，强化了对抗。在这种社会化的社会之中——这个社会

① "任何一个行动，如果它，或者按照其准则每一个人的任性的自由，都能够与任何人根据一个普遍法则的自由共存，就是正当的。"（《康德著作全集》第六卷，李秋零译，北京：中国人民大学出版社 2013 年版，第 238 页。）

不知疲倦地把人聚拢在一起，并且无论在字面上还是含蓄地使它们变得无法独处，人们埋怨他们的分离，自我的脆弱不仅表现在对这种分离的埋怨之中，而且还表现在那真正的、无法忍受的冷酷之中。这种冷酷伴随着不断膨胀的交换关系而四处蔓延，而且还在威权统治和所谓的人民民主——不顾主体需求的民主——的残酷规训中被不断延续下去。自由人的联合体不断地把这些自由人纠集在一起，让他们参与游行、阅兵、红旗招展、领袖讲话等活动。只要这个社会非理性地期望把它的被压制成员拼凑在一起，那么这些活动都会盛行起来。而客观上来说，这些活动都是不需要的。集体主义和个人主义以一种错误的方式相互充实起来。自费希特以来，思辨的历史哲学对这两者都采取抵抗的态度，先是在有关十足罪孽状况的学说中，而后在有关意义丧失的学说中抵抗它们。现代性等同于一个扭曲的世界，于是卢梭首先发起了对他自己的那个时代抱有敌意的反省，并以最后的伟大风格引燃了这种反省：让他厌恶的主要是形式，那个失去自然性的社会。消除无意义世界的意象的时代已经到来，这个无意义世界的意象已经从隐秘的渴望堕落为狂烈的循规蹈矩的口号。当代社会没有一个像科学主义的辩护士所证明的那样是"开放的"，也没有一个是扭曲的。相信它已被扭曲的观念根源于工业的无规划扩张所导致的城乡面貌的严重毁坏，根源于合理性的缺乏，而不是过度的合理性。谁要是把这种扭曲追溯到形而上学的过程，而不是追溯到物质生产关系，那么谁就是在传播意识形态。随着生产关系的变化，这个世界向人们所呈现出来的暴力图景也会淡化，尽管这个世界给人们施加了暴力。如果超个人的纽带消失了——当然它们根本没有消失，那么这自在地也并不是一件坏事。20 世纪真正获得解放的艺术作品一点也不比那些在现代性有理由抛弃的风格中兴盛起来的艺术作品差。经验正如镜子中的情况一样，也是颠倒的：尽管根据意识的状况和物质生产力的状况，人类有望获得自由，他们自己也期望自由；然而他们却并不自由，虽然没有任何一种思维模式、行为模式、以及用最可耻的术语所说的"价值"模式处于极端不自由的状况之中，它们还没有像这些不自由的人们所渴望的那样处于不自由之中。人们对纽带的缺乏痛心疾首，这是因为他们把假装自由而又没有实现自由的社会制度当作了这个社会的实质。自由只是极度苍白地存在于上层建筑之中。自由的长期失败反而使人们渴望不自由。或许关于此在的意义的追问从总体上来说就是这种失衡状态的表达。

关于自由的状况

自由状况既不需要压制也不需要道德，因为冲动不必再以摧毁的方式表达自己。但是这样一种自由状况的地平线却被黑幕笼罩着。道德问题被简明扼要地提出来了，但不是在令人作呕的、拙劣模仿的道德问题之中，不是在性压抑之中，而是在类似于下面的句子之中：不应该有酷刑，不应该有集中营，然而所有这些东西仍然在非洲和亚洲存在，只是被隐瞒起来了而已，因为文明的人性就像它曾经对抗那些被它无耻地打上不文明烙印的人那样，还是不人道。如果道德哲学家抓住这几句话而兴高采烈地认为，他好像终于抓住了道德批评家的把柄，这些道德批评家也引用道德哲学家所满意地宣布的价值，那么（他的）这种确定性的结论也会是错的。当这些话把某个地方正在发生的酷刑报告出来，那么这些话作为冲动是正确的。但它们不能被合理化，（如果被）作为抽象原则，（那么）它们就立刻陷入了它们的推论和效力的恶的无限性之中。道德的批评可以被用来把逻辑上的一致性移植到人的行动上，就是在这里，严密的逻辑一致性变成了不自由的工具。冲动、赤裸裸的身体上的恐惧以及与肉体折磨的——按照布莱希特的说法——休戚与共感，是内在于道德行为的，而任何一种无情的合理化尝试都会否定这些东西。最紧迫的事情就是再次进行沉思，而沉思恰恰又是对它自身的紧迫性的嘲讽。理论和实践的区分的理论意义在于，实践既不能被还原到理论，也不能与理论分离（χωρίς）开来。这两者不能通过综合而粘合在一起。不可分割的东西只存在于两个极端之中，一方面存在于自发的冲动之中，这种冲动对论证过程失去耐心，也不希望恐惧持续存在下去，另一方面存在于理论意识之中，这种理论意识不会被命令所吓倒，并且要弄明白，为什么这种恐惧还无法预见地持续存在下去。鉴于所有的个人在现实中是无能为力的，于是，这种矛盾就成为今天唯一的道德战场。当意识认识到什么是恶的而又不满足于这种认识的时候，它就会自发地做出反应。尽管一般的道德判断与心理学的规定是不相容的，但是心理学的规定也不会拒绝做出有关某事是恶的那样的判断。因此，这两者之间的不相容性不是根源于思维之中缺乏逻辑的一致性，而是根源于客观的对抗。弗里茨·鲍尔（Fritz Bauer）注意到，这同样一类人既会用千百条陈腐的论据要求奥斯维辛的刽子手被宣布无罪，又会是重新引入死刑的支持者。当前的道德辩证法状况就集中在这一点上：宣布无罪是赤裸裸的不公正，而公正的抵罪又会被沾染上野蛮暴力的原则，因为只有抵抗这种暴力才是符合人性的。本雅明说，执行死刑也许是道德的，但是把它合法化却不是道德的。它的这个说法预示了这种辩证法。如果人们把酷刑的执行者、指使者及其高级庇护者就地枪决，那么这就比让这少数几个人接受法律审判更加道德。事实上他们成功逃脱了，并隐藏了二十多年。这个事实使正义发生了一个质的变化，因为正义在这段时间中消失了。只要法律机关用法律程序、法官和熟悉法律的辩护律师来对付他们，那么既然正义在任何情况下都不能做出有利于暴行的许可，而正义恰恰是按照凶手在行动中所遵循的同样原则进行妥协，因此，这种正义也是虚假的。法西斯主义者非常聪明，他们借助于他们的卑鄙的、癫狂的理性肆无忌惮地利用这种客观上荒谬的东西。这一难题的历史基础是，在德国反法西斯主义的革命失败了，甚至可以说，1944 年没有发生革命性的群众运动。宣传经验的决定论和宣判十足的恶魔

有罪——或许按照审判程序人们应该放了他们——之间的
矛盾绝不能靠高高在上的逻辑来解决。经过理论反思的司
法过程不应该回避这个矛盾。如果司法过程不能让人们意
识到这里的矛盾，那么它就作为一种政治鼓励人们继续实
行这种酷刑方法。而集体无意识无论如何都希望这种酷刑
方法，并且期待着这种酷刑方法合理化。这无论如何也非
常符合震慑理论。如果承认在法律理性——这种法律理性
最后一次向罪犯表达了对自由的尊重，尽管他不配享有自
由——和看到这种法律理性之中真正的不自由之间存在着
分裂，那么对逻辑一致性、同一性思维的批判就是道德的。

康德那里的理知属性

　　康德通过理知属性的建构而把定在（Dasein）和道德法
则联系起来。这一建构依赖于这样一个命题：“道德的法则
证明自己的实在性”[1]。这好像是说，被给予东西、当下存
在的东西因而就是正当的。就此，康德还说，“因果性的规
定根据也能够被认定是外在于感官世界而处在一个作为理
知存在者的属性的自由之中”[2]。当他这样说的时候，理知
存在者通过属性的概念而转变成为个人生活中可以被切实

---

　　[1]　参见《康德著作全集》第五卷，李秋零译，北京：中国人民大学出版
社 2013 年版，第 51—52 页。
　　[2]　《康德著作全集》第五卷，李秋零译，北京：中国人民大学出版社
2013 年版，第 72 页。

想象的东西，"真实的"东西。可是，在这个无矛盾的公理之中，这个东西是与把理知当做某种超出感性世界东西的学说相矛盾的。康德立刻直率地回忆说："与此相反，道德上的善是某种按照客体来说是超感性的东西，因而不可能为它在感性直观中找到某种相应的东西，所以从属于实践理性的法则的判断力看来就承受着一些特殊的困难，这些困难乃是基于一条自由法则应当被运用于作为事件的行动，而这些事件是在感官世界中发生的，因而就此来说属于自然。"① 从理性批判的精神来看，这段话不仅仅是针对《实践理性批判》所严厉批判的善和恶的存在论，比如，关于自在存在着的善的存在论，而且还针对那个把善归入自在存在的主观能力，这种能力被排除出现相领域，从而保证那个存在论有一种单纯的超自然的属性。为了拯救自由，康德引入了赤裸裸的理知属性的学说，这种理知属性摆脱了一切经验内容，而同时又可以被看作是导向经验领域的中介。如果是这样，那么客观上说，他这样做的一个最强烈的动机是，意志不是从现相领域之中推断出来的存在者，也不是通过这些存在者的概念综合而被定义的，而必须被预设为它们的条件。然而他的这种做法却带有关于内在东西的朴素实在论的缺点，在涉及心灵现象的其他一些具象化东西的时候，他在谬误推理那一章摧毁了这种朴素实在

---

① 《康德著作全集》第五卷，李秋零译，北京：中国人民大学出版社2013 年版，第 73 页。

论。为了保护这个不可靠的中介，康德便证明，这种理知属性既不是从自然中产生的，也不是绝对超越自然的，这个概念好像还暗含了某种辩证的东西。然而动机是包含心理学要素的。如果没有这种要素，那么中介也就不可能，可是，按照康德的说法人类意志的动机"只能是道德法则"①。这预先规定了每一个可能的回答都包含了二律背反。康德直截了当地说明了这一点："因为一条法则如何能够独自并且直接成为意志规定的根据（这毕竟是一切道德性的本质），这是一个对于人的理性来说无法解决的问题，而且与一个自由意志如何可能的问题是一回事。因此，我们将要先天地指出的，不是道德法则在自身中充当一个动机由以出发的根据，而是就道德法则是这样的动机而言，这动机在心灵中所起（更准确地说，必然起的）的作用。"② 康德的思辨在它应该开始说话的地方却沉默下来了。他只是满足于描述内在的效果关联。可是，如果他不是受到他自己的意图所左右的话，那么他不会犹豫不决而直接把这种效果联系称为幻觉了：一种经验的东西通过施加于其上的那种情感的力量而偷偷地获得超经验的权威。按照康德的说法，"理知的实存（Existenz）"③ 是没有时间的定在（Da-

---

① 《康德著作全集》第五卷，李秋零译，北京：中国人民大学出版社2013年版，第77页。

② 《康德著作全集》第五卷，李秋零译，北京：中国人民大学出版社2013年版，第77—78页。

③ 《康德著作全集》第五卷，李秋零译，北京：中国人民大学出版社2013年版，第99页。

sein），它有助于建构具体地定在的东西（Daseiendes）。康德在如此处理这个概念的时候，没有害怕这会增加矛盾，也没有辩证地表达这个概念，事实上，他也没有说，这个实存（Existenz）概念究竟要让人想到什么。在谈到"作为物自身的主体的自发性"① 的时候，他甚至敢于走得更远。按照理性批判的观念，就像外部感性现相的超越性原因一样，这是不可肯定地说出的。然而，如果没有理知的属性，那道德行为就不可能在经验领域发生，也不可能对它产生影响，从而也就不可能有道德。于是他必须拼命地追索那些被他的体系的基本框架所排斥的东西。在这里给他帮上大忙的是理性，它能够介入到生理和心理自然的因果机制，并建立新的联系。如果他允许他自己在他所完成了的道德哲学中不再把理知领域——这个已经被世俗化为纯粹的实践理性——看作是绝对不同的领域，那么就（其中）存在着可证实的理性之流来说，这也绝不是什么令人惊奇的事情，这种做法似乎是按照康德的基本命题之间的抽象联系进行。理性既是异于自然的东西，又是自然中的一个要素，这是理性的前史，并且成为理性的内在规定。它具有类似于自然的那种心理力量，是为了自我持存的目的而从这种心理力量中产生的一个分支。可是，一旦它从自然中分离开来，并且与自然对立起来，那么理性就成为自然的他者。

---

① 《康德著作全集》第五卷，李秋零译，北京：中国人民大学出版社 2013 年版，第 99 页。

如果理性短暂地逃避了这个他者，那么它就又与自然一致起来，并且按照其自身的概念来说，它是辩证的、非同一的。理性在这种辩证法中越是毫无顾忌地把自己变成自然的绝对对立面，越是在其中忘记了自己，那么它就越是会成为野蛮化了的自我持存，并倒退到自然。只有对此进行反思，理性才成为超自然。任何解释的技巧都不能移除理知属性之规定的内在矛盾。康德没有告诉人们，这种理知属性是什么，它究竟如何影响经验领域的；也没有告诉人们，它究竟应该只是一种纯粹的设定行动还是继续与经验相关联——尽管这听起来有点吹毛求疵，但是对于自我体验来说，这也不是没有可能的。康德满足于描述这种影响如何出现在经验的领域。如果理知属性就像这个词所暗示的那样，被看作是完全分裂的（χωρίς），那么我们就绝不能像讨论自在之物那样，讨论理知属性。可是康德却以纯粹形式的类比极其含蓄地把理知属性等同于自在之物，却又没有解释，这个自在之物究竟是某个人身上的"一个"自在之物——这是内感知现相的未知原因；还是康德有时所说的那个"唯一"的自在之物，即费希特所说的绝对的自我，与所有的自在之物相一致的唯一的自在之物。这种被彻底分离开来的主体在产生影响的时候就成为现相世界的要素，要服从现相世界的规定性，包括因果性。康德这位传统的逻辑学家绝不会接受，这同一个主体概念既要服从于因果性，又要不服从这种因果性。① 如果理知属性不再是分裂的（χωρίς），那么它就不再是理知的了，而是在康德二元论的意义上被感性世界所沾染的，也同样是自我矛盾的。凡是在康德感到自己有义务更详细地阐释理知属性的学说的地方，一方面，他都必须把它建立在时间中的行动的基础上，建立在经验世界的基础上，尽管它本不该属于这个世界，另一方面，他又忽视了他把自己卷入其中的心理学。"有一些情况，其中人们自幼甚至受到与他们的其他同龄人一样良好的教育，但仍然如此早地表现出恶意，并且一直强化到他们的成年时代，以至于人们把他们视为天生的恶棍，而且在思维方

① 人们很容易在细心思考之后反对理知概念，因为它会阻止人们肯定性提及现象的未知原因，甚至在最抽象的意义上提及这个原因。如果人们对一个概念说不出任何东西，那么这个概念也就无法被运用，它就相当于无，甚至它的内容也是无。在这个方面，尽管德国观念论有一个最有效的论据反对康德，然而这种观念论却没有竭力抵抗康德–莱布尼兹的有关边缘概念的思想。这里，人们需要抗拒费希特和黑格尔对康德所进行的貌似合理的批判。这种批判从它那个方面来看，遵循了传统的逻辑，而这种传统逻辑拒绝讨论那些不能被还原到实际内容——这种东西构成了概念的实质——的东西，把这种东西当做无聊的废话加以拒绝。观念论在反对康德的时候却过头了，甚至忘记了它们自己在批判康德时所遵循的原则：思想的一致性会对概念的建构进行强制，（于是）这个概念的建构就不能代表可以被肯定地加以规定的被给定事实。为了思辨的缘故，在他们攻击康德是思辨思想家时，他们自己犯了实证主义错误，而这又是他们指责康德所犯的错误。尽管康德对自在之物的辩护——自从麦荫（Maimon）以来一致性的逻辑都趾高气扬地证明了这一点——表面上是失败的，但是他们仍然还记得康德思想之中那个违反一致性逻辑的幽灵般的要素，即非同一性。因此，他们固然正确地对待康德的批评者的逻辑一致性，但是却抗议这些批评者，并且宁愿犯独断论的错误而不愿意把同一性绝对化。从这种同一性自身的含义中，黑格尔迅速地认识到，与某种非同一东西之间的联系是不可回避的。对于自在之物和理知特征的建构就是对非同一东西的结构，这种东西是同一化之可能性的条件，但又是范畴的同一化所无法把握的。

式上完全视为无可救药，但仍然为了他们的所作所为同样审判他们，同样指责他们的违法行为是罪过，甚至他们（幼童们）自己也认为这些指责是完全有根据的，就好像虽然他们的心灵的那种被归于他们的毫无希望的自然性状，但却仍然要和每个其他人一样负责任似的。这本来是可以不发生的，如果人们不是预设凡是出自人的任意的事情（毫无疑问，每一个人作出的行动都是如此）都以一个自由的因果性为根据的话，这种自由的因果性从少年时代就在他们的显象（行为）中表现着他们的性格。这些现象由于行为的形式相同而标明了一种自然的联系，但这种自然联系却没有使意志的恶劣性状成为必然的，而毋宁说是自愿接受那些恶毒和顽固不化的原理的后果，这些原理只会使意志变得更加卑鄙和更该受到惩罚。"① 康德没有仔细斟酌，对精神疾病者的道德判断会出错。所谓自由的因果性被重新当作是幼童时期就有的，顺便说，这也是与超我的发生过程相适应的。可是滑稽的是，幼童的理性才刚刚形成，但他们却要被测试其自律性，而这是完全发展起来的理性才有的。成年人应为自己的每个行为承担责任。当康德把这种道德责任回溯到他们最幼小的时代，回溯到朦胧开端的时候，一种不道德的教育学上的惩处以成人的名义被施加到未成年人头上。生命的头几年决定了自我和超我的形成，或者如康德的范例中所说的，决定了他们的失败。这

---

① 《康德著作全集》第五卷，李秋零译，北京：中国人民大学出版社2013年版，第106—107页。译文略改。

个过程显然不能因为它们早先发生就被认为它们具有先天性，它们的极其丰富的经验内容也不能被赋予康德的道德学说所要求的那种纯粹性。当他热切地认为，幼童的恶行应该得到处罚的时候，他只是要听任理知的领域在经验的领域中为非作歹。

理知与意识统一体

尽管康德就理知属性在理论上三缄其口，但是他在这个概念中所想到的不外于这样的猜测：人格的统一性等同于认识论上的自我意识的统一性。在康德体系的背后所隐藏着的是这样一种期待，实践哲学的最高概念与理论哲学的最高概念是一致的，即自我原则。这个原则既在理论上产生一个统一体，又在实践上控制和整合人的冲动。人格的统一体是理知学说涉及的范围（Ort）。按照贯穿于康德体系的那种形式—内容的二元论构架，人格统一体算作是形式：按照康德那不自觉的、直到黑格尔才首先被明确解释的辩证法，特殊化原则是一种普遍。为了普遍性的荣誉，康德在术语上把人格性和人格区分开来。人格性是"对整个自然的机械作用的自由和独立，但同时被视为一个存在者的能力，这个存在者服从自己特有的，亦即由他自己的理性所立的纯粹实践法则，因而人格作为属于感官世界的就其同时属于理知世界而言，服从于他自己的人格性。"① 在人格性之中，主体

① 《康德著作全集》第五卷，李秋零译，北京：中国人民大学出版社2013年版，第93页。

作为纯粹的理性，可以由标志德语一般概念的后缀"keit"显示出来①，而人格，即主体则是指经验的自然的个体，人格应该从属于人格性。康德的理知属性的意思非常接近于传统用法中的人格性，它属于"理知的世界"。心理上的实际内容不仅在发生的意义上而且在其纯粹可能性的意义上是自我意识统一体的前提。而自我意识的统一体标志着一个既与纯粹理性无关，也与时空中的经验无关的领域。休谟对自我概念的批判掩盖了这样一个事实，如果意识事实不是在个体意识之内被规定，而是在其他随意一种东西之中被规定，那么它就不会成为现成的东西。康德纠正了这一点。但是他却忽视了从他那个方面来看具有补充意义的东西：在他对休谟的批判中，人格性被固化为超越个别人格的原则，固化为个别人格的框架。康德认为，意识统一体独立于一切经验。这个统一体在某种程度上独立于易变的、个人的意识事实，却并不完全独立于一切现存的、实际的意识内容。康德的柏拉图主义——在《斐多篇》中，心灵是某种类似于理念的东西——在认识论上像特别典型的资产阶级一样一再肯定自在的人格统一体而牺牲其内容。这种肯定最终只是把人格性的名称留给强人。这是整合所取得的形式上的成就，这种形式不是先天的，而是有实质内容的，是积淀下来的对人的自然的控制，但它却窃取了善的美名。一个人越是像所建议的那样具有人格性，他就

---

① 德语中"keit"表示一种抽象的一般特性。"Person"翻译为人格，"Persönlichkeit"中文一般翻译为"人格性"。——中译本注。

越是不会注意到成为自己之人（Man-selber-Sein）的可疑性。18 世纪的伟大小说就怀疑这一点。菲尔丁小说中的汤姆·琼斯是一个弃儿。这个人在心理学的意义上具有"冲动性格"。他代表了未被习俗所扭曲的人，但同时却又非常可笑。最近，这在尤涅库斯的《犀牛》中有所回响：那个唯一能够抵抗标准的动物化的人，就此而言也是保留了强大自我的人，却是一个酗酒者和职场失败者，按照生活标准来判断，这个人的自我根本就不强大。人们在这里应该问：尽管康德列举了彻底邪恶的幼童的例子，但是对他来说，恶的理知属性究竟是不是可以想象的？他究竟有没有在形式统一体失败的事实中探索其中的恶？在没有这种统一体的地方，康德大概就像不能说动物的善一样，也不会说这里存在着善，当然也不会说这里存在着恶。或许他把理知属性看作是最接近于强大自我，这个强大自我可以理性地控制一切冲动，就像整个近代理性主义传统所教导的那样，特别是像斯宾诺莎和莱布尼兹的传统那样，他们至少在这一点上是一致的。① 这个伟大哲学强硬起来，反对一个没有模拟现实、没有强化自身的人的观念。这也使康德的思维策略获得了一种优势，即像连续的因果性那样贯彻自由的命题。因为人格的统一体不仅仅像康德的体系所显示的那样在形式上是先天的，而且具有关于主体的一切个

---

① 关于康德的意志学说与莱布尼兹和斯宾诺莎的意志概念之间的联系，参见 J. E. 艾德曼：《现代哲学的历史》，斯图加特新版，1932，尤其是第四卷，128 页及其之后。

别内容的要素，虽然这与他的意志相反，却有助于他所证明的东西。主体的每一个冲动都是"它"的冲动，同时主体既是冲动的总体，又是这些冲动的质上的他者。在完全形式的自我意识领域，这两者都交融在一起了。关于这个领域，人们只能不加区分地论断它们相互之间没有完全交融的东西：实际内容与中介，即把内容联系起来的原则。虽然无差别的人格性概念是借助于最极端的抽象方法而得到的，但却包含了一个真正的辩证事实。这就是在一个对抗的世界中，单个主体自身也是对抗的，既是自由的又是不自由的。尽管这个辩证事实被传统逻辑的论证方法所禁止，却通过这种最极端的抽象而获得正当性。在无差别的黑暗之中，一缕最微弱的光线落在了作为自在人格的自由之上。这个自在的人格既是清教徒的内在东西，又是背离自身的东西。按照席勒的格言，一个人不是根据他做什么，而是根据他是什么而被证明为主体的，正如路德派认为，根据信仰而不是业绩而被证明。康德的理知属性所包含的不情愿的非理性，他的系统的强制所导致的不确定性，悄悄地把圣恩选择的非理性这一明显的神学教条世俗化。不可否认，这种非理性在不断推进的启蒙之中被保留下来，并且更具有压制性。如果康德的伦理学把上帝强行放置在一个由实践理性所设定的保障者的角色上——莱布尼兹甚至笛卡尔也是这样期待的，那么理知属性就是非理性地如此这般地存在着，就很难被想象成其他什么东西，而只能被想象成为盲目的命运，而这种命运恰恰是自由观念所要抵抗的。属性这个概念总是在自由和自然之间徘徊。① 如果绝对如此这般的主体与主体性越是被无情地等同起来，那么主体性这个概念就越是难于理解。神恩选择自命不凡地表现为来自上帝的建言，这种选择很难再被说成是客观理性的选择，（因为）这种客观理性也必须诉诸主观理性。纯粹自在的人由于没有任何经验内容，不能在任何其他东西中而只能在其自身中寻求理性，于是他不能就为什么他在这里会取得成功而在那里却会失败进行任何理性的判断。于是，理知属性附着于其上的那个权威，即纯粹理性，其自身却是某种变化的东西，因此也是某种程度上受限制的东西，而不是进行绝对限制的东西。它把自身设定为外在于时间的绝对的东西——这恰恰就是康德与之斗争的那同一个费希特所期望的。这种设定比任何一种创世学说都更加非理性。这恰恰就从根本上导致了自由学说和不自由的现实之间的同盟。作为不可还原地实存着的东西，理知属性不过是重复了第二自然的概念，这也是社会强行塑造它的一切成员，并使之具有的那种属性。如果康德伦理学被转换为对现实人的判断，那么它的唯一标准是：正如一个人过去那样，他现在也是不自由的。席勒的格言当然主要是要表达一种厌恶，即把一切人类关系都置于交换原则——针对其他行为来评价一种行为——之下所产生的厌恶。康德的道德哲学也表达了同样的主题，把尊严和价格

①　参见本雅明，同上书，第36页。

对立起来。然而，在一个正常的社会中，交换不仅仅要被废除，而且也要得到实现：任何人的劳动成果都不能被不公平地交易。正如一种孤立的行为无法被衡量一样，没有在一种行为中外化出来的善也是无法被衡量的。如果排除了特殊内容的参与，那么绝对的反省也会退化成为绝对的无差别，退化为非人的东西。康德和席勒都客观上预言了这个飘忽不定的"高贵"概念是极端可恶的。自封的精英们后来随意地证明，这种高贵性是他们的本有品性。在康德的道德哲学中潜藏着一种破坏这个预言的倾向。对于这种道德哲学来说，人类的总体与一种前定选择状态是无法区分开来的。于是，人们不再对一种行动的正当与否进行问诊式的追问，这其中就包含了灾难性的因素：判断的能力转移到了经验社会的强制之中，而康德所说的善（ἀγαθόν）本来是希望超越这种强制的。像一切资产阶级自由学说一样，高贵和卑贱的范畴是与血统以及自然联系结伴而生的。在后期资本主义社会，自由学说的自然秉性以生物主义、最终是宗族理论的形式再次爆发出来。席勒的哲学看到了自然和道德的和解。虽然这与康德相反，但是却暗地里与康德一致。被席勒所注意到的这个和解在其现存形式上并不像人们所知道的那样是完全人道的和清白的。自然一旦被人们用意义打扮起来，那么它就取代这样一种可能性，即理知属性的建构所要达到的那种可能性。在歌德的"美善合一"中，这种东西最终明白无误地以谋杀的形式返回来了。康德有一封关于犹太画家为他所画的画像的信，这封信就运用了一个恶毒的反犹太的命题。后来，纳粹分子保尔·舒尔茨-瑙姆堡（Paul Schultz-Naumburg）使这个命题被人们所熟知①。自由不仅从外部而且从其内部真真切切地受到社会的限制。一旦自由被利用，那么它就会加剧不自由。好事的代表往往也是坏事的同谋。即使在人们感到自己最极端地摆脱社会的地方，即在他们的自我的力量之中，他们同时也是社会的代理人：自我原则是由社会嵌入到他们身上的。社会尽管是在限制这个原则，却会赞誉这个原则。康德伦理学还没有意识到这个棘手东西，或者认为它自己超越了它。

理知的真实内容

　　如果有人勇敢地让康德的理知属性的"X"填满真实内容——而这个内容坚持要反对这个疑难概念的全部不确定性，那么这个内容或许就是历史上最先进的、时常闪耀而又瞬间消失的意识，这个意识内在于做正确之事的冲动之中。它是具体的、间断性的对可能性的预知，它既不排斥人又不与人同一。人不仅仅是心理学的基础。因为，对象化地控制自然不是人的全部，尽管从外部对自然的控制会

---

　　① "我最尊敬和最敬爱的朋友，衷心感谢您对我所展露出来的善良情感，这份情感恰恰是在我生日之后伴随着您的精美礼物一同送达。一位犹太画家罗伊先生给我画了一幅画像，尽管没有得到我的同意，但这幅画像，正如我的朋友所说的那样，还确实很像我。不过一位绘画鉴赏家看了一眼就说：犹太人总是画出一个犹太人，他注重的是鼻子：这一点就够了。"（《康德书信集》第二卷，1789—1794 年，柏林，1900 年，第 33 页。）

反过来投射到他们自身。就事物是他们制造出来的人为的东西而言，他们也是自在之物。就此而言，现相世界是真正的幻相。而康德的《道德形而上学的奠基》中纯粹意志与理知属性没有什么区别。卡尔·克劳斯的诗歌"世界把我们造就成怎样的人"忧郁地沉思了这个意志。那些想象自己具有这种意志的人恰恰证明了这种意志是虚假的。意志在主体的痛苦中否定性地迸发出来，因为所有人在他们所成为的东西中、在他们的现实中被肢解了。另一种东西、不再被颠倒的本质拒绝那带有存在者之污点的语言：神学一度说出了神秘的名字。理知属性和经验属性之间的分离是在亘古不变的古老阻隔之中被经验到的，这种阻隔把外加的东西推到纯粹意志面前：从外部考虑一切可想象的东西，即虚假社会中的主体所主张的多样的、低级的、不合理的利益。总而言之，这是一种特殊的自身利益原则，它毫无例外地规定了社会——如其所是的那样——之中每一个个人的行动，它是一切的死亡。这一阻隔从其内部，首先在狭隘的自我中心的狂热追求中，然后在神经官能症中延长自身。正如众所周知的那样，这种神经官能症吸收了无法计量的、可被利用的人类能量，并且沿着最小阻力的路线，以无意识的狡诈来阻止一切正确的东西，而这种正确东西无可反驳地对抗着偏执的自我持存。于是，神经官能症越是能够轻易地如此，就越是能够把自身合理化，以至于自由状态下的自我持存原则为它自身利益服务的同时，也像是为其他利益服务，尽管它也先天地摧毁这种利益。神经官能症是社会的支柱，这种神经官能症阻碍了人类更美好的可能性，从而也阻碍了客观上更美好的东西、由人性所能带来的更美好的东西。这种神经官能症也逐步地把那能够驱逐并超越虚假状况的本能反转变成自恋，一种在虚假状况中满足自身的自恋。这是邪恶机制中的一个铰链：软弱在可能的情况下被误认为坚强。理知属性最终变成了残缺不全的理性意志。那些应该算作是其自身更高级、更庄重的东西，那些未被低贱所毁坏的东西反而成为它自身根本上的缺陷和无能，即无力去改变这些低贱的东西。放弃作为一种风格变成了其自身目的。然而在人之中没有比理知属性更好的属性了，它包含了与人的现状不同的可能性，尽管所有的人都封闭在自身之中，从而也就是被排除在他们自身之外。尽管康德学说存在着明显的缺陷，即理知属性这个概念既抽象而又不可捉摸，但还是有那么一点正确的东西，即阻止了（概念的）形象化。康德之后的哲学，包括马克思的哲学把这一点扩展到一切关于实证东西的概念上。作为主体的可能性，理知属性如同自由一样，是变动的，而不是现成的东西。一旦通过描述而被纳入到现成东西中，哪怕是通过最谨慎的描述，这个理知属性也遭到了背叛。正如犹太神学所说的那样，在正确的状况中，任何一种东西都会与其现存状况（es ist）有那么小小的一点不同，但是，却绝不能想象这个最小的东西究竟是怎样的。尽管如此，理知属性只能这样来说明，它不是抽象地、无力地漂浮在存在者之上，而是不断地在这样一种罪恶氛围中再次真正地上升起来，并借助于这种氛围而得到实现。自由和决定论之间的矛盾，不是像理性批判的自我理解所希望的那样，是独断论和怀疑论的理论立场之间的矛盾，而是主体的自我经验之中的矛盾，同时既自由又不自由。从自由这方面来看，主体并不是与他们自身同一的，因为主体还不是主体，并且恰恰是由于要恢复它自身作为主体，所以才不是主体：自我是非人的东西。自由和理知属性涉及同一性和非同一性，而不能清楚明晰地把它们自己归入这一边或者那一边。按照康德的模式，就主体意识到他们自身并和他们自身同一来说，主体是自由的；而就主体受制于同一性的强制，并要延续这种同一性而言，主体在同一性之中又是不自由的。他们作为非同一的、混乱的自然，是不自由的；然而他们作为这样的自然又是自由的，因为在主宰着他们的冲动之中——主体与自身的非同一性不是别的就是冲动，他们也摆脱了同一性的强制属性。人格性是自由的讽刺画。这个难题的根据在于，超出同一性强制的真理不是这种强制的绝对他者，而是通过这种强制而被中介的。在社会化了的社会中，一切个人都不可能在社会所要求的那种道德的意义上是道德的，而只有在一个被解放了的社会中才能是确实道德的。社会的道德只能是，最终结束恶的无限性、结束那复仇式交换的可怕循环。而给

个人的道德所留下来的只不过是康德的道德理论所蔑视的
东西——他把偏好归于动物，并认为偏好不能被敬重①：如
果一个人想按照偏好来生活，那么他就可以被认为是一个
好动物。

---

① 参见《康德著作全集》第五卷，李秋零译，北京：中国人民大学出版
社 2013 年版，第 82 页。

第二章　世界精神和自然历史

——关于黑格尔的附论

趋势与事实

人们每天都能概略地体会到，人类理智——由于其极其清醒而备受折磨的人类理智——最为敏锐地抵抗着客观东西对人的优势地位，他们不仅在他们的意识之中，而且在他们的共同存在之中都抵抗着这种客观东西。人们把这种优势地位看做是毫无根据的思辨加以压制，于是，这些个人产生了一种自以为是的幻觉，好像他们的那些标准化的观念对他们来说是双重意义上的无条件的真理。他们要保护这种幻觉，使它们免受这样的质疑，比如情况并非如此或者他们只是遭受到生活之厄运。如果一个时代能够像摆脱客观的经济价值理论一样极其容易地摆脱客观的唯心论体系，那么在这个时代里，这样一种原理，甚至精神也被认为对它无可奈何的原理就会流行起来，这种原理在现成的东西即由直接个人良好组织起来的总体所形成的社会体制中，或者其成员创立的主观制度中，寻求它自身的可靠性以及认识的可靠性。对于未受束缚的经验来说，黑格尔的客观的、甚至绝对的精神，马克思主义所说的那种在没有被人意识到的情况下实现自身的价值规律，要比吵吵嚷嚷的实证主义科学所给出的既定事实，即如今已经深深地嵌入到质朴的前科学意识之中的既定事实，更加显而易见。只有这种前科学意识才会为了认识的客观性的更高荣誉，促使人们不再习惯于切身地体验真正的客观性，尽管他们自己也受制于这种客观性。如果思想者乐意并能够进行这样一种切身体验，那么这种体验必定会动摇他们对事实性的信任，它也必定会迫使他们超越这些事实，于是，这些事实也就失去了它们对普遍所具有的那种未经反思的优先性。这种普遍性对趾高气扬的唯名论来说是无，对限于一隅的研究者来说，是可以被减除的累赘。黑格尔《逻辑学》开头的那句话说，世界没有东西不是既直接的而又被中介的。这句话再恰当不过地保留了历史记述所引证的事实的特征。当希特勒法西斯政权下的盖世太保清晨六点钟就唤醒其反对者的时候，谁也不会愚蠢到用认识论上的精确性来否定，与此前发生的权力的阴谋诡计相比，与所有行政部门所确立起来的党机器相比，这个人当下经历的这样一个事实更加直接；或者谁也不会愚蠢到用认识论上的精确性来否定，与魏玛共和国的历史趋势相比——尽管从它那个方面看它的连续性被打断了，与那只有在概念的联系中、只有在展开了的理论中才必然发生的历史趋势相比，这个人当下经历的这个事实更加直接。然而，法西斯主义摧残个人的肉体，以官方形式侵害他人，这个残酷的事实却依赖于一切远离受害者并且与受害者暂且无关的那些要素。只有那些最可鄙的以科学严谨性为名的吹毛求疵做法才会只关注具体材料而看不到这样一个事实，在法国大革命之中，虽然有许多突发事件，但是这个革命总是与资产阶级解放的这个总体趋势交织在一起的。如果1789年时资产阶级还没有在经济生产领域占据关键位置，如果资产阶级比封建主义及其专制主义的头目——尽管他们时常与资产阶级利益有千丝万缕的联系——并没有什么特别的过人之处，那么这场革命既不可能发生，也不可能成功。从回顾性的角度来看，尼采的那个令人震惊的命令："落井下石"就被编纂成为原初资产阶级的行动准则。或许资产阶级革命早就由这个阶级在历史上的蓬勃发展所预先决定了，并且它另外还获得了一个奢华排场的外表，即在古典主义装饰艺术中所表现出来的外表。然而就在这个历史转折的关键时刻，如果没有专制主义的严重的管理混乱，没有路易十六统治下重农主义改革家在处理财政危机上的失败，那么这种历史走势也难以得到实现。至少是巴黎群众的极度贫困才引发了这场运动，而在其他国家，由于贫困并没有如此严重，资产阶级的解放在没有进行革命的情况下取得了成功，并且最初并没有或多或少地触动专制统治的形式。对深层原因和外部诱因之间的幼稚区分也有它的长处，它至少粗略地指明了直接和中介之间的二元性：外部诱因是直接的，而所谓的深层原因是中介，是全面的，它能够把具体细节整合起来。从最近发生的事件中，我们就可以看出历史趋势对历史事实的优先性。一些特别的军事行动，比如对德国所进行的空袭和轰炸，起到清除贫民窟的作用。从回顾性的角度来看，它又与城市改造结合在了一起。这种情况不仅在北美，而且在全球早就出现了。或者，虽然难民在这种紧急的情况下会强化家庭的功能，从而暂时缓解了家庭解体的发展趋势，但是却不能永久阻止这种趋势。此后在德国，离婚的数量和分裂家庭的数量也日益增长。甚至征服古老墨西哥和秘鲁的西班牙人——它们对这种征服的体验必定像是外星人的入侵——通过屠杀来不断扩展那个尽管对于阿兹特人和印加人来说是非理性的但却是合理化的资本主义社会，并直至形成了"世界一体"的观念。这个观念合目的地内在于资本主义社会原则中。虽然历史趋势总是还要借助于事实，但是事实中的这种趋势的优先性却会指责原因和诱因之间的过时区分，认为这种区分极其愚蠢。不仅仅是诱因，而且整个区分都是外在的，因为原因具体地存在于诱因之中。如果宫廷的管理混乱是巴黎起义的杠杆，那么这种管理混乱是整个专制主义的"支出经济"的产物，它落后于资本主义的收入经济。要素本身尽管与历史的总体是相反的，但是正如法国大革命中的情况那样也促进了总体，而要素也只能在总体之中赢得其地位和价值。即使一个阶级的生产力的落后也不是绝对的，而是与另一个阶级的先进生产力相比较而言的。历史哲学的建构需要所有这方面的知识。这也从一个角度说明为什么早在马克思和黑格尔那里，历史哲学就接近于历史编纂学，正如历史编纂学本身，由于要透视被事实性所掩盖着的而又以事实为条件的本质，也只有作为一种哲学才是可能的。

世界精神的建构

即使从这个立场看，辩证法也不是世界观的变种，不是按样本卡从各种不同东西中选择出来的哲学立场。不仅对所谓第一哲学概念的批判会趋向于辩证法，而且辩证法也是这个概念之下的东西所要求的。只有那个被狭隘的概念本身所强暴地剪裁过的经验才会把有所强调的概念——尽管这个概念是被中介过的要素——作为独立的东西排除在自身之外。如果我们可以反对黑格尔说，绝对观念论把本质性的东西（was ist）神化了，并恰好返回到它作为反思哲学所批判的那种实证主义，那么相反，今天所应有的辩证法就不仅要谴责这种主流意识，而且要能够战胜这种主流意识，并成为一种回归自身而又否定自身的实证主义。如果哲学要求深入到细节之中，而且这种要求既不允许来自上面的哲学的操控，也不允许被哲学所渗透了的意图所操控，那么这种要求就已经是黑格尔的一个方面了。只不过，在黑格尔那里，这种深入细节的工作是以同义反复的方式来实施的：他以这样的方式来深入细节，即要求精神像是预先安排好的那样显示出来，并从一开始就被设定为总体的和绝对的精神。作为形而上学家的本雅明反对这种同义反复，并在《德国悲剧的起源》一书的导言中拯救归纳方法。他说，在被直观的现实之中那个最小细胞也要胜过世界中其余的一切。这句话已经对当前经验状况的自我意识做了担保。于是这个最小的细胞也更具有本真性，因为它是在所谓的重大哲学问题之外形成自身的，并且有助于一种被转换了的辩证法概念，使它去怀疑这样的哲学问题。总体对现象的优先性必须在这种现象——传统上被当做世界精神的东西所主宰着的现象——之中被把握，因此这种优先性不能按照最广泛意义的柏拉图主义传统被看作是神圣的。世界精神既是世界精神又不是世界精神，或者说，世界精神不是精神，而恰恰是否定性。黑格尔却把这种否定性从精神那里转移到必须对抗这种精神的人，这些人的失败强化这样一种判决：他们对客观性的背离是错误的、恶劣的。尽管社会的真正的总体运动以及所谓的精神发展是从个人行动之中综合而来的，然而当世界精神与个人行动相对立的时候，当它与活生生的主体的那些行动相对立的时候，世界精神变成了一种独立的东西。世界精神既需要超越这些人的头脑，也要借助于这些人的头脑，就此而言，它始终是对抗性的。然而世界精神的反思概念对活生生的生灵却不感兴趣，尽管它所表达的具有优先性的整体需要这些活生生的生灵，正如这些生灵也只有依靠整体才能生存。这样一种具象化东西具有顽固的唯名论意义,马克思主义所说的"神秘化"这个术语就是指这种意思。按照这个理论,即使这种神秘化被破除了,它也不只是一种意识形态,因为它仍然还是关于整体的真正优先性的扭曲意识。它在思想上利用了普遍即永恒化了的神话之中不可透视、不可抗拒的那个方面。即使这种哲学意义上的具象化东西也还是在异质性关系中包含了经验内容,当然在这其中关于人的内容却不见了。精神从非理性的世界过程中获得了世界精神概念中的非理性东西。尽管如此,它还是保留了拜物教特性。无论人们如何构想,直到今天,历史也没有总体的主体。历史的基础是现实的单个主体之间的功能性联系:"历史什么事情也没有做,它'不拥有任何惊人的丰富性',它'没有进行任何战斗'!其实,正是人,现实的、活生生的人创造一切,拥有这一切并进行战斗。并不是'历史'把人当作手段来达到自己——仿佛历史是独具魅力的人——的目的。历史不过是追求着自己的目的的人的活动而已。"① 可是,这些性质却被赋予了历史,因为数千年来,社会运动的规律是从单个主体中抽象出来的。社会把他们贬低为社会财富和社会斗争的真正的执行者和参与者,可是没有他们和他们的自发性就没有一切,这同样是真实的。马克思一再强调这个反唯名论的方面,但是却没有让这个方面在哲学上一致起来:"资本家只有作为

---

① 《马克思恩格斯文集》第一卷,北京:人民出版社 2009 年版,第 295 页。

人格化的资本，他才有历史的价值，才有……历史存在
权。……只有作为资本的人格化，他同货币贮藏者一样，
具有绝对的致富欲。但在货币贮藏者那里表现为个人狂热
的事情，在资本家那里却表现为社会机制的作用，而资本
家不过是这个社会机制的主动轮罢了。此外，资本主义生
产的发展，使投入工业企业的资本有不断增长的必要，而
竞争使资本主义生产方式的内在规律作为外在的强制规律
支配着每个资本家。竞争迫使他不断扩大自己的资本来维
持自己的资本，而他扩大资本只能靠累进的积累。"①

"与世界精神相一致"

在世界精神的概念之中，神圣的全能原则被世俗化为
统一体的设定，世界的计划被世俗化为无情的发生过程。
世界精神像是神一样受到崇拜，不过它既摆脱了它的一切
人格性，也摆脱了一切天命和恩典的特征。于是启蒙辩证
法就部分地实现了自身：那被祛魅并被保留下来的精神或
者采取神话的形式，或者退化为极度的恐惧，对那强大无
比而又无质无形东西的恐惧。其本质或者是被世界精神所
触动的感觉，或者是听到世界精神怒吼的感觉。它处于受
命运奴役的状态。正如命运的内在性一样，世界精神充满
了苦难和错误。由于这种总体上的内在性膨胀为本质性，

————————

① 《马克思恩格斯文集》第五卷，北京：人民出版社 2009 年版，第 683
页。

世界精神的否定性就变成了偶然的、不足挂齿的小事。然而，要体验作为整体的世界精神就是要体验其否定性。叔本华对公开宣称的乐观主义的批判展示了这一点。在这里，这种批判和黑格尔关于此岸世界的神正论同样都是偏执的。即使人只能在交织的总体中才能生存，也只有靠这种交织的总体才能存活下来，但是这却无法反驳叔本华对人都会肯定自己生存意志这一点所产生的怀疑。那远远超出个人不幸的幸福之光或许时常也要依赖于那与世界精神一致的东西，这就如同个人的精神天赋与历史状况之间的关系一样。如果个别精神——按照人们所喜欢的个别和一般的那种粗陋区分来说——不受一般精神的"影响"，而在其自身之中受客观性所中介，那么这种客观性也不可能总是敌视主体的。在历史的动态过程之中，这种星丛也会改变。当世界精神——也就是总体，处于暗淡阶段的时候，即使是最有天赋的人也不能施展才能；而在其昌明的阶段，例如在法国大革命期间以及紧随其后的那个阶段，平庸之辈也会超常发挥其作用。甚至个人即使与世界精神一致却也会走向落魄，但恰恰因为他走在了时代的前头，而时常会产生一种没有白干的意识。在青年时代的贝多芬的音乐作品中，一切将会变好的那种可能性被不可抗拒地表达出来了。与客观性的和解，无论是多么脆弱，都会超越那一潭死水、始终如一的状况。被束缚者自身一直期待着这样一个时刻的到来，特殊在解放自己的同时也不会通过自己的特殊性而反过来限制他人。这种期待所带来的安慰之光从资产阶

级的早期阶段一直照射到近期。黑格尔的历史哲学极度依
赖于这样一点，在这种历史哲学中，时代的钟声已经与自
己拉开了距离，并不断回响，在这个时代，资产阶级自由
的实现还带有这样一种气息：这种历史哲学突破了它自身，
并且展示这个整体实现和解的愿景，在其中它所包含的暴
力也消失不见了。

关于生产力的解放

　　人们喜欢把与世界精神相一致的时代，把更加实质性
的快乐，而不是个人快乐的时代，与生产力的解放联系起
来，并且一旦人们生活于其下的社会形式与生产力之间发
生极端的冲突，那么世界精神作为一种重负就会对人造成
威胁。然而这个图式太简单了：关于上升资产阶级的说法
是太空洞了。生产力的解放和发展不是那种注定发生转折
阶段的对立面，而是真正辩证的。生产力的解放、控制自
然的精神活动与暴力性地征服自然之间存在着密切的联系。
尽管这一联系往往被掩盖起来，但是生产力概念之中的这
种暴力性东西，尤其是被解放的生产力之中的这种暴力性
东西绝不能在思想上被忽略。甚至生产力这个词语本身就带
有威胁性的声响。《资本论》中有这样一段话："作为价值增
值的狂热追求者，他毫无忌惮地迫使人类为生产而生产。"①

---

　　① 《马克思恩格斯文集》第五卷，北京：人民出版社 2009 年版，第 683
页。"他"指交换价值。——译者注

这直截了当地反对交换社会中生产过程的拜物教，除此之外，它还冒犯了当前出现的一种普遍禁忌，即它不允许对生产以其本身作为目的产生怀疑。时常，技术的生产力很少受到社会方面的约束，并且只是在固定的生产关系中发生作用而不对生产关系产生太大影响。一旦生产力的解放与人们之间所存在的关系分离开来，它就会像（被固化的）社会秩序一样被拜物教化。生产力解放也只是辩证法的一个要素，而不是它的神奇公式。在这样一个阶段，世界精神作为特殊的总体，就能渗透到被它埋葬在它之下的那些东西（特殊——译注）之中。如果这一切并不都是欺骗，那么这就是现时代的标志。当活生生的人们要求生产力的进步，或者至少看不到生产力对他们的威胁时，在这样一个时期，那种与世界精神相一致的感觉反而极有可能占据主导地位，虽然这里还存在着不吉利的暗流，因而世界精神处于停战状态。它也会受到主观精神的诱惑，在日常事务的压力下急切地奔向客观精神，就像在黑格尔那里的情况一样。当然，在所有这些情况下，主观精神仍然是一个历史的范畴，是起源的、自我变化的、实际上也是转瞬即逝的东西。那些初级社团所具有的大众精神（Volksgeist），尽管还没有个别化，但是却会在文明社会的压力下而在其中再生产自身，这种大众精神是由后个人的集体主义所规划和释放出来的。于是，客观精神像赤裸裸的欺骗那样具有压倒性的优势。

团体精神与统治

如果哲学像黑格尔在《精神现象学》中所宣称的那样，是关于意识经验的科学，那么它就不能像黑格尔越来越激进的做法那样，把个体经验——对于不断地推进自身的普遍所产生的个体经验——当作不可调和的恶武断地排除出去，并且从所谓的更高的立足点上竭力地维护权力。只要我们回顾一下在委员会里面——不管其成员的主观的善良意志如何——所发生的那些下贱拙劣的东西，那么这种尴尬的回顾让普遍优先的丑态暴露无遗，即使诉诸世界精神也于事无补。人们要顺应团体中的大多数人，或者其中最有影响的成员，并且要常常借助于团体之外更广泛范围之中的那种权威观点，尤其是被委员会成员所赞同的那种观点，团体的观点由此占据了统治地位。阶级的客观精神渗透到其参与者之中，并远远超越了其中每个人的才智。他们的声音就是这种精神的回响，尽管他们在凡是主观上可能的地方都捍卫自由，但是却对自由毫无意识。而阴谋只有在关键时刻才会以公开的罪恶的形式表现出来。委员会就是由这些成员构成的团体的微观缩影，最终也就是这个总体的缩影。委员会预先形成了决定。具有讽刺意味的是，对于这类无所不在现象的观察却与齐美尔风格的形式社会学的有关观察非常相似。这些观察根本没有赋予社会化以任何内容，比如，它们的那个团体范畴完全是空洞的。毋宁说，它们是社会内容留下的印记而已，对此，形式社会学依照其自身的概念仅仅勉为其难地加以反思。它们的不变性只是提醒人们注意，普遍所拥有的权力在历史上的变化是多么小，这种权力是多么顽固地保持其前历史的状况。形式性的团体精神是（人）控制质料之过程的反映。形式社会学通过社会机制的形式化而获得了它的存在的权利，它也等同于那通过理智而不断推进的统治。与此相一致的是，这些委员会尽管也希望按照他们的本质做出有实质内容的决定，但是它们的决定明显地大多都是按照形式合法的观点做出的。与阶级关系相比，形式化并非更加中立。它通过抽象，也就是通过普遍性之程度所构成的逻辑等级制度，而把自身再生产出来，而就是在这里，统治关系被隐藏在民主程序的背后。

法学的领域

在《法哲学原理》中，黑格尔按照《精神现象学》和《逻辑学》的思路把对于世界过程的崇拜推向了极端。恶会因为其自身的客观性而借助于一定的媒介正当地保持自身，并获得一种善的外观。这个媒介在很大程度上就是合法律性的媒介。尽管这个媒介确实肯定地保护了生活的再生产，但是在其现存形式中，由于在其暴力中包含了摧毁原则，这种摧毁性东西会一点不少地返回到它自身之中。如果社会没有法律，那么它就像在第三帝国中所出现的情况那样，成为纯粹任性的牺牲品。尽管如此，法律也把恐怖保留在社会之中，并借助于可引证的法规随时诉诸恐怖。黑格尔提供了这样一种实证法的意识形态，因为一个已经明显对抗的社会最急切地需要这种意识形态。法是不合理的合理性的原初现象。在法律中形式上的相等原则成为规范，它用同样的尺度来鞭策每一个人。这样一种敉平差异的平等秘密地助长了不平等。在这样一种只是表面上去神话化的人性之中，神话依然保留下来了。为了使这个体系严丝合缝，法律规范把一切未被涵盖的东西、把一切非预成的特殊经验都切除干净，并把工具理性提升为第二现实，即它自成一类。整个法学领域就是一种进行定义的领域。它的系统性要求，凡是超出其封闭圈子之外的东西，即凡未书面记录的东西，都不能进入这个领域。这种封闭性本身就是意识形态，它作为一种社会控制的权威而通过法律的许可实施真正的暴力，尤其是在这个被控制的世界上更是如此。在专制统治中，这种封闭性就直接变成了专制，并且总是间接地站在专制的背后。当冲突的利益把个人卷入司法领域的时候，个人非常容易感到不公正，这不是像黑格尔所说的那样，是他自己出错了，以至于他受到了极大的蒙蔽而需要重新在客观的法律规范及其保障中认清自己的利益。这完全可能是法律领域自身在构成上的错误。尽管如此，黑格尔所勾勒出来的关于所谓主观偏见的说明仍然还是客观上正确的："法和伦理以及法和伦理的现实世界是通过思想而被领会的，它们通过思想才取得合理性的形式，即取得普遍性和规定性，这一形式就是规律，至于给自己保留肆意妄为的那种情感，把法的东西归结为主观信念的那种良知，的确有理由把规律看作它的最大的敌人。它感觉到法（作为一种义务和一种规律）的形式，是一种死的、冷冰冰的文字，是一种枷锁。其实，它在规律之中认识不到它本身，因而也认识不到自己在其中是自由的，因为规律是事物的理性，而理性是不容许情感在它自己的特异性中得到温暖的。"① 主观良知"有理由"把客观伦理看作是自己最大的敌人，这句话看起来好像是黑格尔在哲学上的笔误。他在这里不小心说漏嘴，显露出他要否定的东西。如果个人的良知确实由于没有在"法和伦理的现实世界"中认清它自身而把这个世界当作了敌人，那么他就不需要信誓旦旦地竭力掩盖这一点。因为，黑格尔的辩证法认为，良知不能有别的行动，实际上也不能在那个世界中认识它自身。于是黑格尔做出了让步，他的哲学内容所要论证的那种和解并没有发生。如果法律秩序对主体来说不是客观上外在的和异己的，那么对黑格尔来说，不可避免的对抗是可以通过更好的洞见来平息的。然而，黑格尔如此彻底地体会到这种不可平息性，以至于他不相信平息的可能性。由此就产生了一种悖谬：他既宣扬良知和法律规范的和解，同时又否认这种和解。

法和公平

如果说任何一种富于内容的、实证的自然法学说都会

---

① 黑格尔：《法哲学原理》，范扬、张企泰译，北京：商务印书馆1961年版，序言7页。为了前后一致，原译文中的"良心"改为良知。

导致二律背反，那么其观念之中也批判性地保留了实证法的非真理性。这种实证法观念是一种物化意识，今天这种物化意识已经返回到现实之中，并在现实之中进一步强化了统治。即使按照其纯粹的形式，即排除一切阶级内容和阶级正义的纯粹形式，它也表达了一种统治，即尽管个人利益与整体之间的差别不断扩大，但是这些个人利益却还是被抽象地统合到整体之中。而一个自我形成的概念体系会把一个成熟的司法体系笼罩在社会生活过程之上，它把个别的东西都归纳到范畴之下，以一种有利于社会秩序的方式——分类体系就是模仿这个秩序形成的，对一切都预先做出了决定。亚里士多德的不朽荣誉就在于，他把那种对抗抽象的法律规范的东西纳入到他的公平（ἐπιείκεια）学说之中。然而，法律体系越是被完全一致地建构起来，它就越是不能够同化那在本质上抗拒这种同化的东西。理性的法律体系甚至会把这种公平的诉求——它意味着修正正义之中的不正义——当作一种偏爱做法和不公平的特权，并按照规则把这种诉求一概拒绝。这种做法的趋势是非常普遍的，与经济过程中的意思是一致的，这个过程把个人利益还原到总体的公分母上，而这个公分母却是否定性的，因为它通过抽象的建构而把它自身与个人利益分离开来，尽管它同时也是由个人利益构成的。普遍性既要维持生命，同时又危及生命，甚至越来越具有威胁性。普遍在自我实现的过程中所进行的强暴在于，它不像黑格尔所认为的那样是自在地与个人的本质相一致，反而总是与这种本质相对抗。个人不仅仅是某个特定的经济领域的性格面具和价值载体。甚至在他们认为他们已经逃离了经济的首要性，乃至于他们的内心深处——这个未被把握的个别东西的共同家园——也都逃离了的时候，他们也是在普遍的强制之下做出反应。他们越是与普遍一致起来，他们就越（像）是与普遍不一致并重新成为毫无抵抗的追随者。在个体自身中所表达出来的是，总体只有通过对抗才能使它自身伴随着个体而被保留下来。尽管人类也自觉意识到，也能够批判普遍性，但是人类还是无数次地被迫按照不可避免的自我持存的动机去行动，去表现自己的态度；尽管这种态度也有意识地反抗普遍，但是它还是盲目地帮助普遍来实现自身。为了生存，个体必须把排斥他自己的东西转化为自己的东西。只是由于这个原因，和解的幻相才会出现，而黑格尔哲学尽管坚定地承认普遍的优先性，但是还是不坚定地把这种和解的幻相美化成为一种观念。这种和解闪闪发光，好像超越了对抗，（其实）是与普遍纠缠在一起的。普遍注意到，受它控制的特殊并不比它自身更好。这就是迄今为止所确立起来的同一性的核心。

个人主义的面纱

只要看到了普遍的优先性，那么这就是对一切个人的自恋倾向和民主地组织起来的社会的一种心理伤害，甚至达到了无法容忍的程度。只要看穿了自我，认为自我是不存在的，是幻觉，那么这就非常容易把所有人的客观绝望推进到主观的绝望，就会非常容易使人丧失个人主义社会根植在他们心中的那种信念：他们作为个人才是实质性的。为了能够在现存形式下以某种方式满足被功能规定了的自我利益，个人必须把自己变成首要的；个人必须把自己与对他来说直接的东西、与第一实体（πρώτη οὐσία）混同起来。这种主观幻觉是客观地造成的：只有借助于个人的自我持存的原则，无论这个原则多么偏执，整体才能发挥作用。这迫使每一个个人只是关注他们自己，从而干扰了他们对于客观性的透视，并由此恰恰在客观上成为糟糕的事情。唯名论的意识反映了整体，即反映了这个整体要借助于特殊性及其顽固性才得以持存。在字面上，它是意识形态，在社会上，它是必要幻相。普遍原则就是孤立化原则。这种孤立化显得确定无疑，其实是受到了这样的事实的迷惑，即这种孤立化了的东西由于害怕失去其存在而没有意识到它自身在何种程度上是被中介的。于是哲学上的唯名论广泛传播开来。每一个个别的定在都优先于它的概念，精神、关于个体的意识只能在个体之中存在，而超个体的东西却不是如此，它是在个体之中被综合的，个体又只有通过超个体才能进行思考。这些单子顽固地抵抗他们对类的现实的依赖，也抵抗他们的意识的形式和内容之中集体的方面：就形式来说，他们自身就是唯名论所否认的普遍性；就内容来说，任何经验更不要说所谓的经验内容，如果没有事先被普遍所消化和传递，都不会在个人身上发生。

一般和特殊的动力学

与认识批判理论在个体意识中反思一般相反，人们也不应该通过诉诸一般而在邪恶、罪行和死亡方面获得安慰，这才是正确的。黑格尔曾经回忆了这样一点，与普遍中介的学说相反，普遍中介极其悖谬地、明显地表现为那个被普遍地恢复起来的直接东西。尽管唯名论曾经作为一种前科学意识传播开来，而今天的唯名论却把它的天真——实证主义的工具箱中从来不缺乏对于人的天真的自豪，"日常语言"的范畴就是这种天真的回响——变成一种职业，并由此而再一次对科学颐指气使。这种唯名论从来不为一般和特殊在历史上的协同和关联所困扰。只有通过普遍所进行的转换，特殊才能获得真正优先性。而把这种优先性直接作为现成的东西确立起来，就是补充性的意识形态。这种意识形态掩盖了特殊在多大程度上已经成为普遍所具有的功能，按照其逻辑形式，它一直是这种功能。唯名论紧紧抓住它所拥有的东西，并以为它最可靠，其实那个东西不过是乌托邦，尽管它痛恨乌托邦的思维，痛恨那异于现存物的东西。科学主义的喧嚣错误地认为，这个完全由最高层次的现实控制机制——这种控制机制为它的意识规划了后备的内容——产生出来的客观精神，并且仅仅来源于这个后备的主观反应之总和。这些反应长期以来只是普遍性的诞生地，而普遍性则周到热情地款待人们，以便更好地隐藏在他们背后，更好地控制他们。世界精神本身启动了一种顽固不化的、主观主义的科学观。这种科学观的目

的是要建立其自足的、经验的—合理的体系，而不是把握
自上而下地进行操控的客观社会。从前，人们富有启发性
地、批判性地反抗物自体，而如今这种反抗却转变成为对
认识的破坏，尽管在这种最畸形的科学概念的形态中仍然
保留了事物的痕迹，但事物本身也同样被扭曲了。康德在
（反思概念的）歧义那一章，拒绝了认识事物内在性的可能
性，这也是培根纲领的最终含义。在对经院教条的反叛中
这个纲领获得了它的真理性的历史标志。可是，只要被这
个纲领所禁止认识的东西是认识论的前提和现实的前提，
那么这个（反抗经院教条的）动机失败了；认识的主体必
须把自己作为普遍之中的一个要素来加以反思，而同时又
能够让自己与普遍并不完全一样，正是在这里，它的这个
动机也失败了。要阻止主体从内部进行认识，阻止主体认
识它寓于其中的事物，阻止它认识其自身内部的那许多东
西，这是荒谬的。就此而言，黑格尔比康德更加切合实际。
当科学的概念形态与事实性理想发生冲突的时候，当它与
朴实理性的理想发生冲突的时候，当它充当反思辨的执行
者的时候，它的机制就成为非理性的。（这种实证的）方法
专横地压制了它所应认识的内容。由于要被认识的事物是
内在矛盾的，由于客体是对抗的，因此，实证主义所要达
到的那种认识理想，即一致性、无矛盾性、逻辑上无懈可
击的模型，是站不住脚的。这是社会之中的特殊与一般之
间的对抗，而这种方法却否定了这一对抗的一切内容。

作为社会总体的精神

人们所经验到的那种客观性对个体和他的意识来说是被预先规定了的。而对这种客观性的经验也就是对完全社会化了的社会统一体的经验。这种经验最接近于哲学上的绝对同一性观念，以至于它不能容忍任何在它之外的东西。无论统一性怎样被提升到哲学之中来，它都牺牲了多样性，都是一种欺骗性的拔高。统一性的优先性——这被埃利亚学派以来取得成功的哲学传统看作是最好的东西——其实不是什么最好的东西，而是最现实的存在。它确实具有哲学家们所赞扬的观念统一性中的那一点点超越性。尽管发展起来的市民社会——这种最早的统一性思维实际上已经在城市之中发生，即初期资产阶级中发生——是由无数自我持存的自发个人组成的，并且这些个人像乐曲中的音符一样在他们的自我持存中相互依赖，但是，这些个人和统一性之间的均衡绝不可能占据主导地位，尽管辩护性公理宣称这种均衡是现成存在的。统一性和多样性的非同一性就像体系的同一性一样，具有统一体优先的形式，它要涵盖一切。没有个体的自发性，统一性就不可能形成，统一性作为自发性的综合是第二位的。唯名论让人想起这一点。然而，统一性却通过多样性（许多个体——译注）的自我持存的必要性或者只是借助于非理性的统治关系——这种统治关系滥用了自我持存并以此为借口——而越来越密集编织起来，它以消亡为处罚把一切个人都网罗进来，用斯宾塞的话说把他们整合起来，以它的合法则性把他们吸收进来，尽管这违背了他们的合理的个人利益。于是，这就逐步结束了进一步的分化，而斯宾塞却还以为这种分化必然伴随着整合。尽管整体和统一体始终只能借助于它所涵盖的特殊才得以形成，但是它在形成过程中却无情地忽视这些特殊。通过个体和众人所实现的东西既是又不是众人自己的事情：众人对此越来越无能为力。众人的全体同时也是众人的他者。这个辩证法被黑格尔的辩证法故意忽略了。一旦个人在一定程度上意识到统一性对他们自己的优先性，那么统一性的优先性就会作为自在的普遍性反射到这些个人身上，他们事实上也会碰到这样的普遍性：它甚至深入到他们的内心的最深处，被用来加害于他们，甚至在这里他们把这种东西加害于他们自己。"性格对一个人来说就是命运"（ἠθος ἀνθρώπῳ δαίμων）这句话的意思是，人的性格总是被普遍性所塑造的，对人来说，这种性格是他们的命运。它比性格学上的决定论包含了更多的真理。由于一般决定了任何一个个体，并把他们结合为由特殊构成的统一体，而这个一般是从这些个人之外借来的，因此对于个人来说是他律的。据说这就是魔鬼用来折磨个人的东西。把观念看作是自在的，这是一种意识形态。这种意识形态之所以如此强大是因为它是真理，不过它是否定性的真理。由于它被肯定性地颠倒过来，它才成为意识形态。一旦人们知道了普遍所具有的优先性，那么他们就不可避免地把它转换为精神，把它作为他们必须与之和解的更高的东西。强制对他们来说是可以被感受到的①。这样做也不是完全没有理由的：作为整体的抽象一般，即那个施加强制的抽象一般，与思维中的普遍是密切联系在一起的，是与精神密切联系在一起的。这就允许作为总体的抽象一般把思维中的普遍回过头来投射到它的承担者身上，投射到那种普遍之上，好像精神在那里得到实现，好像它有了自身的现实性。在精神中，一般所具有的一致性成为主体。而普遍只能通过精神的中介，通过抽象的操作才能在社会中维持自身。而精神在最高层次上也确实进行着这样的抽象操作。这两者在交换中交汇在一起，而交换既是主观的思维，同时也客观有效。然而，就是在这里，一般的客观性和单个主体的规定恰恰由于它们是可通约的而不可调和地相互对立。在世界精神的名义下，精神作为其自身一直所是的东西径直地被肯定了和具象化了。涂尔干认识到，在这种精神之中，社会崇拜它自身，它的强制性被看作是万能的。涂尔干也因此被人们指责为形而上学家。社会也会发现它自身被世界精神所确认，因为它事实上也有它后来所崇拜的世界精神中的一些品格。对世界精神的神话般的崇敬不是纯粹的概念神话：它表达了一种感激之情，因为在更加发达的历史阶段，所有的个人都必须借助于社会统一体来生存，而这个统一体却不会在个人之中烟消云散，

---

① 也包含了"有意义的"意思。——中译本注。

而它越是持续下去，就越是让这些个人走向厄运。如果这些个人由于没有认识到这一点而使他们的生存确确实实地为巨大的垄断集团和权力集团所予取予求，那么由此而带来的就只能是，有所强调的社会概念在目的论上所一直包含的东西。这种意识形态让世界精神独立起来，因为它潜在地就已经具有了独立性。对世界精神之中的诸范畴的崇拜，比如甚至尼采也接受的对最高形式的伟大的崇拜，只是在意识中强化了世界精神与一切个人之间的差别，好像这种差别具有存在论特性。而这种崇拜也强化了对抗和可预见的灾难。

对抗的历史理性

与潜在的主体相比，与联合起来的单个主体——与世界精神有别的单个主体——的整体利益相比，今天世界精神的理性还不只是非理性的。人们指责黑格尔及其所有门徒，指责他们把逻辑范畴与社会范畴、来自于历史哲学的范畴等同起来，即"变为另一类"（μετάβασις εἰς ἄλλο γένος）：它们是思辨观念论的顶点，这个顶点必须根据不可建构的经验而被拆除。恰恰是这样一种结构才能公正地对待现实。历史中的以牙还牙的现象，正如单个主体之间相互关系之中的等价原则——这种不断趋向于总体的等价原则一样，是按照逻辑性来进行的，黑格尔据说就是把这种逻辑性解释到历史之中。而恰恰就是这种逻辑性，即一般和特殊之辩证法中的一般优先性，是错误的标志。像自由、个性以及黑格尔以同一性的形式所普遍设定的东西，都不再具有同一性。一般之总体表达了它自身的失败。不容忍任何特殊的那种东西因此也暴露了它自身是在进行特殊的统治的东西。不断地贯彻一般的那种理性就已经是受限制的理性。它不仅仅是多样性之中的统一性，而是显现为对现实的一种态度，即让统一性凌驾于某物之上。然而，按照纯粹的形式来说，它是内在冲突的。统一就是分裂。在社会总体之内使特殊得以实现的那种理智是非理性（irrationalität）的，这种非理性不是外在于理智的，也不仅仅是这种理智运用的过错。毋宁说，这种非理性是理智内在固有的。用完整的理性来衡量，当前流行的理智，按照它的原则，就已经展现为走向极端的理智，就此而言也是非理性。启蒙确确实实屈从于辩证法：这种辩证法发生在其自身的概念中。理智像其他任何范畴一样不应被具象化。把自我持存的利益从个人转移到类那里，就是在精神上把它凝固为一个同时既一般又对抗的形式。这种转移是按照逻辑来进行的，像霍布斯和康德这样的伟大哲学家从历史的角落中领会到这种逻辑：如果不承认类的自我持存的利益——在资产阶级思想中这个利益大多由国家来代表的，那么在更加发达的社会关系中，个人就无法自我持存。可是尽管这种转移是必要的，但是借助于这种转移，一般所具有的合理性几乎不可避免地要与特殊的人们对立起来，它必须否定这些人才能成为一般，尽管它假装或不仅仅假装要服务于这些人。理智的普遍性把一切特殊内容的短缺合理化，把它对总体的依赖合理化。这种普遍与特殊之间的对立也借助于抽象化过程而发展起来，而普遍就依赖于这种抽象。统治一切的理性在宣布它自身高于其他东西的时候，必然会限制自身。绝对同一性的原则是自身矛盾的。这个原则使非同一性以被压制和被破坏的形式永存下去。黑格尔就带有这方面的痕迹，他努力用同一性哲学来吸收非同一性，也用非同一性来定义同一性。但是他却扭曲了实存事态，因为他肯定了同一的东西，当然也把非同一的东西看做是必然否定的东西，从而误解了一般所具有的否定性。他不同情那被埋藏在一般性之下的特殊性的乌托邦，不同情非同一性，而非同一性只有在实现了的理性把一般性之中的特殊物保留下来的时候，才是可能的。一般概念之中蕴含了这种不公正，对于这种不公正所产生的意识受到一般责骂。然而，这种意识还是值得它尊敬的，因为不公正本身具有普遍性。在近代社会开始的时候，受致命重伤的雇佣兵弗朗兹·冯·西金根（Franz von Sickingen）发现，"事出有因"这句话是他的命运。他以时代的力量表达了两种东西：社会的世界进程的必然性——这个必然性宣判了他的灭亡，以及世界进程原则的否定性——这也是按照必然性来推进的。这一原则是与幸福、甚至总体的幸福完全不相容的。这个格言的经验内容超出了因果命题的普遍有效性的陈词滥调。个人在意识中逐渐明白，他们所遭遇的是普遍存在的相互依赖。个人表面上的孤立命运反映了整体。命运这个神话名称所代表的东西即使被去神话化，变成为世俗的"事物逻辑",也同样是神话性的。这个逻辑被作为他们的特殊性的形象而烙在个人身上。这从客观上推动黑格尔去建构世界精神。一方面,这个建构解释了主体的解放。他必须摆脱普遍性,以便自在自为地感知这种普遍性。另一方面社会行动个体的结合体必须与无缝隙的、预先决定个人的总体联系在一起,而这是封建时代所没有出现过的情况。

普遍历史

黑格尔哲学和康德哲学一样,从数学化了的自然科学的有效性中获得启示而得到普遍历史的概念。这个一体化世界越是接近于总体过程,这个概念就越成问题。一方面,按照实证主义的方式所不断推进的历史科学粉碎了总体的观念和不间断连续的观念。而哲学建构由于缺乏细节方面的知识而使它对历史科学的优势备受质疑,尽管它完全可以与它自身拉开距离,从而极其轻易地把这些细节记录下来;当然它甚至也不怎么害怕说出其中的本质,并且从远距离上勾勒出这种本质。另一方面,这些先进的哲学还必须注重普遍历史和意识形态之间的一致性[1],注意到受挫生活的不连续性。黑格尔本人已经认识到,世界历史只有通过它的矛盾才能具有统一性的特点。唯物主义把辩证法颠

---

① 参见《本雅明文集》,第一卷,美茵河畔法兰克福,1955年,第494页及其之后。

倒过来，它最重视的是去洞察那未被精神和概念统一体安慰性地结合起来的内容的非连续性。然而非连续性与普遍历史应该被放在一起来思考。如果把普遍历史作为形而上学迷信的残余一笔勾销，那么这就是从精神上强化了纯粹的事实性，把它当作唯一需要认识和接受的东西。与此相似，从前至上的唯一精神大踏步前进，把各种事实编入总体之中，并确认这些事实是这个唯一精神的表达。普遍历史既要被建构起来，也要被否认。如果有人断言，一个包容一切的更美好世界规划会在历史中实现，那么只要想到过去的灾难和面临即将到来的灾难（人们就会发现），这种断言就是玩世不恭。然而，我们却不能以此为由，否认不连续的、混乱的历史碎片和历史阶段可以被结合在一起，形成一个统一体，即这是一个控制自然的历史，是不断推进对人、最终对人的内在自然统治的历史。普遍历史根本没有从野蛮走向人性的历史，而确确实实是一个从弹弓走向核弹的历史。它最终表现为被组织起来的人性全面威胁被组织起来的人类，表现为非连续东西的总和。由此可以证明，黑格尔被吓破了胆，并且以头立地。如果他把历史苦难的总体美化成为绝对（精神）得以自我实现的肯定性，那么这个统一性的和整体性的历史尽管偶有喘息，但却直到今天都在滚滚向前，它有目的地走向绝对苦难。历史是连续性和非连续性的统一。社会不是尽管有对抗而维持自身，而是通过对抗而维持自身。生产过程的客观动力却是利润动机，从而是阶级关系，然而一切人的生存都依赖于生产过程，生产的首要性只有在所有人都死亡了才会失去利润动机。这也意味着不可调和东西的调和，因为只有它才能让人生存，如果没有它，甚至另外一种生活的可能性都没有。那在历史上创造这种可能性的东西同时也能轻易地摧毁这种可能性。世界精神作为对象尽管可以被定义为有价值的，但是也可以被定义为永恒的灾难。在奴役一切人的同一性原则之下，那些不能纳入同一性的东西，那些在生产手段领域中脱离合理规划的东西，都会变成引发恐惧的东西，变成非同一东西在同一性之中所经历到的苦难的报复。历史如果没有被魔法般地转换成观念，那么哲学就很难对历史做出其他解释。

对抗是偶然的吗？

人对人像狼一样的冲突这样一个原则，究竟是从人类社会起源中遗传下来的，是自然历史的延续，还是仅仅作为一种人为状况（θέσει）而存在；或者在冲突已经产生的情况下，它是来自类的生存的必然性，而不是偶然的，比如，不是来自古代社会夺权的偶发行动？对于这些问题的思索不是多余的。当然，世界精神的建构会由此而土崩瓦解。历史的一般性、由总体趋势的必然性糅合在一起的事物之逻辑是建立在偶然的东西之上的，是建立在外在于它的东西之上的，而后者却不需要任何东西都能存在。不仅黑格尔，而且马克思和恩格斯，在其他任何地方都没有在对于总体关系方面表现得更唯心主义，他们毫不怀疑总体

的不可避免性。可是在改变世界的期望中，这种怀疑就产
生出来，并对他们自己的思想体系造成致命的攻击，而不
是对占统治地位的制度的攻击。事实上，马克思不信任一
切人类学，他竭力避免把对抗放置在人的本质之中，或者
放置在原始时代之中，毋宁说他把这个时代设想为黄金时
代的图谱，而顽固地坚持其历史的必然性。经济对于统治
具有优先性，而统治却不能从其他地方，而只能从经济中
推导出来。有关这个问题的争论无法用事实来解决，因为
（这类）事实都遗失在前历史的混沌之中。然而，对于这个
问题的兴趣其实与其说是对历史事实的兴趣，还不如说是
对社会契约的兴趣。对于这种契约，甚至霍布斯和洛克都
认为它很难得到真实地实现①。这涉及把历史加以神化，甚
至在无神论的黑格尔主义者马克思和恩格斯那里也是如此。
经济的优先性应该以历史的严密性为内在于历史的幸福目
的奠定基础。经济过程会产生政治上的统治关系，只有到
了不可避免地从经济强制中解放出来，这种经济过程才会
把政治上的统治关系翻转过来。然而这个学说的不妥协性
从它那个方面来看，恰恰是政治上的，尤其在恩格斯那里，
更是如此。他和马克思所期望的革命是整个社会的经济关
系的革命，是自我持存根基上的革命，而不是统治的基本

---

①　想象中的社会契约之所以在早期资产阶级思想家中如此受欢迎，是因
为它是建立在资产阶级的合理性，即作为一种先天的形式法则的交换关系的基
础上的。在无法透视的现实社会中，这种契约如同资产阶级的理智本身一样，
都是想象的。

规则的变革，不是其政治形式的变革。它的矛头是指向无政府主义者的。马克思和恩格斯甚至把人性的原罪、也就是人性的原初历史转换到政治经济学中来，尽管其概念是附着于交换关系的总体的，是后来的东西。推动他们这样做的动机是，他们期待一种直接的、立即到来的革命。当他们期待革命立刻发生的时候，对他们来说，最现实的事情是打破（历史的）趋势，他们害怕这种趋势会像从前的斯巴达克起义和农民暴动那样被平息。为了实现乌托邦，马克思和恩格斯成为乌托邦的敌人。他们的革命图景都被打上了史前时代的烙印。资本主义社会中那种压倒一切的经济矛盾似乎是要从那无法追忆的遥远时代的历史强者的客观积累中推导出来。他们不可能预料革命失败甚至革命成功之后所出现的现象：统治能够比计划经济更持久地存在下去，尽管他们两人都没有把计划经济和国家资本主义混淆起来；马克思和恩格斯所阐发的经济——与单纯的政治相对抗的经济——上的对抗趋势有这样一种潜能，它能够超越特定的经济阶段而不断延续下去。在政治经济学的批判对象垮台之后，统治还具有顽强的生命力；这个顽强的生命力使意识形态取得了一个廉价的胜利：这种意识形态要么是从不可避免的社会组织形式中，比如集中化的组织中推导出统治来；要么从那个在现实过程中被抽离出来的意识即理智中推导出统治来。于是这种意识形态或者以公开的赞词，或者以假慈悲的泪水预言，只要有组织的社会存在着，统治具有无限的未来。相反，对自在存在的、物化了的政治的有力批判还是保留下来了，对其膨胀起来的特殊精神的有力批判还是保留下来。然而，20 世纪的历史事件所触及到的是历史总体性的观念，是可计算的经济必然性的观念。只有当事情可能有所不同的时候，只有当总体被看作是社会的必要假象的时候，被看作是具象化了的一般，从单个个人那里挤压出来的一般的时候，只有当总体作为绝对所要求的东西而被破除的时候，批判的社会意识才能保留思想的自由，才会认为，事情总有一天会有所不同。只有当理论认识到历史必然性是被转换为现实的一种假象的时候，认识到历史的决定性是形而上学上的偶然性的时候，它才能够卸除历史必然性的巨大负担。这种认识却受到了历史形而上学的阻挠。可以说，不断临近的灾难是与人们从一开始就估计到的非理性灾难相对应。今天，尽管走向另一种状况可能性失败了，但是（如果还有可能性，那么）这种可能性都要集中到这一点，无论如何都要去防止灾难。

黑格尔的超世界的世界精神

然而，在黑格尔那里，尤其是在历史哲学和法哲学之中，历史客观性曾经一度被提升为超越性："这种一般实体不是世俗的，世俗与之进行的抗争都是徒劳的。任何个别都不能超越这个实体。它确实能够把它自身与其他单个的个别区分开来，但不能与民族精神区分开来。"① "世俗"的对立面，即被非同一地强加在特殊之上的同一性东西，因此是超世俗的。这样一种意识形态也包含了一点点真理：只要人被分裂为民族，那么对他自己民族精神进行批判的人也要受制于他的那种共通精神。卡尔·克劳斯与维也纳之间形成的星丛关系是最近时期的一个最伟大的范本，尽管这个范本大多招致人们的诽谤。但是当碰到某种困扰的时候，黑格尔就完完全全不那么辩证了。他继续说：个人"可以比许多其他人更加精神敏锐，但是却不能超越民族精神。只有知道民族精神，并知道如何据之指导自己的人才是精神敏锐的人。"② 黑格尔带有一点敌意——在"精神敏锐"这个词的用法中，人们也能细微听出这点敌意的余音——地描述了这种关系，不过远远低于他自己的观念的水准。"据之指导自己"严格地说不过就是适应的意思，就好像是被迫坦白一样，黑格尔把它所宣扬的肯定性的同一性，解译为持续的分裂，并要求弱者服从强者。历史哲学中的那些委婉之词，比如世界历史过程中的"个别的个人曾经受到伤害"③，不知不觉地非常接近于对不可调和性的意识，并且他所竭力宣扬的"个人有义务通向实质性自由"④ 的说法，也不过是整个德国观念论的流行观念，与毕

---

① 黑格尔：《历史中的理性》，第五版，汉堡，1955 年版，第 60 页。
② 黑格尔：《历史中的理性》，第五版，汉堡，1955 年版，第 60 页。
③ 同上书，第 48 页。
④ 《黑格尔全集》第七卷，斯图加特版，同上，第 230 页。

希纳（Büchner）的《沃伊采克》的医生场景中对自由的拙劣模仿没有什么区别。黑格尔用哲学的口吻说："没有暴力能够超越善的力量，即上帝的力量，也没有任何暴力能够阻止上帝发挥作用。上帝保持正义。世界历史恰恰再现了天意的规划。上帝支配世界。他的统治的内容，即他的规划的实施就是世界历史。理解这个规划的是关于世界历史的哲学。它的前提是这个理想得到实现。只有符合这种理念的东西才具有现实性。"① 当黑格尔提前仿效海德格尔说："理性是对神圣业绩的感知"② ——用阿诺德·勋伯格的话说，这仿佛是给他修身立命的布道的加冕——的时候，世界精神仿佛是在极其狡诈地发挥作用。无所不能的思想不得不退位，并使自己顺从地进行简单的感知。黑格尔从这样一个方面利用希腊的个别性经验的观念，从而为实质性一般的他律性镀金。在下面这段话里，他跳过了全部的历史辩证法，并毫不犹豫地宣布，古代的道德形式——它起初是希腊官方哲学的形式，其后是德国高级中学的形式——是真正的道德形式："国家的道德不是道德学上的反思性道德，在后者那里个人的信念占据主导地位。国家道德才是现代世界更可行的道德，因为真正的、古代的道德根基在于，每个人都履行自己的义务。"③ 客观精神报复了黑格尔。作为斯巴达精神的赞美者，大约在一百年前他以"履行自

---

① 黑格尔：《历史中的理性》，第五版，汉堡，1955 年版，第 77 页。
② 黑格尔：《历史中的理性》，第五版，汉堡，1955 年版，第 78 页。
③ 黑格尔：《历史中的理性》，第五版，汉堡，1955 年版，第 115 页。

己的义务"这个说法预言了本真的行话。他不顾颜面地以装饰性的话语来称颂牺牲者,却没有触及造成这些牺牲者的实质性状况。在他的高超的解释背后所隐藏着的那个精灵,不过是席勒的资产阶级钱柜中早就准备好了的小钱。在"大钟歌"中,席勒让家中的父亲把自己财产化为灰烬,要他不仅要拿起拐棍,也就是乞讨棍,而且还迫使他愉快地这样做。对于民族,席勒要为它的荣誉而奉献一切,而且要愉快地奉献一切,否则这个民族就毫无价值。这种心情愉快之中所包含的恐怖把社会压制内在化了。这种过分的说法绝不是诗歌上的夸张。观念论上的社会教师爷们还做得更多,因为如果没有把额外的、非理性的同一化过程附加上去,那么当一般掠夺了一般自己允诺给特殊的东西时,这种做法就过于明目张胆、丑恶昭彰。黑格尔把一般所具有的力量与伟大这个概念的审美形式结合起来:"这些人才是一个民族中的伟大的人,他们按照普遍精神指导人民。个体也因为我们而消失了,并且对我们来说只能作为这样的人,他们要努力实现民族精神所期望的东西。"[1] 这个轻率地被宣布出来的个体的消失,作为否定的东西,竟然被哲学狂妄地作为肯定的东西来认识,而没有真正地改变它。这种个体的消失就等同于连续发生的断裂。世界精神的威力破坏了黑格尔在后面一段中对于个体的颂扬:"它通过它自身而与实体相一致。"[2] 然而,这个轻描淡写的说

---

[1] 黑格尔:《历史中的理性》,第五版,汉堡,1955年版,第60页。
[2] 黑格尔:《历史中的理性》,第五版,汉堡,1955年版,第95页。

法触及严肃的问题。世界精神就会是"世界的精神，正如它在人的意识中阐明自身那样。人对世界精神的关系就个人对总体的关系一样，这个总体是他们的实质。"① 这是在责备资产阶级的个人观，责备这种粗俗的唯名论。那种把自己限制在自身之中，就像限制在直接必然性和实质性之中的东西，于是恰恰成为走向普遍性的媒介，而个体性就成为欺骗性的观念。在这里，黑格尔和叔本华是一致的。他超出叔本华的地方在于，他洞察到，个别和一般的辩证法不会随着对个别的抽象否定而完结。然而，仍然还存在着的反对意见——它不仅反对叔本华，而且反对黑格尔——个体，作为本质的必然现象，作为客观趋势的必然现象，又在回过头来正确地反对这种趋势，这就是说，个体是以趋势的外在性和可错性来对抗这种趋势的。这个思想就蕴含在黑格尔关于个体"通过他自身"达到实质性的学说之中。但是，他不仅没有发展这个学说，反而把它固化在一般和特殊的抽象对立中。按照他自己的方法来说，这应该是不可容忍的。②

---

① 黑格尔:《历史中的理性》，第五版，汉堡，1955 年版，第 60 页。

② 在实证主义者之中，埃米尔·涂尔干坚定地维护黑格尔的一个决定，即他在集体精神的学说中拥护普遍性。并且在可能反思的地方，他都超出黑格尔，比如，他在自己的理论框架中不承认一般和特殊的辩证法，甚至连抽象地承认都没有。在关于源始宗教的社会学中，他实质上已经认识到，特殊所依据的东西，即特征，是由一般强加于它的。他认为，特殊是一种幻觉，既把这种幻觉看作是对一般的简单模仿，又把这种幻觉看作是一种力量，这种力量把特殊首先变成一种幻觉:"丧事（在仪式过程中所利用的丧事）不是私人情感的自然运动，不是由惨重的损失所造成的伤害。它是团体所强加的一种责任。人们哀悼不仅仅是因为他们悲伤，而是由于应该哀悼。为了尊重习俗，人们有义务采取这样一种礼仪态度，但是这种礼仪态度在很大程度上是独立于个人的实际状况的。这种义务更多的是通过神秘处罚或社会处罚来实施的。"（埃米尔·涂尔干:《宗教生活的基本因素：澳大利亚的图腾制度》，巴黎，1912 年，《社会学年鉴》，第 568 页。）

黑格尔对普遍的拥护

黑格尔不仅坚决反对狭隘的直接意识，而且也同样反对诸如实质东西和个体性之间的区分。这是基于，他从逻辑上看到，特殊和普遍之间的统一性，而且他还时常把这种统一性当作是同一性："然而特殊性作为自在自为的普遍性，不是经过过渡而发生内在关系。它自身是总体，是单纯的规定，是本质性原则。除了被普遍本身所规定，并导源于这个规定之外，它没有其他规定。特殊是普遍本身，但特殊是它与他者的区别和联系，是外表上的假象。然而，它不是作为特殊与之区别开来的他者而现成存在的，而是作为普遍本身存在的。——普遍规定其自身，因此它自身就是特殊。规定就是区别，普遍只区别于自身。"① 于是，特殊直接就是普遍，因为它只有通过普遍才能规定它自身的每一个特殊性。黑格尔按照一再重复出现的口吻总结说，如果没有普遍，那么特殊就什么也不是。精神的近代历史——也不仅仅是近代历史——是西西弗斯式的辩护性劳动，即在思想中排除普遍中的否定性方面。在康德那里，精神还回想到了这种否定性，并且把它与必然性对立起来：他力图把这种必然性限于自然。在黑格尔那里对这种必然性的批判却被变戏法式地消除了："精神的意识必定在世界中形成。这种意识得以实现的质料，也就是它的土壤，就是普遍意识，即一个民族的意识。这种意识包含了这个民族的

① 《黑格尔全集》第五卷，斯图加特版，第43—44页。

一切目的和利益，并借助于它来指导这一切目的和利益。
这种意识形成了该民族的法律、道德和宗教。它是一个民
族的精神之中的实质性东西。即使一个人还不知道它，但
是也会把它作为前提确定下来。它类似于必然性。个人就
是在这个氛围中被养育起来的，而又不知道其他任何东西。
然而，它不仅仅是教育和教育的结果，相反这种意识是从
个人本身之中发展起来的，而不是被教授的：个体就在这
个实质之中。"① "它类似于必然性"的说法完全适合于
（黑格尔关于）普遍优先的观念。只是这个"类似于"暗示
了，这种必然性只是一种比喻上的特点，从而草率地点明，
这最真实的东西只是表面现象。如果有人怀疑，这种必然
性究竟是不是善的，那么这种怀疑也会被立刻破除，即克
服一切艰难险阻信誓旦旦地保证必然恰恰就是自由。黑格
尔告诉人们，个体"就在这个实质之中"，于是对他来说，
普遍也是与民族精神一致的。然而，普遍所具有的肯定性
本身也是否定的，并且普遍性就越是更深刻地陷入肯定性
之中，它就越是否定性的；统一性越严重，它对多样性的
驾驭就越彻底。胜利者会对统一性赞赏有加，甚至在他们
只不过是精神胜利者的时候，也不能不摆出一副夸耀和庆
功的气势来，并且耀武扬威地表明，不断地残害多样性就
是世界的意义。"特殊彼此之间竭力撕斗，其中一部分人失
败了。但是，恰恰在这种撕斗中，在特殊的没落之中，普

---

① 黑格尔：《历史中的理性》，第 59—60 页。

遍出现了，并且不受任何干扰。"① 直到今天，它仍然没有受到干扰。然而，按照黑格尔的说法，如果没有普遍所规定的特殊，那么普遍作为分离开来的东西，也不可能存在。对黑格尔来说，他的逻辑学就是一个关于普遍之结构的先天学说，为了把普遍和未被规定的特殊明确地等同起来，把认识的两个极端的中介等同起来，它就只能处理特殊性，即它处理的东西已经成为概念，而不是把特殊东西作为特殊东西来处理。② 于是一般的逻辑优先性被确立起来，并为黑格尔的社会和政治选择提供基础。我们也要对黑格尔做相当的让步，如果没有普遍这一要素——区别特殊、标记特殊，因而在一定意义上形成特殊的这一要素，那么不仅思考特殊性是不可能的，而且思考特殊东西本身也是不可能的。但是，尽管从辩证法上来说，一个要素需要另一个要素，一个与它相对立、相矛盾的要素，但是这一事实也不会让前者或者后者还原成为不存在的东西（μὴ ὄν），黑格尔尽管知道这一点，但是却又偶尔忘记这一点。逻辑上纯粹无矛盾的绝对的、存在论上的有效性还是被设定起来，尽管辩证法关于"要素"的说明已经破除了这一点；最后，绝对的第一性，即概念的第一性，就会被设定起来，而事实则是第二位的，因为按照观念论的传统，事实是从概念中"推导"出来的。如果没有规定性，从而没有普遍性，我们就不能对特殊做出任何判断；尽管如此，这个判断所

---

① 黑格尔：《历史中的理性》，第 105 页。
② 参见本书，尤其是"存在和生存"那个部分。

涉及的，这个判断赖以为基础的那种特殊要素、模糊要素也不会在其中消失。这个要素在星丛之中保留自身，辩证法可以说就来自于中介的具象化，而不会保留直接性的要素，而这却是黑格尔在其他地方所审慎地期待的。

倒退到柏拉图主义

对辩证法的内在批判可以炸毁黑格尔的观念论。认识所指向的是特殊，而不是普遍。它在特殊之差异的可能规定之中，甚至从一般——即被它当作不可缺少的东西来加以批判的一般——之中寻找其真正的对象。可是，如果普遍通过特殊被中介，而特殊通过普遍被中介，如果这个中介被简单地还原为绝对中介这样一种抽象的规范形式，那么特殊就要为此付出代价，即直至黑格尔体系中的质料那个部分，特殊都会被武断地打发掉："一个人必须做些什么，应该尽些什么义务，才能成为有德的人，这在伦理性的共同体中是容易谈出的：他只须做在他的环境中所已指出的、明确的和他所熟知的事就行了。正直是在法和伦理上对他要求的普遍物。但从道德观点看，正直容易显现为一种较低级的东西，人们还必须超越正直而对自己和别人要求更高的东西；其实要成为某种特殊的东西这种渴望，不会满足于自在自为的存在和普遍的东西，它只有在例外情形中才能获得独特性的意识。"[①]

---

① 黑格尔：《法哲学原理》，范扬、张企泰译，北京：商务印书馆 1961年版，第 168 页。

如果黑格尔把普遍和特殊的同一性学说推进到特殊自身之中的辩证法，那么特殊——按照他的说法这个特殊是被中介过了的普遍——就被赋予了与普遍一样的权利。但是，黑格尔却把这种权利贬低为一种纯粹的渴望，就像父亲斥责儿子时所说的那样，"你大概以为你是特殊的。"他还从心理学上抹杀黑人的权利，说那是自恋。不过这些都不是这位哲学家个人的可悲的失误。他所设想的辩证法不能以观念论的方式得到实施。因为与康德的分离相反，哲学并不是要把自身确立为一种关于一般这一形式的学说，而是要渗透到内容本身之中，于是，哲学就以一种巨大的、灾难性的循环论证的方式来确立现实，以这样的方式即把现实强制性地与内容一致起来，去确立现实。黑格尔那里最真实的东西就是对特殊的意识。如果没有这种意识的巨大分量，那么现实概念就会堕落为一种闹剧，最谬误的东西就会发生，黑格尔努力探求的特殊也会消失。他越是不懈地追求将概念变成现实，它就越是迷乱地玷污现实，即当下的东西。这些当下的东西被概括在概念中，他又用这个概念来打开这些当下的东西，就像打开儿童聚会中的金坚果。"正是哲学对现实所处的这种地位引起了误会；因此我回复到从前所说过的，即哲学是探究理性的东西的，正因为如此，它是了解现在的东西和现实的东西的，而不是提供某种彼岸的东西，神才知道彼岸的东西在哪里，或者也可以说（其实我们都能说），这种彼岸的东西就是在片面的空虚的推论那种错误里面。……如果反思、情感或主观意识的任何形态把现在看作是空虚的东西，于是就超脱现在，以为这样便可以知道更好的东西，那么，这种主观意识就是存在于真空中的，又因为它只有在现在中才是现实的，所以它本身是空虚的。如果把理念仅仅看作是一个理念，即意见中的观念或表象，那么哲学就提出了与此不同的见解，除了理念以外没有什么东西是现实的。所以最关紧要的是，在时间性的瞬间消逝的假象中，去认识内在的实体和现在事物中的永久东西"①。所以，这位辩证法家必然按照柏拉图的方式说话。他不愿意说，在逻辑上以及在历史哲学之中普遍会收缩到特殊之中，直至特殊从外在于它的那种抽象普遍中脱离开来。而在修正这一点的时候，他所维护的那个普遍作为更高的客观性就会下沉到恶劣的主观领域之中，下沉到特殊性的平庸价值之中。尽管他曾经想把逻辑转换到时间之中，但是他还是屈从于无时间的逻辑。

时间的非时间化

在黑格尔的辩证法中，时间性和永恒性是简单地分裂的，并且，尽管有辩证法，但是这种分裂都赋予历史哲学

---

①　黑格尔：《法哲学原理》，范扬、张企泰译，北京：商务印书馆 1961 年版，第 10—11 页。康德曾经批判过"只是理念"这个陈词滥调："柏拉图式的国家，作为只有在闲散思想家的大脑中才有其位置的梦寐以求的完善性之误以为引人注意的实例，已经成为成语。……然而更多地顺从这一思想，并（在这位杰出人物未给我们提供帮助的地方）通过新的努力来阐发它，要胜于用不可行这种贫乏且有害的借口把它当作无用的东西而置于一旁。"（《康德著作全集》第三卷，李秋零译，北京：中国人民大学出版社 2013 年版，第 242 页。）

中的一般以优先地位。正如一般的概念，即抽象的成果，
似乎是超越时间的；而通过抽象过程所进行的概括会带来
一定的损失，这种损失会作为纯粹的收益、作为获得永恒
性的汇票而记入分类帐目之中；同样，历史中的所谓超时
间要素就成为实证的东西。但是隐藏在这背后的是一个老
毛病。关于这个超时间要素始终保持如此的一致看法，却
与那个反对这一点并把它看做是短暂的思想相抵触。对黑
格尔的辩证法和历史哲学来说，向无时间性的回归并不是
外在的。由于黑格尔把辩证法扩展成为时间本身，于是时
间就被本体论化了，它就从主观形式变成绝对的存在结构，
把它本身变成永恒。黑格尔的思辨就是建立在这样的基础
上，这种思辨把有关总体的绝对理念与一切有限东西的暂
时性等同起来。与这种观念符合的是，他企图推演时间，
把它永恒化，使它不容忍任何在它之外的东西。这种企图
也与绝对观念论相符合，这种绝对观念论就像康德不允许
直觉和知性分离开来一样，也不会听任时间和逻辑的分离。
顺便说，正是在这里，黑格尔这位康德的批评者也是康德
思想的执行人。如果康德把时间先天化，把它变成直觉的
纯粹形式，成为一切时间性东西的条件，那么从它那个方
面看就被剥夺了时间。① 于是，主观的观念论和客观的观念

---

① "时间并不流逝，而是可变的东西的存在者时间中流逝。因此，时间
本身是不变的、常住的，显像中与它相应的是存在中不变的东西，是实体，而
且只有根据实体，显像的相继和同时才能按照时间予以规定。"（康德：《纯粹
理性批判》，《康德著作全集》第三卷，李秋零译，北京：中国人民大学出版
社 2013 年版，第 132 页。）

论就一致起来了。这两者的共同基础是，主体作为概念，排除了它的经验内容。在这里，纯粹的行动再一次像亚里士多德所说的那样，成为不动的东西。这些观念论者的社会偏见一直渗透到他们的体系的要素之中。他们之所以赞扬时间是非时间的，历史是永恒的，是因为他们害怕历史会有开端。对黑格尔来说，时间和时间性东西的辩证法顺理成章地成为自在时间的本质之一。① 它给实证主义提供了一个有利的攻击点。事实上，如果辩证法被认为是主张一种形式的时间概念，即清洗掉时间内容的时间概念的话，那么这就是一种恶劣的经院哲学。然而，对此所进行的批判性反思会让时间辩证法化，会让它以自身为中介，成为形式和内容的统一体。康德的先验感性论会无法对抗以下的这种反对意见：如果时间作为“直观形式”只有纯形式的特点，是“空洞的”，那么它本身就不会对应于任何直观，无论是哪一种形式的直观。康德的时间拒绝任何一种可能的表象和想象：为了能够形成时间表象，必须要同时设想时间性的东西，即能够从中读出时间的东西，这种东西的进程或者流逝必须是可以被体验到的。纯粹的时间观念恰恰需要概念的中介——这是从一切可想象的时间表象中抽象出来的，而康德为了体系的需要，为了让感性和知

---

① “现在，更进一步说，那个现实的自我本身属于时间，如果我们从意识和自我意识中抽掉具体内容，那么只要这个自我不是别的而只是空洞地设定自我为他者而又扬弃这种转变的运动，即保留它自身，保留这个我以及仅仅如此这般的这个我的运动，那么这个自我就与时间契合。我在时间中以及时间是主体自身的存在。”（《黑格尔全集》14 卷，斯图加特版，同上，第 151 页。）

性脱钩，就希望而且必须把这种中介从直观形式中清除出去。这样一种绝对时间丧失了它最后一点点事实基础，即在时间中存在而又在时间中流变的事实基础，这种时间就不再是动力学意义上的，而按照康德的说法，时间必须无条件地是动力学意义上的。没有动力学是没有其发生之处的。反过来说，事实性如果在时间的连续性中没有其位置，也是不可想象的。辩证法把这种相互性纳入最形式的领域之中：其中实质性的、相互对立的两个要素都不能没有另一方。这种相互性既不是在自在的纯粹形式中展示自身，也不是由它所激发起来的。形式和内容之间的联系变成了形式本身。它是内容的无条件形式，是内容和形式的二元论在被分离、被绝对化的主体性中的最高升华。只要人们不像黑格尔那样允许从时间逻辑之中生产出时间，而是把时间保留在被凝聚起来的时间联系的逻辑之中，正如《纯粹理性批判》，尤其是关于图式的那一章从各方面极其隐晦地显示的那样，那么我们还可以从黑格尔的理论中抽取出一点真理的要素。（他的）话语逻辑——无疑是在结论中——既保留了时间的要素，又在主观思维所实施的客观化之中把这些时间要素去时间化、虚幻化，把它们变成了纯粹的合规则性。要解释逻辑和时间的联系就要诉诸那种按照流行的、实证主义的科学理论来说是逻辑中的前逻辑的东西，这种解释作为对一个要素的认识是与黑格尔一致的。因为黑格尔所说的综合不是直接从确定的否定中跳出来的全新的质，而是被否定的东西的回归，是在诉诸不断推进的概

念所牺牲掉的那些东西的过程中而不断地辩证进步的：它
的不断推进的具体化就是它的自我修正的过程。只要意识
能够，那么从逻辑到时间的转换就愿意就逻辑对时间所造
成的损失进行补偿；而如果没有逻辑，时间也不可能。从
这个角度来看，柏格森的二重化的时间概念也有一点点他
自己所没有意识到的辩证法。从理论上说，他试图通过绵
延的时间（temps duree）即持续的经历这个概念从理论上来
重构关于时间的活生生的经验，从而重构时间的实质性内
容，而哲学的抽象和因果—机械的自然科学却牺牲了这方
面的内容。然而，他并没有比自然科学朝向辩证的概念多
走出一步，甚至比他的批判对象所了解的东西更具有实证
主义倾向。他出于对逐步显示出来的物化意识的厌恶，把
动力学方面的要素绝对化，并从它那个方面把它变成一种
意识形式，也可以说变成一种特殊的、优先的认识模式，
如果你愿意也可以说，把它物化成为一个认识分支。主体
的时间体验连同它的内容，像它的主体一样是被中介过的，
但如果被孤立起来，那么它就变成偶然的。正由于这个原
因，从时间测量这个角度来看，它也总是"错误的"。一个
琐碎小事就足以解释这一点，主体的时间经验，如果用钟
表来衡量，那么就会显现为错觉。然而如果没有主体的时
间经验，那么就不会有钟表上的时间，而只有钟表时间才
把时间经验对象化。然而，柏格森对于两种时间所进行的
粗糙的划分，记载了活生生的经验与对象化了的、可重复
的劳动过程之间的历史划分：他脆弱的时间学说标志着时

间意识方面的客观的社会危机的初步降临。绵延的时间和空间的时间的不可调和性是这种分裂意识的创伤。这种意识只有通过分裂才能以某种方式统一起来。这种分裂意识既不能靠对空间的时间的自然主义解释来加以控制，也不能靠绵延的时间的具象化来加以控制，而在这种绵延的时间之中，因物化而不断退缩的主体仅仅作为活着的生物徒劳地期望能够保存自己。按照柏格森的看法，生活应该在笑声中对抗那不断强化的习俗，并重建自身。然而这种笑声长期以来却成了习俗用以对抗未被领会的生活的武器，对抗那未被完全驯化的自然生活踪迹的武器。

黑格尔打断了辩证法

黑格尔遵循社会中的习惯做法把特殊的东西转换为特殊性。因为在社会实践中，特殊的东西只有作为范畴、只有作为普遍优先的一种形式，才是可以容忍的。马克思以黑格尔所意想不到的方式指明了这样一种事态："一切产品和活动转化为交换价值，既要以生产中人的（历史的）一切固定的依赖关系的解体为前提，又要以生产者互相间全面的依赖为前提。每个个人的生产，依赖于其他一切人的生产；同样，他的产品转化为他本人的生活资料，也要依赖于其他一切人的消费。……这种相互依赖，表现在不断交换的必要性上和作为全面中介的交换价值上。经济学家是这样来表述这一点的：每一个人追求自己的私人利益，而且仅仅是在追求自己的私人利益的时候，也就达到私人利益的总体即普遍利益。从这种抽象的说法反而可以得出结论：每个人都相互妨碍别人利益的实现，这种一切人反对一切人的战争所造成的结果，不是普遍的肯定，而是普遍的否定。关键倒是在于：私人利益是与这些条件和手段的再生产相联系的。这是私人利益；但它的内容以及实现的形式和手段则是由不以任何人为转移的社会条件决定的。"① 概念的这样一种否定的优先性说明了，为什么黑格尔即这种优先性的辩护者和马克思即它的批评者会一致认为，黑格尔所说的世界精神拥有一种自在存在的优势，而不仅仅在个体之中有其客观的实质，只有黑格尔才主张后面这一点："个人从属于像命运一样从属于他们之外的社会生产；但社会生产并不从属于把这种生产当作共同财富来对待的个人。"② 现实中的真正分离迫使黑格尔违背他本人的意志，修改他关于观念的现实性的命题。尽管他在理论上没有就这一点做出让步，但是在《法哲学原理》中还是显而易见地包含了这方面的话："在谈到国家的理念时，不应该注意到特殊国家或者特殊制度，而应该考察理念本身，这种现实的神。根据某些原则，每个国家都可以被指出是不好的，都可以找到有这种或那种缺陷，但是国家，尤其是现代发达国家，在自身中总含有它存在的本质的环节。

---

① 《马克思恩格斯文集》第八卷，北京：人民出版社 2009 年版，第 50—51 页。

② 《马克思恩格斯文集》第八卷，北京：人民出版社 2009 年版，第 53 页。

但是因为找岔子要比理解肯定的东西容易，所以人们容易陷入错误，只注意国家的个别方面，而忘掉国家本身的内在机体。"① 如果人们必须"考察理念本身"，而不是特定的国家，并且在原则上要服从于一个全面的结构，那么理念和现实之间的矛盾就会再次出现。而他整本书的要旨却要消除这种矛盾。与此相一致的那句不吉利的话是，找岔子要比理解肯定的东西容易得多。今天这句话变成了呼吁人们进行建设性批评，一种献媚式的（sich ducken）的批评。由于理念和现实之间的同一性被这种建设性批评所否定，这就需要理性进行特别虔诚的努力，以便对它自身确认这种同一性。"肯定的东西"，即被肯定地确证了的、被达成了的和解，是被设定了的，并且被当作意识的更高成就而得到颂扬，因为黑格尔如果仅仅旁观还不足以达到这种肯定性。肯定性对反抗它的东西所施加的压力，对现实的东西所施加的压力，顽固地强化了现实的压力，即普遍性作为主体的否定而强加在主体上的压力。主体越是具体地对抗着伦理的客观实质性，这两者之间的裂隙就越明显。按照黑格尔后来的教育观，这被轻描淡写地说成只是敌视主观的东西："因此，教育的绝对规定就是解放以及达到更高解放的工作。这就是说，教育是推移到伦理的无限主观的实体性的绝对交叉点，这种伦理的实体性不再是直接的、自然的，而是精神的，同时也是提高到普遍性的形态。在

---

① 黑格尔：《法哲学原理》，范扬、张企泰译，北京：商务印书馆1961年版，第259页。译文略改。

主体中，这种解放是一种艰苦的工作，这种工作反对举动的纯主观性，反对情欲的直接性，同样也反对感觉的主观虚无性和偏好的任性。就因为解放是这样一种艰苦的工作，所以造成了对教育的一部分不利的看法。但正是通过这种教育工作，主观意志才在它自身中获得客观性，只有在这种客观性中它才有价值和能力成为理念的现实性。"① 古希腊的教育智慧"未被棒打之人即未受过教育"（ὁ μὴ δαρείς）② 委婉地表达了这一点。尽管这根本不适用于歌德，但是他还是不加拒绝地把这句具有黑格尔意味的话作为他自传的格言。尽管这个古典主义的准则吹嘘它把真理置于同一性之上，并把它首先引入进来，但是它还是承认了自己的非真理性，从字面意义上来说就是承认棍棒教育的非真理性，从比喻意义上来说，就是承认那个必须被遵循而又被未说出的命令的非真理性。作为内在的非真理的东西，这种做法对于达到人们所赋予它的目的来说是毫无作用的，而被伟大的哲学所轻视的心理学在这方面要比伟大哲学知道得更多。野蛮地对待人只会在人身上再生产野蛮，被虐待者得到的不是教育，而是受压制，被重新野蛮化。心理学上的洞见认为，文明的压抑机制会把利比多转变成为反文明的侵略。这种洞见不应再被忘却。用暴力培养出来的人会

---

① 黑格尔：《法哲学原理》，范扬、张企泰译，北京：商务印书馆 1961 年版，第 202—203 页。

② 来自古希腊剧作家米南德，完整的句子是："ὁ μὴ δαρείςἄνθρωπος οὐ παιδεύεται"。它的含义类似于中文中的"孩子不打不成器"。——中译本注。

把自己与暴力同一起来，发泄自己的侵略性，从而既推进了暴力，又能从暴力中释放出来。于是主体和客体确实按照黑格尔法哲学中的教育理想被同一起来了。文化绝不是此类东西，它绝不希望把人们拴在它的磨坊里来使他们文明起来。在《法哲学原理》的最著名的一段话中，黑格尔引用了毕达哥拉斯派的一句话，在伦理上教育儿子的最好方法是让他成为具有良好法律的国家的公民。① 这要求人们做出判断，究竟国家本身及其法律事实上是不是好的。可是在黑格尔那里，社会秩序先天就是这样，它不必对生活于这个制度下的人们负责。他随后想起了亚里士多德，并讽刺性地承认"这个实体性的统一是绝对的不受推动的自身目的"。② 尽管这目的应该是辩证法所产生的，但是它却在辩证法之中一动不动。于是在国家中"自由达到它的最高的权利"③ 这个说法就退化成为一种空洞的断言。黑格尔陷入了单调的虔敬之中，而在《精神现象学》中他还鄙视它。黑格尔不厌其烦地重复了古代思维的陈词滥调，这些陈词滥调来自于柏拉图–亚里士多德的主流哲学取得辉煌胜利的时期，在这个时期，这种哲学与（当时的）制度结合在一起，共同反对它们在社会过程中的基础。当时的人们

---

① 黑格尔：《法哲学原理》，范扬、张企泰译，北京：商务印书馆1961年版，第172页。
② 黑格尔：《法哲学原理》，范扬、张企泰译，北京：商务印书馆1961年版，第253页。
③ 黑格尔：《法哲学原理》，范扬、张企泰译，北京：商务印书馆1961年版，第253页。

一般来说先发现的是国家，即自身中介的，对被统治者来说作为被给予的东西而直接显示出来的国家，而后才发现社会。黑格尔说："任何人都要感恩于国家"①，这个显而易见的夸张说法延续了古代社会所出现的那种错乱。促使他得出这个命题的是，他只能从已经固化了的制度出发来——它赋予普遍目的的那种不动性——做出"不动性"判断，却不可能从本质上具有动态性的社会出发做出这种不变性的判断。这个具有辩证法思想的人强化了国家的特权，并使这种特权免受辩证法的困扰，因为他不想欺骗自己的是，辩证法会推动人们超越资本主义社会②。他既不赋予辩证法以自愈的力量，又拒绝了他信誓旦旦地所保证的东西：同一性能够进行辩证的自我生产。

民族精神的角色

一般和特殊之调和的形而上学，作为历史哲学和法哲学，在建构现实的过程之中失败了。这种状况不可能不在黑格尔对体系的需要中有所体现。他为了中介而努力。他的中介范畴，即民族精神介入到了经验的历史之中。对于单个主体来说，民族精神是一般的具体形式，但是，"特定的民族精神"从它那个角度来看，"不过是世界历史过程中

① 黑格尔：《历史中的理性》，第五版，汉堡，1955 年版，第 111 页。

② 参见奥斯卡·内格特：《孔德和黑格尔的社会学说之间的结构联系》，载《法兰克福社会学文集》14 卷，美茵河畔法兰克福，1964 年，49 页以及其他各处。

的个别"①，是更高程度上的个别化，但由此也是独立的。在黑格尔那里，恰恰是民族精神独立性这个命题把它对个人的暴力统治合法化了，这就如同后来的涂尔干所说的集体规范以及斯宾格勒所说每一个文化的灵魂对个人的暴力统治一样。一般越是被隆重地授予集体主体的权杖，主体就越是在这其中消失得无影无踪。顺便说一句，由于这个中介范畴并没有明确地被称为中介，而只是履行其功能而已，因此它总是隐藏在黑格尔的中介概念背后。当然，它既不以事物自身的形式起支配作用，也不内在于它的他者之中，而是作为一个桥梁式的概念发挥作用，是世界精神与个体之间被具象化了的媒介物。黑格尔把民族精神的暂时性看做是类似于个人的暂时性，并把它解释成为一般之真实生活。从真理的角度看，民族和民族精神的范畴本身就是短暂的，而不是它们的特殊表现形式才是短暂的。如果今天新出现的各种民族精神确实要把黑格尔民族精神的火炬举得更远一点，那么它们会威胁人类生活，使人类生活在更低层次上再生产出来。从康德所说的他那个时代的一般、即可预知的人性来看，黑格尔关于民族精神的学说就已经是反动的了，它培养了一种已经被看透了的特殊精神。尽管他在青年兄弟会的鼓动者之中已经诊断出来灾难性的民族主义的苗头，但是他还是毫不犹豫地把民族精神的范畴突出起来，并恰恰参与到这一种民族主义之中。世

---

① 黑格尔:《历史中的理性》，第五版，汉堡，1955 年版，第 72 页。

界精神尽管始终如一但也会花样翻新，他的民族概念就是
世界精神的载体，这个概念也显示出它是其中的一个变体
而已。黑格尔的辩证法论著充斥了这样的变体。这既是自
相矛盾的，又与它的一个方面相一致。黑格尔哲学中的非
辩证的常量惩罚了这种辩证法，使之成为谎言，尽管没有
这种常量，辩证法就不可能存在。然而在这些非辩证的常
量中也存在着真理，比如，历史过程是始终如一的，是罪
恶和赎罪之间恶的无限性。而黑格尔的主要证人，赫拉克
利特在古代早就认识了这一点，并从存在论上把它加以拔
高。民族，无论作为术语还是作为事实，都是最近才出现
的。在封建主义衰亡之后，一个不稳定的中心化了的组织
形式可以用来控制混乱的自然纽带，从而保护资产阶级利
益。它必须成为偶像，否则的话它就无法把人们整合起来。
这些人在经济上需要这样一种组织形式，尽管这个组织形
式同时也不断地对他们施暴。民族统一是资产阶级社会的
自我解放的条件。凡是在这种统一失败的地方，比如在德
国，民族的概念就会被高估，并且具有破坏性。为了攫取
领土，它就会额外地推动人们去倒退性地回忆起原始的氏
族。当个人与普遍发生冲突并试图回过头来变成对普遍的
理性批判的时候，这种回忆作为一种不良的酵素就适合于
用来抑制个人，同样也抑制那些后来发展起来而且仍然非
常脆弱的东西：资产阶级目的的不合理性不能用其他任何
方法而只能借助于有效的非理性手段才能得到巩固。在后
拿破仑时代德国的特殊状况可能迷惑了黑格尔，使他看不

到，与他自己的精神概念相比，民族精神的学说是多么不合时宜，而在他的精神概念中，精神的进步包含了不断的升华以及摆脱原初的自然性。在他那里，尽管民族精神的学说是由德国行政上的统一的需要而被激发起来的，但是却已经是错误的意识，是一种意识形态。民族精神作为特殊的东西与现存状况耦合在一起，并被伪装起来，从而防备并抵抗理性，因为在精神的普遍性中还保留着关于这种理性的记忆。在康德的《论永久和平》之后，黑格尔关于战争的颂词再也不能以缺乏历史经验的天真为遁词来加以掩护了。他所赞扬的民族精神中的实质性东西，即习俗，早已无望地堕落成为粗野习惯。在专制的时代，人们又把这种粗野习惯翻腾出来，以便为了国家以历史潮流为借口加倍地削弱个人的力量。黑格尔必须以复数的形式来谈论民族精神，仅仅这个事实本身就暴露了他所说的那种实质性早就陈旧不堪。一旦我们谈论民族精神的多样性，或者一旦我们看到民族的国际性，那么这种实质性就被否定了。然而在法西斯主义之后，这种实质性又重新出现了。

过时的民族精神

由于黑格尔把精神民族化、特殊化，它就不把这样一类物质基础包含在自身之中，即它所一直要求的、作为一个总体的物质基础。在民族精神的概念之中，附带现象、集体意识、某个阶段的社会组织与真实的社会生产、再生产过程这个本质的东西对立起来了。黑格尔说，民族精神应该得到实现，应该"被转变成为现存世界"，这已经"是每一个人的情感"①。今天这种情况很难出现。如果有人迫使人们有这样的情感，那么这就变成了恶。而"现存世界"这个判断所涉及的是"宗教、崇拜、伦理、习俗、艺术、宪法、政治法律、整个现存制度、它的事件和行动"②。这些东西失去了黑格尔所说的那种实质性，同时也失去了它们的自明性。他要求，个人应该按照他们民族的"实质性的存在"来"形成自己、按照它塑造自己"③。这个要求是专断的。在他那个时代，这个要求甚至就已经无法与莎士比亚的假设一致起来，尽管这个假设也同样是过时的东西。这个假设是，历史的一般是通过个人的痛苦和利益而实现自身的；并且这种一般是作为那些拴在其机器系统中的人们的健康民族情感而出现的，是通过训练而渗透到他们身上的。黑格尔指出，没有人"能够跳出民族精神，就像他不能跳出地球一样"④。在这个充满人世矛盾的时代，在这个存在着各种可能的人世秩序的世界中，这种说法过于目光短浅。在少数几个地方，他也思考历史，但却付出了极其高昂的代价。他的思考也曾经达到这样一点：他所具象化的那个民族精神就它们而言在历史哲学中被如此地相对化，以至于他甚至认为世界精神总有一天可能会摆脱民族

---

① 黑格尔：《历史中的理性》，第五版，汉堡，1955 年版，第 67 页。
② 黑格尔：《历史中的理性》，第五版，汉堡，1955 年版，第 67 页。
③ 黑格尔：《历史中的理性》，第五版，汉堡，1955 年版，第 67 页。
④ 黑格尔：《历史中的理性》，第五版，汉堡，1955 年版，第 95 页。

精神，并为世界主义清理出地盘。他说："每一新的民族精神都是征服世界精神的一个新阶段，是赢得其意识和自由的一个新阶段。民族精神的死亡是向新生命的过渡，但这不同于自然界，自然界中一种生物的死亡带来同一种东西的产生。而世界精神迈开大步从一个较低级的规定走向一个更高的原则，走向其本身的概念，走向其理念的更充分的表现。"① 于是，一种世界精神的观念终于展示出来了，这个世界精神要"被征服"，并且通过民族精神的衰弱来实现自身并超越民族精神。世界历史已经达到了这样一个阶段，在这个阶段，胜利者并不处于一个更高的阶段，而更可能只是由于它是胜利者，人们才确认它处于更高阶段，于是世界历史就不能仅仅由于它从一个民族转移到另一个民族而被确信是进步的。这样一来，黑格尔就民族的衰弱所提供的安慰就类似于斯宾格勒所提出的各种循环理论。他有关整个民族或者文化的生成和消失所做的哲学说教，彻底淹没了这样一个事实，历史上的非理性的、不可理喻的东西变成了不言而喻的东西，这仅仅由于这种东西从来没有过别的样子；这个哲学说明也剥夺了有关进步的说法的一切内容。尽管他有一个关于历史的著名定义，但是他却没有阐明任何一种进步理论。黑格尔把世界精神从一个民族转移到了另一个民族，就是要把这种民族转移吹捧为一种形而上学。这种形而上学确实是在人类之上不断翻转，

————————

① 黑格尔：《历史中的理性》，第五版，汉堡，1955 年版，第 73 页。

是世界历史本身的原型。而奥古斯丁的历史观念就是在民族转移的时代出现的。世界历史的统一性促使哲学把它当作世界精神的道路，并追踪这条道路。这种统一就是碾压式的统一，是恐怖的统一，是直接对抗的统一。只有在不可预见的、一再重复的一些民族被歼灭的名义下，黑格尔才具体地超越民族。叔本华主义者瓦格纳的"尼伯龙根的戒指"比瓦格纳本人所知道的还要更具有黑格尔色彩。

个性与历史

被黑格尔过度夸大起来的民族精神，作为个人集合体，是从个体性中抽象出来的，是从个别人中抽象出来的。在黑格尔那里，这种个体性在相互补充的意义上同时既被抬得太高，也被压得太低。作为关于伟人的意识形态，个体性就被抬得太高。黑格尔出于对伟人的偏爱，还引用了主人关于奴仆和英雄的笑话。一般所拥有的那种压倒性力量越是不透明的、越是陌生的，就越是强烈地需要有意识地把这种力量变成标尺（kommensurabel）。而天才，尤其是军事和政治上的天才，就是干这个事情的。他们取得了远远超出真实生活状况的公众形象。而这种公众形象恰恰是来源于其成就，而这种成就应该用个人的品质加以解释，可是他们却大多缺乏这种品质。他们无力地渴望这一切品质，于是这种渴望的投射就以不受束缚的自由、无尽的创造力的形象发挥功能，好像这种自由和能力随时随地都可以得到实现。在黑格尔那里，与这种意识形态过剩相反的是理念的匮乏。他的哲学对于个体性实际上究竟如何根本不感兴趣。在这里，世界精神的学说和世界精神的趋势和谐一致。黑格尔既看穿了自为存在的个体的历史虚构，也看穿了一切未被中介过的直接性的历史虚构。他借助于理性的狡黠——这可以被追溯到康德的历史哲学——而把个体作为一般之媒介，数百年来它一直充当着这样的媒介。在这里，黑格尔按照其一贯的思维结构——他的辩证法观念既勾勒出这个结构又取消了这个结构——把世界精神与个体之间的关系以及它们之间的中介当作不变的东西。他也因此局限于他自己的阶级之中，这个阶级必须把动态范畴永恒化，从而防止人们意识到其持续存在的限度。在黑格尔的思考中发挥主导作用的是个人主义社会中个体的形象。这个形象是合适的，因为交换社会的原则只有借助于个别化的单个契约主体才能实现，因为个别化原则确实是它的原则，是它的一般。这个形象又是不合适的，因为在整个的功能联系中——尽管它也要求个体化，个体被贬低了，他只是作为器官来贯彻一般。个体的功能，因而它的构成要素是历史地变化的。与黑格尔和他的时代相对照，个体今天已经变得如此无足轻重，甚至达到了一个未曾预期的程度：对所有人来说，个人的自为存在的幻相已经消解了，正如黑格尔的思辨已经秘密地提前把它清除了一样。在这个方面，具有典型意义的是激情。无论对黑格尔还是对巴

尔扎克来说，它都是个性的动力。而对无力者来说，无论
是可达到的还是不可达到的东西都已经预先被更为严格地
规定了，因此激情就是一种时代错误。而希特勒就是按照
经典的资产阶级伟大人物的模型而被裁剪出来的，他的那
种歇斯底里的痛哭流涕、声嘶力竭的呼号不过是对激情的
拙劣模仿。甚至在私人领域里，激情也变得极其稀罕。年
轻人的性爱的行为方式发生了众所周知的变化。这种变化
表明，个人已经解体，他再也不能激发起激情的力量，即
自我的力量，也不需要这种激情的力量，因为社会组织已
经把它整合起来，尽管只有障碍才能把激情燃烧起来，但
社会组织要负责去清除一切公开的障碍。于是，社会控制
深化到个人之中，他成为不惜一切代价的适应者。在这里，
个人也绝没有丧失一切功能。如同从前一样，社会生产过
程仍然在广泛的交换过程之中保留着个体化原则，即私有
权，因而也保留着被束缚于其自我之中的一切恶的本能。
个体的生活会超出他自身。只有在个人的残余之中，尽管
这种残余在历史上受到谴责，还保留着不愿意为了虚假的
同一性而牺牲自己的东西。他的功能就是他的无功能的功
能，即与一般不一致并因而无力代表一般的那种精神之功
能。个体只有在免于一般实践的情况下，才能有思想，而
思想是变革性实践所需要的。黑格尔在被个别化的人之
中嗅到了一般所拥有的潜力："行动者在他们的行动中
只有有限的目的、特殊的利益，但是他们也是认识者、

思考者。"① 个人通过有意识的思考而分有一般——只有成为思考者，他才成为个体。这种分有已经越过了特殊——即对立于一般的那种特殊——所具有的偶然性了。黑格尔以及后来的集体主义者都以这种偶然性为基础而蔑视个人。个人通过经验和融贯性而能够获得关于一般的真理，而一般作为盲目地贯彻自身的力量，既对它自己也对他者掩盖了这种真理。按照主流的一致意见，一般仅仅由于它具有一般性的形式，就应当是正确的。一般性本身本来是一个概念，但却因此成为非概念的，并且敌视反思。抵制这种做法的首要条件是，精神要能够在真理中看穿一般，命名一般，这也是实践的最适当的开端。

魔力

　　人、单个主体一如既往地处于魔力的支配之下。魔力是世界精神的主观形式。这种主观形式是把世界精神对于外在生活过程的优先性加以强化和内在化。人们对之无能为力的东西、那种否定他们的东西就是他们自己所成为的东西。人们不再需要把它作为更高的东西而对之发生兴趣，尽管它在一般性的等级阶梯中确实处于更高的等级，并且与他们相对立。他们是从自身出发行动的，但仿佛是按照不可避免的东西而先天地活动。尽管唯名论原则用个体化

---

① 黑格尔：《历史中的理性》，第五版，汉堡，1955 年版，第 95 页。

来迷惑他们，但他们还是按照集体的方式来行动。这就是黑格尔所坚持的特殊包含了普遍性这个说法之中极其正确的东西：特殊以无力的、以献身于一般的个体化这种颠倒的形式受到颠倒了的一般性原则的支配。黑格尔关于个体之中包含了实质性的一般这一学说，就利用这个主观的魔力。这里所说的在形而上学上更有价值的东西，其灵韵就在于它的不可穿透性、无理性，是形而上学所认为的精神的对立面。不自由的那种基础——在主体之中，这种基础甚至超出了关于主体的心理学之外，而心理学只会延长不自由——服务于对抗性的状况，这种状况今天正在威胁着并要消灭主体去改变这种状况的潜力。表现主义、自发的集体反应形式笨拙地体现了这种魔力之中的某些东西。同时，这种魔力像神一样，无所不在，它甚至篡夺了神的位置。这种魔力又不再能被人们感受到，因为几乎没有任何东西、任何人能够足够远地避开它，从而让这种魔力在差异中出现。人一直像巴拉赫的雕塑和卡夫卡的散文所描述的那样，彼此被束缚在一根无尽的锁链上，沿着这条锁链卑躬前行，他们在现存（was ist）的重负下再也不能抬起头来。① 按照观念论的夸张说法，那纯粹存在者，作为世界精神的对立面，也是世界精神的具体化②，是与偶然性即魔力

---

① 参见《本雅明文集》第二卷，美茵河畔法兰克福，1955 年，第 197 页。

② Inkarnation，有道成肉身的意思——中译本注。

之下的自由形式耦合在一起的。① 尽管这种魔力看起来好像
涵盖了一切生物，但是，这种魔力却不像叔本华所认为的
那样，完全与个体化原则以及顽固的自我持存原则一致。
某种强制性的东西把动物的行为和人的行为区分开来。动
物可能从一种叫做人的生物类型中继承了这种东西，但是
在人身上，这种东西表现了完全不同的品质。事实上，借
助于人的反思能力，魔力可以被祛除，也恰恰借助于这个
反思，反思反而为魔力服务。正是借助于反思能力的这种
颠倒，反思强化了这种魔力，并使它变成极度的恶，使它
不再如此这般地无辜（Unschuld）。在人的经验中，这种魔
力等同于商品的拜物教特性。人自身创造出来的东西变成
了自在的东西，并且人自身再也逃不出这种东西。当（主
体）对于如此这般事实的信任占据主导地位的时候，当主
体肯定地接受这些事实的时候，主体是在崇拜他自身的镜
像。物化意识已经像魔力一样变成了总体。它是一种错误

---

① 黑格尔关于偶然和必然同一性的学说（见本书"自然历史"那个部
分）使它的真理内容超出其结构。从自由这个视角来看，无论它被自律的主体
如何勾画，必然就是他律的。康德的经验世界——他是受因果性这个主观范畴
所支配的——因此恰恰是在主体的自律之外的：对于单个主体来说，被因果决
定了的东西同时也是绝对偶然的。只要人的命运是在必然的领域中发生，那么
对人来说，这种命运是盲目的，是"在他们的头顶上"的，是偶然的。社会经
济运动的规律的严格的决定论特征恰恰判定了其成员——如果他们的自我规定
真正被当做尺度而得到尊重的话——是偶然的。价值规律和商品生产的无序性
是一回事。因此，偶然性不仅仅是被因果性所破坏了的非同一性东西的形式，
它自身也是与同一性原则相符合的。而同一性原则——作为纯粹设定的东西，
作为强加于经验之上的东西，不是从非同一的东西之中产生的——从它那个方
面来看，在其最核心处包含着偶然东西。

意识，这一事实给人们提供了把这种虚假意识加以扬弃的可能性：它不会始终如此，这种意识必定会不可避免地超越其自身，它没有最终的决定权。社会越是趋向于总体，越是在主体之魔力下再生产自身，社会瓦解的趋势就越深刻。社会的解体既威胁到类生活，又会否定作为整体的魔力，否定主客体之间的虚假同一性。一般好像是在用刑具压迫特殊，直到它艰难地反抗它自身，粉身碎骨，因为它是在特殊的生活中才有它的实质性。如果没有特殊，那么它就陷入了抽象的、分裂的、可消除的形式。弗朗兹·诺伊曼（Franz Neumann）在《巨兽》中从制度领域之中甄别出这一点：权力机器走向解体、冲突和崩溃，是法西斯国家总体的秘密。人类学，即关于人类的化学原理，也与此相符合。尽管人们会毫无抵抗地被转入一种恶劣的集体状态，但他们会失去同一性。魔力因此会自我解体，这不是完全不可能的。如果当前有人想在多元主义的名义下错误地矢口否认社会结构的总体性，那么他就会从这种预示的解体中获得关于该总体性的真理，同时也从恐怖之中，从魔力在其中爆炸的现实中获得这种真理。弗洛伊德的《文明及其缺憾》之中有一个对他来说难于把握的内容：不只是在社会化的心理之中，侵略性的冲动会积累成为公开的毁灭性压力，而且总体上的社会化在客观上滋养着对抗着它的东西，并且直到今天我们也说不清，这究竟是灾难还是解放。有一些哲学体系就不自觉地勾勒出有关这一点的框架。它们也借助于不断提升的统一性来抵消那些异于它

们的东西——这种东西可以被称为感觉、非我，或者其他
什么名称，甚至直到康德用他律来命名的那种混沌。一些
人喜欢说的"畏"或者他们所抬高起来的"生存"不过是
在这个世界中即在封闭体系中的幽闭恐惧症。它要使那人
们相互之间的冷漠作为魔力长期存在下去，而没有这种冷
漠灾难就不可能再次发生。任何一个人，只要他不是冷酷
无情的，只要他不想像刽子手用粗俗语言谈论牺牲者那样
冷酷地对待牺牲者，那么他就必定有自我谴责之感。冷漠
也会伴随着畏及其根据而一起消失。畏是普遍冷漠之中的
一种必然的诅咒形式，即诅咒那深受冷漠之苦的人们。

魔力下的倒退

即使占统治地位的同一性原则对非同一的东西有所宽
容，被它所宽容的东西从它那个角度也是受到同一性强制
的中介。在同一化过程剪裁掉其中的一大部分之后，所留
下的也极其干瘪。在魔力控制之下，不同的东西以及与这
种东西不能兼容而又包含这种东西的最微小混合物，作为
偶然性，非同一的剩余物从它那个方面来看又重新变得如
此抽象，以至于它也足以适合于同一化的法则。这也是黑
格尔所肯定地阐释的偶然和必然统一性学说之中包含的悲
哀的真理。当统计规则取代传统因果性的时候，这种取代
确证了这种趋同性。必然性和偶然性——亚里士多德已经
把这两者都共同地归入单纯的存在者——之间的致命的共
同性就是命运。它在主导性思维围绕自己所画的圈子中有

其位置，同时也在这个圈子之外、在背离理性的东西之中
有其位置，并获得了一种非理性的特点，这种非理性的特
点与主体所设定的必然性相趋同。统治过程要征服自然，
而由于消化不良又会把被征服自然的碎片呕吐出来。特殊
在哲学上不会融入一般之中，这就要求特殊也不能因为偶
然性而把自己封闭起来。只有对差异的反思而不是对差异
的根除才有助于把一般和特殊加以调和。当黑格尔转向根
除这种差异的时候感到无比痛苦。黑格尔的痛苦是他赋予
世界精神的唯一的现实内容，是地狱的笑声在天堂上的回
响。神秘的魔力把自身世俗化为一种紧密地相互吻合的现
实。聪明人为了能够生存就要遵循现实原则。而这个现实
原则就像邪恶的魔术一样诱惑着他们。他们没有能力也不愿
意摆脱他们所承受的负担——这个魔术把这种负担对他们隐
藏起来了：他们把这种负担当作生活本身。从元心理学上
来看，倒退的说法说到了点子上。今天所说的一切交流毫
无例外地都不过是喧闹声，这种喧闹之声铺天盖，而被驱
逐之人则默默无语。个人的自发性，在很大程度上也包含
所谓的对立面，都可以被判定为虚假的能动性，也可以
潜在地被判定为愚蠢至极。对人进行洗脑的技术以及与
此相关的东西就是从外部来贯彻一种内在的人类学趋势，
尽管这种人类学趋势从它那个方面看也是从外部激发起
来的。适应是自然历史中的一个规范，是黑格尔也赞同
的一种聚会中的明智做法，即矜持之人也不得不放荡一
下。而这个规范完全像黑格尔自己的世界精神的图式一

样，是一种魔力的图式。最近的生物学把它自身的经验——这是人类的禁忌——投射到动物身上，这或许是为了减轻残酷对待动物的人类的罪行。这种关于动物的存在论模仿了人类的兽性，这个兽性是极其古老的，但却又不断翻新。与黑格尔所期望的相反，世界精神就此而言也是自相矛盾的。动物化的自我持存理性驱逐了类的精神，而这个类却崇拜这个精神。因此，黑格尔的关于精神的形而上学在其每一个阶段上都已经非常接近于敌视精神。正如在无意识的社会中自然的东西以一种神秘的力量在更大的规模上再生产自身一样，意识的范畴，即由无意识的社会生产出来的意识范畴，直到最开明的意识范畴都是处于魔力（控制）之下，并转变成为幻觉。没有任何其他地方能够像这里那样，社会和个人是和谐的。伴随着这个社会的意识形态以这样一种方式来进一步发展，它不再需要发展成为社会的必要幻相，从而发展成为某种独立的东西，无论这个东西多么脆弱，而只是发展成为一种粘合剂，把主体和客体虚假地同一起来的粘合剂。心理学传统基础即个人，按照个体化原则是独立自主的，他们始终都孤立地局限于他们自己的特殊利益。这些个人也是彼此一致的，他们都求助于占主导地位的抽象原则，好像这种抽象原则就是他们自己的东西。这就是他们形式上的先天性。反过来，他们所屈从的那种一般就是为他们量身定制的，但他们却毫无感觉，以至于这种一般几乎毫不关注他们身上与它不同的东西，于是他们就轻松愉快地束缚了自己。① 当今的意识形态也是接受个人心理内容的存储器——这种心理内容在所有的情况下都是被一般中介过的，并且它同时不停地在个人之中重新生产一般。魔力和意识形态是同样的东西。意识形态的关键点在于，它要追溯到生物学。斯宾诺莎的"sese conservare"即自我持存，是一切生物的真正的自然法则。同一性的同义反复是它的内容：应当的东西其实早就已经存在，意志回转成为被意志所要求的东西（Wollenden），作为它自身的单纯手段，它变成了目的。这种转变就是已经向虚假意识的变化。假如狮子也有意识形态，那么它对它要吃掉的羚羊的怒吼就是意识形态。理性为了自我持存的需要而把自身提升为目的，这样一个目的的概念需要从镜子里的偶像中摆脱出来。目的是不同于那作为手段的主体的。这一点却被自我持存弄模糊了，它把手段确定为目的，而这种手段却没有在任何一种理性面前确证自身。生产力越提高，生命的永存作为一种自在的目的就越是失去其自明性。这种目的会由于自然的衰弱而使它自身受到了质疑，但他者的潜能却可以在其中成熟起来。生命乐于成为他者的手段，尽管生命会和这种他者一样是不确定和未知的。生命的他律安排又始终是妨碍生命的。由于借助于永恒来保证自我持存总是困难和不可靠的，于是自我冲动，即自我持存的工具就获得了不可抵抗的力量，甚

---

① 这是引用了席勒的一句话。——英文版注。

至当这种自我持存通过技术而变得非常容易的时候，它仍然具有不可抵抗的力量。这种力量甚至比弗洛伊德所说的客观冲动要大得多，尽管他是这方面的专家，但是他却误解了这个工具。按照生产力的状况，有些努力是多余的，而这种多余的努力客观上来说是不理性的，于是魔力就成为现实中居于支配地位的形而上学。在当前的阶段，技术上的手段被当作目的来崇拜。这表明，这种趋势取得了胜利，并且一直走向明显的荒谬：这种已经老旧的行为方式尽管从前是理性的，却被历史逻辑不加改变地魔法般地召唤回来了。它不再符合逻辑了。

主体与个人

黑格尔从观念论的角度指出："主观性本身是实体的绝对形式和实体的实存的现实性，主体同作为它的对象、目的和力量的实体之间的区别，仅仅是在形式上的区别，而且这种区别也就同时直接消失。"① 主体在黑格尔那里被神化了，它本身甚至就是一般和完全的同一性。于是它也走到对立面，洞察到主体是一种自我展现的客观性。主体—客体的建构具有深不可测的双重特性。它不仅在绝对主体的自由行动中从意识形态的角度伪造了客体，而且从主体之中认识到那种把自身展现为客观性的东西，并因此从反

---

① 黑格尔：《法哲学原理》，范扬、张企泰译，北京：商务印书馆1961年版，第171页。

意识形态的角度限制了主体。虽然主观性作为实体的现存的现实性要求拥有优先性，但是却是作为"现存的"外化了的主体，既是客观性，又是现象。然而，这必然会影响主观性对具体个人的关系。如果客观性内在于这些个人，并且在他们之中发挥作用，如果客观性确实在他们之中显现，那么与本质相关联的这种个别性就会比那仅仅屈从于本质的个别性就更具有实质性。黑格尔在这样一个结论面前沉默了。尽管他要努力清除康德的抽象的形式概念，但是却仍旧延续了康德和费希特的二分法，即先验—主体和经验—个人的二分法。那缺乏具体规定的主观性概念却被当作是一种优势来加以利用：主体由于被清理掉了偶然性而具有更高的客观性。这同时也以特殊为代价促进了主体和客体的同一化。在这里黑格尔遵循了整个观念论的用法，然而，他同时又从根本上推翻了他所提出的自由和必然同一性的断言。由于主体被具象化为精神，主体这一自由的根基与活生生的人类远远地分离开来，以至于必然中的自由根本不再有益于人类。黑格尔的话也说明了这一点："由于国家，祖国构成了定在的共同体，由于人的主观意志顺从于法律，自由和必然之间的对立也就消失了。"① 即使最巧妙的解释也不能辩驳这样一个事实，顺从这个词意味着自由的反面。所谓自由和必然的综合就是屈从于必然，而拒斥自由本身。

---

① 黑格尔：《历史中的理性》，第五版，汉堡，1955 年版，第 115 页。

辩证法与心理学

从 19 世纪到 20 世纪，个体性的崛起过程也包含了某个方面的损失，即黑格尔的哲学所勾勒出那个方面：义务的层面，趋向一般之强制力的层面，而正是在一般性中，个体性才苏醒过来。这期间所发生的个体性明显的衰弱是与这种损失结合在一起的。个人越来越突出地把自己和一般分离开来，并由此而发展自身、区别自身；他也因此而面临着倒退到偶然性的危险，而这种偶然性是黑格尔针对个人所要清算的。只有保守时期的黑格尔才会忽视个体化的进步之中所包含的逻辑和强制，从而有益于他按照希腊的准则勾画理想，同时他也为 20 世纪德国最可怕的反动行为奏响了序曲，而忽视了那只有在个性解体时才成熟起来的力量。① 由此黑格尔也未能公正地对待他自己的辩证法。一般不是简单地覆盖在个性上面，而是其内在的实质。这一点不能被还原为广泛有效的人类道德这样的老生常谈，而是要追踪到个人行为方式的核心，尤其是追踪到人的性格。黑格尔与通常的偏见一样都谴责这样一种心理学上的东西，把它说成是偶然性，对此，弗洛伊德却予以驳斥。黑格尔的反心理学主义固然也认识到了社会中的一般在经验上的优先性，涂尔干后来在未受到辩证反思影响的情况下也坚定地表达了这一点②。心理学表面

① 参见阿多诺：《瓦格纳研究》，柏林和美茵河畔法兰克福，1952 年，第 195 页。

② 参见涂尔干：《社会学方法的规则》，第 13 版，巴黎，1957 年，第 100 页。也参见阿多诺：《关于社会科学的客观性的笔记》，载《科隆社会学和社会心理学评论》，1965 年第 17 期，第三卷，第 416 页。

上反对一般，而实际上却在压力之下直至其内在化的细胞都屈从于一般，就此而言它是真正地被建构起来的①。然而，无论是实证的客观主义，还是辩证的客观主义都既短视地反对心理学，又超越了它。因为占支配地位的客观性在客观上是不适合于个人的，从心理学上来说，它只是通过个人而实现自身。弗洛伊德的心理学既没有编织一种个体性的幻相，也没有像哲学和社会学概念那样完全彻底地摧毁它。如果个人像无意识学说所说的那样萎缩为像重复的常数那样的枯燥数字以及冲突，那么，个人就会以一种鄙视人性的态度对于具体地发展起来的自我毫无兴趣，但却会提醒自我，与本我的规定相比，它的规定是脆弱的，因而在本质上也是微弱的，短暂的。这个自我理论把合理化过程与防御机制结合起来，从而既对抗那个关于个体可以自我主宰的傲慢观点，又对抗那作为一种意识形态的个体，那个被激进的客观优先的理论所摧毁的个体。如果有人要勾勒出一种正确的立场，从而回应这样一种异议，即（如果那样的话）个人就不知道他自己需要什么，那么他就不能忽视客观优先，甚至对他自己的优先。即使他的想象能够设想一切东西都是完全不同的，他也仍然受制于这种客观优先，仍然把他当前的状况作为静态的参照点，并且一切东西都会变样。甚至最有批判精神的人，在自由状态下也会与他要改变的那些人一样变得完全不同。或许对于

---

① 参见涂尔干：《社会学方法的规则》，第 104 页。

错误世界的每一个公民来说，正确的东西都是不可容忍的，他们会因正确的东西而受到极大伤害。这种状况应该使知识分子在他们的抵抗中加入少许的宽容，尽管他们在意识中对世界精神毫无同情之心。如果一个人绝不让自己在差异和批评中有所偏向，那么他也不会使自己正确起来。当然，这样一种纵容，在整个世界，无论是哪一种政治体系，都会被当作堕落，并受到谴责。这个难题甚至也会扩展到人的幸福这个目的论概念中，即作为个人幸福的目的论概念之中。如果把个人的需求和渴望固定起来，那么这会扭曲幸福的观念，因为只有当个人范畴不是被封闭在其自身的时候，幸福的观念才会出现。幸福不是不变的，永远如一只能是不幸的本质。如果现存总体还能断断续续地允许或者承认人们可以获得幸福，那么无论这种幸福是什么，都预先带有其自身的特殊标记[1]。一切幸福直到今天都许诺某种从未出现过或尚未出现的东西，如果相信幸福直接存在着，那么这种信念恰恰妨碍了幸福的出现。这就使得黑格尔历史哲学中的一段话——那段敌视幸福的话语——比它当时的意思更具有真理性："……人们把那感到自我和谐的人说成是幸福的。人们也可以在观察历史的时候把幸福作为一个参照点，但历史不是幸福的土壤。幸福的时代在历史上是个空白。在世界历史上极有可能存在着满足，但是这却绝不能被称为幸福：因为这是满足了这样一种目的，

---

① 参见赫尔布特·马尔库塞：《享乐主义批判》，载《社会研究杂志》，1938 年刊第七集，1939 年巴黎，第 55—56 页。

即立足于某种特殊的目的。具有世界历史意义的目的必须
被抽象的期望全力地加以维护。世界历史性的个人会追求
这样的目的，也确实会感到满足，但是他们并没有期望幸
福。"① 当然没有，但是，对幸福否定——甚至查拉图斯特
拉也承认这一点——也表明，与乌托邦相比，仅仅个人幸
福仍然是不够的。只有当特殊性作为一般原则得到拯救时，
幸福才是可能的，而这种幸福与个人此时此地的幸福毫不
相容。然而，黑格尔对幸福所采取的态度中存在着压制性
的东西，即使按照他自己的方式，这种压制性的东西也不
能从一个假定的更高的视点上被看作是可以忽略不计的。
尽管他有说服力地通过历史不是幸福的土壤这样的说法来
纠正他自己的历史乐观主义，但他还是力图把这句话作为
超越幸福的观念而确立起来，于是，他又是极端错误的。
在这里潜在的唯美主义已经再显著不过了，对于主张这种
唯美主义的人来说，真实的东西还仍然不够真实。② 如果幸
福时代在历史上是个空白——顺便说一句，从人类的某个
相对快乐的时段来看，这个论断是可疑的，比如 19 世纪的
欧洲，那时它不缺乏历史的活力——那么这个比喻意味着，
在记录着伟大行为的书本中，从惯常教育中借用过来的那
些未经反思的世界历史概念好像都成了过于夸张的概念。
也有人作为旁观者，却陶醉在战斗、颠覆、灾难这些东
西之中，而对解放——他（马克思——译注）用资产阶

---

① 黑格尔：《历史中的理性》，第五版，汉堡，1955 年版，第 92—93 页。
② 参见阿多诺：《黑格尔三论》，美茵河畔法兰克福 1963 年，第 154—
155 页。

级的词汇所说的那种解放——是不是也应该从它自己的
这个范畴中解放出来这个问题，却沉默不语。马克思所
想到的是：他把被确立起来并作为观察对象的宏大领域，
即政治领域看作是意识形态和转瞬即逝的东西。思想对
幸福的立场应该是否定任何一种虚假的幸福。它与流行
的直觉观念针锋相对，并设定了一种客观性幸福的观念，
正如克尔凯格尔在客观绝望的学说中所否定地设想的
那样。

"自然的历史"

生活历史的客观性是自然历史的客观性。与黑格尔相
反，马克思认识到这一点，并且严格地在一般——在主体
的头顶之上所实现的一般——之关联中认识这一点："一个
社会即使探索到了本身运动的自然规律——本身的最终目
的就是揭示现代社会的经济运动规律——，它还是既不能
逃过也不能用法令取消自然的发展阶段。……我绝不用玫
瑰色描绘资本家和地主的面貌。不过这里涉及人，只是经
济范畴的人格化，是一定阶级关系和利益的承担者。我的
观点是把经济的社会形态的发展理解为一种自然史过程。
不管个人在主观上怎样超脱各种关系，他在社会意义上总
是这些关系的产物。同其他任何观点比起来，我的观点是
更不能要个人对这些关系负责任。"① 这里所说的自然当然

---

① 《马克思恩格斯文集》第五卷，北京：人民出版社 2009 年版，第 9—
10 页。

不是费尔巴哈人类学上的自然概念。马克思从辩证唯物主义的角度反对这种概念，这就像用复兴起来的黑格尔反对黑格尔左派那样①。这里所说的自然规律当然还只是资本主义社会的规律。马克思在这里把它说成是"神秘化"了："可见被神秘化为一种自然规律的资本主义积累规律，实际上不过表示：资本主义积累的本性，绝不允许劳动剥削程度的任何减低或劳动价格的任何提高有可能严重地危及资本关系的不断再生产和它的规模不断扩大的再生产。在一种不是物质财富为工人的发展需要而存在，相反是工人为现有价值的增值需要而存在的生产方式下，事情也不可能是别的样子。"② 由于这个法则在占支配地位的生产方式下具有不可避免的特性，所以它才类似于自然。意识形态不是像一种可剥离的表层那样覆盖着社会存在上面，而是内在地存在于社会存在之中。它奠基于抽象之中，这种抽象可以算作是交换过程的本质。如果不忽略活生生的人那么就没有交换。这就意味着，至今为止在真实的生活过程中必然存在社会的幻相。其核心就在于，价值作为一种自在之物，也是"自然"的。资本主义社会的自然性是真实的，同时也是幻相。自然规律的假说不能在严格意义上被理解，至少不能在所谓人的各种筹划的意义上被存在论化。这一

---

① 参见阿尔弗雷德·施密特（Alfred Schimdt）：《马克思学说中的自然概念》，载《法兰克福社会学文集》11 卷，美茵河畔法兰克福，1962 年版，第 15 页。

② 《马克思恩格斯文集》第五卷，北京：人民出版社 2009 年版，第 716—717 页。

点被马克思理论之中最强烈的动机所赞同，这就是要消除这种规律。在自由王国开始的地方，这个规律假说就不再适用了。他在被黑格尔中介过了的历史哲学的推动下，把康德关于自由王国和必然王国的区分，转换为历史阶段序列。当辩证唯物主义把必然王国加以延长，并断言说，那就是自由王国的时候，马克思的动机就如同辩证唯物主义一样被倒转过来了。这样一种倒转（使马克思的这个理论）走向堕落，（因为）它弄错马克思关于历史的自然规律这个论战性的概念，把它从一种自然历史的建构变成科学上有关不变量的学说。同时，马克思主义关于自然历史的说法也没有失去其真理性内容，即它的批判性内容。尽管先验主体当然已经是不够格的主体，但黑格尔仍然要勉为其难地依赖于人格化的先验主体。马克思不仅谴责黑格尔所进行的主体形态的变化，而且谴责这个变化所经历的事态。人类的历史在征服自然方面不断取得进步，而又不断推进着无意识的自然史，推进着吞噬自然而又被自然所吞噬的历史。马克思还是一个反讽意义上的社会达尔文主义者：凡是社会达尔文主义所赞扬的东西，凡是他们希望据之以行动的东西，对马克思来说，都是否定性的。而扬弃这些东西的可能性就在这种否定性中发生。在政治经济学批判大纲中的一段话，让人毫不怀疑马克思关于自然历史的观点在本质上是批判性的："这一运动的整体虽然表现为社会过程，这一运动的各个要素虽然产生于个人的自觉意志和特殊目的，然而过程的总体表现为一种自发（naturwüchsig）

的客观联系；这种联系尽管来自自觉地个人的相互作用，但既不存在于他们的意识中，作为总体也不受他们支配。"①这样一种社会意义上的自然概念有它自身的辩证法。只要社会中的似自然规律性被具象化，被当作是自然的给定性，那么这种似自然规律性就意识形态。然而，作为一种无意识社会运动的规律，这种似自然规律性是真实的，正如《资本论》所进行的分析也遵循这样的规律，在那里从商品的分析到经济危机的理论都属于一种反精神的现象学。就像动物的种类在几百万年之中生生灭灭的变化一样，每一个基本经济形态也发生类似的变化。在关于拜物教那一章，马克思用"商品的神学怪诞"这个说法嘲笑了这样一种错误意识，在这种意识中，交换价值发生的社会联系对契约双方来说被反映成为事物自身的性质。但是这种神学怪诞就像以前实际上所进行的偶像崇拜的实践一样，也是真实的。因为社会化的基本形态——那种神秘化是其中的一种形态——一直保持着它们对人的无条件的优先性，好像它们是神圣的天意。理论一经掌握群众就变成现实的力量。这句话早就可以运用到先行于虚假意识的所有结构了。这些结构直到今天都保证了社会的优先地位所获得的那种非理性的光环，保证了它的持续的禁忌特点，保证了其远古魔力的特点。在黑格尔那里类似的东西也闪现出来："然而，首先，绝对根本的是，尽管宪法是在时间中产生的，

---

① 《马克思恩格斯全集》46 卷上，北京：人民出版社 1979 年版，第 145页。

但不能被看作是人为的东西，因为，它可以说是完全自在自为的存在者。因此它应该被看作是神圣的和不朽的，被看作是超出了人为的领域。"① 由此黑格尔把关于自然东西（φύσει）的概念一直拓展到以前所定义的人为状况这个相反概念。"宪法"即世界历史的名称，是一切直接自然的中介，它反过来又规定中介的领域，即历史的领域，把它规定为自然。黑格尔的说法是建立在孟德斯鸠对社会契约论——一种当时就已过时而又非历史的理论——的批判的基础上的：公法制度不是主体的意志的有意识行动所创造的。然而精神作为第二自然是对精神的否定。并且精神的自我意识越是对精神的自然性混沌无知，对精神的否定就越是彻底。黑格尔就是这样做的。他的世界精神就是关于自然历史的意识形态。这种意识形态根据其力量而把它称为世界精神。统治绝对化，并投射到存在本身之上，这里的存在就是精神。然而历史，即对它一直应该所是的样子所进行的解释，却获得了非历史的性质。在历史之中，黑格尔站在了其不变东西的一边，站在始终如一性一边，站在过程的同一性一边。它的总体性被说成是福祉。于是我们就可以直截了当地指责他把历史变成神话。他用诸如精神、和解这样一些词汇把这种令人窒息的神话装扮起来："本性是偶然的东西才会遭遇到其他偶然的东西，而这种命运正是必然性。一般说来，概念和哲学会使纯粹偶然性这

---

① 《黑格尔全集》第七卷，斯图加特版，第 50 页。

种观点消失，而在表现为假象的偶然性中识别其本质，即必然性。有限的东西，如生命财产，被设定为偶然的东西，那是必然的，因为这就是有限东西的概念。从一方面看，这种必然性具有自然力的形态，因而一切有限的东西都迟早必死，从而是暂时的。"① 西方自然神话向人们宣传的正是这种东西。黑格尔按照一种自动机制把自然和自然力作为历史的模型，而精神哲学对这个自动机制却无能为力。于是，自然和自然力被保留在哲学之中，因为设定同一性的精神恰恰通过否定盲目自然的魔力，而与这个自然同一起来。黑格尔看到了这里的巨大深渊，他把世界历史中的主要事件和国家事务看作是第二自然，但是他所炫耀的是其中的第一自然，与它狼狈为奸。"法的基地一般说来是精神的东西，它确定的地位和出发点是意志。意志是自由的，所以自由就构成法的实体和规定性。至于法的体系是实现了的自由的王国，是从精神自身产生出来的，是作为第二自然的精神世界。"② 卢卡奇首次在小说理论中在哲学上重提这个第二自然③，然而它仍然是被视作第一自然的东西的否定。那完完全全的人为状况（θέσει）——这种东西如果不是由个人产生出来的那么就一定是他们的功能性联系产生出来的——却盗用了那被资产阶级意识当作是自然或自然

① 黑格尔:《法哲学原理》，范扬、张企泰译，北京：商务印书馆1961年版，第340页。

② 黑格尔:《法哲学原理》，范扬、张企泰译，北京：商务印书馆1961年版，导论12页。译文略改

③ 参见卢卡奇《小说理论》，柏林，1920年版，第54—55页。

东西的徽章。对于这种意识来说，任何外部的东西都不可能出现。就某种意义来说，事实上也没有任何外部的东西，没有任何东西不被总体性中介所影响。由此，一切进入其中的东西都是它自身的他者，这是观念论的源始现象。社会化越是无情地控制了直接的人性要素以及直接的人际关系的要素，那么人们就越是不可能回想起，这里所出现的是人为编织起来的大网，这张大网就越是不可抵抗地表现出它的自然性这一幻相。随着人的历史和自然不断拉开距离，这里的距离就会得到进一步强化：自然可以被比喻为不可抵抗的牢笼。青年马克思以极大的努力来说明这两个要素是不断地纠缠在一起的，这必定也激怒教条的马克思主义者："我们仅仅知道一门唯一的科学，即历史科学，历史可以从两个方面来考察，可以将它划分为人类史和自然史。但这两个方面是密切相联的；只要有人存在，自然史和人类史就彼此相互制约。"[①] 自然和历史的传统对立既是真实的，也是虚假的。它是真实的，这是因为它表达了自然要素所面对的情况；它是虚假的，这是因为它借助于其概念的重构而一再辩护性地用历史本身来掩盖历史的似自然性。

历史与形而上学

自然和历史的区分同时也不加反思地表达了劳动分工。

---

① 《马克思恩格斯全集》第三卷，北京：人民出版社 1960 年版，20 页注。

而这种劳动分工又把一种不可避免的科学方法不加思考地投射到对象上。非历史的历史概念——被错误地复活起来的形而上学把这个概念包含在在它所说的历史性中——证明了存在论的思维与自然主义思维的一致性，尽管存在论的思维急切地要把它自身与后者划清界限。如果历史变成了存在者的在存在论上的基础结构，或者直接变成了存在本身的秘密性质，那么它就是作为不变东西的变化，是对不可逃避的自然宗教的模仿。这就允许人们随意地把历史规定性转变成为不变性，并从哲学上掩盖一种庸俗的观点，它把历史联系，也就是从前所说的上帝给定的东西，在现代呈现为一种自然的联系：一种把存在者本质化的诱惑。存在论又要求超越自然和历史的差异，这是欺骗。历史性是从历史的此在存在中抽象出来的，它把自然和历史对抗从它那个方面来看加以存在论化，从而逃过了这种对抗的痛苦。正是在这里，这种新的存在论也是一种隐秘的观念论。它一再把非同一的东西压缩到同一性之中。它还设定了一个历史性概念，把这个概念作为历史的载体来取代历史，并借此清除一切抗拒这个概念的东西。存在论被转换成为一种意识形态的方法，即被用于精神上的和解，因为现实中这种和解失败了。历史的偶然与历史的概念相互之间越是无情地相互冲突，它们之间就越是牢固地纠缠在一起。偶然是个人的历史命运，是无意义的，因为历史过程本身保留了偶然，并篡夺了意义。对于自然作为绝对第一东西的追问同样是欺骗性的，好像它与其中介相反是完全直接东西的东西。它以分析判断的等级形式把它所要追问的东西确立起来，而这个分析判断的前提支配着一切随后的东西，并由此而一再重复它想逃避的幻象。自然东西和人为状况（θέσει）的差异一旦被确立起来，那么就只能靠反思来淡化，而不能被消灭。如果不加反思，那么可以肯定地说，这种二分法会使本质的历史过程变成纯粹无害的附属品，甚至会从它那个方面促使那非生成性东西登上王位，使它成为本质。反过来，思想的任务就是要把一切自然、一切把自身作为自然确立起来的东西，都当作是历史，并且把一切历史都当作是自然。——"要在最具有历史确定性的地方，也就是要在最具有历史特点的地方，把历史存在把握为自然的东西；或者在最深刻地并顽固地显现为自然的地方，把自然把握为历史的存在。"① 然而，历史和自然相通的要素也是转瞬即逝的要素。这是本雅明在《德国悲剧的起源》中的核心认识。书中这样写道，自然在巴洛克的诗人眼前飘动，"像是永恒的消逝，正是在这里，那一代人农神般的（saturnische）眼光看到了历史。"② 不仅他们是如此，自然历史这个说法也始终保留在历史哲学的解释原则之中："历史作为悲剧登上舞台的时候，它也确实像书写出来的那样。在自然的面容上留下了历史在其中消失

---

① 阿多诺：《自然历史的观念》，在康德学会法兰克福分会上的报告，1932 年 7 月。
② 本雅明：《德国悲剧的起源》，美茵河畔法兰克福，1963 年版，第 199 页。

的印记。具有反讽意味的自然历史的面相学——这是借助于悲剧而被引入舞台的——确实呈现为一片废墟。"① 这是把形而上学转换为历史。这个转换是在纯粹的世俗范畴即衰弱这个范畴之中把形而上学世俗化。哲学要说明这个符号，这个不断翻新的不祥之兆，说明那些以最微小的形式出现的碎片，这些由衰弱所留下来的碎片却包含了客观的意义。只有通过转瞬即逝的东西，对形而上学的沉思才是可能的。永恒不是如此这般直接呈现出来的，而是被转瞬即逝的东西所击碎。黑格尔的形而上学神奇地把绝对者之生活与转瞬即逝的一切有限者之总体等同起来，在这里，这个形而上学在关注最细微的东西的同时又超越神秘的魔力，尽管它也把握和强化这种魔力。

---

① 本雅明：《德国悲剧的起源》，美茵河畔法兰克福，1963 年版，第 197 页。

第三章　对形而上学的沉思

1

奥斯维辛之后

我们再也不能坚持说，不变的东西是真实的，而运动的、暂时的东西是假象，不能坚持认为，时间性的东西和永恒的东西是漠不相关的，即使用黑格尔的大胆解救方法——时间上的定在通过内在于其概念中摧毁行动来服务于永恒的东西，而永恒东西在这种摧毁行动的永恒性中展示自身——也不行。在辩证法中有一种世俗化的神秘冲动，这种冲动要在理论上把世内的东西、历史的东西与传统形而上学所勾勒的超越的东西联系起来，或者以不怎么神秘、不能那么激进的方式来说，这就是要把这些东西与意识对这样一些问题——哲学典籍指派给形而上学的那些问题——所采取的立场联系起来。奥斯维辛之后人们在情感上，反对任何一种把关于定在的实证性的主张，当做虚情假意的空谈，当做对逝者的不敬；人们在情感上也不愿意从逝者的命运中提取出什么意义来，即使是那种完全淡化了的意义。在声讨并嘲讽任何一种内在意义——那种从被肯定地确立起来的超越的东西散发出来的意义——的建构的做法之后，人们的这种情感是包含了客观要素的。这样一种意义建构会肯定绝对的否定性，会在意识形态上促使这种否定性的持续存在。无论如何，这种否定性确实在现存社会的原则之中存在，甚至一直延伸到这个社会的自我毁灭。里斯本的地震足以使伏尔泰摆脱莱布尼茨的神正论，而相比于第二自然，即社会性的自然来说，人们所看到的那种第一自然的灾难还是有限的，它消解了人的想象力，因为恰恰是这个第二自然从人类之恶中构造了一个真正的地狱。人的形而上学的能力被扭曲了，因为已发生的事件摧毁了思辨形而上学思维和与经验之间共存的基础。从量到质的转变这一辩证法主题令人恐惧地再次取得了成功。数百万人被权力机构屠杀了，死亡从来没有像这样变成一个不再可怕的事情。死亡本来是伴随着个人的生命过程而进入到个人的生命体验之中的，如今却不再可能了。对个体来说，这种体验是留给他的最后一点，也是最可怜的一点东西，就是这点东西也被剥夺了。事实上，在集中营中死亡的不再是个人，而是样本。这一事实必定感染了那些逃脱了这些强制手段的人们的死亡体会。种族灭绝是绝对的整合，它要在所有的地方都把人变成同样的东西，或者像德军所说的那样，被干掉，直到人们把他们——（由于他们）偏离了他们的完全空无的概念——彻底清除掉。奥斯维辛确证了这样一个哲学要素，即死亡是纯粹的同一性。贝克特的《决胜局》最引人注目的格言是，没有什么是可怕的，这是在集中营进行第一个测试的时候，人们对这个实践的反应。在这个一度令人尊敬的实践概念之中已经潜藏着消灭一切非同一东西的目的。绝对的否定变得司空见惯，没有什么值得大惊小怪的。恐惧是与自我持存的个体化原则结合在一起的，然而这个原则由于其自身的顽固性而废除了自身。集中营里的施虐狂对他们的被害者说：明天你就化作烟雾从这个烟囱中蜿蜒逶迤地升腾到天空之中。这就是说每个鲜活生命在这里是无差别的，而历史正在走向生命的无差别性：每一个人在其享有形式的自由之中就已经是清算者的脚下的可互换、可替代的东西了。在这个世界中，普遍性个人在法律上占有优势地位，而个人除了不发生变化而始终如一的自我之外，没有其他任何东西，因此，继续推进这个长期被信赖的趋势同时也是极端可怕的事情。正如集中营里的人无法逃出带电的铁丝网围墙一样，人们也无法摆脱这样一种历史趋势。正如日复一日的痛苦有权表达自己一样，受难者也有权痛苦地哀嚎。因此，奥斯维辛之后不再可以写诗这个说法或许是错误的。然而提出一个不怎么文明的问题却并不为错：我们究竟是不是要允许那本该处死却侥幸逃脱的人在奥斯维辛之后继续生活下去？如果要让这些人继续生存下去，那就必然要有冷漠这一资产阶级主体的基本原则。如果没有这个原则，奥斯维辛也不可能出现。这就是被饶恕者的巨大罪孽。为了报复他们，他们好像秘密地受到噩梦的折磨，在噩梦之中，他们不再活着了，而是在 1944 年被送进了毒气室；他们此后的生存好像纯粹是幻觉，是二十年前就被杀死之人的幽灵在不断游荡。

那些沉思的人以及艺术家时常有一种不是置身其中的感觉，有一种不是参与其中的感觉。他们好像根本不是他们自己，而是一种旁观者。在许多情况下，其他一些人对此极其反感。克尔凯格尔也是在此基础上对他所说的审美领域提出批评。然而，在这里哲学人格主义所进行的批评表明，用拒绝一切生存性态度来对待直接东西的立场也有其客观真理的要素，这种要素就在于它超出自我持存动机之幻觉。"这有什么关系呢？"这句话从它那个方面来看，确实能够非常轻易地与资产阶级的冷漠联系起来，然而在这句话中，个人却立刻会毫无畏惧地领悟到存在的虚无。尽管这里包含了不够人性的东西，即人能够作为旁观者与自己拉开距离，并超然于事物之上，但是这个不够人性的东西最终恰恰是人道的，而人道的鼓动家却激烈反对这种人道的东西。从另一方面来看，人们的这种做法、这种漠视生死（unsterbliche）的方面，也并非毫无道理。萧伯纳在去剧院的路上向一个乞丐出示他的证件，并匆忙对他说"记者"。在这个场景中，旁观者的意识就隐藏在这玩世不恭的做法的背后。这也有助于解释那个令叔本华吃惊的状况：在面对死亡的时候不仅其他人，甚至我们自己，也常常薄情寡义。人类极有可能毫无例外地受到一种魔力的操控，没有人能够去爱，正是由于这个原因，人们相互之间也感受不到爱。当然，作为旁观者的态度也表达了这样一种疑虑，这是不是就是全部的可能性，因为当主体在处于错觉的情况下，他会没有别的情感，而只有饥困和动物那样的瞬间冲动。在魔力控制之下，活生生的人只有两种选择，或者是不自觉的无动于衷，即一种薄情寡义的审美态度，或者是被卷入者的兽性。这两者都是虚假的生活。但是这两者之中的某种东西作为超脱和同感也有正确的一面。可恶的自我持存的压力不仅抵御住了不断逼近的威胁，而且还强化了自身。自我持存只是必须要怀疑，它在其中强化自身的那种生命变成了让它害怕的东西，变成了一种幽灵，变成精神世界的一部分，尽管觉醒的意识已经看穿这种精神世界，认为它不具有生存上的意义。这种生命的罪过在于，它变成了纯粹的事实，并按照统计数据已剥夺了另一个生命的气息。这种统计学用少数的被拯救者来弥补绝大多数的被屠杀者，这好像是概率计算已经预测到的。这种有罪过的生命与生活是不可调和的。这种罪过不断地再生产自身，因为它不可能随时被人们完全意识到。正是这种东西迫使我们走向哲学。在这里哲学经历到了震惊。哲学在进行探究的时候越是具有穿透力，越是深刻，它就越是怀疑，它真应该与事物的现存状况保持距离吗？即使本质在这里被揭示出来，最表面、最平庸的直观也愿意正当地反抗那些指向本质的东西。在这里，一束耀眼的光辉照耀在真理本身之上。思辨也感到自己有一定的义务，即对它的反对者即"常识"采取一种修正的立场，并对这个立场做出让步。生活养成了一种对常理的恐惧，这种常理发现，必须要认识的东西竟然类似于"回到现实"所发现的东西，而不是提升自己的东西，从而极其可能的情况是，这种常理甚至要在超出平常的领域中得到证实，而思想只能高高在上地享受着幸福，并允诺提供真理。如果平常的领域具有最终的决定权的话，如果它竟然成为真理，那么真理就被贬低了。这种平凡意识——尽管这种意识从理论上来说通过实证主义和非反思的唯名论表达了出来——或许可能比高贵意识更加接近于认知与事物之间的符合，这种平凡意识就会在其奇特地讽刺真理的过程中，比那种卓越意识更加接近于真理，除非一种不同于符合论的真理概念取得成功。如果形而上学热切希望通过废弃自身来取得胜利，那么这一热情正适合于这样一种不同的真理。这也是形而上学转向唯物主义的动机之一。从黑格尔主义的马克思到本雅明对归纳的拯救都遵循了这样一种趋势。卡夫卡的著作也许是其典范。如果否定辩证法需要思维上的自我反思，那么这就意味着，在一种可以具体把握的意思上，思维如果要成为正确的就必须以反对自己的方式来思维，而今天无论如何都必须这样做。如果思维不是去衡量最极端的东西，去衡量那逃离概念的东西，那么它从一开始就具有那样一种伴奏音乐的节拍，即党卫军喜欢用来淹没其受害者的惨痛叫声的那种音乐节拍。

2

形而上学与文化

希特勒把一个新的绝对命令强加给处于不自由状态中的人类。这个绝对命令是他们的思想和行为应该这样来进行，即避免奥斯维辛再次发生，避免类似的事情再次发生。正如以前康德的绝对命令的给定性一样，这个绝对命令对于其基础的对抗也是极端固执的。用商讨的方式对待它就是犯罪：在其中伦理上的附加要素在身体上被体验到。这是身体上的体验，因为它在实践上极端厌恶个人所遭受的无法忍受的身体上痛苦，甚至在个体性作为一种精神的反思形式行将消失的时候也是如此。道德只有在不加掩饰的物质动机中才能幸存下来。历史的进程迫使形而上学，即传统上唯物主义的直接对立面，走向唯物主义。精神曾经一度吹嘘它能够规定或者建构起与它自己类似的东西，如今它却要走向与它不同的东西，走向那逃避精神统治的东西，走向那把精神统治揭露为绝对恶的东西。活生生的人的肉体的、远离意义的层面是经受痛苦的舞台。这种痛苦烧毁了精神所提供的一切安抚剂，烧毁了精神的对象化产品即文化，在集中营中，它们提供不了任何安慰。尽管形而上学不可抗拒地要一直纵容它曾经一度想要反抗的东西，但是这个过程已经接近于它的消失之点。就哲学没有出卖自己，没有顺从那被赞同的思维方式来说，自从黑格尔以来，它就无论怎样也不能阻止形而上学滑入物质生存的问题。我们可以从儿童所陷入的一种入迷状态了解这一点，即他们迷恋于那来自于屠宰场所、腐臭之地、令人厌恶而又温柔甜蜜的腐败场所以及这些场所所使用的脏话之类的东西。在无意识之中，这个领域所具有的力量或许与幼儿的性本能力量一样强大。当儿童固执于肛门期时，这两者是混合在一起的，尽管这两者很少相同。无意识的知识仿佛对儿童窃窃私语，告诉他们，文明的教育在那儿所压抑了的东西以及与之有关的东西：贫瘠的物质生活激发起他们的最大兴趣——尽管这种兴趣也同样受到了压制，促使他们追问，那究竟是什么，它究竟走向哪儿。如果有人能够成功地用诸如"粪堆""猪圈"之类的词语让他们想起曾经在他们身上发生的事情，那么这大概比黑格尔在绝对知识那一章所说的绝对知识更接近于绝对知识，因为尽管他承诺给读者提供绝对知识，但为的是要高傲地收回绝对知识。从理论上来说，把身体的死亡整合到文化之中的做法应该被废除，然而这不是为了在存在论上把死亡纯化，而是为了让尸体的恶臭表达出来，让这种恶臭被美化为遗体所掩盖着的东西表达出来。有一个小孩喜欢那个叫亚当的小旅馆的老板。他看到，这个老板在院子里用木棍把跑出洞的老鼠打死。于是，这个孩子就按照这样一个形象形成了人类始祖的印象。如果忘记了这一点，如果人不再能够理解他在捕犬者的大车前面所曾经一度感受到的东西，那么这既是文化的胜利，也是文化的失败。文化不容忍关于那个领域的记忆，因为它和古老的亚当做的是同样的事情，而恰恰这一点与文化概念本身是不可调和的。文化憎恶恶臭，因为它发出恶臭，正如布莱希特用夸张的话语所说的那样，文化的大厦是用狗屎建成的。就是在这句话写出的几年之后，奥斯维辛无可反驳地证明了文化的失败。这种情况在一切哲学、艺术和启蒙科学的传统中都可能发生。这不仅仅是要说明，这些传统以及精神不能把握和改变人类。非真理的东西就栖身于这些领域本身，栖身于它们（每个领域）对自足性的突出要求之中。奥斯维辛之后，一切文化，包含对它的迫切批判，都是垃圾。由于文化在其园地里毫无抵抗地发生了这一切之后又恢复了自身，于是它就从它作为曾经潜在的意识形态转变成为完全的意识形态，此后它把自身和物质的生存对立起来，还自以为它给物质的生存带来了光明，而这种光明却对物质的生存掩盖了精神和体力劳动的分离。任何人，只要一个人为保持这种极其罪恶、卑劣的文化辩护，就变成文化的帮凶；而那些否定文化的人就直截了当地推进了野蛮状态，这也是文化自身所展现出来的野蛮状态。甚至沉默不语也不能使人们走出这个怪圈，这种沉默不语只是用客观真理的状况而把人自己主观上的无能合理化，并且由此再一次把真理贬低为谎言。东方国家尽管胡扯一些相反的东西，但是却废除了文化，把它作为纯粹的统治工具，使之变成一推废物；

饱受如此遭遇的文化尽管极度不满，却是咎由自取，而且
这种文化从它自身这方面来看，甚至还在人们的民主权利
名义下，热切地趋向于那种与它相同的东西。问题就在于，
在那一边（的东方国家）行政机构把它的野蛮管理当作文
化来颂扬，把文化的恶劣状况当作不可遗失的遗产加以维
护；这种野蛮管理由此也犯了这样的错误，即文化的现实
性即经济基础从它那个方面来看，像它所消灭了的上层建
筑一样野蛮，这是通过基础对上层建筑的控制实现的。而
在西方，人们至少被允许这样说。处于危机中的神学记录
了它曾经抽象反对的从而也因此徒劳地反对的东西：形而
上学与文化融合在一起了。精神的绝对性和文化的光环遵
循同样的原则，这个原则不依不饶地伤害它所假装要表达
的东西。奥斯维辛之后，无论是高调的言辞，还是神学的
话语都没有权利保持不变。从传统中流传下来的这些言辞
上的挑战，比如，关于上帝是否允许这种情况发生、是不
是会愤怒地进行干预等说辞，都不过是再一次对受害者执
行判决，而尼采很早之前对这种思想作出了判决。有一些
人以令人敬佩的力量经受住了奥斯维辛或者其他集中营的
折磨而幸存下来。这些人以极端强烈的情绪反驳贝克特说，
如果贝克特在集中营中呆过，那么他就不会这样写了，就
是说，会以更加肯定的语气，以幸存者挖战壕的信仰去写
了。幸存者有权利与贝克特想得不一样。贝克特以及其他
一些还有巨大勇气的人在那儿也许会粉身碎骨了，也许会
被迫承认那种挖壕沟信仰，即幸存者只是在言语上说说的

那种信仰，他想给人们提供生存的勇气：好像这取决于任何一种思想的建构似的；好像只要我们能够转向其他人并顺应其他人来确立意图，那么这就不会导致他们失去他们所应得的东西，即使他们相信完全相反的东西。这就是形而上学所要达到的地方。

3

今天的死亡

这就使下述要求获得一种启发性力量，即要求形而上学有一个新的开始，或者如他们所说的那样，要求彻底质疑和消除失败的文化用来掩盖其罪责和真理的那种幻相。然而一旦这种根除的设想顺从于追踪完好无缺的根基这一迫切要求的时候，它也就和它自夸要根除的文化结成同谋。当法西斯主义者以雷霆之势来反对布尔什维克的破坏性文化的时候，海德格尔则对这种破坏推崇备至，把它当作透视存在的举措。文化批判和野蛮并非不能达成一致意见。这迅速得到实践上的验证。形而上学的沉思试图摆脱它的中介要素即对它而言的文化，从而否认它所谓的纯粹概念与社会内容的联系。这种形而上学的沉思尽管无视社会，但是却鼓励社会以现存形式持续存在，而这种社会形式又从它们那个方面阻碍这里的认识及其实现。纯粹的源始经验的偶像拙劣地模仿了文化中的现成东西，模仿了一套老旧的范畴，即人为状况（θέσει）的范畴。唯一能够超出这一状况的就是在其中介性中规定（文化和自然）这两者：文化是垃圾堆上的覆盖物，而自然，即使它转变成为存在的拱顶石，也仍然是一种恶劣文化要求的投影，即要求它在整个变化过程中都要始终保持原样。甚至死亡经验也不足以作为最终的和无可置疑的东西，作为一种形而上学的东西，它类似于笛卡尔都无法确证的我思中推导出来的东西。

死亡形而上学或者退化为对英雄般的死亡的夸耀，或者退化为纯粹琐碎地重复人必有一死这一陈词滥调，成为与这种形而上学结合在一起的恶劣意识形态。这种状况完全可能是建立在直到今天还一直存在着的脆弱的人类意识这一基础之上，这种脆弱意识无法承受死亡经验，或许根本不能接受死亡经验。人的生命虽然可以开放而又自由地对待客体，但是任何一个人的生命都不足以完全实现人的精神之中现成存在着的潜能。生命和死亡彼此分裂开来了。那种试图赋予死亡以意义的反思如同同义反复一样，对人毫无帮助。人的意识越是要摆脱生物性，越是要变得稳固且获得其形式上的持久性，那么它就越是要顽固地抵抗一切怀疑其永恒性的东西。随着主体被历史地推崇为精神，并作为精神登上王位，与此相匹配的一种幻觉就出现了，并且这种幻觉永远也不会丧失。如果说人类早期的财产形式是与巫术实践联系在一起的，是要驱逐死亡的，那么当人类关系更加彻底地受到财产的规定的时候，理智就像以前的巫术仪式一样坚定地祛除死亡。到了最后阶段，死亡

本身也绝望地变成财产。抬高死亡的形而上学就是从这种
死亡经验中释放出来的。当前流行的死亡形而上学不过是
就下述状况对社会所提供的无力安慰，由于社会的转型，
人类丧失了那种使他们一度能够容忍死亡，即丧失了死亡
和圆满生命之间史诗般的统一的感觉。占统治地位的死亡
或许只是被用来美化老人和厌世者（的有关说辞），他们误
以为他们有权利去死亡，因为他们以前的艰难生活根本就
不是生活，这种生活也使他们失去了抵抗死亡的力量。而
在社会化的社会中，在由内在性编织起来的不可逃脱的严
密网络中，人只能把死亡当作对他来说是外在的、陌生的
东西，不再存在着死亡和生命相通性的幻想。他们不可能
接受他们必定死亡的事实。与此联系在一起的是一种奇怪
的、令人崩溃的希望：恰恰由于死亡并不像海德格尔所说
的那样构成此在的整体，于是只要一个人还不是老弱之人，
他就会把死亡及其征兆比如疾病体验为非我的、异类的东
西。人们会迅捷地为此提供理由，认为自我不是别的而就
是把排斥死亡的自我持存作为原则的，是不能有意识地接
受死亡，因为这个意识就是自我本身。但是意识的经验很
少支持这个观点，在面对死亡的时候，意识并不必然采取
人们所期望的那种固执形式。尽管黑格尔的学说认为，凡
是现存的东西都会自我灭亡，但这个学说几乎不被主体所
认可。人必有一死，即使对于意识到自己的衰老迹象的老
人来说，也好像是由于他自己的身体所造成的不幸的偶然
事件，也具有今天的典型的外部事故那样的偶然特点。这

种情况强化了一种思辨的见解，一种与客体优先的观点指向相反方向的见解：精神难道没有某种独立的因素、某种纯粹因素？只要这种纯粹、独立的因素从它那个方面看并没有吞并一切并在其濒临死亡之时再生产自身，那么它就是自由的？即使人有欺骗性的自我持存的利益，但是如果没有这种独立的要素，那么不朽观念——像康德仍然维护的那种不朽的观念——所具有的抵抗力量也无法得到解释。应该承认，正如个体的衰弱一样，这种抵抗力量在类的历史进程中似乎正在衰亡。客观宗教在很早以前就被秘密地合理化，它发誓要消灭死亡的痛苦。自从这种客观宗教衰败之后，今天由于持续性经验从社会上被规定了它将从根本上走向消亡，死亡由此而成为完全异己的东西。

　　主体越是不再生活，死亡就越是突然、可怕。由于死亡确实把主体变成了物，于是他们意识到他们持久的死亡，意识到物化，意识到部分地由于他们的过错所形成的那种相互关系的形式。文明对死亡的整合不仅无力克服死亡，而且在死亡面前极端滑稽可笑，甚至还把死亡装扮起来。这种整合是对那样一种社会性的东西的固定反应（Reaktionsbildung），即商品交换社会笨拙地企图封堵商品世界还没有封堵上的最后一个漏洞。死亡和历史，尤其是个人范畴的集体历史，形成了一个星丛。如果个人，比如哈姆雷特，初步意识到了不可逆转的死亡，并从中获得了其绝对本质性，那么个人的衰弱同时也会摧毁整个资本主义实存（Dasein）自身的结构。人们所要消灭掉的是自在的，甚至是自为的无价值的东西。这里出现了面对死亡的持续恐慌。只有压制死亡，这种恐慌才能被平息。这样一种死亡，或者作为生物学上的源始意义上的死亡，不能从历史的缠绕中剥离出来。① 因此，作为死亡经验的载体的个人完完全全是历史的范畴。那种认为死亡都是一样的说法既是错误的，又是抽象的。意识接受死亡的方式是随着一个人如何死亡、直至肉体上的死亡的具体情况而变化的。在集中营中死亡有了一种新的恐怖感：奥斯维辛之后，害怕死亡意味着，害怕那比死亡更糟糕的东西。如果被社会谴责者所应得的死亡也被期望从生物学上加到可爱的老人身上，那么不仅他们的身体，而且他们的自我，以及一切被规定为人的东西都在没有疾病、没有暴力介入的情况下崩溃瓦解了。对他们的超越的持续性的那一点残存信念同时也消失在世俗生活中了：他们所应该拥有的就是不应走向死亡。如果安慰性地相信，在这种摧毁过程或者疯狂举动之中人的核心的东西会持续存在，那么这种信念由于它漠视那种切身体验而变得极端愚蠢而又玩世不恭。这种信念就会拓展为一种无耻的市侩智慧：人永远保持它所是的样子并走向永恒。任何一个人只要他厌恶那否定他们实现其可能性的东西，就会嘲笑和蔑视这种形而上学的需求。

　　然而，如果认为死亡是绝对最终的东西，那么这种思想也是不可思议的。任何一种用话语表达死亡的企图，甚

---

① 参见亨利希·雷久思：《黎明》，苏黎世 1934 年，第 69—70 页。

至在逻辑上都是徒劳的。任何人作为主体，如果要就主体
做出判断，那么这个主体当下就是死的。按照尼采的清晰
而又智慧的话语来说，快乐不仅会希求永恒，对抗短暂。
如果死亡是绝对的——哲学肯定而又徒劳地召唤来的绝对，
那么一切东西都必定是无，任何考虑都变成空洞的思考，
没有人能够以任何方式进行真正的思考。于是，绝对是真
理中的一个要素，真理会伴随着它的时间性内核而持续下
去。如果没有任何持续性，那么任何真理都不会存在，甚
至真理的最后一点踪迹也会被绝对的死亡所吞噬。绝对死
亡的观念如同不朽的观念一样公然挑战思维。死亡之不可
思考性却并不能使思想不受任何一种形而上学经验之不可
靠性的影响。一切人都陷入其中的虚幻关系是与他们想象
中用来撕破这个面纱的手段结合在一起的。一个历史哲学
的问题，形而上学经验究竟是不是可能的，取代了康德的
认识论问题，形而上学是如何可能的。与形而上学这个词
的学院用法不同，形而上学经验从来没有超出时间性的东
西。人们看到，神秘主义这个名称表达了一种希望，它要
通过一种制度的建构来拯救形而上学经验的直接性，而防
止这种直接性的丧失；这种神秘主义从它这个方面形成了
社会传统，而又来自传统，并突破了各种宗教的界线，尽
管这些不同的宗教相互指责对方为异端。犹太神秘主义的
主体部分叫"卡巴拉"（Kabbalaha），就意味着一种传统。
当形而上学经验的直接性敢于把自己推进到最遥远的地方
的时候，它也并不否认，它完全是间接的。如果形而上学

的直接性要诉诸传统，那么它也必须承认它对精神的历史状况的依赖性。在康德那里，形而上学的观念是被排除在经验的实存判断之外的，即要借助于经验材料才能完成的实存判断之外，但是这种观念却存在于纯粹理性的必然性之中，尽管它会面临着二律背反。而如今，这种观念是荒谬，这就类似于人们用一种狂热的分类性的保护机制来命名一种东西，而这种东西所表达的是它自身不存在。如果意识不否认自己仍然是意识的话，如果这种意识也承认形而上学观念在哲学的历史中衰弱，但是却又不能忍受这种衰弱，那么它就趋向于把形而上学观念的命运直接提升为形而上学，而这就不仅仅是一种语用学上的混乱。这是对世界的绝望，这种绝望还是有事实的基础和它的真实性的，而这种绝望既不是审美上的人世悲叹，也不是该被诅咒的错误意识。这种绝望已经保证，也就是秘密地得出结论，那个被无望地抛弃的东西是实存（Dasein）的，尽管这种实存已经转变成为普遍的罪责关联结构（Schuldzusamenghang）。在神学有理由感受到的全部耻辱之中，最耻辱的是，实证的宗教居然在失去信仰的绝望中爆发出狂喜和欢呼。它们恰恰就是在完全否定上帝的时候唱起来赞美上帝的颂歌，因为他们至少用到了上帝的名字。正如在地球人都轻信的意识形态中手段剥夺了目的一样，在今天所复兴起来的形而上学之中，需求剥夺了它所缺乏的东西。缺场东西的真理内涵总是一样的，他们坚持这种缺场的东西，因为这种东西有益于人类。形而上学的辩护士们与他们所蔑视的实用主义——它先天地消解了形而上学——以同样的方式进行论证。绝望作为最新的意识形态，也是受到历史和社会条件制约的，蚕食形而上学的认识过程也是如此，无论谁是受益者都无法用任何手段使这个过程停顿下来。

4

幸福和徒劳的等待

　　如果人们不想把形而上学经验还原为所谓的宗教的源始经验，那么这种经验就极其类似于普罗斯特所想象到的那种幸福，即奥特巴赫、瓦特巴赫、劳恩塔尔、摩恩布鲁等村庄名称所许诺的那种幸福。人们相信，如果他们去那儿了，那么他们就会如愿以偿，好像幸福就在那儿。可是，如果他们果真去了那儿，许诺的幸福就像彩虹一样消失不见了。尽管如此，人们也不失望，相反，人们却以为，由于他们靠得太近了，所以他们才看不见它。或许这就是一个地方的风景与地域——那个决定儿童形象世界的地域——之间的差别并不是很大的原因。普鲁斯特在伊利尔斯所遇见的东西，同样一个社会阶层的孩子在其他地方也同样会遇见。但是，如果要形成那种一般即普鲁斯特所描述的本真东西，人们就必须陶醉于那同一个地点，而不是去窥视一般。对于儿童来说，显而易见的是，他最喜欢的小镇上让他兴奋不已东西可以在那儿出现，而且也只有在那儿才出现。他是错误的，但是他的错误却构成了一种经验模型、一种概念模型，这种概念就是关于那个事物本身的概念，而不是抽离这个事物而来的贫瘠的东西。普鲁斯特讲述了，他作为一个孩子第一次见到盖尔芒特公爵夫人的婚礼。这种婚礼在其他时间、其他地点也会同样发生，对他后来的生活也产生同样的影响。但是只有看到这个绝对的、不可消解的个别的时候，人们才会期待，这个个别过去是如何发生的，未来将会如何；只有接近于这个个别，这个概念的概念才得到充实。而这个概念是与幸福的许诺联系在一起的。可是，这个被普遍所主宰了的世界却否定这样的幸福。普鲁斯特对于经验的重构所固执地对抗的就是这样一个世界。幸福是形而上学经验中唯一的东西，它要比无力的需求丰富得多。它既允诺对象的内在东西又允诺脱离对象的东西。如果有人天真地享受这种经验，好像他们把这种经验所暗示的东西已经抓在手里了，那么他们就会屈从于经验世界的状况了，而这又是他们要逃离的世界，是给他们提供逃离它的可能性的世界。形而上学经验也是二律背反的，不过它不同于康德所教导的那种先验辩证法。如果不诉诸主体的经验，不诉诸直接的此在存在，那么人们所宣称的那种形而上学的东西就对自主主体的这样一种渴求——不让任何东西、任何一种主体所无法把握的东西强加于主体——毫无帮助。然而对于主体来说，那直接的、显而易见的东西也染上了易误性和相对性的毛病。

这个未被破坏的主观直接性给人们提供了一种充满希望的图景。可是它会激发起物化的范畴。而这个物化范畴却不应具有那为之辩护的思维——这种思维快乐地吸收了唯物主义——所过度热忱地赋予它的那种关键特征。如果是这样，那么这会反过来对那些被纳入形而上学经验概念之中的东西产生影响。自从青年黑格尔以来，哲学就把那些主观的神学范畴当作物化来加以谴责，而这些范畴绝不是辩证法想要消除却又被保留下来的残余。它们弥补了观念论上的辩证法的弱点，即这种观念论的辩证法作为一种同一性思维对落在思维之外的东西极度不满，而这种东西一旦把那个思维作为它的纯粹他者，并与它对立起来，那么这个东西就失去一切可能的规定性。在形而上学范畴的客观性之中不仅仅像存在主义所设想的那样沉淀了那被固化了的社会，而且还包括了作为辩证法要素的客体优先性。毫无保留地抛弃一切物质的东西不仅会倒退为主观主义的纯粹行动，中介会具象化为直接性。纯粹的直接性和拜物教同样是虚假的。如果固执地坚持用直接性来对抗物化，那么这种做法就像黑格尔的制度主义所看到的那样，是武断地抛弃了辩证法之中的他者性。如果反过来，像后期黑格尔所进行的实践那样，把这种他者性顽固地束缚在它之外的固定框架（即直接性——译注）之中，那么这也是一种武断的做法。那溢出主体的东西，即主观形而上学经验所不会被诱导到想要放弃的东西，以及质料性中的真理要素，是两个极端，它们都触及到了真理的观念。因为如果没有主体，如果主体不从幻相中解放出来，那么就不会有什么真理，同样，如果没有非主体的东西，没有真理在其中获得原像的东西，那么也不会有什么真理。纯粹形而上学经验在其世俗化的过程中毫无疑问地变得更加苍白，更加凌乱。这种世俗化还弱化了更为古老的形而上学经验。这种经验通过"这就是全部吗？"这样一个问题而以否定的方式表现自身，这种情况在徒劳的等待中最容易发生。艺术展示了这一点。在《沃采克》中，阿尔班·贝尔格（Alban Berg）把表达徒劳等待并且只有音乐才能表达的那种徒劳等待的节拍，置于最高位置，并且在最关键的休止和歌剧《璐璐》（Lulu）的结束时运用了这些节拍的和声。然而，这种神经体会以及布洛赫所说的象征意向没有不与纯粹的生活混合在一起的。徒劳地等待虽然不能保证给人们提供所期待的东西，但却反映了那样一种状况，即它所提供的标准是否定性的。所残留下来的生活越少，意识就越是受到诱惑，而去把可悲的和突发的生命残余当作是显现出来的绝对。即便如此，如果不允诺某种超越生活的东西，那么真正生活意义上的东西就无法被体验到；任何概念上的努力都不能超越这一点。情况既是如此，又不是如此。对现状的失望给超越的观念留下了阴影，而超越的观念曾经一度要阻止这种失望。如果用神圣的世界规划来包裹这个有限世界的无尽痛苦，那么即使对于不参与这个世界事务的每一个人来说，这种做法也是极端荒谬，尽管这种荒谬的东西也能与肯定性的正常意识融洽相处。神学上的悖谬观念、一个最后的受困的堡垒，是不可拯救的——这是被这样一个世界过程所承认的，这个世界过程把克尔凯格尔所关注的丑闻变成了公开的亵渎。

5

"虚无主义"

世俗化了的形而上学范畴持续存在于那种粗俗的、更高欲求所说的那种生活意义的追问之中。生活意义这个词语所包含着的世界观的余音谴责这个问题。这个问题几乎不可避免地与这样一个答案——生活的意义就是提问者所赋予它的——联系在一起。甚至堕落为官方教条的马克思主义，比如在晚期卢卡奇那里，也没有说出多少不同的东西。然而，这个答案是错误的。意义的概念包含了超出一切人为制造的东西的客观性。作为人为制造的东西，这个概念就已经是一种虚构，是复制了主体、甚至集体主体的虚构。它欺骗了主体好像它要允诺某种东西。虽然形而上学所处理的是客观的东西，但是却不能没有主观的反思。主体陷入了他们自己之中，陷入了"制度"之中：形而上学的任务是去沉思这样一个问题，虽然这些人能够看到自己之外的东西，但是他们究竟能够看多远？那些不进行这项工作的哲学道理就失去了提供咨询的资格。几十年前，人们就描述了与这一领域有关的那些人的活动：他们四处周游，给雇员们做一些关于意义的报告。当一个人的生活也能够一度过得像生活的时候，当他——按照卡尔·克劳斯所认识到的那样——不只是为了生产和消费而不停地忙碌的时候，这个人也会轻松地长舒一口气。这个人也会好奇而又直接地看到某种超越的东西在这里出现。尽管思辨的观念论也堕落到去追问意义问题，却又反过来阻止那些处于人生巅峰的人——即使用一些少许不同的词汇也不行——对这样一种意义做出断言，比如，作为绝对的精神，因为这种精神不能摆脱其起源上的那种不充分的主体，并在主体的镜像中满足主体的需要。这就是意识形态的源始现象。这个问题的总体本身就施加了一种魔力，尽管其中包含了一切肯定姿态，但是在真正的灾难面前却毫无作用。如果一个要自杀的绝望者去向那个要打消他的这个念头的人询问生命的意义，那么这个劝说者也感到无能为力，无言以对。如果他试图这样做，他就会被拒绝，（他所说的无非是）普遍共识的回响，就像凯撒需要士兵这个格言所表达的核心内容。如果生活果真有意义，那也不必询问，它逃避了这个问题。然而它的反面即抽象的虚无主义必须面对一个相反的问题："你自己为什么活着?"并无言以对。抓住生活的总体，计算生活的纯利润，恰恰是死亡，而这（恰恰）是所谓的意义问题希望摆脱的，如果（实在）别无他路，它也乐于思索死亡的意义。如果一个东西要毫无羞愧地拥有意义这个名称，那么它就必须是处于开放东西之中，而不是自我封闭的。生活是无意义的，这个命题如果作为一个肯定的命题，那么它是愚蠢的，同样，如果作为一个否定的命题，那么它是虚假的。这个命题只有在打击（生活是有意义）的断言时候才是正确的。叔本华倾向于从人的观点，把世界的本质、盲目的意志看作是绝对否定的东西。不过他的这种倾向也不再适合于意识的状况，他要把一切都概括在否定之中。这种做法完全类似于他所讨厌的同时代的人，即把一切都概括在肯定之中的唯心主义者。在这里忽隐忽现的是一种自然的宗教，是对恶魔的恐惧。针对这种恐惧，伊壁鸠鲁的启蒙曾经一度把神灵不过是冷淡旁观者那种可怜观念打扮起来，把它看作是更好的东西。与叔本华的非理性主义相反，他以启蒙的精神所攻击的那种一神论也有正确的方面。叔本华的形而上学倒退到了这样一个阶段，在这期间，天才还没有从沉默中觉醒。他否定了人具有自由的动机，人类此时或许甚至在完全不自由的阶段，并没有忘记这种动机。叔本华从根基处看到了个体化的虚象，然而他在《作为意志与表象的世界》的第四篇中提供了走向自由的指引，却否定了生存意志，因而也同样是假象：好像短暂的个体很难有力量超越其否定性的绝对，超越作为自在之物的意志，而只能在自我欺骗中走出它的魔力，（仿佛）整个意志形而上学也不能通过某个缝隙而得以逃脱。这个决定论的总体如同黑格尔的逻辑总体一样，都是神秘的。无论叔本华自己怎么看，他都是观念论，是这种魔力的代言人。总体就是图腾。如果意识没有蕴含着不同颜色的概念，如果残留在否定的总体中的不同颜色的零散踪迹没有被感觉到，那么意识就根本不可能对灰色的东西完全失望。这种不同色彩的踪迹总是来自于过去，希望也是来自于其相反的力量（Widerspiel），来自于必然衰落的东西或者应被诅咒的东西。这种解释大概也与本雅明关于《亲和力》那本书的最后一句话相一致："只是由于无望的缘故，我们才被给予希望。"然而具有诱惑力的是，我们不应在生活本身中探寻意义，而是在被满足的瞬间来探寻意义。这个瞬间就是用来弥补我们在现世生存中不再宽容任何在它之外的东西。作为形而上学家的普鲁斯特散发出无可比拟的力量，因为他义无反顾地接受这种诱惑，以独一无二的方式放任自己追求幸福，而不是希望束缚他的自我。然而，随着这部小说的展开，这个坚定不移的人也强化了这样一个事实，那个满足、那个由沉思所拯救的瞬间，却并不是幸福。尽管普鲁斯特如此地接近于柏格森的经验世界——即柏格森在观念上把生活所获得感性意义具体化并把这种观念提升为一种理论，尽管他是法国幻想小说的继承人，但是他同时又是柏格森主义的批评者。生活圆满的说法——即使在生活耀眼的地方也是一种望文生义的错误推论（lucus a non lucendo），它会由于与死亡之间的巨大的不平衡而变得空乏无聊。如果死亡是无法挽回的，那么断言生命的意义——从支离破碎却又是真实的经验之光中产生出来的意义——是一种意识形态。由此，普鲁斯特在他的著作的一个核心段落中，即在伯高特之死的那个段落中，就是要帮助人们去确立一种希望，即把复活探索性地表达出来。这一点虽然与一切生命哲学相反，却被实证的宗教揭示出来。因此，圆满生活的观念，甚至社会主义的人道概念所许诺的那种生活观念，都不是由下述原因而被误解了的乌托邦，那种圆满是与贪婪、与青年风格所说的那种尽情享受不可分割地联系在一起的，这是把暴力和征服包含在自身之中的渴望。如果没有欲望的满足就没有希望，那么这种欲望就仍然被束缚在声名狼藉的同等交换之关系网络之中，这恰恰是毫无希望。没有力量的竞争就没有圆满。从否定的角度来看，神学由于意识到了一切皆空，而对抗那些确信世俗生活的人们，这是有道理的。就此而言，那些感叹此在虚无的悲惨故事也是正确的。不过，这种状况不能通过内部来治愈，即不能通过人改变自己的心境而被治愈，而是要通过废除那出错了的原则而被治愈。这样一来，攫取与满足之间的恶性循环最终也会消失：形而上学与生活的安排是如此密切地结合在一起。

虚无主义是与空虚、无意义这些关键词联系在一起的。雅各比在哲学上首先使用了这个词，尼采或许是从有关俄国暗杀行动的报道中获得这个词语的，并接受了这个表达方式。尼采在耳朵所难以分辨出来的讥讽意义上使用这个词。这个词本来是用来表示阴谋活动的意思，但是尼采用这个词来抨击与此相反的东西，即抨击基督教，说它是对生存意志的制度化的否定。由此，哲学再也不能没有虚无主义这个词语了。哲学虽然循规蹈矩地沿用了这个词，但是却与尼采的方向相反，并转换了功能，把它用来概括那些被指责为或把自身指责为虚无的状况。对于那种把虚无主义总是视为坏东西的思维习惯来说，虚无状况期待被人们注入意义，而不管人们对被赋予虚无主义的那种意义所进行的批评是不是有充分的根据。关于虚无主义的这种说法尽管是满口胡言，但是却能被用来蛊惑人心。它只是摧毁了它自己编织起来的稻草人。一切都是虚无的这个句子就像存在这个词一样，是空洞的。黑格尔的概念运动把存在与虚无同一起来，不是为了固守这两者之间的同一，而是要继续前进，在抽象的无之后重新把握无，从而赋予这两者以确定的内容，这种确定的内容由于其确定性而多于虚无。尼采有时会说，人类需要虚无，对于每一个确定的意志个体来说，这是荒谬可笑的亵渎，即使有组织社会成功地把地球变得无法居住，或者把它化为灰烬，也是如此。相信虚无这个说法，并不表示人们就此而进行的思考会比他们就虚无本身所进行的思考有更多的内容；而某物，无论正当与否，都是相信这个词所意指的东西，按照它自身的意思，绝不是虚无。"相信虚无"和"相信存在"都同样是荒诞的。这是精神的自我抚慰，它骄傲地以为自己看穿了骗局，从而获得一种满足。最近，人们对虚无主义的怒火再次被点燃起来，但却几乎没有燃烧到神秘主义。而神秘主义却仍然从虚无之中，从概念之空虚对象之中找到了在那儿被否定的某物，找到了在虚无这个词语所释放出来的辩证法中所发生的东西。既然如此，那么更有可能的情况是，人们动用一个到处被讨厌的词语，一个与普遍快乐无法相容的词语，而从道德上径直地诽谤那样一些人，这些人拒绝接受西方的肯定性遗产，也不承认现存东西有任何意义。如果他们空谈所谓的价值虚无主义，说没有什么东西是人们应该坚持的，那么这就是呼吁征服，即在同样低级的语言范围内所固有的征服。这里所掩盖的是这样一个视角，人们不再坚守任何东西这一状况是不是就是合乎人类尊严的状况，这种状况是不是要让思想最终好像哲学一直要求的那样自主地进行，以便同时又防止它这样做。征服，甚至虚无主义的征服，连同尼采式的虚无主义的征服——尽管他的虚无主义意思有所不同，但是也仍然给法西斯主义提供了口号——都比被征服的东西更糟糕。中世纪的那种概念之空虚对象把虚无的概念看作是对某种东西的否定，而不是承认其语义自足性。这种概念像涅槃的形象一样——作为某物的虚无，远远超出了狂热的征服。对那些不是把绝望当做终点的人来说，他们会问，根本没有是不是会比有一点更好一些。甚至对这个问题也没有一般的答案。如果一个及时逃出集中营的人也可以对此作出判断的话，那么他会说，对于集中营里的人来说，他最好没有诞生于这个世界。可是，当一个人看到被他喂食而又很快被他忘记的小狗微微地摆动着尾巴的时候，看到它闪闪发光的眼睛的时候，虚无的理想也就烟消云散。至于他是不是虚无主义者的问题，一个有思想的人非常可能给出答案是：几乎不是，或许这是出于冷漠，因为他对受苦之人的同情太不够了。抽象在虚无中达到顶点，而抽象是该受谴责的。贝克特以唯一恰当的方式对集中营的状况做出了反应，他没有用名称来命名它，仿佛这里存在着一种神像禁忌一样。现存的状况就像是集中营。有一次，他谈到了终身的死亡判决。唯一的希望，尽管是微弱的曙光，就是不再有任何东西。他也反对这种希望。由此形成了不连贯的裂隙。从这种裂隙中所产生的虚无的形象世界作为某种东西始终驻留在他的诗歌之中。在处理这个裂隙的遗产之中，在表面上维持着的斯多葛主义传统中，一个无声的呐喊是，事情应该是别样的。这样一种虚无主义意味着与虚无之同一化的反面。与诺斯替教派一样，对他来说，这个被创造起来的世界是彻底的恶，对它的否定意味着一个不同的、尚未到来的世界是可能的。只要这个世界还是像现在这个样子，那么一切和解、和平、宁静的图画都类似于死亡的图画。在虚无和趋于平静状态之间的那个最微小的差别就是希望的避难所，是存在与虚无之界标之间的无主地。必须从这个地带中解放出来的不是征服，而是意识，即意识到这里不存在两者必选其一的情况。虚无主义者是这样一些人，他们以越来越微弱的肯定性来对抗虚无主义，并且借助于这种肯定性而与现存的恶意、最终与现存的破坏原则共谋。给思想带来荣誉的是，它为那些被斥责为虚无主义的东西提供辩护。

6

康德的退缩

按照康德的体系，对于形而上学对象的思辨考察必定会陷入矛盾之中，而二律背反结构所表达的东西要超出这

种矛盾，这就是历史哲学的东西。《纯粹理性批判》的有力
影响远远超出认识内容之外，这要归功于这部著作以坚定
的信念记载了意识的经验状态。哲学史的编撰者认为，这
个文献的主要功绩在于，它把有效的认识和形而上学明晰
地区分开来。事实上，它首先是以科学判断的理论出现的，
而不是别的。认识论和广义的逻辑致力于按照规律来探索
经验世界，然而康德却有更加广泛的意图。通过认识论上
的思索这个中介，他给所谓的形而上学问题，这些事实上
不该被提出来的问题，提供了绝非形而上学上中立的答案。
就此而言，《纯粹理性批判》既预示了黑格尔的学说，即逻
辑和形而上学之同一的学说，又预示了实证主义学说。这
种实证主义清除了一切事物都要依赖的这些（形而上学）
问题，从而也回避了这些问题，并且借助于中介而否定性
地了结这些问题。认识论的基本要求就是它自己想要达到
总体。这个德国观念论就是从这一基本要求中推导出它的
形而上学。理性的批判要达到对最终东西的思考，虽然它
否定了关于绝对之认识的客观有效性，但恰恰又因此判断
它自身是绝对的。这就是观念论所炫耀的。然而恰恰是这
种融贯一致性使它的主题发生扭曲，并使它走向自己的反
面，使它变成非真理。康德的这个客观上更加温和的理论，
即康德的科学理论被赋予一个它有充分理由反对的一个命
题，尽管这个命题是不可避免的。康德借助于那个从他自
己那里所严格推导出来的结论，而违背了自己的初衷去超
越到科学理论之外。借助于这种连贯一致性，他的观念论

与他所保留的形而上学背道而驰。纯粹一致性的思维本身势不可挡地变成了绝对。康德也承认，理性必然要陷入那种二律背反之中，然后他又要通过理性来解决这种二律背反，而承认这一点又是反实证主义的①。可是他又从实证主义那里获得安慰，即人可以把自己安置在一个狭小的地盘——理性能力的批判给理性留下的地盘上，从而可以满意地立足于坚实的大地上。他由此而与资产阶级对自身狭隘性的公然肯定同流合污。按照黑格尔对康德的批判，理性要对它自己是不是越过了可能经验的边界、它是不是可能这样做——即预设了在康德地图上所画出的两个领域之外一个位置，即第三个上诉法庭等问题作出判决；② 康德的图谱学热情在不给出任何解释的情况下——作为做出决断的可能性——就预设了与知性领域相对立的超越领域，也不愿对之做出肯定的判断。这个上诉法庭转变成为德国观念论的绝对主体——"精神"，它把主客体之间的二分生产

---

① "据此，纯粹理性的一个辩证定理必须自身具有这种把它与一切诡辩的命题区分开来的东西，即它所涉及的不是人们仅仅为了某个任意意图提出的一个问题，而是任何人类理性在其进展中都必然遇到的问题；其次，它与其对立的命题所包含的，并不纯然是一种，一经发现就马上消失的人为幻相，这种幻相即使在人们不受其愚弄的时候也总是迷惑人的，尽管不是欺骗人的，因此，虽然能够使它成为无害的，但却决不能根除它。"《康德著作全集》第三卷，李秋零译，北京：中国人民大学出版社 2013 年版，第 286 页。

② "一般来说……许多人极其重视思想的界限、理性的界限，并且主张，这些限制是不能被超越的。然而在这种主张中，人们却没有意识到，当某种东西本身作为界限被规定的时候，这个界限就已经被超越了，因为，一种规定性，即界限只有在与它的直接的他者的对立中，才能被规定为界限，才被规定为与它所未限制的东西相对抗，界限的他者恰恰是超越了这同一个东西。"（《黑格尔全集》第四卷，第 153 页。）

出来，从而把无尽认识的边界生产出来。然而，一旦精神的这种形而上学视角失去其力量，那么确立边界的企图所唯一能够限制的就是认识者，即主体。主体的批判变成了主体的否定。主体不再相信那使它生气勃勃的无尽本质，而是对抗自己的本质，并在自己的有限性之中、在有限的东西之中肯定自身。主体希望不受打扰地在形而上学中得到升华，绝对变成了对它的悠闲关注。这就是批判的压制性方面。其后的观念论者既引领他们的那个阶级，又反抗这个阶级。虽然尼采仍然赞扬这种理智非常诚实，但是这种理智在其起源之处潜藏着精神的自我憎恨，潜藏着那转向内在领域的新教徒对理性这个娼妇的愤怒。合理性消灭了那个在圣西门和其他启蒙思想家那里仍然享受着极高的尊严的想象。为了弥补这一点，这个合理性榨干了它自身，也不合理地堕落了。批判也改变了其功能：在这种批判中所一再重复的是从革命的资产阶级到保守资产阶级的转变。这种哲学现状就是如今充斥着整个世界的、健全的人类理智之恶的回声，它仍然为自己的狭隘性感到无比自豪。其实正是在对于这些界限的崇拜中，所有这一切才会一致起来，但是它相反会支持说这些界限也不必尊重。它是"实证性的"，可以由主观机制的任性表现出来，而通过巴比特（Babbitt）所体现来的常识就把这种思辨的思考指责为任性。康德把真理的王国比喻为大海中的小岛。这个比喻客观地表现了理智快乐的一个特点，即这种快乐存在于像鲁滨逊的小岛那样的角落里：这就如同生产力的快速发展足以摧毁那田园诗般的美景，而小市民们却有正当的理由怀疑这种发展，对这个田园诗般的美景恋恋不舍。康德对无限者的激情与他的学说的那种平淡性质发生了尖锐的冲突。假如实践理性高于理论理性的话，那么理论理性，其本身作为一种活动模式，就必须要达到那个据说高于它的东西所能够达到的领域，除非由于知性和理性之间的切割理论理性概念自身不再有效了。而康德本人恰恰就是被他自己的科学性的观念推向这个方向。他不应该这么说，但又必须这么说。这种不一致性极其容易从精神历史的角度作为古老形而上学残余被记载下来，并且通过这件事情而发生。康德自吹自擂地说他测量过那个认识小岛，而这个小岛从它自身那个方面来看恰恰是由于他那自以为是的狭隘性而变成了非真理，即他投射到对无限者的认识上的非真理性。康德不可能赋予对于有限者的认识以真理性，因为真理从它自身来看，是从绝对——用康德的术语来说，即理性中推演出来的，而认识是达不到绝对的。康德所比喻的那个海洋，随时都会对这个小岛产生威胁，淹没这个小岛。

7

拯救的渴望和限制

从历史上来说，形而上学哲学在本质上是与宏大的体系结合在一起的。它要比经验哲学和实证哲学更具有魅力。但是，这绝不像概念性诗歌这样的愚蠢的词汇要让我们相信的那样，只是审美上的事情，也不是要在心理上实现愿望。思想的内在品质是这样的：在其中以强制力、抵抗力、想象力的形式表现出来的东西，即批判和它的对手之间的统一性，尽管不是真理的标志，但至少也是它的迹象。卡尔纳普（Carnap）和米塞斯（Mieses）好像比康德、黑格尔更加准确，即使情况确实如此，但是这个说法也不是真理。在观念学说中，康德在进行理性批判的时候指出，没有形而上学就不可能有理论。既然理论是可能的，那么这就意味着形而上学的存在的正当性。可是，就是这个坚定维护形而上学的康德，却同时又通过他著作的效力粉碎了形而上学。康德拯救了理知的领域，众所周知，这不仅仅是要为新教提供辩护，而且也是要干预其中的启蒙辩证法，因为在那里启蒙辩证法以废除理性而告终。康德的这种拯救欲望是以既借助于唯名论而又反唯名论的方式来把握传统思想。他的拯救的欲望与其说是出于虔诚的愿望，不如说是有深刻的理由的。这种理由究竟多么深刻是由他在实践理性中的预设，即关于不朽的建构来加以证明的。他的这个预设谴责了不可容忍的现状，而强化精神的力量，即能够认识这种不可容忍状况的精神力量。（康德认识到）任何内在的完善都不足以公正地对待死亡，任何人都无法触及到死亡上的不公正现象，正是这种认识促使康德的理性转而希望反对理性。康德哲学的秘密是无法想象的绝望。康德被迫把一切思想都汇聚到绝对之中，由于受到这一强制的作用，他就不能把绝对放在绝对和存在者之间的绝对边

界上，放在这个他也同样被迫划出的边界上。他既坚持形
而上学观念，然而又阻止关于绝对的思想，这种思想认为
绝对就好像是永久和平一样，终究会有一天得到实现，阻
止它简单地得出结论说，绝对因此是存在的。他的哲学，
或许就像其他任何一种哲学一样，围绕着上帝存在的本体
论证明兜圈子。由于这种巨大的歧义，他也使自己的立场
变得非常不确定。贝多芬所谱写的康德式的欢乐颂强调了
"永恒的天父必有所居"① 这个主题，用真正的康德精神来
说，这是"必须"的。然而这个被强调的主题恰恰与他的
那样一些段落相反。在这些段落中，康德非常接近于叔本
华，并像叔本华后来所断言的那样，摒弃了形而上学观念，
尤其是不朽的观念，认为形而上学观念是被束缚在时空表
象之中的，从而从它那个方面来说也是受到限制的。他拒
绝向肯定形而上学这个方向转变。康德所进行的限制，即
可能的肯定性认识界限的理论，正如黑格尔所批评的那样，
来自于他对内容和形式的二分。正如人类学所证明的那样，
人类的意识好像被判受永恒拘禁的处罚，即被拘禁在它被
曾经给予的认识形式之中。沾染认识形式的东西摆脱了任
何一种规定，而这种规定仅来自于意识形式。形式也不像
康德所描述的那样，是最终的东西。借助于它与现存内容
之间的相互作用，形式也会从它自身那个方面得到发展。
尽管如此，这也无法与康德所提出的那个不可消除的限制

---

① 来自于席勒的《欢乐颂》——英译本注

的观念一致起来。一旦形式成为动态的要素——这本来也确实符合康德把主体作为原初的统觉的做法，那么这些形式的肯定形态就像任何一种内容一样，几乎无法被确定地认为，它们会有助于一切未来的认识，然而如果没有内容它也就不是形式了，而形式也会伴随内容而改变自身。只有当内容和形式的二分被绝对化的时候，康德才会坚持说，这种二分法会拒绝任何一种来自形式的内容，拒绝一切并非来自于质料的内容。如果形式本身占有这些质料要素，那么这就表明，这个限制恰恰就是它所阻止的那个主体所创造的。如果这条界线被划在主体内部，划在先验逻辑机制的内部，那么主体就既被拔高了，也被贬低了。或许歌德也会倾向于接受那种朴素意识——人虽然还不知道它，但是人还是能够解开这个谜——要比康德的不可知论，更加接近于形而上学的真理。康德的绝对界限的学说是反观念论的，而他的绝对知识的学说又是观念论的。这两者并不像观念论者和反观念论者所相互指责的那样，完全相互敌视。如果按照黑格尔的《精神现象学》的思维过程，那么绝对知识的学说相当于说，绝对知识就是现象学的思维过程本身，而绝不是要超越。

康德禁止人们随意进入理知的世界。他把牛顿科学中的主观方面等同于认识，而相应地把其客观的方面等同于真理。形而上学作为一种科学是如何可能的，这个问题在这里恰恰应该这样来理解：按照数学和所谓的经典力学所确立的认识理想，它是不是足以满足这个认识理想的标准。

康德在提出这个问题的时候认为，人的思想之中有他所说的那种形而上学的自然倾向。他提出的这个问题表面上涉及的是，那种认识"如何"具有普遍有效性和必然性，而实际上所意指的是，这种认识的"什么"，即它的可能性本身。他按照那个理想的标准否定了这种可能性。尽管科学由于它那令人敬佩的效果而不再受到进一步疑虑，但它却是资产阶级社会的产物。在康德的理性批判的模式之中包含了一个顽固的、二元的基本结构。这个基本结构复制了一种生产关系。在这种生产关系中，就像商品从机器中生产出来一样，康德所说的现象从认识的机器中产生出来。在这里，材料、它自身的确定性与商品利润无关，类似地，这种情况也被康德如法炮制出来。具有交换价值的最终产品被主体生产出来，就像被康德所接受的对象的客观性。把一切现象还原为人这种做法就是要把认识武装起来，从而能够为内在和外在控制的目的服务。其最高的表现就是统一性原则。这个统一性原则就是从被分解（生产线上的）局部活动的生产过程中借用过来的。在康德的理性理论中起支配作用的是，这个理论所感兴趣的只是科学命题主宰一切的那个领域。一方面康德把他所提出的问题局限于被按照自然科学的方式组织起来的经验领域。另一方面，认识又是指向有效性和认识批判的主体主义的。这两者是如此密切地交织在一起，以至于没有其中的一个就没有另一个。只要主体性方面的质疑被看作是检验有效性的，只要不被科学所认可的认识，即既不是普遍的也不是必然的认识就是低级的，那么把康德的认识理论从自然科学领域中解放出来的一切努力也因此都必然失败。在同一化的视角之中，康德的认识理论按照其自身的本质所剔除出去的东西是无法完全被弥补的，这个视角至多会由于认识到它自身的不准确性而有所调整。（事实表明）这个视角无法公正地对待活生生的经验，尽管这种经验也是一种认识，（这个事实）显示了它的错误，显示它无法完成它给自己所确立的任务，即为经验奠定基础。因为把经验奠定在一个固定的、不变的基础上，是与经验有关它自身的知识相矛盾的，这个经验如果越是开放自身、越是实现自身，那么它就总是不断变化自己的形式。（经验）不能做到这一点就不能成为经验自身。尽管这些都是认识的公理，但是这些公理是无法从康德的努力引申出来的，是不能被加到康德那里的，因为排斥这些公理对康德的认识论来说具有中心的意义。纯粹理性学说的系统性要求非常明确地说明了它排斥这些公理的特点。康德的体系是带有停止标记的体系。尽管主观地进行的构成分析并不改变这个世界，这个世界就像它直接呈现给朴素的资产阶级意识那样出现，但是这种构成分析还是为它的"经验实在论"感到自豪。然而，它的有效性要求的高度对它来说与它的抽象的层次是一致的。它执迷于其分析判断优先性，而逐步剔除了认识之中一切不符合其基本原则的东西。社会的劳动分工连同其两百年来的那种触目惊心的缺陷都不加思索地受到尊重：按照劳动分工组织起来的科学非法地获取了真理的垄断权。康德认识论中的谬误推理，是要抗议科学被发展成为机械的喧嚣，但用资产阶级以及康德本人的术语来说，是空头支票。康德真理概念的权威性是要阻止人们对绝对的思考，甚至具有恐怖的色彩。它甚至不可抵抗地趋向于禁止一切思考。康德所进行的限制，是把自残了的理性投射到真理之上，理性加于自身的这种自残行为成为它获得科学性的入伙仪式。因此，与活生生的经验相比，在康德那里所发生的认识是极其空乏的，尽管这个观念论的体系甚至也要颠倒过来，希望公正地对待这种活生生的经验。

康德大概也难以否定，真理观念会嘲笑他的科学理想。这里的不对称性不仅可以从理知世界的视角上被揭示出来，而且可以从任何一个不受束缚的意识所进行的认识中被揭示出来。就此而言，康德所提出的限制是一种幻相，它亵渎了那样一种精神，即荷尔德林在其晚期诗歌中所说的从哲学上超越哲学的那种精神。尽管观念论对此并不陌生，但是，这些开放出来东西对他们来说陷入了一种魔力之中，恰恰就是这样一种魔力曾迫使康德污染了经验和科学。尽管观念论也有一些冲动，即它们也想去把握那些开放开来的东西，但是它们却把康德的原则加以扩展，并借此来追踪这些东西，于是它们所追踪到的内容比康德那里更加不自由。这反过来又使康德所进行的限制获得了其真理的要素：它防止了概念神话。人们从社会的角度对这种限制产生了一种疑虑，因为这种限制，即有关绝对的界限，是与劳动者的贫困相一致的，这种贫困也把人类束缚在那样一

种魔力之中，即被康德美化为哲学的那种魔力之中。这种
疑虑是有充分根据的。这是一种内在的束缚，康德既诚实
而又粗鲁地把这种束缚诅咒般地强加在精神之上。这种束
缚就是自我持存方面的束缚。这就如同人们把这种束缚加
在一个社会中人们的头上，这个社会只是保留了不再需要
的拒绝。如果像甲虫般的自然历史的（生存）忧虑有朝一
日被打破，那么意识对待真理的态度也会改变。他们当前
的态度受到一种客观性支配，这种客观性使他们陷于他们
的这种处境之中。如果康德所提出的有关限制的理论是社
会幻相的一部分，那么康德的理论正如那主宰着人类的现
实幻相一样，也是有牢固的基础。感性和知性的分离，即
支持这种限制的心境，就它自己而言，是社会的产物。感
性由于这种分离而可以被当作是知性的牺牲品，因为这个
世界的深层建制是不会满足感性的，尽管（人们的）一切
行动举止都想满足它。这种分裂总有一天会随着它的社会
条件而消失，而观念论者不过是意识形态的鼓动家，因为
他们炫耀说，在不可调和的东西中调和已经实现，或者把
调和赋予那不可调和的总体。他们不遗余力地对精神作出
解释，说精神把它自己与它的非同一物统一起来，他们的
这个努力既是连贯的，也是徒劳的。（分裂随社会条件消
失）这样一种自我反思甚至也超越了实践理性优先的命题，
然而从康德开始，经过观念论者，最后直到马克思等人都
坚持这个命题。实践的辩证法也要求：废除实践，即废除
为生产而生产的实践，废除那覆盖在错误实践之上的普遍

掩饰物。这就是唯物主义根基所具有的特性，它在否定辩证法之中反抗官方唯物主义的教条概念。精神中的独立因素、不可还原的因素，完全有可能和客体优先性相一致。精神一旦把它所陷入其中的东西命名为锁链，那么它在当下就能获得独立性，这就是它把（它的）他者束缚起来。这个时候，正是精神，而不是被束缚的实践，才渴望自由。观念论把精神捧上天，但是有精神的人却会随风飘走。

8

理知的世界

康德所构造的（对形而上学的）限制，与实践理性批判中的肯定的形而上学直接对立起来。他绝没有对其中绝望的东西保持沉默："即便是为了开始世界的变化，自由的一种先验能力得到承认，这样一种能力也毕竟至少将必须仅仅存在于世界的外面（尽管在所有可能直观的总和的外面再假定一个不能在任何可能的知觉中被给予的对象，始终还是一种大胆的僭妄）。"① 括号中的"大胆的僭妄"这个说法表明，康德还是怀疑他自己所提出的理知的世界。这段话来自于第三个二律背反的反题的说明，它非常接近于无神论。他后来所强烈要求的东西在这里被称为理论的

① 《康德著作全集》第三卷，李秋零译，北京：中国人民大学出版社2013 年版，第 304 页。

僭妄。康德极其担心，人们会把这个悬设当作是实存判断，但是在这里却竭力回避这种担心。根据这一段话，那个至少可以被当作可能直观对象来思考的东西，同时也必须被当作是排除在任何此类直观之外的东西来思考。理性不得不向这个矛盾投降，尽管这只是为了傲慢地给它自己划定一个界限，非理性地限制它自身的有效性领域，而作为理性，它客观上不能被束缚于那些界限之内。可是，如果像观念论和新康德主义那样，直观也被融合到无限的理性之中，那么超越的领域实际上也就被精神的内在性所抛弃了。康德在顾及到自由的时候所看到的东西恰恰首先适用于上帝和不朽。这两个词语与行动的纯粹可能性无关，而只是——按照它们自身的概念来说——存在的悬设，无论是哪一种存在。而这种存在需要有"质料"，并且在康德那里要完全依赖于直观，而这种直观的可能性恰恰被康德排除在超越观念之外。康德对于理知所抱有的激情是为了弥补他所面临的一个困难，即他不管怎么说都要确信理知这个词指称某种东西，即使它只是处于自足的思维的媒介之中。它不能命名任何现实的东西。但是《实践理性批判》恰恰就迈步走向这个理知世界的实证性，而康德在他的意图之中并没有预见到这个世界。一旦应然与实然完全分离开来，一旦应然作为其自我本质的领域被确立起来，并且被赋予绝对的权威，那么它就会通过这个过程而取得第二实存的性质，无论它多么不情愿。不思考任何东西的思想就根本不是思想。观念即形而上学的内容，就如思想中的幻影，没有多少可以被直观的东西，否则的话，这些观念就被剥夺了一切客观性。于是这个理知的领域恰恰就被它所理应超越的主体所吞没。在康德之后的一个世纪里，把理知领域拉平到想象的领域，就是新浪漫主义和青年风格的核心罪过，也是那为它们量身定制的哲学，即现象学哲学的核心罪过。理知的概念既不是关于现实的概念，也不是关于想象的概念。毋宁说，它是一个疑难概念。即使人们为它提供辩护，他们也既不能拯救地上东西，也不能拯救空旷的天空中的东西。对于这样的批判性论证，人们会反驳说"是的，不过"。这种反驳就是不希望失去那样一些东西，那些顽固地具有持存形式的东西，那些被人们紧紧抓住的东西，那些无法与拯救的观念调和的东西，而拯救的观念就是要把人从这样一种被延长了自我持存的钳制中松弛下来。任何一种未被改变的东西，任何一种未经过死亡之门的东西，都无法得到拯救。如果拯救是每一种精神的最内在的冲动，那么唯一的希望就是希望去毫无保留地放弃：希望那应被拯救的东西，希望那满怀希望的精神。希望的姿态是这样的，它不固执于主体所要固执坚持的东西，尽管主体就此作出承诺，他要坚持下去。理知——按照康德设定界限所体现的精神，按照黑格尔的方法所体现的精神——就是要超出这些东西，就是要仅仅否定地思考。可是康德又自相矛盾地把他所设想的理知领域再次成为"现象"：即回归到那对有限精神隐藏起来的东西，回归到有限精神被迫思考的东西，回归到有限精神由于其自身的局限性而损害的东西。理知的概念是有限精神的自我否定。在精神中，那纯粹存在的东西意识到它的缺陷。告别那固执于自身的此在，就意味着精神开始与其自身中的那种控制自然的原则相分离。这样一种转变就是要（表明），甚至精神自身也不应转变成为实存的东西，否则的话它就要无尽地重复它自身的单一性。精神中那种违逆生命的东西如果没有在其内省中达到顶点，那就不会如此极端可恶。如果精神要求他者禁欲，那么这种禁欲就是错误的，如果它要求自己这样做，它就是善的：它在自我否定中超越自身。正如人们所期望的那样，在康德后期的《道德形而上学》中，这种东西并不陌生。为了成为精神，精神必须知道，它并没有在它所达到的地方穷尽自身，也不会停留在它与之相似的有限性之中。因此它要思考那脱离它的东西。这样一种形而上学经验，一旦从方法的神秘铠甲中解放出来，也会给康德哲学提供灵感。就形而上学究竟是不是可能问题所进行的思考，必须去反思有限性所要求的对有限性的否定。这个问题所具有的谜语般的图景也使理知这个词充满了活力。这个理知的观念也不会由于那种自主性的要素而完全与被驱动无关，精神会由于其绝对化而失去这个因素，也可以从它自身这方面把这个因素当作是与存在者非同一的东西，而重新获得这种因素。只要精神坚持非同一的东西，只要存在着的一切东西并不都会在精神中烟消云散，精神就能获得这种自主性因素。精神通过其一切中介而参与到定在——取代其所谓先验纯粹性的那种定在——

之中。形而上学的可能性就存在于精神的这个不那么引人注目的地方，它就存在于精神的那种超越客观性要素中，这个要素既不能从精神中剥离开来，也不能被存在论化。理知领域的概念就是某种不存在却又不是完全不存在东西的概念。按照这个领域的规则，即理知在其中否定自身的规则，这个理知又必须势不可挡地被当作想象而被抛弃。真理在任何其他地方都不像这里那样，变得如此脆弱。它可以退化为某种被毫无根据地设想出来的具象化的东西（Hypostase），在这里思想想象它拥有某种失去的东西。把握这种东西的努力非常容易地再次把它与存在者混淆起来。康德在推翻关于上帝存在的本体论证明时，指出其中的一个错误的结论，即把思想和现实混淆起来了，而把这两者混淆起来的思想是无效的。可是这个错误的结论就是直接把否定性加以提升的结果，是把对纯粹存在者的批判变成肯定的东西所产生的结果，好像存在着的东西的不充分性恰恰能保证自己是存在着的，并能摆脱这种不充分性。即使在极端的情况下，否定之否定也不是肯定。康德把先验辩证法称为幻相的逻辑：按照这个学说，如果把超越的东西当作某种实证的东西来认识，那么这种做法必然会使自身卷入矛盾之中。黑格尔在力图证明幻相的逻辑也是真理的逻辑的时候，并没有把康德的断言当作是过时的废话。这里（我所进行）的反思也不是要与那关于幻相的断言彻底割裂开来。它要意识到它自身不再是古老的幻相。有限的存在关于超越领域所说的东西，都是超越的幻想，然而，正如康德所注意到的那样，也是必然的幻相。因此拯救幻相，作为审美的对象，与形而上学有着独一无二的联系。

9

中立化

在英语国家，康德被委婉地称为不可知论者。尽管这个说法轻视了康德哲学的财富，但是这种可怕的简化也不是完全没有道理。尽管康德曾经要解决二律背反，但是他的学说中的二律背反结构还是留存了下来。这个结构可以被粗略地解释为他对思想所给出的命令：拒绝无聊问题。它过度强化了一种粗俗形式的资产阶级怀疑论，只有牢牢地抓在手中的东西才是真正可靠的。康德也没有完全摆脱这样一种想法。在绝对命令中，甚至早在《纯粹理性批判》的观念中，它放弃了那个受到诋毁的崇高的东西，并用他竖起的食指指向一种额外的奖励，就像资产阶级不愿意没有星期天那样——这是摆脱劳动之自由的拙劣模仿——也不愿意没有这个奖赏。这无疑强化了康德在德国的权威地位，并且其影响远远超出了思想的范围。在康德的严格理论之中也包含了非强制性的妥协因素。这种因素与一切精神性东西所装扮起来的中立化趋势完全相适应。在资产阶级革命胜利之后，或者在那些地方——虽然那些地方并没有发生这种革命但是不知不觉的资产阶级化也已经全面推进——这种中立化的趋势征服了整个精神的舞台，也征服

了资产阶级曾经用作武器的那些原理。既然胜利了的资产
阶级利益不再需要它们，它们就——正如斯宾格勒在卢梭
那里所敏锐地意识到的那样——既毫无意义，又毫无利益。
精神的作用在社会中已经处于次要地位，尽管这个社会还
会在意识形态意义上赞扬精神。康德（对宗教）的不清晰
的立场（non liquet）有助于人们把他对宗教——与封建统
治密切联系在一起的宗教——的批判转变成为一种不置可
否的态度（Gleichgültigheit），这种不置可否的态度在宽容的
名义下被披上了人道的外衣。社会越是把精神当作是一种
文化并为之而自豪，并使精神失去与任何一种实践的联系，
那么精神，无论作为形而上学还是艺术，都越是中立化。
在康德的形而上学观念中精神与实践的联系还是清楚明晰
的。资产阶级社会也要借助于这种形而上学观念来摆脱它
自身的那些有局限的原则，可以说是要提升它自己。但是，
这种精神变成不可接受了的，而文化变成了两个方面之间
的妥协：一个方面是这种精神所具有的、资产阶级可以利
用的形式，一个方面是按照现代德文的术语来说，精神所
不能忍受的东西，精神的形式从一个遥不可及的距离上投
射到这种东西之上。物质的环境为此提供了额外的支持。
由于资本被迫不断扩大投资，它控制着精神。精神借助于
它自身的不可避免的对象化而被客观化。这种客观化的精
神又激发精神把这种对象化的成果变成财产，变成商品。
失去了趣味的审美快感既美化了精神，又贬低了精神，因
为精神在这里满足于观察、赞美，最终甚至盲目地、不分

青红皂白地崇拜所有被创造出来、思考出来的东西，而不
管这种东西是不是具有真理的内容。客观上具有讽刺意味
的是，文化不断商品化，甚至为了能够被运用而具有审美
的特点。哲学也不过是作为展览品来显示精神。伯纳德·
格罗修森（Bernard Groethuysen）追溯到 18 世纪和 17 世纪
的宗教：在那个时代，魔鬼不再被恐惧，上帝不再被渴望，
这已经扩展到形而上学之外，而在这种形而上学中，对于
上帝和魔鬼的回忆还在，甚至在这里它还批判性地反思恐
惧和渴望。从完全非意识形态的意义上来看，对于人类来
说必定是最紧迫的东西在这里消失了。从客观上来说，这
是有问题的；从主观上来说，社会的网络对人们所持续地、
过度地施加的服从压力，既不再给人们提供时间，也不再
给人们提供力量，以便人们思考这种状况。这些问题并没
有解决，甚至这些问题的不可解决的特性也无人提及。这
些问题被遗忘了，即使人们谈到这些问题，它们也会更深
地陷入了糟糕的沉睡状态之中。歌德的极其重要的格言说，
艾克曼不需要阅读康德，因为康德的哲学已经有了巨大的
影响，甚至渗透到了普通人的意识之中，它在无视形而上
学，并在这种无视加以社会化方面取得了辉煌的胜利。

　　形而上学问题绝不能在此岸世界的满足中得到解决。
人们在意识中对这些问题的漠视，也不仅仅与漠视形而上
学有关。潜藏在这种情况背后的是一种恐怖，如果人们不
抑制这种恐怖的话，那么这会让他们大吃一惊。人们不妨
进行这样一种人类学上的玄思，历史过程的曲折性会使人

类的意识更加开放，并因此获得死亡的意识；而不断地持续生存的生命机制又不允许人产生这种死亡意识，那么历史的曲折过程与这种生命机制是不是存在着矛盾呢？持续生存的可能性会使人付出代价，即限制自己的意识，阻止他去意识到意识自身本该就有的东西，即对于死亡的意识。令人痛心不已的是，这样一个视角、这样一个在一切意识形态中都存在的狭隘性，可以说是生物学上的视角，可以被追溯到自我持存的必然性，并且这种狭隘性也绝不会因为一种正当的社会秩序的到来而消失，尽管只有在一个正当的社会中正当生活的可能性才会出现。在当代社会，人们还在撒谎说，死亡并不可怕，并且破坏人们对它的反思。叔本华的悲观主义注意到，人在生活之中对于死亡是如此的漫不经心。① 如同一百年之后海德格尔所做的那样，他把这种漠视看作是来源于人的本质，而不是来源于作为历史

---

① "唯有人在他的抽象概念中常怀着他自己必然会死（的忧虑），好在（想到）这种必然性，并不是常有的事，只在个别的瞬间由于某种起因而使将来的死活现于想象之前的时候，才使人们有所忧虑。在大自然的强大气势前，反省思维的能力是微小的。在人和在不思维的动物一样，都有一种内在的意识：意识着他即自然，即世界本身。从这一意识中所产生的安全感，在人和动物都是常态而占着压倒的优势。因为有这一安全感，所以没有一个人在想到必然要来的为期也决不太远的死亡时，就会怎么显著地使他不安；反而是每一个人都这么活下去，好像他必须永远活下去似的。人们这样活下去，竟至于没有一个人对于自己必死的真确性真有一种鲜明活现的深信，否则这个人的情绪同判处极刑的罪犯情绪就不能有这么大的区别。而是每人固然在抽象的一般性中，在理论上承认死的必然性。可是他这种必然性和实际上无法应用的其他理论上的真理一样看待，放在一边，而不怎么把它放到自己现前的意识中去。"（叔本华：《作为意志与表象的世界》，石冲白译，北京：商务印书馆1982年版，第386页。）

产物的人。他们两人都把形而上学意义的缺乏转变成为形而上学的东西。由此可见，中立化，即资产阶级意识中的生存观念，已经达到了何等（漠视死亡）的深度，我们无论如何都要测量这个深度。这种深度使人们产生这样的疑问，比如，一种超出一切浪漫主义而幸存下来的浪漫传统强制给精神灌输了某种东西，这种东西在所谓的被形而上学所支撑的时代中，即在青年卢卡奇称之为"充满意义"的时代中，是不是因此就有很大的不同。传统总是携带着谬误推论。文化的封闭性、形而上学直观的集体义务以及它们对生活的控制，并不能保证形而上学直观的真理性。更确切地说，形而上学经验的可能性与自由的可能性是一对孪生姐妹。只有发展起来的主体才有这种可能性，（因为）他们不再把形而上学经验推崇为神圣不可侵犯的纽带，并切断了这条纽带。相反，如果人们被愚蠢地束缚在社会所许可的、对所谓的快乐时代的直观之中，那么这与天真地相信事实的实证主义信念实属一类。自我必须从历史的角度得到强化，从而能够超越现实原则的直接性，并从观念上去把握那多于现存的东西。社会秩序拘泥于它自身的意义之中，封闭它自身，并抗拒任何一种超出这种秩序的可能性。形而上学，不是像实证主义所说的那样，仅仅是在稍后的历史阶段才与神学相对立，不过是在概念上把神学世俗化而已。形而上学向人们揭示，神学强迫他们和危害他们的可能性，它也借此在批判神学中保留神学。精神所束缚着的力量炸毁了精神的宇宙，这是精神咎由自取。

与巴赫的秩序相比，自主的贝多芬更具有形而上学的特质，因而也更加真实。主体的解放和形而上学的经验在人性中汇合。伟大的艺术作品，即使在它沉默的时代都要比传统所遗留下来的神学文本更加有力地表达了希望，而任何一种希望的表达配合了人自身的表达。贝多芬音乐中的瞬间最为明确地显示了这一点。它所表达的含义是，并非一切都是徒劳的，它表达了对人生的同情，并借助于这种同情来反省主体自身的自然。正是在对人的自然要素的体验之中，这位艺术的天才才能在自然之上翱翔。康德之所以一直受到人们尊重，是因为与其他任何哲学家不同，他在他的理知学说中指明了人生与超越构成的星丛。在人性睁开眼睛之前，人类就在客观的生存强制（Lebensnot）下竭力去羞辱他们最贴近的伙伴。生存的内在意义不过是用来掩盖他们自己的狭隘性。自从有组织的社会出现以来，它就像坚固堡垒、自主的结合体一样，即使人们有逃离这个社会的冲动，但也过于微弱。那些没有被完全训导好的孩子也会震惊地发现，与信徒受到的强制训练——关于他们应该相信什么，他们的行为举止应该如何方面所受到训练——相比，新教唱诗本中那个名为"最后之物"部分实在是过于贫乏了。长期以来，总是有人怀疑，宗教中的奇迹和迷信能否持续地繁荣下去。这种怀疑走向了反面，即对实证宗教来说，那个核心的东西即对于彼岸的希望，并没有像它的概念所要求的那样那么重要。（在这儿）形而上学的思辨和历史哲学的思辨结合在一起：它确信对最后之物的正确意识的可能性仅仅在于，一个没有生存强制的未来。对这种生存强制的诅咒是，这种生存强制与其说是要驱使人们超越纯粹此在，不如说要把它伪装起来，把它固化为形而上学的权威。一切皆空，这是自从所罗门以来的一切神学家们借以思考内在性的一个说法，但是这个说法太抽象了，以至于它无法引导人们超越内在性。如果人们确认，他们要对他们的此在存在漠然处之，那么他们就不会进行任何反抗。只要他们不改变他们对此在存在的态度，那么任何其他的态度对他们来说都是无济于事。如果有人不加区分、不顾可能性而指责说，现存的一切都是一场空，那么这些人不过是要鼓励人们枯燥无味地忙忙碌碌。这样一种总体实践所趋向的那种兽性比第一个更加糟糕：它把它自身变成了一个原则。方济各会关于内在的空无性的说教，也秘密地清除了超越性，而这种超越性是由内在性的体验所养育起来的。中立化虽然也是这种（生活无意义的）冷淡的同谋，但是能够逃过这场劫难而继续存在下去，按照这种观念的支持者所鼓吹的东西来说，这场劫难会把人类抛回到他们极端关心的事务上。这是因为社会的基本结构没有变。这个基本结构也会诅咒那由于（生存）强制而复活起来的神学和形而上学——尽管许多勇敢的新教徒也试图进行反抗——诅咒说这种神学和形而上学不过变成了这个顺从观念的通行证。可是，纯粹意识中的反抗是无法引导人们超越这一点的。甚至在主体的意识中，资产阶级社会也宁愿选择彻底沉沦，选择其客观的潜力，而不会果真去进行反思，因为这种反思会威胁其基础。人类的形而上学兴趣需要他们有一种未受伤害的感知能力，即感知他们自己的质料性东西的能力。只要这些质料性的东西对他们是蒙蔽起来的，那么他们就会生活在摩耶面纱的蒙蔽之下。只有当现存的状况被改变了的时候，那么现存的状况才不是一切。

10

只是一个譬喻

　　阿诺德·勋伯格为乔治（George）的"销魂"谱曲数十年之后，为这首诗撰写了一个评论。在这个评论中，他把这首诗歌当做先知式的预言，即关于一种宇航员感觉的预言。可是，当他天真地把他自己最重要的一部作品降低到科幻作品水准的时候，他是出于他自己的形而上学的贫乏才不自觉地这样做的。毫无疑问，这部新浪漫主义诗歌的内容来自于那踏上"另一个星球"之人的面孔，是对内在东西的譬喻，是用十二音体系所表达的那种心醉神迷和得意忘形状况。尽管空间是人在宇宙中的经验，而这种狂喜也必须借助于宇宙中经验的形象，但是这种狂喜却不是空间上的。可是，这恰恰泄露出一点，即这种极端尘世性的解释是有客观基础的。按照字面的意思对待神学的许诺，就如同这种尘世性的解释一样，是野蛮的。只有历史地累积起来的敬畏感才能阻止这种意识。正如象征性语言总是会出现循环现象一样，这个诗歌中的提升是从神学领域剽窃而来的。严格意义上的宗教确实类似于科幻作品。空间行走也会导致人们确信现实所许诺的上天。神学家也无法阻止人们去幼稚地反思，这种星际旅行会对基督学带来什么后果。然而，反过来，人们对宇宙航行的幼稚兴趣也暴露了（拯救的）福音所包含的潜在的幼稚性。如果这种福音被剔除了一切具体的内容，被完全地升华，那么当它们不得不说出它们所代表的东西的时候，它们就陷入了极端的尴尬状态。如果每一个象征符号都象征着另一个象征符号，即又一个概念性的东西，那么这个象征符号的核心仍然是空洞的，于是宗教就是如此。这就是今天宗教学所意识到的二律背反。托尔斯泰式的、无政府主义的原始基督信仰最容易满足于这种二律背反，闭上眼睛、不加反思地满足于那到处都出现的基督追随者（Nachfolge Christi）。这种二律背反的情况也潜藏在浮士德的构思之中。当浮士德说："我确实听到了启示，但我缺乏信仰。"他解释了他自己深刻的情感，一种能够阻止他自杀的深刻感情。这就如同回归到人在儿童时代就有的那种自欺性安慰的习惯。于是，他在玛利亚式的天堂中获得了拯救。这首诗歌也没有回答这样的一些问题：在诗歌的不断推进的过程中，成年人的那种怀疑是不是被驳倒了？它最后的那句话"只是一个譬喻"，是不是还是一个象征？超越是不是按照类似于黑格尔的方式被世俗化为完全内在性总体之图画？任何一个人，如果他把超越变成坚固的物质性东西，那么我们就有权像卡尔·克劳斯那样指责他说，他缺乏想象力，敌视精神，并因此背叛了超越。相反，如果人在现实存在状况中被拯救的可能性——无论这种可能性是多么遥远和微弱——被完全否定了的话，那么精神就会变成幻想，而有限的、受制约的、直接存在着的主体最终会被神化为精神的载体。对于超越的东西所出现的这种悖谬状况，兰波（Arthur Rimbaud）给出了解答，他认为，从被压抑状况中解放出来的人性是真正的神。后来，旧康德主义者迈诺纳（Mynona）不加掩饰地把主体神话化，并使观念论明显变得极度傲慢。借助于这一系列的思辨结论，科幻作品就非常容易和宇宙旅行（Raketenwesen）达成一致。如果地球确实是理性的存在者所居住的唯一天体，那么这就会成为一种愚蠢的形而上学现象，它会拒斥形而上学。最终人确实成为神，只是他处于一种魔力的控制之下，这种魔力阻止他知道这一点——他多神呐，当然这个神也无法控制宇宙。然而幸运的是，此类的思辨再一次失败了。然而所有这一切形而上学的东西都受到致命的质疑。超越观念之所以具有形而上学的非真理性，是因为它把身体和心灵分离开来。这种分离也是劳动分工的反映。它一方面导致了人们把思维实体作为控制自然的原则，并把这个实体偶像化，另一方面也导致对物质性东西的否定，并把它消解在超越概念之中，即超越罪恶环境的那种超越概念之中。可是，正如《迷娘曲》所歌唱的那样，希望总是紧连着美化了的躯体。形而上学却不愿意听到此类的歌声，不愿意与物质的东西同流合污。于是它跨过了这条界限而走向低级的精神信念。这里有两样东西，一是非肉体却又个体化的精神具象，神学要把握的就是这个没有精神具象的东西；一是唯灵论（Spiritismus）所欺骗性地断言的纯粹的精神存在。这两者之间的唯一差别就在于历史的尊严，正是这个历史的尊严把精神概念打扮起来。社会的成功、社会的权力就是通过这种历史的尊严而被转换为形而上学真理的标准。精神论（Spiritualismus）在德语中是指，一种把精神当作个体化、实质性原则的学说。它被人们混同于那个没有后面的词缀的英文单词——唯灵论。这种混同是由于认识论上的贫乏。这种贫乏促使观念论者不去分析个体意识，而是直接建构先验的或者绝对的精神。个体意识是时空世界中的一部分，它既没有凌驾于时空世界之上的特权，也不能依据人的能力而被设想为脱离躯体世界的东西。然而观念论的建构却试图清除一切尘世的残余。可是一旦当它要完全根除人的自我性，根除精神概念这个范本，那么它就变得极其单薄了。因此，即使我们可以假定一个非感性的自我性，但它仍然是定在。与它自身的规定性相反，这个定在是在时空中展现自身的。按照当前的宇宙学观念，把天堂和地狱看作是在空间中存在的东西这种说法，简直就是拟古式的胡言乱语。这就是彻底排除不朽，并把它贬低为精神上不朽，使它成为幽灵般的、不现实东西，这些东西嘲笑了它自身的概念。基督教的教条把灵魂的苏醒与肉体的复活同时加以思考，从形而上学的角度来说，这个教条比思辨的形而上学更加有道理，如果你愿意的话，也可以说，更具有启发意义。这就如同说，希望意味着肉体的复活，并且这种希望通过其自身的精神化而知道它被剥夺了其最好的东西。于是形而上学思辨的那种不合理要求同时也就变得不可容忍了。认识极其注重人固有一死的绝对性这个方面，而这种绝对性对于那些把死亡又看得绝对无足轻重的人来说，是不可容忍的。这就是真理观念所趋向的东西，是形而上学观念中最高的东西。谁信仰上帝，从而也能不信仰上帝。上帝之名所代表的那种可能性恰恰被不信仰它的人所坚持。如果对偶像的禁忌同时被扩展到连神的名字都不能提，那么这种禁忌恰恰就以这样一种形式使它自身变成了对信仰的怀疑。这种禁忌也就使它自身变得更加激进了：甚至对希望的思考也背叛了希望、抗拒了希望。历史如此深刻地陷入到形而上学的真理之中，以至于即使形而上学的真理要否定历史，不断地把它去神话化，也都是徒劳的。这种去神话化也吞噬了它自身，就如同神话中的那些神喜欢吃掉自己的孩子一样。由于去神话化除了留下纯粹的存在者之外，没有留下任何东西，于是它重新退回到神话中去。因为这个神话不是别的，就是封闭的内在性关联，就是当下所是（was ist）。今天形而上学就收缩成这样的矛盾。力图根除这种矛盾的思想到处都受到非真理的威胁。

11

他者的幻相

　　尽管康德批判了关于上帝存在的本体论证明，他同时也吸收了这种证明，而这种证明在黑格尔的辩证法中复活了。然而，这是徒劳的。因为黑格尔一直都是把非同一的东西融合到纯粹的同一性之中，因此在他那里，概念成为非概念东西的担保者，超越的东西被纳入到精神的内在性之中，同时也在精神的总体中被废除了。于是，超越的东西越是通过启蒙而被分解为世界之中的东西与精神之中的东西，就越是变成隐藏的东西，就好像它收缩为极点，超越了一切中介的极点。就此而言，这两个完全不同的东西中的反历史的神学要素是有其历史标记的。形而上学问题就变成这样的尖锐问题：是不是这种完全空疏的、抽象的、未规定的东西就是最终的，并且是已经丧失了辩护立场；或者形而上学只能残存于这种最平常、最粗陋的东西中，处在一种极端渺小的状况之中，而这种渺小的东西把一种自负的理性，即那种不受阻碍、不加反思地专注于它自身事务的理性纳入到理性之中。实证主义命题否定了形而上学，甚至也包括那种渎神的形而上学。尽管实证主义最初是为了真理而出现的，但是真理的观念却被牺牲了。维特根斯坦的功绩就是把实证主义确立起来，然而极其巧合的是，他关于凡是不能说的就要沉默的命令与一种被错误地恢复起来的、独断的形而上学完全符合，这种形而上学与那种存在信仰、即对存在的一种无言的、狂热的信仰无法区分开来。那个没有受到去神话化过程影响的东西，那个没有让自己变成可以被辩护性地加以利用的东西，不是论证的领域，即纯粹二律背反的领域，而是经验领域，以至于那种没有完全失去其理智的思想，直至关于世界建构的观念——在这个建构中，不仅现存的痛苦被剔除干净，而且无可挽回的过去痛苦也被忘得一干二净——都在超越中达到顶点。一切思想都汇聚到那个某物的概念之中，汇聚到那个不同于不能言说的存在者即世界的某物概念之中。不过这些思想的汇聚与莱布尼茨和康德借以把超越的观念和科学贯通起来的无限小原则不是一回事。把这两者贯通起来的错误做法虽然把控制自然和自在存在混淆了起来，但是却能够推动人们矫正他们对于这种汇聚的经验。这样一个世界比地狱更糟糕，也比地狱要更好。这个世界之所以比地狱更糟糕，是因为这个变成虚无的绝对甚至还不像叔本华所说的涅槃那样，而在叔本华的涅槃之中，这种虚无最终还是处于一种调和状况。这个无法逃脱的、封闭的内在关联拒绝了它自身具有那样一种意义，即印度哲学把世界看作是恶魔之梦时候所看到的那种意义。而叔本华的想法是错误的，因为他宣布，保持内在性于其自身魔力中的那个法则是没有受到本质东西所中介的，然而这个本质是被排斥在内在性之外的并只能被设想为超越的东西。这个世界之所以比地狱更好，是因为叔本华赋予世界过程那个绝对的封闭性从它那个方面来看是从观念论体系中借用过来的，是纯粹同一性原则，像其他人任何同一性原则一样，是一种欺骗。这个受困扰、被摧毁的世界进程，正如在卡夫卡的作品里那样，也不能被等同于盲目的无意义的东西，不能严格地按照它自身的原则来进行阐释。它抗拒绝望意识的企图，即企图把绝望确立为绝对。世界过程不是绝对封闭的，也不是绝对绝望的。毋宁说，绝望就是它的封闭性。尽管在其中一切他者都无影无踪，一切幸福都因其可被取消而被扭曲，但是存在者还是会从一个缝隙——打碎同一性的谎言而留下来的缝隙——中被确立起来，被那个带来他者的许诺——尽管这种许诺也常常被打破——确立起来。每一种幸福都是总体幸福中一个碎片，而总体幸福对人类来说是被否定了的，并且人类自己否定自己能获得这种总体的幸福。这里所说那种汇聚，是人道地许诺的历史的他者。它坚定地指向存在论非法地安置在历史之前的东西或者排除历史之外的东西。正如存在论所证明的那样，汇聚这个概念不会保持为现实的状态，但是如果不是事物中的某种东西强力地趋向于它，那么人们也不能思考它。卡尔·克劳斯把自己武装起来，反对任何一种在想象中顽固地坚持那种关于超越的无想象力的主张。他热切地期望用一种渴望的态度来理解这种超越，而不是把它一笔勾销。他的这种看法绝不是一种浪漫自由意义上的隐喻。尽管形而上学不应该被复活——（因为）复活这个概念属于生命体，而不属于某种被创造出了的东西，而在精神构造的东西中使用这个概念，那么这个概念就标志着精神的虚假性——但是形而上学却可以随着在复活的名义下所思考的东西的实现而复活起来。艺术预见到这一点。尼采的作品中充满了攻击形而上学之词。但是，没有其他什么表述比《查拉图斯特拉如是说》这句话，"纯粹的傻瓜，纯粹的诗人"更诚实地描述了形而上学。进行思考的艺术家理解未被思考过的艺术。如果思想不在不幸的存在者状态面前投降，那么思想就按照存在者状态的标准而被消灭，它就会把真理转换为非真理，把哲学转变成为愚昧。如果不想让麻木不仁在现实的非理性中取得胜利，那么哲学就不能退位（abdanken 放弃思想）。与猪相比，我更喜欢傻瓜。只要人类在处于非真理状态下也不放过真理，那么即使人类陷入了愚蠢这种形式之中，这种愚蠢也是真理。艺术即使取得了最高的成就也还是幻相。然而，尽管艺术中的幻相是不可抵御的，但艺术也是从非幻相的东西中获得幻相的。由于艺术拒绝作出判断，因此，艺术特别是那些被蔑称为虚无主义的艺术会说，并非一切虚无仅仅是虚无。否则的话，始终存在的东西就会苍白的、无彩的、乏味的。照在人和事物上面的一切光线都会被超越东西反射回来。对于那可替换的交换世界的反抗是不会停止的，但是在人们的抵抗目光中，人们也不希望这个世界的色彩也被清除。在幻相中还保留了对非幻相的许诺。

12

辩证法的自我反思

需要追问的是，形而上学应该是关于绝对的知识，如果没有关于绝对的建构，没有黑格尔的那种观念论——这个观念论在《精神现象学》最后一章就是以绝对知识为标题的，那么形而上学是不是可能的？难道这不是说，任何一个讨论绝对的人都必然是能够进行这项工作的思维主体，因而他本身也是绝对的；而另一方面，当辩证法变成形而上学，即变成与辩证法根本不是一回事的形而上学的时候，它难道不违背它自身的否定性概念吗？辩证法是否定知识的总体，除了作为否定的知识，它不能是别的；并作为一种否定辩证法，它推进自己的过程中还总是命令自己排除肯定性，即排除体系。它按照自身的思路，必然会把非辩证的意识当作有限的和可错的意识加以否定。在否定辩证法的全部历史形式中，它都禁止自己走到这个否定辩证法之外。无论愿意与否，它都要在有限精神和无限精神之间发挥其概念性中介的作用，这就要持续地把它变成神学的敌人。尽管它也思考绝对，但是绝对都是被它所中介过的，并且仍然顺从于有限的思维。如果黑格尔的绝对是神的世俗化，那么这恰恰是绝对的世俗化；而这种绝对作为精神的总体，就是被束缚在有限之人的模式上。如果思想在完全意识到这一点的情况下，还试图超越这类情况，即尽管它也对他者进行了思考，但却把它命名为完全不能相通的东西，那么他就还是在教条传统中找到避难所。在这样一种思想之中，思维会不可调和地与其内容疏离开来，并重新发现它自己必然要屈从于两种真理性，而这两种真理性都是与真理观念不相容的。形而上学就依赖于人们能否不加扭曲地走出这个两难困境。为了达到这一点，辩证法在批判普遍的虚幻联系的同时，还仍然带有这种虚幻联系的印记，因此它在走到最后一步的时候，仍然必须反对它自身。我们要批判每一个把自身作为绝对确立起来的特殊，这就是要批判绝对性给批判本身所留下来的阴影，就是要批判这样一个事实，批判必须对抗它自身的趋势，并保留在概念的中介之中。批判在摧毁同一性要求的时候也要尝试性地尊重同一性要求。因此，同一性要求走多远它也才能走多远。同一性要求就像一个魔圈，它使批判带上绝对知识的幻相。批判所进行的自我反思的任务就是要消除这个幻相，在这里恰恰就是要进行否定之否定。但这种否定之否定并不是走向肯定。辩证法是对欺骗性的客观关联的一种自我意识，这并不意味着它已经逃离了这个关联。从内部打破这种关联是它的客观目标。它所具有的打破关联的力量从这种内在关联的内部壮大起来的。对于这种力量来说，黑格尔的格言还是有用的，辩证法吸收其对手的力量，并把它用来对抗这个对手。这不仅仅是在辩证的个别中是如此，而且最终在总体中也是如此。它借助于逻辑的手段而把握逻辑强制性的特点，并希望这个强制的特点有所弱化。因为这种强制是一种神话的幻相，是被强迫的同一性。而绝对正如它在形而上学面前所浮现的那样，是非同一的东西，这种东西只有在同一性的强制消失之后才会出现。没有同一性命题，辩证法就不会是总体，因此在辩证法的一个步骤中抛弃这个命题也不是什么了不起的罪过。这有赖于否定辩证法的这样一个规定，这种辩证法不会停留在它自身之中，好像是一个总体似的，这是它的希望的形式。康德在他关于超越的自在之物的学说中已经指出，与此有关的东西在同一化机制的彼岸。无论康德的继承者对这个学说进行了多么严厉的批判，但是他们就像革命之后的整个资产阶级一样极大地倒退了，他们强化了这个学说的魔力：他们把强制本身具象化，并使之绝对化。毫无疑问，当康德把自在之物规定为理知的本质的时候，他尽管从他那个方面已经把超越理解为非同一东西，但却又把它与绝对主体等同起来，于是又屈从于同一性原则。认识的过程就是应该逐步接近超越之物，它把这种超越之物推到自己面前，同时又把这种东西与意识相背离。而绝对所实施的同一化过程却把绝对转换到人的身上，而同一性原则恰恰就是导源于人的。正如这种同一化时常承认的那样，也正如启蒙一向恰当地指责它的那样，它采取了一种拟人论。因此，当精神接近绝对的时候，绝对却在精神面前消失了：它所接近的是一个幻境。即使我们成功地清除了任何这样一种拟人论，并且欺骗性的关联也随之被清除了，但这种成功的清除行动也极有可能最终与这种欺骗性的关

联一致起来，与绝对同一性一致起来。如果我们想不断地
揭露这种奥秘之中更多的碎片，并由此借助于同一化来否
定这种奥秘，那么我们也并不能解决这种奥秘。毋宁说，
这种奥秘好像是在表演，它回忆起自身力量的丧失，并由
此而把控制自然当作谎言加以制裁。启蒙几乎没有留下一
点形而上学的真理性的内容，或者用现代音乐的术语来说，
几乎为零。这种内容收缩得越来越小，正如歌德在关于新
美露西娜的小箱子的寓言中所描述的那样，它小到了极端，
甚至无法被觉察。这就是形而上学变成了微观学在认识批
判和历史哲学方面的根据。这就是形而上学的位置，就是
它逃避总体的避难所。绝对只能在内在所涉及的材料和范
畴中得到表达，而这个内在却无论在其有限性还是在其总
体概括方面都不能被神化。形而上学按照其自身的概念，
不可能是关于存在者的判断而形成的演绎性关联。同样它
也不可能按照（存在者的）绝对相异者的模式来思考，因
为这个绝对相异者可怕地嘲笑一切思考。因此，形而上学
只能作为存在者的可辨星丛才是可能的。它从这些存在者
中获得材料，如果没有这种材料，形而上学也是不可能的，
如果没有这些材料，形而上学也不能把它的各种要素美化
为定在（Dasein），而只能把这些要素纳入到一个构造之中，
在这个构造之中，这些要素被整合为一段文字而已。为此
目的，形而上学必须善于去期望，而期望是思想可恶的父
亲，这是自色诺芬尼以来西方启蒙的一般论点之一；对于
恢复形而上学的企图来说，这个论点还是完完全全适用的。

思维，其本身作为一种行动把需要——首先是生存必然性
意义上的需要——包含在自己自身之中。人是出于需要而
思考的，甚至在带有期望的思考（wishful thinking）被抛弃
的时候也是如此。需要所产生的动力也就是努力所产生的
动力，思维作为一种行动就包含了这种努力。因此，这里
要批判的对象不是思维中的需要，而是需要和思维之间的
联系。然而，思维中的需要期望需要得到思考。需要要求
通过思考来否定需要，即如果需要真正应该得到满足的话，
那么需要就必须消失在思考之中。而在这种否定之中，需
要又会持续存在着，它代表了思想的最内在的细胞之中与
思想不同的东西。内在世界中这个最微小的痕迹也是与绝
对有关的，因为这样一种微观的观察摧毁了这种东西——
按照概括性的上位概念的尺度而无望地被分门别类地孤立
起来的东西——的外壳，破除了这种东西的同一性，破除
了它只是一种样品的幻觉。在同一性衰弱之时，这样一种
思维就与形而上学密切地结合在一起。

后　记

　　《否定的辩证法》一书的写作是在 1959—1966 年之间进行的。其核心部分是由三个讲座构成的，也就是笔者在 1961 年春季在巴黎的法兰西学院所进行的三场讲座。其中的前两个讲座的结构没有做任何改动，它们构成了本书的第一部分。第三个讲座是第二部分的基础，笔者对此做了比较大的修改和扩充。其他的许多内容可以追溯到很久远的过去。关于自由的那个部分出自于 1937 年的第一个草稿。而关于《世界精神和历史》的那个主题则出自笔者在康德学会法兰克福分会所做的一个报告（1932 年）。而关于瓦解的逻辑的观念则是笔者的一个最早的观念，出自于笔者的学生时代。

　　在这个第二版之中，一些印刷错误被纠正了。关于合理性的质的要素那个段落以及关于必然性和偶然性的一个注释是这次添加上去的。

全书概览

前言

导言

关于哲学的可能性—辩证法没有立足点—现实与辩证法—哲学的兴趣—对抗的总体—概念的祛魅—"无限性"—思辨的要素—展示—对体系的态度—狂怒的观念论—体系的二重性—自相矛盾的体系—论证与经验—眩晕—真理的脆弱性—对抗相对主义—辩证法与固定的东西—经验的特权—关于合理性的质的要素—质与个体—内容与方法—存在主义—事实、语言、历史—传统与认识—修辞

第一部分　与存在论的关系

第一章　对存在论的需求

问题和答案—肯定的特点—弱化主体的能力—存在、主体与客体—存在论的客观主义

令人失望的需求—"不足就是盈余"—无人之地

不幸的实际内容—论范畴直观—作为人为状况的存在

"存在的意义"—包含先定秩序的存在论—对物化的抗议—虚假的需求—软弱和支撑

第二章　存在与生存

对存在论的内在批判—系词—存在不是超越的—表达不可表达的东西—儿童的问题—存在问题—突然反转—关于存在的神话学

物的意志—二律背反的客观性—意志的辩证规定—沉思

第三个二律背反的结构—关于康德的因果性概念—为秩序辩护—对反题的论证—存在者状态上的要素和理想的要素—自由学说的压制性—自由和不自由的自我体验—关于因果性的危机—作为一种魔力的因果性

理性、自我和超我—自由的潜力—反人格主义—去人格化与生存论存在论—道德哲学中的一般和个别—关于自由的状况

康德那里的理知概念—理知与意识统一体—理知的真实内容

第二章　世界精神和自然历史——关于黑格尔的附论

趋势与事实—世界精神的建构—"与世界精神相一致"—关于生产力的解放—团体精神与统治—法学的领域—法和公平—个人主义的面纱—一般和特殊的动力学

作为社会总体的精神—对抗的历史理性

普遍历史—对抗是偶然的吗？

黑格尔的超世界的世界精神—黑格尔对普遍的拥护—倒退到柏拉图主义—时间的非时间化—黑格尔打断了辩证法

民族精神的角色—过时的民族精神—个性与历史—魔力—魔力下的倒退—主体与个人—辩证法与心理学—"自然的历史"—历史与形而上学

第三章　对形而上学的沉思

奥斯维辛之后—形而上学与文化—今天的死亡—幸福和徒劳的等待—"虚无主义"—康德的退缩—拯救的渴望与限制—理知的世界—只是一个譬喻—他者的幻相

译后记

在法兰克福学派的研究中，阿多诺思想研究始终是最困难的。要真正理解阿多诺的思想就必须把握其中最核心的文献《否定的辩证法》。然而，在断断续续的研究中，我感到现行的译本无法满足研究的需要。于是我开始重新翻译这本书。然而即使当我翻译出来的时候，我发现自己仍无法读懂它。这表明，这里不仅仅有翻译上的问题，而且更重要的是理解阿多诺思想的问题。如果没有理解它，那么翻译出来的文献就一定是有问题的。于是我又重新回到理解这部著作的工作上，并在理解原著的基础上不断地修改它。这个工作已经进行了多年。为了帮助读者更好地理解这本书，我还撰写了一本对其内容进行具体解释的书，书名为《形而上学的重构——阿多诺〈否定的辩证法〉导读》。该书也将于近期在中央编译出版社出版。

我的译本所采用的是《阿多诺文集》德文版第六卷。在这部书中，阿多诺使用多种不同的语言，比如：希腊文、拉丁文、英文、法文和意大利语等。我没有在译文中加以说明，全部翻译为中文了。在某些难于翻译的地方，我也加注了原文。为方便读者理解，我在少数地方加了注，在翻译过程中，我参照了 Dennis Redmond 的英文版，并利用了 Dennis Redmond 翻译的英文版的注。我都用"英文版注"和"中文版注"来区别。另外，阿多诺所引用文献，我尽量用中文已有译文，比如康德和马克思的有关文献。当然在少数地方为了译文的关键词语前后一致，进行了少量的修改。为了语义上的完整和方便读者理解，我在一些地方添加了字词，这些地方我都用圆加括号表示。对于其中的一些基本概念，比如：Ontology，Dasein 等，我根据具体情况做具体的处理，比如：在海德格尔那里，我按照习惯翻译为"存在论"和"此在"；而在康德那里，我翻译为"本体论"和"实存"。

最后，这部书中包含了一些我所不熟悉的语言，也包含了一些我不熟悉的西方文化上的东西。因此，在翻译过程中我请教了我的同事 Deniela Caterina 博士、易刚博士、归伶昌博士，他们在希腊文、拉丁文和西方文化的某些方面给我提供了非常重要的帮助。这本书的翻译稿还被我用于我所承担的《西方马克思主义哲学原著选读》这门课程中。在授课的过程中学生们也提出了一些意见。在翻译和出版的过程中，华中科技大学哲学学院的老师和领导们也给予大力的支持和帮助。在这里，我对他们的帮助表示衷心的感谢。

王晓升

2022 年 7 月 26 日

图书在版编目（CIP）数据

否定的辩证法／（德）西奥多·阿多诺著；王晓升译. —
北京：中央编译出版社，2023.9
ISBN 978-7-5117-4491-3

Ⅰ.①否… Ⅱ.①西…②王… Ⅲ.①否定（哲学）-
辩证法-研究 Ⅳ.①B516.59

中国国家版本馆 CIP 数据核字（2023）第 159735 号

否定的辩证法

责任编辑	李媛媛　彭永强	
责任印制	李　颖	
出版发行	中央编译出版社	
地　　址	北京市海淀区北四环西路 69 号（100080）	
电　　话	（010）55627391（总编室）　（010）55627308（编辑室）	
	（010）55627320（发行部）　（010）55627377（新技术部）	
经　　销	全国新华书店	
印　　刷	佳兴达印刷（天津）有限公司	
开　　本	880 毫米×1230 毫米　1/32	
字　　数	336 千字	
印　　张	17.5	
版　　次	2023 年 9 月第 1 版	
印　　次	2023 年 9 月第 1 次印刷	
定　　价	99.00 元	

新浪微博：@中央编译出版社　**微　信**：中央编译出版社(ID: cctphome)
淘宝店铺：中央编译出版社直销店(http://shop108367160.taobao.com)
　　　　　　（010）55627331

本社常年法律顾问：北京市吴栾赵阎律师事务所律师　闫军　梁勤
凡有印装质量问题，本社负责调换，电话：(010) 55626985